- 지적재산권법 개요 -

현대사회와 지식재산의 보호

나종갑 저

연세대학교 대학출판문화원

현대사회와 지식재산의 보호

2021년 8월 30일 1판 1쇄
2022년 4월 8일 1판 2쇄

지은이 나종갑
펴낸곳 연세대학교 대학출판문화원
주소 서울특별시 서대문구 연세로 50
등록 1955년 10월 13일(제9-60호)
전화 02) 2123-3378~80
팩스 02) 2123-8673
전자우편 ysup@yonsei.ac.kr
홈페이지 http://press.yonsei.ac.kr
인쇄 네오프린텍(주)

ISBN 978-89-6850-602-4(93360)

값 25,000원

머리말

현대 과학기술의 발전은 그야말로 경이적이라고 할 수 있다. 최근에는 4차 산업혁명과 인공지능시대라는 새로운 과학기술혁명을 맞이하고 있다. 이러한 과학기술의 발전 배경에는 지적재산권보호제도가 존재한다고 할 수 있다. 15세기에 법제도로 시작된 지적재산권제도는 1차 산업혁명 등 인류의 과학기술 발전의 배경이 되었다고 할 수 있다. 그러나 지적재산권제도는 항상 밝은 면만 있는 것은 아니었다. 경제공황이 발생할 때마다 독점이 그 원인으로 지목되었고, 독점을 부여하는 지적재산권제도도 도전과 개혁을 맞이하게 되었다. 19세기 후반 유럽에서 발생한 특허폐지론과 1929년 대공황 이후 미국에서 행한 특허제도의 개혁을 그 예로 들 수 있다. 지적재산권제도는 그 보호와 비보호사이에 균형을 이루어야 제대로 그 역할을 할 수 있고, 인류 번영에 기여할 수 있다는 점을 그 교훈으로 새겨야 한다.

본 서는 지적재산권제도에 입문하는 학생을 위한 입문서이다. 본서는 저작권, 특허 및 상표를 3대 축으로 하여 영업비밀보호와 부정경쟁행위, 전통지식과 국제지적재산권보호에 관한 내용을 담고 있다. 다만, 본서가 입문서이다 보니 학문적으로 깊은 내용을 담을 수는 없었고, 대학생들이 알고 있어야 할 교양적 지식과 현행 법에 대하여 서술을 하였다. 특히, 본 서에서는 지적재산권보호의 균형에 초점을 맞추었다. 지적재산권의 일방적 옹호는 학생들에게 선입견과 편견을 줄 수 있기 때문이다.

방대한 지적재산권법을 한 권으로 압축하여 서술하다보니 아직 부족한 것이 너무 많다. 계속 보완하리라고 약속한다. 본 서를 출간함에 우여곡절이 있었다. 완성된 원고 파일이 손상이 되어 처음부터 다시 저술을 하다 보니 예정보다 시간이 늦게 탈고하였다. 이번 출간에도 도움을 준 연세대 출판문화원의 심영주 선생과 대학원 석사과정 김석민 군에 감사한다.

2021. 7.

안산자락에서

목차

제1장 지식재산의 개념 1

제1절 지식재산권의 의의 2
제2절 지식재산권 보호의 정당성 12
제3절 지적재산권 보호에 관한 법적근거 44
제4절 지적재산권의 비교 46

제2장 저작권: 문화재산권 51

제1절 저작권의 의의 52
제2절 저작권법상의 중요 개념 61
제3절 저작권자 80
제4절 저작권 84
제5절 저작인접권 119
제6절 컴퓨터 프로그램, 인터넷과 지적재산권의 보호 125
제7절 저작권 침해 126

제3장 특허권: 산업재산권 137

제1절 특허권의 의의 138
제2절 발명 및 특허의 요건 150
제3절 특허권 183
제4절 특허침해 197
제5절 특허침해에 대한 방어 207
제6절 특허침해에 대한 구제 210
제7절 전용실시권 및 통상실시권 215

제4장 영업비밀: 산업재산권 219

제1절 영업비밀이란? 220
제2절 영업비밀의 요건 231
제3절 영업비밀의 침해 245
제4절 고용관계에서의 영업비밀의 보호 252
제5절 영업비밀침해에 대한 구제와 침해주장에 대한 방어 254

제5장 상표: 산업재산권 259

제1절 상표의 의의 260
제2절 상표 270
제3절 상표권의 효력 304
제4절 상표 침해와 구제 및 방어 311

제6장 부정경쟁행위 325

제1절 부정경쟁행위의 본질 326
제2절 개별적 부정경쟁행위 334

제7장 초상권과 퍼블리시티권 345

제1절 본질 346
제2절 퍼블리시티권의 국내에서의 수용 351

제8장 국제거래와 지적재산권의 국제적 보호 363

제1절 WTO/TRIPs 협정 364

제1장

지식재산의 개념

제1절 지식재산권의 의의

1. 지식재산권이란

오늘날 지식재산으로 불리는 법, 즉 지적재산권법 또는 지식재산권법의 영역은 전통적으로 특허권, 실용신안권, 저작권, 상표권, 영업비밀보호 및 부정경쟁방지법으로 구성되어 있고, 최근에는 전통지식이나 유전자원의 다양성 등도 그 보호대상으로 거론된다.

특허권와 상표권은 산업재산권이라고 하고, 저작권은 문화재산권이라고 한다. 영업비밀보호 및 부정경쟁방지법은 권리를 부여하는 것은 아니지만, 영업비밀침해행위나 허위표시 등으로부터 거래에 관계된 자, 예컨대, 경쟁자 및 해당 상품 등의 수요자를 보호함으로서 공정한 상거래를 보호하기 위하여 발전한 법이라고 할 수 있다.

근대적 의미의 특허법이나 저작권법이라는 용어는 1624년 영국의 독점법이나 1710년 앤여왕법이라고 불리는 영국의 저작권법으로부터 기원한다. 지적재산(intellectual property)이란 용어가 처음 사용된 것은 1769년 커먼로 국가인 영국에서 발간된 "Monthly Review" 라는 책자의 290페이지에서 언급된 "What a niggard this Doctor is of his own, and how profuse he is of other people's intellectual property." 문구에서 사용된 것이 처음이고, 1808년 Medical Repository Of Original Essays And Intelligence 라는 저널에 게재된 글의 제목인 "New-England Association in favour of Inventors and Discoverers, and particularly for the Protection of intellectual Property"에서 그 의미가 명확하게 사용된 것으로 알려져 있다.

독일에서 지적재산이라는 용어가 사용된 것은 1867년 북부 독일연방 헌법이 지적재산권 보호(Schutz des geistigen Eigentums)에 관한 입법권한을 독일 연방에 부여하면서부터라고 알려져 있다. 그 이후 산업재산권보호에 관한 1883년 파리협약과 저작권보호에 관한 1886년 베른협약이 1893년 합체되면서 사무국(United International Bureaux for the Protection of Intellectual Property)[1]이 탄생하였는데 이때 지적재산권이라는 용어를 사용하기 시작했다. 미국에서는 1845년 William Davoll et al. vs. James S. Brown 사건[2]에서 매사추세스 순회법원의 Charles L. Woodbury 판사의 판결문에 intellectual property라는 용어를 사용하였다.

조상 대대로 내려오는 전통문화예술이나 전통지식, 예컨대 아리랑, 강강수월래, 탈춤 등의 대중문화예술과 의약품 등의 전통 비법(秘法)이나 비방(秘方)은 공중이 공유하고 이미 공중에게 알려진 것으로서 새로운 것이 아니므로 전통적인 지식재산권의 범위에 포함되지 않지만, 최근에는 전통 지식을 이용한 의약품 개발 등이 이루어지면서 전통문화예술이나 전통지식을 보호해야 한다는 국제적 운동이 일어나고 있다.

지식재산권제도는 경제발전과 밀접한 관련이 있다. 그러한 측면에서 보면 상표에 관한 역사적 기원은 다른 지적재산권보다 오래되었다. 상표의 개념적 기원은 상거래가 존재하였던 시대로 거슬러 올라가는 오랜 역사를 가지고 있다. 상표에 관한 제도는 기원전 5000년 전까지 거슬러 올라간다. 예술품 등을 만든 사람은 누가 만들었는지 표시를 하였는데 이는 상표의 기원이 된다.

상거래가 존재하는 곳에서는 거래되는 상품이 누가 만든 것인지가 중요했다. 그리하여 물품표(property mark)가 존재했는데, 물품표는 누가 그 물품의 소유자인지를 표시하기 위한 것이었다. 그러한 표장은 상거래 발전에 따라 상표로 진화했다. 상표는 상거래에서 허위표시와 기망행위를 제한하기 위하여 발전해왔다.

로마시대에는 노예에 의한 기술유출을 금하기도 했었는데 이는 영업비밀보호제도의 기원으로 주장되기도 한다. 중세에는 가내수공업에 의한 손기술이 발전하고 이에 따라 영업비밀이 발전했다. 중세의 국가나 도시국가에서는 자기 국가나 도시국가의 영업비밀이 다른 국가나 도시국가로 유출되는 것을 방지하기 위해서 기술

1 합체된 기관은 1967년 World Intellectual Property Organization(WIPO)로 변경되었다.

2 William Davoll et al. vs. James S. Brown, 7 F. Cas. 197, 199 (C.C.D. Mass. 1845).

을 유출하면 처벌하였다.

중세 기술의 발전은 장인과 장인이 속한 길드에서 이루어졌다. 길드가 발달한 베니스에서 시(市)와 길드는 자신들의 전문성을 확보하기 위하여 기술에 대한 엄격한 규제를 하였다. 예컨대 유리세공기술을 가진 베니스의 베트라이(Vetrai) 길드는 자신들의 이익을 보호하기 위하여 유리세공기술 자체와 유리세공에 관련된 정보 그리고 유리세공 기능의 외부 유출을 엄격히 금지하였다. 유리세공기술은 베니스에 이익이 되는 사회재산(communal property)으로 간주되었다. 1271년에 베니스의 길드 참사회의(guild capitularies)는 유리세공기술을 외부에서 실시할 목적으로 베니스 밖으로 유출하면 벌금에 처한다고 경고하였다. 1295년에 대의회(Great Council)는 트레비소(Treviso), 빈센차(Vincenza), 파두아(Padua), 만투아(Mantua), 페라라(Ferrara), 안코나(Ancona) 및 볼로냐(Bologna) 등의 경쟁도시에 용광로 기술이 유출된 것에 대하여 깊은 유감을 표시하고, 기술을 유출한 자는 베니스에서 일하는 것을 금하는 조례를 제정했다. 궁극적으로 이러한 기술유출은 베니스에 위협이 되었으므로 사형으로까지 처벌하였다. 제노바의 경우에도 이와 다른 것이 없었다. 제노바는 기술자의 다른 지역 이민으로 인하여 기술 경쟁력을 상실하였다. 그리하여 1529년에 제노바 시는 도망간 기술자를 죽이는 경우에 200 두캇에 이르는 상금을 부여하였다. 루카(Lucca) 시(市)도 1314년 이래 외부로 이민 간 기술자를 죽이는 경우에 포상금을 제시하였다. 피렌체도 이민 간 기술자를 참수형에 처하였다. 기술의 외부유출을 처벌한 것은 비단 유럽에서만 시행된 것은 아니었다. 이웃 중국도 화약기술이나 나침반, 비단 직조기술들이 외부에 유출되는 것을 금하였다. 조선시대에도 짧은 화살인 편전은 대표적인 군사기술이었기 때문에 여진족이나 왜군이 모방하는 것을 염려하여 국경 근처에서의 편전 사격 연습은 금지되었다.

특허제도는 중세 때부터 본격적으로 발전했는데, 경쟁국이나 경쟁도시국가의 기술을 탈취해 오는 수단으로 이용되어 왔다. 즉 외국이나 다른 도시국가의 영업비밀을 탈취하기 위한 수단으로 사용되었다. 외국의 기술자를 유인하는 도구로서 그 기술자가 가진 기술에 대하여 특허부여를 하는 것이었고, 이러한 정책은 유럽에서 보편적으로 사용되었다.

1474년 베니스는 특허법을 제정하였다. 베니스의 특허법은 최초로 제정된 특허법으로 알려져 있다. 베니스의 특허법은 새로운 발명을 한 자나 외국으로부터 새로운 기술을 도입한 자에 대하여 그 발명이나 기술을 독점적으로 실시할 권리를 부여했다. 특허를 부여하여 외국으로부터 기술자를 유인하는 것은 그 국가의 영업비밀을 탈취하는 수단이 된 것이다.

저작권은 인쇄술의 발명에 따라 발전하였다. 저작권은 copyright라고 하는데, 결국 저작권이란 출판/인쇄업자의 출판권과 복제권에서 시작된 것을 의미한다. 다만, 프랑스나 독일 등 유럽대륙에서는 author's right ("droit d'auteur", "Urheberrecht", "auteursrecht" 등)로 존재했는데, 영미법상의 copyright와 대륙법상의 author's right는 동일한 개념은 아니다. 쉽게 말해 copyright는 출판업자들에게 부여한 권리로서 실제 저작한 자의 권리(author's right)를 제한하기 위한 목적도 있었다.

출판업자들에게 부여한 권리는 특허였다. 1400년대에 출판업이 발전하기 시작했는데, 출판기술에 대하여 특허로 보호했다. 베니스는 1469년 새로운 출판기술을 도입한 Speyer의 John 에게 특허를 부여했다.

출판업자에게 부여되는 copyright는 왕의 특허[3]에 의하여 부여되었는데, 사상의 통제수단으로 사용되었다. 왕은 출판업자에게 독점권을 부여하고 출판업자는 왕의 사상통제에 응하는 방법으로 특허를 부여 받았다. copyright는 복제권과 출판권이라는 상업적인 수단으로 이용되는 재산권적인 성격을 가지므로 양도가능한 권리가 되지만, author's right는 인격적인 것으로서 일신전속적인 것을 특징으로 한다. 다만 author's right에 대하여 타인이 저자(author)를 대표할 수 있는 권리를 부여하는 계약을 통하여 타인이 author's right를 행사할 수 있었기 때문에 영미의 copyright와 유사한 기능을 수행하는 것이 가능했다. 이러한 author's right는 경제적인 성격을 가졌다. 그러나 영미법상의 copyright는 타인에게 양도할 수 없는 일신전속적인 저작인격권이라는 관념이 존재하지 않았다. 미국에서 저작인격권은

3 현재 특허법상 특허와 다르고, 행정법상의 특허제도와 유사하다.

Visual Artists Rights Act of 1990 (VARA)에 의해 도입되어 좁은 범위에 한하여 인정하고 있다.[4]

특허와 실용신안, 상표, 부정경쟁방지법은 산업재산과 상거래를 보호하기 위한 제도라고 할 수 있다. 이에 반하여 저작권은 문화재산을 보호하기 위한 제도라고 할 수 있다.

2. 영업비밀, 특허 및 실용신안제도의 개요

아이디어를 보호하는 제도로서 영업비밀, 특허와 실용신안이 있다. 영업비밀은 비밀리에 간직한 아이디어를 보호하는 것이지만, 특허나 실용신안과는 달리 그 아이디어에 배타적인 권리를 부여하는 것은 아니다. 특허는 발명 중에서 그 아이디어의 수준이 높은 것이고, 실용신안은 특허보다 그 아이디어의 수준이 상대적으로 낮은 것이다. 실정법에서는 특허의 대상을 발명이라고 하고, 실용신안의 대상을 고안이라고 한다. 실용신안은 petty patent, utility model patent, second tier patent 라고 하는데, 특허보호 기간이 국제협정(TRIPs 협정)에 따라 20년임에 반하여 실용신안은 국가 마다 다른데 프랑스의 경우에는 6년의 보호를 하고, 브라질은 15년의 보호를 하는 반면에, 우리나라는 10년의 보호를 한다. 미국은 실용신안제도를 갖추지 않고 있다.

실용신안제도는 독일에서 발전되었는데, 19세기 후반, 독일은 여러 국가로 분열되어 있어 강한 중앙집권국가의 형성이 늦었다. 따라서 기술발전과 산업혁명은 서유럽국가 중에서 늦은 편이었다. 이러한 독일의 사회경제적 발전을 위하여 유치산업보호론(infant industry argument)을 주장하였던 독일의 역사학파 경제학의 등장과 맞물려 있다고 보인다. 원래 미국의 초대 재무장관 알렉산더 해밀턴이 이러한

4 국제조약으로서는 베른 협약에서 인정하고 있다. Independent of the author's economic rights, and even after the transfer of the said rights, the author shall have the right to claim authorship of the work and to object to any distortion, modification of, or other derogatory action in relation to the said work, which would be prejudicial to the author's honor or reputation.

주장을 하였다. 이미 충분히 발전되어 경쟁력을 갖춘 선진국의 기업은 경쟁력이 있고, 자유 무역을 통해 개발도상국에 그러한 선진국 기업이 진출할 경우 개발도상국의 기업은 경쟁에서 도태될 수밖에 없으므로 개발도상국은 자국의 산업을 발전시킬 기회를 놓치게 된다. 따라서 해밀턴은 개발도상국은 자국의 유치산업을 발전시키기 위해서 관세 등의 보호 무역 정책을 통하여 보호해야 한다고 주장을 하였다.

독일의 경제학자인 리스트(Georg Friedrich List)는 해밀턴이 주장한 유치산업보호론을 체계화 하였다. 리스트는 경제발전단계설과 생산력 이론을 바탕으로 원시적 농업의 1단계, 개량된 농업과 상업의 증가 및 공업의 발흥이라는 2단계, 공업이 발달한 3단계로 나누고, 독일과 같은 2단계에 있는 나라는 국내에서 각종 산업이 발전하기 시작하여, 발전초기단계인 유치 산업보호정책을 하여야 한다고 주장했다. 공업화가 뒤떨어진 나라는 먼저 유치산업을 보호하여 공업부문을 발전시킨 후에 자유무역으로 전환하는 것이 바람직하다는 보호무역을 주장했다.

독일은 산업화가 늦어서 유럽의 경쟁국가에 비하여 기술발전이 늦었다. 따라서 자국의 유치산업을 보호할 필요성이 있었고, 낮은 정도의 아이디어라도 보호를 하여 자국에 새로운 기술이 도입되길 바랄 수밖에 없었다. 이러한 경제적 필요성으로 인하여 작은 아이디어를 보호하는 실용신안제도가 발전한 것으로 보인다.

1876년 독일 저작권 및 디자인 법(Copyright and Design Law in 1876)(Gesetz betreffend das Urheberrechtan Mustern und Modellen)이 제정된 후에 물품의 사용에 대한 기술적 기능적 특성이 디자인으로 보호될 수 있는지 문제가 제기되었다. 그 당시 독일 특허법은 특허등록을 받기 위해서는 기술진보가 있을 것을 요구하였다. 따라서 저작권이나 디자인으로 보호되지도 않고, 특허로 받을 수 없는 물품의 기술적 기능적 특징이 존재하게 되었다. 그러한 물품의 기술적 기능적 특징은 어떠한 보호도 받을 수 없었다. 1878년 Reichsoberhandelsgerich(ROHG)[5]가 기술적 진보가 낮은 물품의 기술적 기능적 특성에 대하여 특허등록을 부인한 뒤 독일 기술자들은 기술적인 진보가 있는 발명품을 보호하기 위해 특허를 출원하였는데,

5 독일의 라이프찌히에 있던 북독일연방의 최고상사법원.

이에 저급한 기술수준의 발명품에 대한 특허출원이 증가하였고, 독일 특허청은 이러한 저급한 기술수준의 발명에 대하여 특허부여를 거절하였다. 그런데 이러한 보호가 거부된 발명가들은 독일 산업을 지탱하는 기술자들(Mittelstand)이었고, 이러한 기술자들을 보호할 필요가 있었다. 그리하여 1891년 독일은 디자인과 특허 사이에서 특허보호가 되지 않는 기술 진보성이 낮은 발명을 보호하기 위하여 실용신안법(Utility Model Act)이라고 불리는 Law of June 1, 1891(Gebrauchsmustergesetz, GebrMG)을 제정한다. 독일의 실용신안제도는 June 1, 1891법의 제정으로부터 시작되었다고 할 수 있다.

실용신안제도는 기술진보성이 낮은 발명에 대한 보호와 심사절차의 제외 및 짧은 보호기간을 특징으로 하였다. 1891년 독일 실용신안법의 특징은 기능적 사용을 위한 기구와 물품의 보호를 하였는데, 기술적 특징이 실용신안의 기준을 충족하였는지에 대한 실체심사는 하지 않고 출원의 방식이 출원의 요건을 충족하였는지에 대한 방식심사만을 하였다. 보호기간은 3년 및 3년의 갱신을 포함하여 6년을 보호했다.

1883년 파리협약의 2차 조약인 1910 워싱턴 의정서에서 실용신안을 산업재산권의 일부로 인정하였다.

발명과 실용신안은 자연법칙을 이용하여 인간이 만든 기술적인 사상(아이디어)의 창작이라고 할 수 있다. 특허는 생각해내기 어려운 아이디어에 대하여 부여하는 것이고 실용신안은 상대적으로 생각해내기 쉬운 아이디어에 대하여 부여하는 것이라고 하면, 발명과 고안이란 개념은 필요가 없다. 발명은 특허의 대상이라고, 고안은 실용신안의 대상이라고 하는 것은 자기 모순적인 논리일 수 있다. 왜냐하면, 특허를 받기 위해서는 아이디어가 진보성(쉽게 생각해내기 어려운 것)이 있어야 한다. 그런데 발명은 아이디어가 고도(高度)한 것이어야 하고, 그 발명이 진보성이 있을 때 특허를 받을 수 있다는 것은 자기모순이기 때문이다. 이미 아이디어가 고도한 것일 때 이를 발명이라고 하고, 이러한 고도한 발명이 진보성이 있을 때 특허를 부여한다는 고도한 것과 진보성이 있는 것이 다른 것이라고 하여야 하기 때문이다. 이러한 모순적인 관념이 독일에서 형성되고 일본을 통하여 우리나라에 정착되었다.

3. 저작권

저작권은 저작물에 대하여 인정되는 것이다. 저작물은 인간의 사상 감정의 표현으로서 매우 다양하게 존재한다. 시, 노래, 그림, 영화, 사진, 서예물 뿐만 아니라 건축물이나 선박의 디자인, 상품의 디자인, 넥타이 디자인 등에도 저작권을 인정받을 수 있다. 우리나라 저작권법상으로는 저작을 한 때 저작권이 발생하는데, 미국과 같은 나라에서는 저작물을 종이 등 매체에 기록 또는 고정(fixation)을 해야 저작권이 발생하도록 하고 있다.

4. 상표권

상표는 상품에 대한 출처(source)를 보호한다. 상품을 누가 만들었는지, 누가 판매하였는지를 상품에 표시(marking)한 상표에 의하여 인식할 수 있도록 한다. 상표는 상거래의 안정성을 보장하는 역할을 한다. 특허나 저작권과는 다른 측면이다. 아이디어나 인간의 풍부한 감성의 창작과는 다른 것이다. 상표가 무체재산권 또는 지적재산권에 해당하는지 의문이 제기될 수 있다. 상표는 상인의 신용(goodwill)을 형성시키고 이를 보호하는 기능을 하고, 상인의 신용은 경제적 가치가 있으므로 무체재산이라고 할 수 있다. 즉 상표의 본질적인 기능은 무형적인 신용(goodwill)을 형성시키는 것이고, 상표법은 신용(goodwill)을 보호하는 것이라고 할 수 있다.

5. 영업비밀

영업비밀은 기술정보나 고객리스트와 같은 경영정보를 의미한다. 영업비밀의 대표적인 예는 코카콜라인데, 코카콜라의 아이디어는 1886년에 개발되었는데, 현재까지 그 제조방법이 영업비밀로 관리되고 있다. 주위에 흔히 있는 맛집의 음식제조비법 등도 영업비밀이라고 할 수 있다. 고객리스트나 고객정보도 영업비밀로 보호된다. 영업비밀보호법의 발전 초기에는 계약관계상 또는 신뢰관계상 주고받은 비밀정보를 공개하거나 임의로 반출하여 사용하는 것으로부터 보호했다. 즉 명시적인 계약관계나 묵시적인 계약관계가 있는 경우에 보호받았다.

6. 부정경쟁행위

부정경쟁행위는 무체재산권을 보호하는 수단으로 사용되지만, 무체재산권을 보호하는 수단 뿐만 아니라 상거래에서 상품을 제조한 사람이나 상품의 내용에 대하여 허위로 표시하여 수요자를 기망하거나, 경쟁자의 노력에 무임승차하는 경우 등 공정하지 않은 경쟁(unfair competition)을 말한다.

즉 상거래에서 무체재산을 침해하는 일정한 행위를 부정경쟁행위라고 하여 이를 금지한다. 부정경쟁행위는 새로운 상거래의 발전으로 인하여 그 영역을 확대하여 새로운 상사 불법행위를 부정경쟁행위로 인정하고 있다. 부정경쟁행위는 민법상 불법행위의 특수한 형태로 상거래상 발생하는 불법행위라고 할 수 있다.

7. 전통지식, 문화예술

새로운 지식재산권은 유전자원, 전통지식, 민간전승물, 식물품종보호 및 생물다양성이다. 이러한 새로운 지식재산권은 공중의 공유에 속하는 것이므로 이를 특정인의 지식재산이나 특정인을 위해 보호한다고 할 수는 없다. 새로운 지식재산권이 논의되게 된 것은 위와 같은 유전자원, 전통지식, 민간전승물, 식물품종보호 및 생물다양성은 저개발국에 속해 있는데, 이를 이용한 이익은 선진국이나 선진국의 기업 등이 독점하는 구조가 되어 있어 형평성을 잃게 되는 문제점이 제기되었기 때문이다.

제3세계 "바이오자원 해적질 멈춰라" [동아일보 기사]

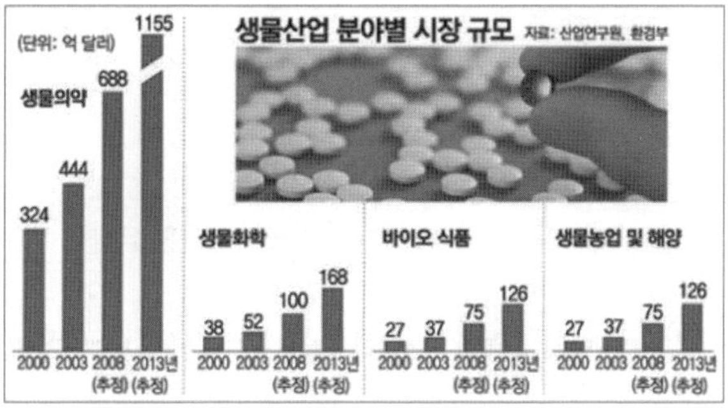

남아프리카공화국 이스턴케이프 지역에선 펠라르고늄이라는 풀의 채취를 놓고 외국 기업과 현지인들 간에 공방이 치열하다.

주민들이 수백년간 두통 불면증 등의 민간요법에 사용해 온 이 풀에 대해 독일의 한 제약회사가 남아공정부의 특허를 얻어 대량채취에 나선 것이 발단이었다.

현지인들은 이 회사가 펠라르고늄 추출 물질로 만든 약의 효능이 민간요법과 별 차이가 없다며 관련 특허를 취소해야 한다고 주장한다. 현지 과학자들도 "바이오(bio · 생물학적, 생명공학적) 해적질을 중단하라"며 반발하고 있다.

하지만 이 풀에 후천성면역결핍증(AIDS · 에이즈) 치료 성분도 있다는 이 회사의 주장이 받아들여질 경우 현지인과 다른 회사들은 펠라르고늄을 채취하지 못할 수 있다. 독일 기업이 남아공의 풀을 이용해 수십억 달러의 이윤을 챙기는 상황이 현실화되는 것이다.

유엔은 다음 주 캐나다에서 실무그룹회의를 열고 제3세계 국가에서 바이오자원(생물 종의 특성을 이용하는 자원) 확보 및 특허권 등을 둘러싸고 벌어지는 분쟁에 관해 논의한다.

○ **바이오자원 확보 전쟁**

세계적 제약업체인 머크사는 남아공 킬리만자로의 흙에 서식하는 박테리아, 멕시코 토양의 균류, 나미비아의 미생물 등 모두 9개 국가의 희귀 바이오자원에 대한 특허를 갖고 있다. 이들은 호르몬제나 각종 치료제의 원료로 쓰인다.

스위스 로슈는 조류인플루엔자(AI) 치료제 타미플루의 원료인 중국 열매 '스타아니스'에 관한 특허로 거액을 벌어들인다. 제약회사 엘리릴리는 마다가스카르의 열대우림 식물인 '로지페리윙클'을 이용한 항암치료제로 연간 1억 달러의 수익을 얻고 있다.

화이자나 브리스톨마이어스 등 대다수 글로벌 제약회사 및 바이오 업체들도 비슷하다. 피부병 치료와 혈액 정화, 살균 등에 효과가 있는 인도의 넴 나무의 경우 북미지역 대기업들이 성분 및 이를 활용한 치료법에 대해 모두 30여 개 특허를 갖고 있다.

생물 및 유전자자원 확보 전쟁이 본격화한 것은 1980년 미 대법원이 이른바 '차크라바르티 사건' 판결에서 동식물과 미생물은 물론 인간 유전자에 대해서까지 특허를 인정하면서부터다. 매년 수십억 달러를 쏟아 붓는 제약회사의 경쟁으로 '유전자 사냥꾼(gene hunter)'들까지 생겨났다.

○ **반격 나선 자원 보유국**

태국 정부는 지난달 이런 문제에 대응하기 위해 1년간의 전국 바이오자원 보유 현황 실태 조사에 착수했다. 인도와 아프리카, 페루에서도 생물학자들이 바이오자원 유출을 막기 위한 논의를 벌이고 있다.

브라질에서는 6월 허락 없이 아마존 밀림에서 생물을 채취한 네덜란드 과학자에게 징역 16년의 중형을 선고했다.

남아공의 한 부족민은 "제약회사가 우리 자원과 전통지식을 도둑처럼 빼가서 떼돈을 벌 때 우리는 식물 채취 노동의 대가로 몇 푼만 손에 쥔다"고 말했다. 바이오자원 특허권에 반대하는 단체들은 "원시부족들이 피와 머리카락, 침 등까지 DNA 채취에 이용당하고 있다"고 지적한다.

세계자원기구(WRI)에 따르면 25만 종의 바이오자원 중 50% 이상은 제3세계 국가에 분포하는 것으로 추산된다.

영국 왕립 국제문제연구소인 '채텀하우스'는 최근 '유전자자원의 특허 문제' 보고서에서 "혜택이 편중된 바이오자원 특허 경쟁이나 이를 막으려는 국가들의 무조건적인 과학적 연구 제한은 양쪽 모두에 해가 될 수 있다"고 경고했다.

제2절 지식재산권 보호의 정당성

1. 무체재산의 특성

무체재산, 예컨대 아이디어의 예를 들면, 아이디어는 비배제성(non-excludability)과 비경합성(no-rivalous)을 특징으로 한다. 비배제성은 한사람의 사용이 타인의 사용을 배제하지 않는다는 것을 의미한다. 즉 아이디어는 동일한 내용을 타인과 공유할 수 있다는 것이다. 결국 사용 대가없이 사용하려는 자를 배제할 수 없다. 이에 반하여 유체물은 한 사람의 점유나 사용은 타인의 점유나 사용을 배제(exclude)한다. 비경합성은 한 사람의 사용이나 다수의 사용은 가치를 감소시키지 않는다. 즉

1/n 현상이 발생하지 않는다. 어떤 사람이 한 재화의 소비에 추가적으로 참여한다고 하여 다른 사람의 소비가치에 영향을 미치지 않는다. 즉 한계효용감소가 0인 상태이다. 이에 반하여 유체물은 다수가 사용하거나 한 사람의 추가적인 사용은 그 사용가치를 감소시킨다.

2. 공공재(public goods)

비배제성과 비경합성은 공공재와 같은 특성을 가진다. 공공재는 특정인에 의한 전유, 즉 독점이 인정되지 않기 때문에 한 집단의 특정인을 위해 또는 특정인에 의해 생산되는 즉시 그 집단의 모든 구성원들이 함께 공동으로 소비할 수 있는 성격의 재화와 서비스로 변경된다. 물론 사적재가 사적으로만 제공되는 것은 아니다. 공적으로 제공되는 사적재도 존재한다. 철도, 항공, 버스 등과 같이 공공에게 제공된다고 하여 반드시 공적부분에서 생산되어야 하는 것은 아니다.[6]

공공재의 대표적인 예로 등대가 제공하는 서비스를 들 수 있다. 등대가 제공하는 서비스는 특정인을 배제하거나 특정인의 사용이 타인의 사용가치에 영향을 미치지 않는다. 치안이나 국방서비스는 그 서비스를 받는 사람에 특정인으로 한정하여 제공하는 것은 불가능하다.

공공재에 있어서 모든 사람이 동일한 양의 공공재를 소비하지만 모든 사람이 동일한 가치를 부여할 필요는 없다. 어떤 사람에게는 그 가치가 다른 사람보다 더 많을 수도 더 적을 수도 있다. 공공재로 분류되는 것은 절대적인 것은 아니다. 기술적 진보나 시장상황에 따라 공공재였던 재화가 더 이상 공공재 아니거나 그 반대가 될 수 있다. 공공재는 비경합성으로 인하여 가격을 정하는 것이 불가능하고, 가격을 정했다 하더라도 비배제성으로 인하여 누가 얼마를 지급하여야 하는지 문제가 발

6 다만, 불완전한 공공재가 존재한다. 도로, 철도, 항공 등의 경우에는 완전한 비경합성을 갖지 않는다. 따라서 혼잡이 가능하고 한 사람의 사용이 타인의 사용에 영향을 미친다. 그뿐만 아니라 불완전한 비배제성의 특성을 갖는 공공재로는 학교나 공원 등을 들 수 있는데 학교나 공원이 제공하는 용역은 수업료나 입장료를 부과하여 비교적 쉽게 배제가 가능하다. 그러한 생산기술의 발달, 법률 등에 의하여 특정인의 이용을 배제할 수 있다.

생한다. 따라서 공공재는 자신에 대한 효용에 따라 가격을 지불하도록 하는 시장 기능에 의하여 자원 배분이 효율적으로 이루어지지 않는다.

[사유재와 공공재의 비교]

경합성 \ 배제성	존재	비존재
존재	사유재산 자동차, 컴퓨터, 시계, 휴대폰	공유재(공동소비) 자연물(유체물): 물, 동물
비존재	공동소유재(클럽재) 케이블 텔레비전	공공재 환경, 국방, 치안, 등대, 정보, 공중파 방송/텔레비전(무체물)

공공재와 지식재산의 특성은 무임승차가 발생한다는 것이다. 세금을 내지 않는 사람도 그 국가가 제공하는 환경(국방, 치안서비스, 세금을 걷어 거리 청소)에 무임승차할 수 있다. 아이디어와 같은 무체물은 비배제성으로 인하여 복제와 같은 무임승차가 발생한다. 공공재(public goods)의 경우에는 배제성이나 경합성이 없다. 공공재에는 무임승차자가 발생한다. 다만 비경합적이기 때문에 다른 사람의 이용 또는 소비가치를 감소시키는 것은 아니지만, 무임승차로 인한 생산동기를 감소시켜 자원배분의 비효율은 발생한다.

사유재의 경우에는 효율적 사용이 가능하도록 하지만, 항상 그러한 것은 아니다. 과도한 재산권의 설정은 반공유(지)의 비극(the tragedy of the anti commons)[7]이 발생한다.

공동소유재 또는 회원공유재(club goods, toll goods)는 경합성은 없지만 배제성은 있다. 비용을 지불하거나 자격을 갖춘 회원만이 사용할 수 있다. 예컨대, 케이블 텔레비전의 경우에는 배제성이 없는 공중파 텔레비전과 달리 배제성은 존재하나

7 본절 4. 독점은 좋은 것인가? 참조.

경합성은 존재하지 않는다. 회원제 골프장의 경우에도 회원만이 이용할 수 있으므로 배제성이 존재한다. 또한 이용할 수 있는 회원수를 제한하므로 경합성이 존재하지 않거나, 감소한다. 물론 회원수가 많은 경우에는 경합성이 존재하여 이용가치가 하락할 수 있다.

공유재 또는 공동소비재(common-pool goods)의 경우, 경합성은 있지만 배제성은 없다. 이러한 공유재는 과소비(over use)가 발생하여 비효율적 사용의 문제점이 발생하는데, 그러한 비효율적 사용의 문제점은 공유재에 대하여 인위적으로 배제성을 만드는 것에 의해서 해결할 수 있다. 바다에서 이동하는 물고기를 잡는 것을 배제하는 것은 어렵지만 물고기의 소비가 경합적이므로 한 번에 잡을 수 있는 고기의 수를 제한하여 자원의 소비를 효율적으로 할 수 있다. 또한 낚시터를 지정하여 지리적인 배제성을 만들어 소비를 제한할 수 있다. 이와 같은 방법은 공유재나 공동소비재를 회원공유재(클럽재)나 공동소유재로 변환을 하는 것이다. 낚시터를 유료화하고 낚시할 수 있는 곳을 지정하면서 잡을 수 있는 물고기의 수를 제한하는 경우에는 경합성을 제한하고 배제성을 창설하여 자원을 효율적으로 사용할 수 있는 것이다. 낚시터 요금을 납부할 만큼의 이용가치가 있는 사람이 낚시터 요금을 내고 사용하기 때문에 그만큼 과소비가 발생하지 않는다.

무료인 공원이나 화장실을 유료화 하는 경우도 공공재를 공동소유재화 하는 것이다. 이러한 경우에는 그에 대한 비용을 지불하려는 의사가 있는 자만이 그 공공재에 대한 소비를 하기 때문에 과사용으로 인한 자원의 낭비를 막을 수 있다.

그러나 그렇게 하더라도 공유지의 비극(the tragedy of the commons)이 발생할 수 있다. 사적 소유재보다 공동소유재에서의 소유 또는 관리 비용이 적기 때문에 필요 이상의 과소비가 발생할 수 있다. 2009년에 노벨 경제학상을 수상한 미국 인디애나대학교 엘리너 오스트롬(Elinor Ostrom)은 자치공동체 또는 자치사회제도가 공유재 남용이나 고갈을 효과적으로 방지하여 공유지의 비극이 방지될 수 있음을 연구했다.

정보나 아이디어와 같은 무체재산은 공공재와 같은 문제가 발생한다. 최초의 공공재 생산자가 나오면 그 공공재에 대한 배제성이 없기 때문에 타인이 무임승차하는 것을 막을 수 없다. 아무도 공공재를 생산하려고 하지 않을 것이다. 따라서 공공재의 생산에 대한 유인(incentive)이 필요하다. 그러나 다른 한편으로 유인책이 강하면 반공유지의 비극이 발생한다. 예컨대, 특허제도를 창설하는 것은 공유지의 비극을 방지하는 역할을 하지만, 너무 강한 특허권의 창설은 특허발명에 대한 수요를 위축시켜 특허자원을 제대로 활용하지 못할 뿐만 아니라 특허권자 사이에 갈등으로 인하여 특허권을 제대로 행사하지 못하는 결과를 가져올 수 있다. '특허괴물'은 특허권의 남용으로 인하여 반공유지의 비극이 발생하는 예라고 할 수 있다.

[특허괴물[8]]

이해를 위하여 다음과 같은 질문에 대하여 생각해 보시오.

- ○ 자유롭게 이용하였던 돌다리가 있다. 그 돌다리 이외에는 외부세계로 나가는 방법이 없다. 그 나라의 왕은 A가 정치자금을 바치자 A에게 돌다리의 소유권을 부여하였다. A는 주민들에게 돌다리의 통행료를 요구하고 있다.
- ○ A는 모험을 좋아한다. A는 아프리카 사막을 여행하다가 오아시스의 샘물을 발견하였다. A 는 오아시스 주위에 담장을 만들어, 타인의 접근을 막고 있다. A의 행위는 정당화 될 수 있는가?

8 출처:https://www.inc.com/magazine/201202/kris-frieswick/patent-troll-toll-on-businesses.html

○ 미국의 우주인 암스트롱은 달나라에 인류 최초로 발을 딛었다. 미국은 달나라의 소유를 주장할 수 있는가?

○ 에디슨은 전구와 축음기를 발명하여 특허(독점)을 취득했다. 나는 에디슨보다 더 좋은 교육을 받았고 더 많은 노력을 하고 있기 때문에 나도 에디슨과 동일한 아이디어나 더 좋은 아이디어(축음기, 전구 등) 생각할 수 있었는데, 에디슨이 나보다 먼저 태어났기 때문에 그 아이디어를 생각해 내 특허를 받았다. 나의 입장에서는 부당하지 않은가?

3. 아이디어에 대한 독점의 정당성

가. 무체물의 특성

아이디어와 같은 무체물은 공공재와 같은 특성을 가지고 있다. 공공재의 경우에는 비효율성에도 불구하고, 사람이 살아가는데 필수적인 것이므로 모든 사람에게 그 이용이 개방되어야 하기 때문에 비효율적이라도 공급을 하여야 한다. 그러나 지식재산의 경우에 무임승차가 발생하는 경우에는 생산되지 않게 된다. 따라서 지식재산을 생산하도록 하기 위해서는 그 유인책이 필요하다. 지식재산에 대하여 특허와 같은 법적 독점을 부여하여 배제성을 만들어 주어야 한다. 독점을 부여하는 경우에 타인의 무임승차를 배제할 수 있는 법적 상태가 되어, 새로운 아이디어를 생산할 수 있게 된다. 특허의 존재가치가 여기에 있다.

그러나 아이디어에 대하여 공유를 하지 않고 법적 독점을 부여하는 것이 정당화되는지가 문제가 된다. 왜냐하면 아이디어는 타인과 공유하더라도 그 가치가 감소되지 않기 때문에 공유를 한다면 사용하는 사람마다 그 사용가치를 발생시켜 공유로 인하여 많은 가치를 창출할 수 있기 때문이다. 따라서 아이디어의 독점에 대한 정당성이 필요하다.

아이디어는 무체물로서 외형적으로 특정한 형상이나 물체로 존재하지 않는다. 아이디어는 인간사고의 산물로서 마음속에 존재한다. 아이디어에 대한 법적 보호는 유체물에 대한 보호보다 훨씬 늦게 발생하였다. 유체물의 경우에는 점유에 의하여 보호를 받을 수 있었지만, 아이디어는 타인에게 알려지는 경우에는 보호받을 수 없었다. 아이디어에 대한 독점의 부여는 철학적인 정당성 문제를 야기시켰다. 예컨대, 에디슨의 축음기 발명에 대한 특허는 그 이후 타인으로 하여금 축음기발명을 하지 못하도록 했을 뿐만 아니라 에디슨의 축음기 사용을 하지 못하도록 하였다. 시인이 시를 창작한 경우에 그 시를 읽은 타인은 같은 시를 창작할 수 없게 된 것과 같다. 아이디어와 같은 지적재산은 유체물과 동일한 보호를 받을 수 있는가? 아이디어의 독점은 정당화 될 수 있는가? 이에 대하여 자연법적 관점과 실용주의적 관점의 두가지 견해가 있다.

나. 자연법적 관점

독점에 대한 정당성, 즉 재산권의 정당성은 본격적으로 로크 등 정치철학자들에 의하여 제기되었다. 자연법적 사상에 의하여 아이디어의 독점의 정당성을 설명하는 이론 중에서 존 로크(John Locke)의 이론이 가장 주목을 받았다. 로크의 이론은 인간이기 때문에 권리를 가진다는 권리기반이론(right-based theory)에서 출발한다. 그뿐만 아니라 로크의 이론은 도덕적이기도 하다. 타인이 노력하여 얻은 결과물에 무임승차하는 것은 도덕적으로 옳지 않다는 것인데, 서구의 지적재산권법 이론은 이러한 철학을 바탕으로 만들어졌다.

헤겔도 재산권의 정당성을 인정하였다. 인간은 인간이기에 자유의지가 있고, 그러한 자유의지가 있는 인간이 외부에 특정한 물체를 생산하는 것은 그 물건에 그 인간의 인격이 체화되어 있고, 그 물체는 그 인격을 매개하는 매개체로서 인간의 소유가 된다고 하였다.

(1) 로크(Locke)

로크는 성경의 해석을 통하여 정치적으로 '가부장제론(Patriarcha)'을 저술한 로버트 필머(Robert Filmer)의 왕권신수설에 반대하였다. 로크는 필머의 정치권력에 대한 역사적 탐구가 잘못되었다는 점을 지적하고, 정치권력이란 신(God)이 왕에게 부여한 권리라고 본 필머와 달리, 신이 인간에게 부여한 권력으로서 인간(시민)의 합의에 의한 계약에서 정치권력(국가)이 조직된 것으로 주장했다. 그리하여 정치권력, 즉 국가권력은 시민이 합의에서 그 정당성을 찾았다.

로크는 재산권의 취득을 신의 명령과 인간의 노동에 근거함으로서 재산권에 대한 강한 정당성을 부여하고 있다.[9] 로크에 따르면 성경의 창세기 1장 29절과 30절에서 말씀[10]하신 것과 같이 신은 인간에게 자연을 하사했는바,[11] 인간의 편안함과 생존을 위하여 자연을 주신 것이다.[12] 신은 인간에게 자연을 주시면서 노동을 할 것을 명령하였다.[13] 따라서 노동으로 인하여 취득하는 재산에 대한 권리는 신이 부여한 권리, 즉 자연권이 된다. 자연권으로서의 재산권은 신이 부여하고, 신의 명령에 기인한 것이기 때문에 왕(king)도 신이 부여한 재산권에 대하여 아무런 권리를 갖지 못한다.[14] 따라서 인간은 왕의 전제와 탄압으로부터 자유로울 수 있다.

로크는 유체물에 대하여 재산권 획득의 정당성을 신의 명령에 의한 것으로 설명했는데 이를 무체물에 대해서도 유추할 수 있다. 인간은 신이 부여한 절대적 권리(생명, 자유, 재산)가 있다. 이러한 근본적인 권리중에서 노동을 하여 취득한 산물에 대하여 재산권을 취득할 수 있고, 실제로 노동을 하여 결과물을 얻었다면 그 결과물에 대하여 노동을 가한 자는 재산권을 취득할 수 있다.

---

9 나종갑, "4차 산업혁명과 인간을 위한 지식재산권," 법학연구(제30권 제1호), 연세대학교 법학연구원, 2020, 362면 이하 참조.

10 "29 하나님이 이르시되 내가 온 지면의 씨 맺는 모든 채소와 씨 가진 열매 맺는 모든 나무를 너희에게 주노니 너희의 먹을 거리가 되리라"
"30 또 땅의 모든 짐승과 하늘의 모든 새와 생명이 있어 땅에 기는 모든 것에게는 내가 모든 푸른 풀을 먹을 거리로 주노라 하시니 그대로 되니라"
"31 하나님이 지으신 그 모든 것을 보시니 보시기에 아주 좋았더라 저녁이 되고 아침이 되니 이는 여섯째 날이니라"

11 John Locke, Two Treatises of Government, ed. Thomas Hollis (London: A. Millar et al., 1764). § 25.

12 Id., §26. ("God, who hath given the world to men in common, hath also given them reason to make use of it to the best advantage of life and convenience.")

13 Id., §32.
God, when he gave the world in common to all mankind, commanded man also to labour, and the penury of his condition required it of him. God and his reason commanded him to subdue the earth, i. e. improve it for the benefit of life, and therein lay out something upon it that was his own, his labour.

14 나종갑, 앞의 논문(각주 9), 363면.

로크에 있어서 재산권의 대상은 인간의 노동에 의하여 창조되는 가치에 대한 것이다. 노동이란 가치증가를 시키는 것이다.[15] 로크는 자연상태에서 노동을 가함으로서 재산권을 취득한다고 언급하고 있기는 하지만, 단순히 노동을 가했다고 하여,[16] 재산권을 인정하는 것은 아니다. 노동은 자연으로부터 무언가를 끄집어냄으로서 자연과 구별되는 그 무언가에 의해서 새로운 가치가 창조되는 것이다. 즉 노동 그 자체가 아닌 노동으로 인하여 창조되는 그 무언가에 대하여 재산권을 인정하는 것이다.[17] 따라서 자연상태에 존재하는 사과, 도토리는 만인의 공유물로서 그 상태로서는 특정인의 재산권의 대상이 되지 않는다. 미국 연방대법원은 "지구에서 발견된 새로운 광물이나 자연에서 발견된 새로운 식물은 특허의 대상이 되지 않는다."("[a] new mineral discovered in the earth or a new plant found in the wild is not patentable subject matter" under Section 101.")라고 판시하여 로크의 재산권 이론과 같은 입장에 있다.[18] 그뿐만 아니라 발견의 경우에도 창작적이지 않으므로, 로크의 표현을 빌리자면 자연에 무엇인가를 첨가하지 않았으므로 특허를 받을 수 없다.[19] 따라서 창작적인 발견이 가치증가를 가져온다면 특허를 받을 수 있다고 할 수 있다. 예컨대, 기름분해 효과가 있는 자연상태의 박테리아를 발견한 경우에는 특허를 받을 수 있다.[20]

로크는 자신의 재산권론에서 자연에 노동을 가하여 창조한 가치(added value)가 재산권의 대상인 점을 명백히 하고 있다. 로크는 재산권편(V. Of Property)의 도입부분과 다수의 곳에서 노동에 의하여 취득한 것에 대하여 자신의 소유물로 할 수 있음을 지적하고 있다.[21] 그러나 노동만으로 재산권을 취득하는 것처럼 오해할 수

15 Id.; 이에 대해서는 Karen I. Vaughn. John Locke: Economist and Social Scientist, 1980 참조.

16 다만, 노동의 개념을 무엇으로 설정할 것인가가 문제인데, 노동을 가치증가를 가져오는 것으로 정의한다면, 가치증가를 가져오지 않는 것은 노동으로 인정되지 않는다. 나종갑, 앞의 논문(각주 32), 364면 참조.

17 나종갑, 위의 논문, 363면.

18 Diamond v. Chakrabarty, 447 U.S. 303, 309 (1980).

19 Emir Aly Crowne, The Utilitarian Fruits Approach to Justifying Patentable Subject Matter, 10 J. Marshall Intell. Prop. L. 753, 758 (2011). 로크의 이와 같은 주장은 로버트 노직(Robert Nozick; 이하 본문에서 "노직" 이라고 한다.)에 의해서도 지지되었다.

20 Diamond v. Chakrabarty, 447 U.S. 303 (1980).

21 John Locke, supra note 11, §27.

있다. 다음의 인용하는 문구에서 보는 바와 같이 로크는 노동으로 인하여 창조된 '결과물'에 대하여 재산권을 취득함을 명백히 하고 있다.

> for it is labour indeed that puts the difference of value one very thing; and let any one consider what the difference is between an acre of land planted with tobacco or sugar, sown with wheat or barley, and an acre of the same land lying in common, without any husbandry upon it, and he will find, that the improvement of labour makes the far greater part of the value.[22]

1624년 영국의 독점법은 영국령내에 존재하지 않았던 새로운 발명에 대하여 특허를 부여함을 명백히 하였다. 이는 외국의 기술을 영국에 도입하거나 영국내에서 발명을 하도록 장려하기 위한 것이었다. 로크는 1624년 독점법이 제정된 후 1632년에 태어나 1704년에 사망하여 영국의 독점법이 만들어진 시대에 살았기 때문에, 독점법이 제정되기 이전 새로운 것을 창조하지 않은 것에 대하여 부여했던 특허제도의 폐해를 알고 있었음이 명백하다. 영국의 독점법은 새로운 것을 창조하지 않았음에도 불구하고 타인의 자유를 제한하거나 박탈하는 나쁜 특허(bad patents)를 폐지하고, 기존에 존재하지 않던 새로운 것을 창조한 발명에 대하여 좋은 특허(good patents)로서 특허로 부여할 수 있도록 했다.[23] 로크는 새로운 가치창조가 없이 기존에 누리던 자유권을 박탈하는 나쁜 특허에 의하여 인간의 존엄성이 훼손되는 것을 인식하고 있었을 것이다.[24] 기존에 존재하지 않던 새로운 가치창조물에 대

Whatsoever then he removes out of the state that nature hath provided, and left it in, he hath mixed his labour with, and joined to it something that is his own, and thereby makes it his property. It being by him removed from the common state nature hath placed it in, it hath by this labour something annexed to it, that excludes the common right of other men: for this labour being the unquestionable property of the labourer, no man but he can have a right to what that is once joined to, at least where there is enough, and as good, left in common for others.

22 Id., §40.

23 나종갑, 나쁜 지적재산권(Bad Intellectual Properties)의 재림(I)–대법원 2013.3.28.선고 2011후835판결–, 산업재산권(제50권), 한국지식재산학회, 2016, 31–86면 참조.

24 1624년 영국의 독점법이 제정되기 이전 특허제도의 폐해에 대해서는 위 논문(각주 23), 46–50면 참조.

하여 재산권을 인정하고, 재산권을 인정함으로서 새로운 것이 세상에 출현하여 인간을 풍요롭게 한다는 점을 인지하였을 것이다. 이러한 점은 그의 저술에 여러 곳에서 나타나지만, 뒤에서 언급하는 바와 같이 로크의 견해는 근본적으로 권리기반 이론(right based theory)이지 결과주의(Consequentialism)가 아니다.

로크는 노동에 의하여 창조된 새로운 가치에 대하여 재산권을 인정한 것으로 볼 수밖에 없다. 자연상태는 만인이 공유하는 것으로서 아무런 가치 창조 없이 특정인이 자연을 전유하는 것은 타인의 자유를 제한하는 것이다. 이를 특허에 유추하여 보면 만인이 공유로 사용하여야 할 자연법칙이나 자연현상 또는 추상적 아이디어에 특허독점을 인정하는 것과 다름이 없다. 미국 연방대법원도

> The qualities of these bacteria, like the heat of the sun, electricity, or the qualities of metals, are part of the storehouse of knowledge of all men. They are manifestations of laws of nature, free to all men and reserved exclusively to none. He who discovers a hitherto unknown phenomenon of nature has no claim to a monopoly of it which the law recognizes. If there is to be invention from such a discovery, it must come from the application of the law of nature to a new and useful end.[25]

라고 하여 자연법칙을 구체화 하는 것은 모든 인간에게 자유로운 것이고 특정인에게 배타적으로 전유된 것이 아닌, 인류의 지식을 쌓는 것으로서 그러한 자연법칙이나 자연현상 등의 발견이 발명이 되려면 자연법칙을 이용한 것(application)이어야 하고, 신규성[26]과 유용성이 있어야 한다고 판시하고 있다. 즉 자연법칙 자체는 특허를 받을 수 없고, 자연법칙을 이용하여 창조한 새로운 것(신규성)이어야 타인이 누리던 자유를 제한하지 않는 것으로서 특허를 받을 수 있다고 한 것이다. 이것이 발명(invention)인 것이다. 이 점에서는 자연법칙의 이용성을 요구하는 우리 특

25 Funk Bros. Seed Co. v. Kalo Inoculant Co., 333 U.S. 127, 130 (1948).

26 Funk Bros. Seed Co. 사건의 판결은 1948년이 이루어졌으므로, 진보성은 특허법상 특허요건이 아니었다. 따라서 본 판결에 명시하지 않은 것으로 이해된다.

허법과 차이가 없다.

자연법칙을 이용하는 것(application)은 우리 특허법상 발명의 성립요건을 충족하는 것이지만, 로크에게는 인간이 자연에 노동을 가하는 것으로서 노동에 의하여 창조되는 결과인 부가가치(add value)[27] 발생의 단서(端緖)이고, 이러한 부가가치가 있기 때문에 인간은 노동을 함으로서 생존의 유지(preservation)와 안락한 삶("the best advantage of life, and convenience"; "for the support and comfort of their being"[28])을 유지할 수 있게 되는 것이다. 즉 노동[29]만으로는 재산권을 취득할 수 없고, 자연으로부터 무엇인가 가치있는 것을 창조(create) 해야 한다. 이는 재산권 취득의 필요조건(provisos)이다. 로크가 이러한 주장을 함으로 인하여 자본주의를 주장하였다고 평가받고 있는데,[30] 로크에 의하면 재산권을 인정한 결과 인간의 삶은 풍요로워졌을 뿐만 아니라 노동은 결국 인류의 공동재산을 증가("[h]e who appropriates land to himself by his labour, does not lessen, but increase the common stock of mankind"[31])시키기 때문이다.[32]

27 Robert Nozick, Anachy, State and Utopia, 1974, 175 참조. 한지영, "지적재산의 철학에 관한 연구 –로크의 노동이론을 중심으로–", 산업재산권(제20호), 2006, 5면.

28 John Locke, supra note 11, §26.

29 다시 한 번 강조하지만, 노동의 개념에 따라 부가가치가 없는 경우에는 노동으로 인정될 수 없다. 노동가치설(theory of value added labor)에 의하면 부가가치가 없는 경우에는 노동이라고 할 수 없다. 다만, 본 논문에서는 노동이라는 단어를 쓰기로 한다. 적절히 특정할 용어가 없기 때문이다. 노동가치는 특허의 정당성이론에서 자연법이론에 기초한 보상이론의 근거가 되기도 한다. 보상이론은 해당 발명이 사회에 유용한 만큼 보상을 하여야 하는데, 공중(the public)에게 즉각적이고 구체적인 유용한 결과가 입증이 되어야(substantial utility, special utility, practical utility) 특허를 부여할 수 있다. Nelson v. Bowler, 626 F.2d 853, 856, 206 USPQ 881, 883 (CCPA 1980). 즉 구체적인 용도가 특정이 되어야 유용성을 충족할 수 있다. 예컨대, 특정되지 않은 용도는 specific utility가 존재하는 것이 아니다. In re Kirk, 376 F.2d 936, 153 USPQ 48 (CCPA 1967); In re Joly, 376 F.2d 906, 153 USPQ 45 (CCPA 1967). 폴리뉴클레오타이드 (Polynucleotide)(폴리뉴클레오타이드는 13개 이상의 뉴클레오타이드 단위체로 구성되어 있는 생체고분자이다. 디옥시리보핵산과 리보핵산은 뚜렷한 생물학적 기능을 가지고 있는 폴리뉴클레오타이드 들이다.)의 용도가 유전자 조사 내지 염색체 표지(chromosome marker) 정도로 기재된 것은 충분하게 유용성을 특정한 것이 아니다. In re Fisher, 421 F.3d 1365, 1374 (Fed Cir 2005).

30 C.B. MacPherson, The Political Theory of Possessive Individualism, Oxford Univ. Press, 1962, pp. 220–222; C.B. MacPherson, Locke on Capitalist Appropriation, Western Political Quarterly, v.4(1951), pp. 550–556; Leo Strauss, Natural Right and History, Univ. of Chicago Press, 1965, p. 242

31 John Locke, supra note 11, §37.

32 로크가 자본주의를 주장했는지에 대해서는 나종갑, 앞의 논문(각주 9), 366면 이하 참조.

로크는 재산권을 취득함에 있어 세 가지 조건을 제시했는데, 첫째 해가되지 않을 것(no harm), 둘째 타인에게 충분하고 동등하게 남겨둘 것(enough and as good left), 그리고 마지막으로 생존을 위하여 필요한 정도(non waste)이다. 그 중에서 가장 가치 있는 것은 둘째 조건인 "충분하고 동등하게 남겨둘 것"이다. 첫 번째 조건은 두 번째 조건과 그 근본을 같이 하는 것이다. 세 번째 조건은 로크가 화폐를 인정하여, 화폐를 통하여 자신이 필요한 것보다 그 이상의 것을 축적을 허용함으로서 그 의미가 변화되었다.

로크의 충분하고 동등하게 조건은, 예컨대, 자연법칙에 대하여 특허를 인정하지 않거나, 그 상품의 일반명칭에 대하여 상표권을 인정하지 않게 되는 근거를 제공한다. 충분하고 동등하게 남겨둘 수 없기 때문이다.

로크에게는 노동을 매개로 하여 소유권이 발생한다. 인간의 신체를 소유하고 있고, 노동은 신체작용의 결과로서 신체를 소유한 인간은 노동의 결과를 소유하게 된다. 헤겔에게 있어서 노동이란 자유로운 인격체인 인간의 자기표현이자 자아실현의 과정으로, 노동을 수단이나 매개체로 본 로크와는 달리 자기목적적이다. 또한 로크에게 있어서 재산이란 생존과 안락함을 위한 것이라면 헤겔에 있어서 재산이란 수단적인 존재가 아닌 인간 존재의 실현이란 합목적적, 형이상학적인 것이 된다.

(2) 헤겔(Hegel)

로크(Locke)의 재산권 이론에 있어서도 재산권의 개성(personality)적 성격을 찾아 볼 수 있는 데, 본격적으로 재산권의 본질을 개성(personality)에서 찾은 것은 헤겔이라고 할 수 있다. 사실 헤겔의 관점에서 보면 지구상에 인간이 창조한 것 모든 것은 개성의 산물이므로 개성이 존재한다고 할 수 있다.

19세기를 대표하는 유명한 법사학자인 사비니(Friedrich Carl von Savigny)는 주관적인 법적 주체와 법적 주체의 자유의지에 따라 객체에 대한 처분의 권리를 부여하는 것을 주관적인 권리라고 하였는데, 재산권은 사비니의 주관적 권리론에 부합했다. 그런데 개성에 대한 권리는 권리의 객체가 없었으므로 사비니는 매우 피상적이라고 판단했다. 이에 반하여 헤겔, 콜러(Kohler) 및 개라이스(Gareis) 등은 개성에 대한 권리를 인정했다.

헤겔의 재산권 이론은 인간이기 때문에 재산권을 가진다는 권리기반이론(right-based theory)이라는 점에서 로크의 이론과 같고, 목적주의 또는 결과주의인 실용주의 철학과는 근본적으로 다르다. 헤겔의 이론은, 로크의 이론도 마찬가지이지만, 인간의 행복을 증진시키는 것과는 직접적으로 관계없다. 물론 재산권을 인정한 결과 인간의 행복이 증진될 수 있지만 이는 재산권을 인정하여야 하는 당위성이나 근거가 될 수 없다. 이 점에서는 로크의 이론 보다 헤겔의 이론이 권리에 기초한 이론에 가깝다고 할 수 있다.[33]

헤겔의 재산권 이론은 개인의 자유의지[34]에서 출발하기 때문에 최대다수의 최대행복이라는 결과주의에 기초하는 실용주의와 다르다. 헤겔의 이론은 근본적으로 개인의 자유를 증진시키기 위한 것이라는 점에서 로크나 칸트와 같은 자유주의적 재산권 이론과 같이한다. 따라서 헤겔의 이론은 자연권에 기초한 것이라고 할 수 있다. 그러나 로크의 자유가 '간섭으로부터 자유'인 소극적인 것임에 반하여 헤겔의 자유는 개성과 불가분적이다. 헤겔은 인간을 순수한 독립적인 존재로서의 자유인으로 간주한다.("a person is a unit of freedom aware of its sheer independence")[35] 인간은 자신이 자유임을 안다. 인간은 모든 것을 추상화할 수 있는 존재이고, 어느 것도 인간의 개성을 침범할 수 없다. 그뿐만 아니라 인간에게 관련된 모든 것을 스스로 결정할 수 있는 존재이다.[36] 인간이란 자아를 발전시킬 수 있는 존재이다. 헤겔에 있어서 자유는 자

33 앞서 지적한 바와 같이 이러한 점에서 로크가 자본주의를 적극적으로 옹호했다는 주장도 있다. C. B. MacPherson과 Leo Strauss이 대표적이라고 할 수 있다. C.B. MacPherson, Locke on Capitalist Appropriation, Western Political Quarterly, v.4, 1951; C.B. MacPherson, The Political Theory of Possessive Individualism, Oxford Univ. Press, 1962; Leo Strauss, Natural Right and History, Univ. of Chicago Press, 1965. 그러나 재산권을 취득할 수 있다는 것은 노동을 장려하고 자원을 효율적으로 활용할 수 있을 뿐만 아니라 화폐는 이러한 자본의 효율적 이용을 도모하게 하므로 인간사회가 풍요롭게 될 수 있다는 결론에 이르게 된 것이라고 할 것이다. 이러한 결과 때문에 로크의 재산권 이론은 자본주의를 옹호한 것이라는 주장이 가능하다. 그러나 본질적으로 인간을 속박으로부터 자유롭게 하기 위한 것이 로크의 주장의 시작이고 궁극적인 종결점이기 때문에 적극적으로 자본주의를 주장한 것은 아니라고 할 것이다. 나종갑, 앞의 논문(각주 9), 17면.

34 자유의지는 자유 또는 의지와 같다고 할 수 있다.

35 Hegel, Philosophy of Right, translated by T. M. Knox (New York: Oxford University Press, 1967) §35 A.

36 Id., §35 A.

아를 실현하기 위해 필요한 적극적인 존재이다. 자유의지는 인간으로 하여금 인간의 욕구를 인식하게 하고 인간의 욕구는 주어진 인성이 아니라 자신이 스스로 선택하는 적극적인 존재임을 알게 한다. 인간은 자신을 이해함으로서 개성을 실현할 수 있다.

자유의지에 의한 인간이 선택한 것은 재산권을 이해하는 핵심적인 요소가 된다. 헤겔은 권리를 사상의 자유라고 하였다.[37] 사상의 자유란 실현될 수 있다. 권리는 자유의지가 실현되는 외부세계의 한 현상이라고 할 수 있다.[38] 권리란 자유의지를 체화한 것으로 자유의지를 실현하는 수단이 되고, 인간을 완성하기 위한 필수조건이 된다. 따라서 권리는 신성불가침의 권리, 즉 자연권이라고 할 수 있다.[39]

헤겔에 있어서 재산이란 개성(personality)을 외부세계에 실재화(embodiment)하고 구체화하는 매체와 같은 것으로 개성이 실현되는 매개체가 된다.[40] 인격이 이념으로 존재하기 위해서는 그의 자유를 외면적인 영역으로 변화시켜야 한다. 즉 재산이란 인격이 자유의지를 체화시킨 것으로서 재산은 자유를 외부에 표출시킬 수 있게 한다. 여기에서 재산에 대한 '권리' 개념이 발생한다. 사물은 나의 의지를 받음으로써 나의 소유물이 된다. 내면적으로는 자아가, 외부적으로는 재산이 인격을 완성시킨다. 개인은 실재적인 존재로서 자신의 자유의지를 어느 것에나 체화시킬 수 있고, 이로서 자신의 재산이 된다. 왜냐하면 재산이란 재산 이외에 다른 것이 존재하지 않고 인간의 자유의지로부터 나오는 궁극적인 것이기 때문이다. 인간은 존재하는 모든 것에 대하여 취득할 수 있고, 재산권은 절대적인 권리가 된다.[41] 개인의 자아 또는 자유는 외부적으로 재산을 통하여 실현된다. 재산을 통하여 개인과 사회의 발전이 일어난다. 재산은 개성을 외부세계와 연결하는 매체이기도 하고, 개성이 재산을 통하여 외부세계에 실재하는 매체이기도 하다. 즉 소유는 인격과 물건과의 관계를 나타낸다. 개성을 실재화(實在化) 하고 인간의 필요를 충족하기 위해 재산이 필요하다. 인간의 영혼이 육체를 통하여 외부세계와 교감을 하고 실재화 하듯이

37 Id., §29.
38 Id., §29 note 1.
39 Id., §30.
40 Id., §41.
41 Id., §44.

재산도 개성을 외부세계와 연결하는 수단이 되는 것이다. 소유를 통해서 인간의 의지는 인격적으로 되지만 인격이란 하나의 단위이므로 그리하여 재산은 통합된 인격적인 의지가 된다. 재산이란 나의 의지를 체화시킨 수단이 되므로 재산은 통합된 개성의 의지나 나의 의지의 특성을 가져야 한다.[42] 자유의지는 외부에 이를 실재하기 위한 물리적인 실재(body)가 필요하고, 자유의지는 인간이기 위해서 가져야 하는 필수적인 것이다. 따라서 재산은 인간의 존재에 의하여 필요한 것이므로 실정법 이전에 존재하는 것이다. 즉 재산권은 자연법상의 권리가 된다.

인간은 자유의지의 집합체로서 인간은 자유의지가 구체화 된 것이다.[43] 인간은 개성을 외부세계와 교감을 하고, 실재화를 위해 외부에 실재하는 어느 것에나 자신의 의지를 행하여 개성을 불어 넣을 수 있다.[44] 인간의 자유의지가 외부의 물체에 실재화 할 수 있는 것은 인간본질의 핵심이다. 인간의 자유의지가 외부의 물체에 실재화 될 때 비로소 실질적인 인간이 된다.[45] 자유의지 내지 자율성은 외부 사물에 실재하였을 때 그것은 그 자유의지 내지 자율성을 부여한 인간의 재산이 된다. 특정사물을 지배할 의지와 그 의지는 외부에 지속적으로 표현되어야 한다.[46] 따라서 점유는 소유를 나타내는 강한 증거가 된다.[47] 물건이란 시간상 그것을 최초로 점유취득한 사람에게 속한다는 원칙은 자명하므로 논쟁할 수 없다. 왜냐하면 두 번째 사람은 이미 다른 사람의 소유인 것을 점유할 수는 없기 때문이다. 따라서 재산권의 대상은 무주물이다. 소유할 사물에 대하여 의지가 실재하는 것을 나타내는 것은 그 물체에 대한 소유이다.[48]

사유화, 즉 재산권을 취득할 수 있다는 것은 우리의 인격과 도덕행위의 기초를 제공하는 것이므로 사유재산은 인간의 권리를 허용하는 것이다. 궁극적으로 소유

42 Id., §46 A.

43 나종갑, 특허권의 정당성에 관한 이론의 전개와 전망, 비교사법 제17권 제1호, 14면 이하 (2010).

44 Margaret J. Radin, Property and Personhood, 34 Stan. L. Rev. 957, 966 (1982).

45 Hegel, Philosophy of Right, translated by T. M. Knox (New York: Oxford University Press, 1967) §44.

46 Margaret J. Radin, supra note 43, 973. 헤겔에 있어서 특정사물을 지배할 자유의지는 외부로 표현되어야 하기 때문에 한편으로는 점유이론이라고 할 수 있다. Id.

47 민법 제197조 참조.

48 Hegel, Philosophy of Right, translated by T. M. Knox (New York: Oxford University Press, 1967) § 50.

하는 인간은 자아를 갖게 된다. 헤겔의 이론은 저작인격권이나 발명에 관한 발명자의 권리를 설명하기 쉽다.

(3) 칸트(Kant)

임마누엘 칸트(Immanuel Kant)도 자연권적 입장에서 재산권의 정당성을 인정했다. 칸트는 보편적 법칙은 인간의 행동준칙이 됨을 주장했다. 인간은 하나의 준칙, 보편적 법칙에 따라 행동하여야 하고 보편적 법칙은 인간을 규율하는 법칙으로서 타당할 수 있어야 한다. 칸트는 도덕적이고 보편적 법칙의 존재를 주장했는데, 이는 자연법의 존재를 인정하는 것에서 출발한다. 법의 이념인 자연법은 실정법의 근거가 된다.

칸트는 권리에 기반하는 자유주의자(rights-based liberalism)라고 할 수 있다.[49] 칸트는 모든 인간은 그가 인간이기 때문에 권리를 가진다고 했다. 즉 하늘이 부여한 천부적이고 생래적인 권리를 가진다. 인간이기 때문에 가지는 것이라는 점에서 권리기반이론(right-based theory)이다. 따라서 인간이 권리를 가지기 위해서 입법작용 등 어떤 행위가 불필요하다. 이러한 천부적이고 생래적인 권리를 칸트는 내적 권리라고 하였다. 내적 권리는 ① 자유를 부여하므로 타인으로부터 독립된 존재이고, ② 천부적이고 생래적으로 평등하므로 내가 타인을 강제할 수 있는 만큼 동등하게 타인도 나를 강제할 수 있으나 그 이상은 강제할 수 없다. ③ 타인의 권리를 침해하지 않는 한 모든 것을 타인에게 행할 수 있다.

법의 개념은 자연법(natural law)과 실정법(institutional law)을 포괄하는 개념인데, 자연법은 실정법을 위한 불변의 진리와 원칙을 제공한다. 법은 자유의 보편적 법칙에 의거하여 한 사람의 의지(Willkűr)와 다른 사람의 의지(Willkűr)가 상호일치되어 병존할 수 있는 조건들의 총합체이다. 법은 자유라는 법칙아래 사람의 의지 사이를 연결한다.

칸트에게서 자유는 모든 사람이 가지고 있는 유일한 근원적 권리이다. 따라서 자

49 Gunnar Beck, Immanuel Kant's Theory of Rights, Ratio Juris 19(4): 371–401.

유를 침해하는 자에 대하여 침해하지 못하도록 강제할 수 있다. 이때 강제할 권력은 법과 같은 것으로 법은 행위자에게 올바른 행위를 할 수 있는 권리(Recht)를 부여하므로 옳지 않은 행위를 하는 자에게 이를 하지 못하도록 강제력을 행사할 수 있다. 칸트에게서 법은 옳고 그름을 가늠하는 기준 규범이다.

칸트에게 있어서 인간이기 때문에 천부적 생래적으로 가지는 내적인 권리는 그가 어떤 외부의 물체를 소유할 수 있는 권리를 부여하는 것은 아니다. 외부의 사물을 소유하고 사용할 권리는 외적인 권리이다. 천부적이고 생래적인 내적 권리가 외부에 대하여 권리를 가지기 위해서는 보편적 의지체인 국가와 법적 행위가 필요하다. 법적 권력과 물리적 힘을 독점하고 있는 국가(보편의지)가 존재하지 않는 한, 한 사람의 자유는 항상 타인의 침해에 노출될 수밖에 없다.[50] 그런 한에서 외적인 권리는 가상의 권리이다.

칸트에게 있어서 권리란 세가지가 존재하게 되는 것이다. 천부적 생래적인 내적 권리와 내적권리가 외부에 표현되어 가지는 가상적이고 임시적인 외적권리, 그리고 국가권력에 의하여 실현되는 실질적인 외적인 권리이다.

칸트의 소유개념은 인격(person)으로부터 출발한다. 인격에 대한 소유권을 지니고 인격에 의하여 소유의 의지를 표현할 수 있는 자만이 인격자이며 권리주체가 될 수 있다. 외적 영역에서의 자유는 소유하고 처분할 수 있는 처분권(Verfügungsrecht)을 의미하는 소유권(Eigentum)이다.[51] 인격 또는 의사능력을 요구하는 인간이 재산을 소유할 수 있다는 점에서 보면 로크나 헤겔의 철학과도 같은 측면이 있다. .

외부는 근원적으로 공유[52]이지만, 특정인이 ① 그 특정인의 지배하에 있다고 인정할 수 있는 것, ② 그의 의사의 객체로서 외부물체를 사용할 능력을 가진 것, ③ 나의 외부물체의 지배 의도가 있는 경우에는 그 외부물체에 대하여 재산권을 취득한다.[53] 위의 3가지 요건은 소유의 객관적 근거이고 소유의 의지를 표현하는 것은

50 이러한 점에서는 칸트의 이론도 로크의 이론과 같다. 로크도 그러한 외부 위험을 피하기 위해서 국가를 구성한다고 하였다. (사회계약설)

51 박종대, Kant에 있어서 道德과 法, 신학과 철학, 1999 v.1, 9.

52 모두가 주인인 상태 또는 주인이 없는 상태를 말함.

53 이는 칸트의 순수실천이성('우리는 무엇을 해야 할 것인가'의 법칙 내지 명령을 의지로 나타내는 인간의 능력)

소유의 주관적 근거가 되고 물리적인 점유, 그리하여 소유를 정당화 시킨다. 칸트는 내가 외부의 물체에 대하여 나의 것이라고 단어로 또는 증서로 선언하면, 어느 누구도 내가 선택한 그 물체를 사용하지 않을 의무가 있고, 내가 나의 것으로 확립하지 않은 것에 대해서는 어느 누구도 그러한 의무가 없다고 했다.[54]

만일 나무에서 딴 사과에 대해 타인의 침해로부터 자유로운 법적 소유권을 취득하기 위해서는 나는 보편의지(국가)를 창출하지 않으면 안 된다. 이것은 이성이 명령하는 법의무(Rechtspflicht)이다. 또한 나의 이익을 위한 가언적(조건적)[55] 필연성에 근거하는 의무가 아니라, 권리가 진정한 권리이기 위해 필수적인 조건을 창출해야 한다는 정언적(무조건적)[56] 필연성에 근거하는 의무이다. 칸트는 이를 "공법의 요청"이라고 했다. 준칙 또는 격률은 개인이 가진 실천이성으로 각자마다 그 기준이 다르므로 반드시 보편성의 원칙과 인격성을 통과해야 도덕법칙으로 인정되고, 이런 도덕법칙을 정언명령이라고 한다.

(4) 자연권이론의 수용

1791 프랑스 특허법은 자연권적 입장에서 만들어졌다고 인정되는데, 프랑스 특허법은

> All new discoveries are the property of the author; to assure the inventor the property and temporary enjoyment of his discovery, there shall be delivered to him a patent for five, ten or fifteen years.

에 근거한다고 할 수 있는데, 소유의 정당화는 ① 법에 의한 공리(외적 행위의 보편적 타당성을 인정할 수 있는 보편적 권리법칙) ② 실천이성의 허용 법칙(내적 권리를 외적 권리화 하는 실천이성의 법적 요청) ③ 보편 의지를 명령하는 정의의 법칙(개별적 취득행위의 법적 타당성과 법적 안전성을 규정하고 이를 보장하는 보편적인 의지의 세가지 법칙을 말한다고 할 수 있다. 이충진, 제6회 칸트의 재산권, 법과 도덕, 그리고 법치국가– 칸트의 재산권, 법과 도덕, 그리고 법치국가

54 Immanuel Kant, The Metaphysics of Morals, ed. and trans. Mary Gregor (Cambridge: Cambridge University Press, 1991), pt. 1, sec. 8, 77 (VI, 255 in the Prussian Academy Edition).

55 가언적이란 가능한 행위의 실천적 필연성을 사람들이 의욕하는 어떤 다른 것에 도달하기 위한 수단으로 표상하는 것을 의미함. (예컨대, 행복해지려면 부자가 되어라! 라고 하는 것은 가언명령이 된다. 조건이 있기 때문이다.)

56 정언적이란 행위 그 자체로서 어떤 다른 목적과 관계없이 객관적, 필연적인 것을 의미함.(예컨대. '부자는 행복하다'에서는 어떤 조건적 의미가 없고, 단언적이다.)

라고 규정하여, 실용주의적 입장에서 특허의 사회기여에 대하여 강조한 영국의 특허법과는 달리, 자연법적 입장에서 발명을 한 발명가의 권리를 강조하고 있다. 1844년 프랑스 특허법(French Patent Law of July 5, 1844,(Law of July 5, 1844, sur les brevets d'invention)에도 칸트철학에 기초한 자연권이론이 나타나 있다. 1844년 프랑스 특허법의 제정당시의 French Chamber of Deputies의 보고서는 다음과 같이 칸트를 인용하면서 보상에 기초한 계약설을 언급하고 있다:

> Toute découverte utile est, suivant l'expression de Kant, la prestation d'un service rendu à la société. Il est donc juste que celui qui a rendu ce service en soit récompensé par la société qui le reçoit. C'est une transaction, un véritable contrat, un échange qui s'opère entre les auteurs d'une découverte nouvelle et la société. Les premiers apportent les nobles produits de leur intelligence, et la société leur garantit en retour les avantages d'une exploitation de leur découverte pendant un temps déterminé.[57]

위에 언급된 칸트의 언어에 따르면, '모든 발명은 사회에 제공한 공헌에 대한 선물이다. 따라서 이와 같이 공헌을 받은 사회는 그 공헌을 한 사람에게 보상해야 한다. 이것은 새로운 발명을 한 사람과 사회간에 성립하는 공정한 계약이거나 교환으로서 공정한 결과이다. 발명가들은 자신의 지능으로 새로운 결과물을 제공하고 사회는 그 보상으로 그 발명가들에게 그들의 발견에 대하여 일정한 기간동안 배타적으로 이용할 수 있는 특권을 부여하는 것'이라고 한다. 칸트의 사상은 배타적인 권리를 부여하는 지적재산권 제도를 이루는 계약과 보상의 철학에 관한 것으로서 특허제도를 포함한 지적재산권제도의 근본적인 이념을 제공한다고 할 수 있다.

그 이외에 자연법설의 입장에서 주장되는 보상설과 계약설이 있다. 예컨대 로크의 노동이론은 보상설의 근거가 된다. 보상설은 계약설과 그 출발점을 같이하는 이

57 Adrien-Henri Huard, Répertoire de législation et de jurisprudence en matière de brevets d'invention, Paris, Cosse et Marchal, 1863, p. 237.

론으로서 인간은 사회에 유익한 공헌 정도에 따라 사회로부터 보상을 받을 기본적 권리가 있다고 한다. 사회에 기술진보와 경제적 이익이라는 기여에 대하여 발명자를 보호하는 것이 도덕에 기초한 자연적 정의에 부합한다고 한다. 이는 제도법설에서 주장되는 보상설과는 구분된다.

1845년 William Davoll et al. vs. James S. Brown 사건[58]에서 미국 매사추세스 주 순회법원 판사인 Charles L. Woodbury는 "only in this way can we protect intellectual property, the labors of the mind, productions and interests are as much a man's own...as the wheat he cultivates, or the flocks he rears." 라고 언급했다.

뿐만 아니라 Brooks v. Bicknell 사건[59]에서는 "a man should be secured in the fruits of his ingenuity and labor" 및 "it seems difficult to draw a distinction between the fruits of mental and physical labor"라고 언급 하였고, McKeever v. United States 사건[60]에서도 미국 연방헌법의 특허-저작권 조항[61]을 인용하면서 "a natural right to the fruits of mental labor"라고 언급하였다.

인간의 지적 노력 결과물이라는 의미는 노동이나 인간의 정신작용에 따른 결과를 의미하므로 지적재산권에 대하여 자연권적인 근거를 제시하는 것이다.

최근에는 원숭이가 찍은 사진에 대한 저작권 분쟁을 통하여 지적재산권 법의 토대가 자연권적 권리임을 확인하는 판결이 있었다. 원숭이(Naruto라고 명명) 사진 사건[62]은 지적재산권의 근본적인 본질에 문제를 제기했던 사건이다. 2008년 영국 사진작가 데이비드 슬레이터(David Slater)가 인도네시아의 술라웨시 섬의 정글을 사진을 찍으면서 여행하다가 잠시 자신의 카메라를 내려놓았는데, 그 사이 Naruto가 그의 카메라 앞에서 놀다가 스스로 Naruto 자신의 사진을 찍었다.

58 본 사건에서 판사는 intellectual property라는 용어를 사용했는데, 본 판결에서 사용된 intellectual property라는 용어가 미국에서 처음 사용된 것으로 알려져 있다.

59 Brooks v. Bicknell, 4 F. Cas. 247, 251 (C.C.D. Ohio 1843) (No. 1944).

60 McKeever v. United States, 14 Ct. Cl. 396, 420 (1878).

61 U.S. Constitution, Article I, Section 8.

62 Naruto v. Slater, No. 16-15469 (9th Cir. 2018).

2011년 슬레이터는 영국 언론에 원숭이 셀카 사진을 그 사진이 찍히게 된 설명과 함께 공개했다. 그 후 3년이 지난 뒤 Naruto 사진은 무료 사진만 게시되는 위키미디어 커먼스(Wikimedia Commons)에 게시되었다. 2014년 1월 슬레이터는 위 원숭이 사진이 인터넷에 공개돼 있다는 사실을 알게 되었고, 위키미디어에 사진의 삭제를 요청했다. 위키미디어는 처음에 슬레이터의 요청에 따라 원숭이 사진을 삭제했지만, Naruto 원숭이 사진을 찍은 것이 슬레이터가 아니라 Naruto이기 때문에 슬레이터의 저작물이 아니라는 이유로 다시 게시를 시작했다.

[Naruto 셀프 사진]

슬레이터는 샌프란시스코에서 블러브(Blurb)라는 출판사를 통해 "Wildlife Personalities"라는 책 제명으로 원숭이 사진들은 출간하였다. 2015. 9. 22. People for the Ethical Treatment of Animals(이하 "PETA")이라는 단체가 슬래이터와 블러브 출판사를 상대로 Naruto에게 그 사진의 저작권 양도와 PETA가 Naruto와 술라웨시 섬의 다른 원숭이들의 이익을 위해 사진의 관리권한을 부여하여 달라는 소송을 캘리포니아 북부지구 연방법원에 제기했다.

2016년 1월 지방법원 판사 William Orrick III는 Naruto에게 저작권이 인정되지 않는다고 하여 소송을 기각했다. 2016년 3월 20일 PETA는 제9항소법원에 항소했다. 슬레이터, 블러브 및 PETA는 슬레이터가 사진으로 얻는 이익의 25%를 동물을 위해 기부하겠다는 합의를 했는데, 법원은 유효하지 않은 합의라고 하여 이를 승인하지 않았다.

법원은 인간의 창작물만이 저작권을 인정받을 수 있는데, 문제된 사진을 찍은 것은 Naruto이고, Naruto가 사진을 찍는데 슬레이터가 기여한 바가 없으므로 해당 사진에 대하여 슬레이터는 저작권자가 될 수 없다고 하였다. 물론 Naruto가 사진을 찍도록 하는데 있어서 슬레이터가 창작적으로 기여를 하였다면 슬레이터에 부분적으로라도 저작권이 인정될 수 있다. 물론 동물의 창작할 수 없으므로 슬레이터가 부분적으로 기여한 것은 저작권법상으로는 전부 기여한 것이 될 것이다. 인간의 노동이나 정신적 기여만이 저작물을 만들 수 있다. 이러한 점에서 보면 Naruto 사건의 근본적인 법정신은 자연법이론에 바탕을 두고 있다고 할 것이다.

인공지능에 대하여 특허를 부여하는 것에 대해서는 현행 특허법상으로도 가능하다. 인공지능은 컴퓨터 프로그램으로 구성되고, 프로그램자체는 아무런 기능을 할 수 없고, 인공지능은 결국 외형적인 물체인 로봇, 자동차, 컴퓨터 등의 기계를 통하여 구현이 되는 것이므로 자연법칙을 이용한 컴퓨터 프로그램이라고 할 수 있다. 따라서 인공지능에 대하여 특허를 부여하는 것은 아무런 문제가 없다.

그러나 인간처럼 인공지능이 특허를 취득할 수 있는지가 문제되어 왔다. 즉 권리주체성이 문제가 된다. Naruto 사건에서 보는 바와 같이 권리주체는 인간만이 될 수 있는 것이므로 인공지능은 특허를 취득할 수 없다고 할 것이다.

실제로 인공지능이 특허를 받을 수 있는지가 문제된 사건이 있다. 유럽에서 DABUS라고 명명된 인공지능이 발명자가 될 수 있는지가 문제되었다. DABUS는 인공지능으로, 다중신경망을 연결해서 새로운 아이디어를 구상하고 그 아이디어의 효과를 계산해 내는 인공지능이었다. 2018. 10. 경에 스티븐 테일러(Stephen Thaler) 박사는 자신을 특허출원자로 하고, 자신이 개발한 인공지능을 DABUS라고 이름지어 DABUS를 '발명자'로 하여 유럽 특허청(EPO)과 영국 특허청(UKIPO)에 특허를 출원했다. 테일러 박사에 의하면 DABUS가 한 발명은 '레고처럼 오목·볼록부가 반복된 프랙털 구조를 가져 손에 쥐기 쉬운 식품용기'와 '신경 동작 패턴을 모방해 집중도를 높여주는 램프' 두가지 이었다.

테일러 박사는 DABUS 자체가 실체가 없는 인공지능일 뿐이므로 DABUS의 소유자인 자신이 특허 권리의 승계인으로 이므로 자신을 특허발명의 출원인으로 기재해서 출원했다. 테일러 박사가 발명자와 그 승계인 및 출원인을 달리한 것은 인공지능 자체는 법적으로 특허권 등 어떤 권리를 가질 수 있는 주체가 될 수 없으므로 자신이 다부스의 소유자가 되고, 다부스가 발명하는 것에 대하여도 자신이 소유할 수 있도록 하기 위함이었던 것이었다. 테일러 박사는 직무발명의 경우와 같이 피용인이 발명자가 되고 고용주가 출원자가 되어 발명을 승계하는 것처럼 자신이 다부스 소유자로서 다부스가 창작하거나 발명한 것에 대한 특허권리의 승계인에 해당한다고 주장했다.

그러나 2000.1.28. 유럽특허청 접수부(Receiving Section of the European Patent Office)는 다부스의 인격을 인정할 수 없는 이상 승계를 통한 특허 권리의 이전 역시 인정할 수 없다고 하여 특허를 거절하였다. 즉 유럽 특허청은 유럽특허협약(European Patent Convention)에 근거해 발명자는 사람이어야 한다는 요건이 충족되지 않았다는 이유로 각하 결정을 내렸다. 이에 대하여 테일러 박사는 유럽특허청(EPO)의 법률심판부(Legal Board of Appeal)에 불복하였는데, 법률심판부도 불복심판청구를 기각하였다. 법률심판부는 어떤 인간도 발명자로 확인되지 않았지만 단지 자연인이 인공지능시스템인 DABUS의 "소유자 및 창작자이기 때문에 유럽특허에 대한 권리"를 가지는 것이 바람직하다는 부수적 청구도 거절했습니다.

2019. 12. 4. 영국 특허청도 인간만이 특허를 취득할 수 있다는 이유로 테일러 박사의 주장(the applicant identified no person or persons whom he believes to be an inventor as the invention was entirely and solely conceived by DABUS)을 인정하지 않아, 특허청구를 거절했고, 2021. 9. 21. 영국 항소법원도 1977년 영국 특허법 제13조 제2항을 근거로 DABUS의 특허청구를 기각했다.

2019. 7. 29. 테일러 박사는 미국 특허청에도 출원을 하였다. 2019. 8. 8. 미국특허청은 발명자란에 대한 보완을 하도록 통지했지만, 테일러 박사가 이를 거절하여 결국 미국의 특허출원은 2020년 4월 22일 최종 거절되었다. 미국특허청은 미국특허법에 따르면 인간만이 발명자가 될 수 있다는 이유로 인간으로 보정할 것을 명했지만 테일러 박사가 이를 보정하지 않아 거절된 것이다. 미국 특허청은 미국 특허법상 "individual" 이나 "individuals" 특허를 취득할 수 있다고 규정하고 있는데,

연혁적으로 보면 그와 같은 규정은 자연인을 전제로 규정한 것이라고 판단하였다. 그뿐만아니라 특허법상 발명의 착상("conception")이나 발명가의 마음속에 고안("formation in the mind of the inventor")한다고 규정한 것은 자연인을 전제로 규정하고 있는 것이라 하였다. 미국 특허청은 인간만이 발명의 착상을 할 수 있다고 강조했다.

Townsend v. Smith 사건에서 착상(conception)의 개념에 대하여 법원은 "the formation in the mind of the inventor of a definite and permanent idea of the complete and operative invention as it is thereafter to be applied in practice that constitutes an available conception within the meaning of the patent law." 라고 하여 발명의 착상이란 발명자의 마음에 형성되는 것임을 강조하고 있고, 그 이외에도 Hiatt v. Ziegler 사건에서 법원은 "[C]onception is established when the invention is made sufficiently clear to enable one skilled in the art to reduce it to practice without the exercise of extensive experimentation or the exercise of inventive skill." 라고 하여 많은 실험이나 고난도의 기술을 연습함이 없이 해당 분야의 기술자(one skilled in the art)가 발명을 구체화 할 수 있는 것이라고 하여 해당분야의 기술자라는 자연인을 바탕으로 이뤄지는 것임을 분명히 하고 있다.

나. 제도법(institutional perspective)

지적재산권 제도, 특히 특허를 중심으로 발전된 이론으로 사회의 효용성을 증진시키기 위하여 만들어낸 법적인 제도(도구, 수단)로 보는 입장이다. 특히 동기설(incentive theory)내지 산업정책설은 실용주의(pragmatism)에서 주장되는 가장 대표적인 견해로, 지식재산제도는 공중의 후생을 증진시키기 위한 도구 내지 수단으로 국가정책을 대표한다.

가장 대표적으로 실용주의(pragmatism)에서 주장되는 산업정책설은 국가정책상 발명공개시키고 이에 대하여 독점권부여하는 것이라고 한다. 만일 특허제도가 없다면 발명가는 발명을 하지 않거나, 공개하지 않을 것이라고 한다. 이러한 특허제도의 궁극적인 목적은 새로운 과학기술의 개발을 통한 사회적 효용의 증가에 있다고 한다.

이러한 산업정책설의 바탕을 이루는 이론이 제도법설에서 주장되는 보상설(reward theory)과 계약설(contract theory)이다. 보상이란 결국 계약을 성립시키는 대가적인 관계(consideration)가 되는데 이는 발명의 공개에 대한 보상(reward)이 특허권이나 저작권과 같은 발명이나 저작물상의 표현에 대한 독점권이다.

우리나라 특허법 제2조는 "발명을 보호 · 장려하고 그 이용을 도모함으로써 기술의 발전을 촉진하여 산업발전에 이바지함을 목적으로 한다"라고 규정하고 있다. 본 조항은 결국 특허란 산업발전에 기여하는 것이 있어야 한다는 것을 확인한 것이라고 할 수 있다.

미국은 기본적으로 실용주의적 입장이다. 저작권이 문제되었던 Mazer v. Stein 사건에서 미국 연방대법원은 다음과 같이 판시하고 있다.

> "The copyright law, like the patent statutes, makes reward to the owner a secondary consideration." United States v. Paramount Pictures, 334 U.S. 131, 158. However, it is "intended definitely to grant valuable, enforceable rights to authors, publishers, etc., without burdensome requirements; 'to afford greater encouragement to the production of literary [or artistic] works of lasting benefit to the world.'" Washingtonian Co. v. Pearson, 306 U.S. 30, 36.
>
> > The economic philosophy behind the clause empowering Congress to grant patents and copyrights is the conviction that encouragement of individual effort by personal gain is <u>the best way to advance public welfare through the talents of authors and inventors in "Science and useful Arts."</u> Sacrificial days devoted to such creative activities deserve rewards commensurate with the services rendered.

즉 개인적인 취득에 의한 개별적인 노력을 장려하는 것은 과학과 실용적인 예술에 대한 저작자와 발명가의 재능을 통하여 공공복리를 증진시키는 가장 좋은 방법이라는 확신이 있기 때문이라고 하였다. 그러나 발명가나 저작자에게 주는 독점이라는 보상은 부차적인 것(secondary consideration)이라고 하였다. 실용주의적 바탕에 있는 미국에서도 개인적인 취득에 의한 개별적인 노력을 장려하는 것은 과학과 실용예술을 증진시켜 궁극적으로 공공복리에 기여하기 때문이다. 이를 통해서 궁극적으로 사회의 공공복리가 증가하기 때문이다. 그리하여 특허나 저작권제도를 도입하여 발명가나 창작자를 보호하면, 그들의 개별적인 노력에 의한 발명과 창작이 증가하고 이에 따라 사회가 이익을 보기 때문이다. 따라서 이러한 사회적 효용을 가져오는 창작이나 발명을 장려하기 위해서는 창작이나 발명을 한 사람에 대한 인센티브(incentive)로서 특허나 저작권이라는 보상이 필요하다고 한다.

위 판결 이외에도 실용주의에 따른 많은 판결들이 존재한다. Diamond v. Chakrabarty 사건에서 연방대법원은

> [t]he patent laws promote this progress [of science and the useful arts] by offering inventors exclusive rights for a limited period as an incentive for their inventiveness and research efforts.

라고 하였고, Kewanee Oil Co. v. Bicron 사건에서 연방대법원은

> [t]he productive effort thereby fostered [by the Patent Act] will have a positive effect on society through the introduction of new products and processes of manufacture into the economy, and the emanations by way of increased employment and better lives for our citizens.

라고 하여 사람에게 좋은 삶을 가져오도록 하는 것을 궁극적인 목적으로 하고 있다는 점을 강조하고 있다.

Aronson v. Quick Point Pencil Co. 사건에서도 연방대법원은 특허제도는 1) to foster and reward invention, 2) to promote invention disclosure, which stimulates further innovation and allows the public to practice the invention once the patent expires; and 3) to assure that the public can freely use ideas in the public domain 라고 하였다. 즉 발명에 대한 보상을 통해서 발명을 공개하고 이를 통하여 새로운 혁신과 발명을 하도록 하고, 공개되어 있는 아이디어를 이용하도록 하는 것이라고 하고 있다. 결국 공공의 이익 증진이 특허법의 궁극적인 목적이 되게 된다.

우리나라 특허법 제1조는 특허법의 목적으로 "이 법은 발명을 보호 · 장려하고 그 이용을 도모함으로써 기술의 발전을 촉진하여 산업발전에 이바지함을 목적으로 한다." 라고 규정하고 있고, 저작권법 제1조는 그 목적으로 "이 법은 저작자의 권리와 이에 인접하는 권리를 보호하고 저작물의 공정한 이용을 도모함으로써 문화 및 관련 산업의 향상발전에 이바지함을 목적으로 한다." 라고 규정하고 있다. 결국 특허권자 보호나 저작권자의 보호보다는 사회적 이익을 가져오는 것을 목적으로 하고 있음을 알 수 있다.

4. 독점은 좋은 것인가?

특허권이나 저작권 등 지적재산권은 독점을 부여한다. 재산권의 의미는 배타적인 지배를 말하는 것이고 배타적인 것은 경제학적으로 독점이라는 의미이다. 그런데 독점은 좋은 것인가?

경제학자들의 답은 노(no)가 분명할 것이다. 독점은 경쟁을 배제하고 독점이윤을 창출하기 때문에 비효율적이다. 경쟁상태에서는 독점이윤이 발생하지 않기 때문에 가격이 내려간다. 독점은 가격통제나 가격차별(price discrimination)을 가능하게 하기 때문에 자원을 비효율적으로 사용하게 한다. 그뿐만 아니라 소비자 잉여(consumer surplus)가 독점자에게 이전하게 되어 소비자에게 해악이 된다.

그렇다면 공유지의 경우에는 어떠한가? 공유지에는 공유지의 비극(Tragedy of Commons)이 존재한다. 공유지에서는 자원을 필요이상으로 과소비하게 되어 자원의 낭비를 가져온다. 이러한 공유지의 비극을 막기 위하여 개별적인 재산권, 즉 독점을 부여하면 어떠한가? 개별적인 재산권은 자원을 효율적으로 사용할 수 있게 한다. 재산권을 부여하는 것이 효율적이고 생산량을 증가시키는 예는 많다. 예컨대, 공산주의에서 텃밭과 같은 것이다.

그러나 소유권을 부여한다고 하여 항상 효율적으로 자원을 사용하는 것은 아니다. 마이클 헬러(Michael Heller) 교수는 모스크바 시장(market)에서 상가는 비어 장사가 잘 안되었지만 노점은 장사가 잘되는 것을 보고 그 원인을 분석해 본 결과, 러시아의 소유권 구조가 너무 복잡하였기 때문에 상가의 소유자들이 자신의 재산권을 효율적으로 사용할 수 없었기 때문이었다. 그러나 노점은 복잡한 소유권에 의한 제한을 받지 않았기 때문에 자유로이 사용할 수 있었다. 결국 재산권에 의한 재산권의 제약으로 인하여 효율적으로 사용할 수 없게 된다. 이러한 현상을 반공유(지)의 비극(The tragedy of the anticommons)[63] 이라고 한다.

이해를 위하여 다음과 같은 경우에, 갑과 을이 기여한 것에 대하여 생각해 보시오.

○ 화학자이자 약학자인 甲은 자연에 존재하는 식물의 특정성분이 항암효과가 탁월한 것을 밝혀 냈다.

○ 화학자이자 약학자인 乙은 암을 획기적으로 치료할 수 있는 약품을 합성해 냈다.

---

5. 특허와 영업비밀의 경제적 효과

특허제도는 독점을 부여하는 것이지만, 경제학적으로 특허가 부정되지 않고 오히려 장려된다. 그 이유는 발명에 대하여 특허라는 독점을 부여하는 것이 발명에 대한 인센티브(incentive)가 되어 새로운 발명을 하게 되고, 발명이 많아짐으로서 궁극적으로 사회의 효용을 증진시키기 때문이다. 그리하여 경제학적으로 특허제도는 사회적 효용을 증진시키는 최선의 방법이라고 한다.

특허와 영업비밀은 아이디어를 보호한다는 점에서 같지만, 영업비밀은 경영정보

63 Heller, Michael, The Tragedy of the Anticommons: Property in the Transition from Marx to Markets (January 1998). 111 Harv. L. Rev. 621–688 (1998).

를 포함하고 있고, 그 영업비밀의 대상인 아이디어에 대하여 법적 독점을 부여하는 것은 아니다. 따라서 영업비밀은 동일한 아이디어를 타인이 사용하는 것을 금지하지 못한다. 이에 반하여 특허는 타인이 특허받은 아이디어와 동일한 아이디어를 사용하는 것을 금지할 수 있다.

특허와 아이디어의 경제적 효과는 매우 다르다. 특허는 특허받은 아이디어가 공개되더라도 법적으로 그 아이디어에 대하여 독점을 인정받는다. 따라서 아이디어를 라이센스를 하거나 이전하더라도 그 기간이 종료되면 라이센스나 이전 등으로 그 아이디어를 적법하게 사용했던 사람이 더 이상 사용하지 못한다. 따라서 기술유출의 위험이 존재하지 않으므로 라이센스에 의하여 기술확산이 가능하다.

이에 반하여 영업비밀은 기술확산이 어렵다. 영업비밀은 타인에게 이전되면 이를 회수할 방법이 마땅치 않기 때문이다. 물론 계약에 의하여 영업비밀을 비밀로 유지시킬 수 있지만, 이를 공개하여 영업비밀을 침해하더라도 이에 대한 법적 구제는 사후적이기 때문이다. 물론 공개나 누설을 금하는 금지명령을 청구할 수 있지만[64], 공개가 이루어진 이후의 정보공개를 금지하는 금지명령은 무용지물이 된다. 공개는 즉시적이므로 법적 절차가 요구되는 금지명령의 실효성이 떨어지기 때문이다.

영업비밀이 기술확산에 좋은 제도가 아니라는 점은 애로우의 정보의 역설(Arrow's Information Paradox)이 말해준다.[65] 아이디어의 제공관계에서는 정보의 비대칭성으로 인하여 "Arrow's Information Paradox" 상황이 발생한다. 아이디어의 취득자는 아이디어를 취득하기 전까지는 그 가치를 알 수 없고, 알고 난 후에는 더 이상 아이디어 소유자로부터 그 아이디어를 취득할 필요가 없다. 왜냐하면 이미 그 정보를 알고 있기 때문에 더 이상 그 사용비용을 지급하지 않아도 되기 때문이다. Arrow's Information Paradox는 지적재산권의 소지자가 외부의 기술을 취득하거나 그 기술을 시장화 하려는 경우에 발생한다. 아이디어를 구매하려는 고객은 그 아이디어의 가치에 대하여 자신들이 지급할 대가(consideration)를 평가하거나

64 부정경쟁방지 및 영업비밀보호에 관한 법률 제10조(영업비밀 침해행위에 대한 금지청구권 등).
65 이하 나종갑, "아이디어 제공과 부정경쟁행위", 법학평론, 통권 8권, (2018), 212-251 참조.

구입여부를 판단하기 위하여 더욱 더 구체화 된 정보를 원하게 된다. 그러나 정보의 가치 평가나 판단을 위하여 구체적인 정보가 상대방에게 알려지면, 그 정보의 소유자는 아무런 대가없이 그 정보를 상대방에게 사실상 이전한 것과 같게 된다. 이러한 경우에 그 상대방은 자신이 필요로 하는 정보를 이미 취득하여 알고 있기 때문에 그 정보에 대하여 라이센싱을 하지 않거나 이를 라이센싱에 대한 대가(consideration))(로얄티)[66]에 반영하고자 한다. 따라서 비밀정보의 이전이나 라이센싱이 어려워진다. 이를 Arrow's Information Paradox라고 한다. 1972년 노벨상 수상자인 Kenneth Arrow는 위와 같은 역설(paradox)을 "its value for the purchaser is not known until he has the information, but then he has in effect acquired it without cost"(정보의 가치는 구입자가 정보를 취득할 때까지 알려지지 않고, 그리고 비용의 지불 없이 취득하게 된다)라고 표현하고 있다.[67]

이러한 역설로 인해 아이디어 제공은 쉽지 않게 되고, 아이디어를 취득하고자 하는 자는 "Arrow's Information Paradox"를 이용하게 된다. 사회적으로 보면 정보의 유통이 어려워지고 지식의 확산 및 기술발전과 산업발전이 어려워진다. 따라서 이러한 역설 상황은 법으로 해결하여야 한다.[68] Arrow's Information Paradox 상황에 대한 대책 중의 하나는 그 정보에 대하여 법적인 독점(특허)을 부여하는 것이다.[69] 다른 하나는 영업비밀보호를 포함한 불공정경쟁법에 의한 보호이다. 특허는 정보에 대한 라이센스를 가능케 하여 정보를 확산하게 한다. 따라서 적절한 보호수단이다. 영업비밀보호법에 의하여 정보를 보호하더라도 여전히 공개에 의하여 그 정보에 대한 침해 위험성이 있으므로 이는 적절한 보호수단은 아니지만, 어느 정도

66 대체로 로얄티일 것이지만, 다른 계약조건의 유리 또는 불리한 조항에도 영향을 미칠 수 있다.

67 Arrow, Kenneth J., Economic Welfare and the Allocation of Resources for Invention, Essays in the Theory of Risk-Bearing, North-Holland Pub. Co., 1974, 152. 원래 Arrow의 위 논문은 1959년 12월 Rand Corp. 에서 간행되었고, R. R. Nelson이 편집한 The Rate and Direction of Inventive Activity: Economic and Social Factors의 pp.609-626에 게재되었다. 특히 위 책 pp.614-616을 참조.

68 위의 책 pp.614-616.

69 Gans, Joshua S., & Stern, S., *"The Product Market and the Market for Ideas: Commercialization Strategies for Technology Entrepreneurs."* Research Policy Vol.2(2003), pp.333-350.

Arrow's Information Paradox에 대한 대책이 된다.[70]

Smith v. Dravo Corp.사건[71]은 Arrows Information Paradox 상황에 대하여 법원이 법적 구제를 인정한 사례로 볼 수 있다. 본 사건은 운송용기인 컨테이너가 문제된 사건이다. 동일한 사이즈의 컨테이너는 운송을 매우 편리하게 하여 최초로 컨테이너가 등장했을 때 컨테이너는 혁신적인 운송용기였다. 원고는 위스컨신 주에서 컨테이너를 생산 · 판매하고 있었다. 피고가 원고에 접촉하여 컨테이너 판매를 요청했으나 후에 영업자체를 이전할 것을 요청하였다. 원고와 피고간에 협상 중에 원고는 피고에게 컨테이너의 특허출원서 설계도와 컨테이너의 제작에 관련된 다른 비밀 정보를 제공했다. 최종적으로 컨테이너 판매에 따른 실시료(royalty)에 대하여 합의가 성립되지 않아 원고와 피고사이에 영업양도 협상이 결렬되었다. 그런데 얼마 지나지 않아 원고는 원고제품과 비교하여 4인치의 길이가 짧은 거의 동일한 컨테이너가 피고에 의하여 제작 판매되고 있음을 알게 되었다. 사실 컨테이너에 있어서 4인치의 차이는 원고와 피고의 각 컨테이너가 호환될 수 있는 정도의 차이이어서 피고가 판매하는 컨테이너는 원고가 판매하는 컨테이너와 호환이 되었다. 원고는 피고를 상대로 영업비밀침해를 이유로 소송을 제기했다. 본 사건에서의 쟁점은 원고와 피고 사이에 영업비밀보호계약이 체결되지 않았는데도 불구하고 아이디어 침해를 이유로 한 영업비밀침해를 인정할 것인지 여부였다. 법원은 피고에게 제공된 정보는 공중의 영역에 존재하는 것이 아니라 여전히 비밀로 유지되었다는 이유로 피고의 원고에 대한 영업비밀 침해를 인정하였다.[72]

위와 같은 경우에 정보나 아이디어가 외부에 공개될 경우에는 이를 회수할 수 있

---

70 Bhattacharya S. & S. Guriev, *"Patents vs. Trade Secrets: Knowledge Licensing and Spillover."* Journal of the European Economic Association, Vol.4(6)(2006), pp.1112–1147. 영업비밀침해에 대하여 금지청구권이나 손해배상 등의 민사적 구제수단 이외에 형사처벌을 하고 있으므로 어느 정도 영업비밀을 보호할 수 있지만, 정보에 대한 법적 독점을 부여하는 것이 아니므로 제3자에 대한 공개 및 사용을 막을 수 있는 법적 보호조치로서는 제한적인 면이 있다.

71 Smith v. Dravo Corp., 203 F.2d 369 (7th Cir. 1953).

72 우리나라에서 이와 유사한 상황에 적용될 수 있는 법리는 계약체결상의 과실인데, 계약체결상의 과실에 대하여 규정하고 있는 우리 민법 제535조는 목적이 불능한 경우에만 신뢰이익을 배상하도록 하고 있어 그 적용범위가 매우 제한적이고, 위 사건과 같은 상황에서는 적용이 되지 않는다.

는 방법이 존재하지 않는다. 따라서 정보나 아이디어 그 자체만으로는 외부에 공유되기 힘들다. 즉 아이이어 확산에 도움이 되지 않으므로 기술발전이 느려질 수밖에 없다. 이와 같은 정보와 기술의 확산에 대한 장애를 해소하는 것이 독점권을 부여하는 것이다. 특허는 아이디어에 대하여 독점을 부여하여 타인과 공유(라이센스)하거나 특허보호기간이 종료되면 자유롭게 그 아이디어를 사용할 수 있도록 하여 기술발전에 도움이 되게 한다.

예컨대, 코카콜라는 1886년에 세상이 등장하였지만 구체적인 제조방법은 철저하게 영업비밀로 보유되어, 시장에는 펩시콜라 이외에 다른 강력한 경쟁자가 거의 없다. 135년 동안 콜라를 만드는 기술은 알려지지도 않았다. 이에 반하여 특허로 보호되는 기술은 특허보호기간이 만료되면 시장에는 그 기술을 바탕으로 새로운 기술이 만들어져 기술발전이 이루어진다. 1879년 에디슨에 의하여 발명되어 특허를 취득한 백열전구는 LED 조명 등 에너지 절감을 하는 새로운 기술의 등장으로 이제 시장에서 퇴출 되고 있다. 우리나라는 2014년 1월부터 150W 이하의 백열전구의 생산이나 수입을 금지하여 이제 사용을 할 수 없도록 하고 있다. 콜라와 백열전구의 예는 영업비밀보호제도보다 특허제도가 기술확산과 발전에 도움이 되는 제도라는 것을 보여준다.

제3절 지적재산권 보호에 관한 법적근거

헌법 제22조
① 모든 국민은 학문과 예술의 자유를 가진다. ② 저작자 · 발명가 · 과학기술자와 예술가의 권리는 법률로써 보호한다.

헌법 제22조 제2항은 저작권과 특허권의 근거 조항이라고 할 수 있다. 영업비밀

도 발명가와 과학기술자의 권리 보호에 관련되어 있다고 할 수 있다.

상표도 위 헌법 조항이 그 근거조항인 것인지 문제 된다. 일부 헌법학자들을 중심으로 위 헌법 조항은 지식재산권 보호조항이므로 상표도 포함된다고 보기도 하지만, 이는 상표의 성질, 즉 지식재산권에 대하여 이해하지 못하여 발생한 오해라고 할 수 있다. 상표는 공정한 상거래를 목적으로 하는 것으로서 학문이나 저작자 · 발명가 · 과학기술자와 예술가와 관련이 없기 때문이다.

헌법 제119조

① 대한민국의 경제질서는 개인과 기업의 경제상의 자유와 창의를 존중함을 기본으로 한다.

② 국가는 균형있는 국민경제의 성장 및 안정과 적정한 소득의 분배를 유지하고, 시장의 지배와 경제력의 남용을 방지하며, 경제주체간의 조화를 통한 경제의 민주화를 위하여 경제에 관한 규제와 조정을 할 수 있다.

헌법 제119조는 자유시장경제질서를 원칙으로 선언하고, 국가가 필요에 의하여 규제와 조정을 할 수 있다고 규정하고 있다. 본 조항이 정직하고 진실된 상거래질서를 보증하는 상표법의 근거 조항이라고 할 수 있다. 그뿐만 아니라 공정한 거래질서(fair trade practice)를 보호하고자 하는 부정경쟁방지법(law of unfair competition)도 본 조항을 근거로 하고 있다고 할 수 있다.

위 두 헌법조항을 구별하는 이유는 특허와 저작권의 근거는 기본권 조항에 근거하고 있고, 상표와 부정경쟁에 관한 규정은 경제질서조항에 근거하고 있기 때문이다. 즉 헌법조문상 효력의 차이가 발생하기 때문이다. 기본권 조항은 경제질서 조항보다 상위 규범으로 두 조항이 충돌하는 경우에는 원칙론적으로 기본권 조항이 우선한다고 할 수 있다. 따라서 예컨대, 특허나 저작권이 상표가 충돌하는 경우에 법리적으로는 특허나 저작권이 상표에 우선한다고 할 수 있다. 물론 사안에 따라 달리 해석할 수 있으므로 항상 그러한 것은 아니다.

이해를 위하여 다음과 같은 경우에, 갑과 을이 기여한 것에 대하여 생각해 보시오.

○ 유명한 야구선수인 박찬호씨는 야구운동용품 상품을 지정상품으로 하여 자신의 이름을 특허청에 '상표'등록 했다.

○ 강남의 아파트 상가에서 베이커리를 운영하는 박찬호씨는 자신의 이름을 딴 '박찬호 베이커리'를 '상호'로 베이커리를 개점했다.

○ 상호와 상표는 어떤 차이가 있는가? 두 사람의 상호와 상표사용은 충돌하지 않는가?

제4절 지적재산권의 비교

1. 특허권, 저작권, 상표권, 영업비밀 및 부정경쟁방지법의 비교

특허권은 아이디어에 대한 특허법에서 부여하는 독점권이다. 대표적인 산업재산권이다. 저작권은 저작물에 구현된 인간의 사상이나 감정 즉, 표현에 대하여 독점권으로 문화재산권이다. 상표는 상품의 출처를 표시하는 표장에 대한 독점권이다. 영업비밀은 경영정보나 기술정보에 대한 비밀유지를 보호한다. 부정경쟁행위는 상거래에 있어 공정하지 못한 경쟁(unfair competition)을 금지하는 법제도이다. 대체로 지적재산권에 관한 법은 위와 같은 제도로 압축된다.

구분	특 허	영업비밀	저작권	상표	부정경쟁
목적	o 발명을 보호 장려, 기술의 발전을 촉진하여 산업발전에 이바지	o 타인의 영업비밀을 침해하는 행위를 방지하여 건전한 거래질서를 유지	o 인간의 창작을 보호하여 문화 및 관련 산업의 향상발전에 이바지	o 상표사용자의 업무상의 신용유지를 도모하여 산업발전 도모 및 수요자의 이익 보호	o 국내에 널리 알려진 타인의 상표 · 상호(商號) 등의 부정사용행위 방지하여 건전한 거래질서를 유지

구분	특 허	영업비밀	저작권	상표	부정경쟁
법적보호의 본질	o 법적으로 아이디어에 대하여 독점권(재산권)을 부여함	o 법적으로 사실상의 점유상태를 보호 o 아이디어를 비밀로 '보유' 하는 것을 보호 o 아이디어가 공개되면 영업비밀의 지위 상실 o 계약자유의 원칙에 따라 영업비밀보호계약에 따른 보호 o 정보가치의 중요성으로서 재산법에 의한 보호 강화 경향	o 인간의 창작적 표현에 대한 독자성 보호 – 모방이 아닌 저작자 스스로의 창작을 보호 – 감성적 성격을 가짐 o 아이디어에 대한 독점권 부여하지 않음	o 상표의 식별력을 보호 o 등록상표의 지정상품에 대한 사용에 대하여 독점권 부여	o 허위표시에 의해 수요자에게 혼동을 일으키는 행위 등 공정한 상거래질서를 침해하는 행위로부터 보호
보호요건	o 신규성 o 진보성 o 산업상 이용가능성 (유용성)	o 비밀성 o 경제적 가치 o 비밀유지노력	o 창작성	o 식별력	o 유명성 등 o 부정경쟁행위가 다양하여 각 행위에 따른 보호요건이 다름
보호대상	o 기술적 발명 : 자연법칙을 이용한 기술적 사상의 창작으로서 고도한 것	o 기술정보 : 특허요건을 갖추거나 갖추지 아니한 것을 불문하고, 기술, 설계방법, 설계도면, 실험데이터, 제조기술, 제조방법, 제조공정, 연구리포트 등 o 경영정보 : 고객명부, 거래명부, 판매계획, 입찰계획 등	o (어)문학 o 예술 – 음악 – 연극 및 무용 · 무언극 그 밖의 연극 – 회화 · 서예 · 조각 · 판화 · 공예 · 응용미술 저작물 그 밖의 미술 o 건축물 – 건축을 위한 모형 및 설계도서 그 밖의 건축저작물	o 상표 (서비스표 포함) o 단체표장 (지리적표시단체표장) o 증명표장 o 업무표장 (비영리) o 표장의 구성 – 기호 · 문자 · 도형, 입체적 형상 또는 이들을 결합하거나 이들에 색채를 결합한 것	o 국내에 널리 알려진 성명, 상호, 상표, 상품의 용기 · 포장, 그 밖에 타인의 상품임을 표시한 표지 o 거래상의 서류 또는 통신에 허위 원산지 표시, 판매, 반포 수출입하여 원산지 오인 o 허위의 제조지 표시 o 타인의 상품 사칭, 상품의 품질, 내용, 제조방법, 용도 또는 수량을 오인하게 하는 선전 또는 표지, 판매, 반포, 수출입

구분	특 허	영업비밀	저작권	상표	부정경쟁
보호 대상			o 영상제작물 – 영상, 영화, 사진 o 설계도, 지도, 도형, 약도 모형 및 그밖의 도형 o 컴퓨터 프로그램	– 다른 것과 결합하지 아니한 색채 또는 색채의 조합, 홀로그램, 동작 또는 그 밖에 시각적으로 인식할 수 있는 것 – 소리 · 냄새 등 시각적으로 인식할 수 없는 것 중 기호 · 문자 · 도형 또는 그 밖의 시각적인 방법으로 사실적(寫實的)으로 표현한 것	o 대리인이나 대표자 또는 그 행위일 전 1년 이내에 대리인이나 대표자이었던 자의 부정사용행위 o 부정목적(법에 구체적규정)으로 국내에 널리 인식된 타인의 성명, 상호, 상표, 그 밖의 표지와 동일하거나 유사한 도메인이름을 등록 · 보유 · 이전 또는 사용하는 행위 o 상품형태모방행위 o 공정한 상거래 관행이나 경쟁질서에 반하는 방법으로 자신의 영업을 위하여 무단으로 사용함으로써 타인의 경제적 이익을 침해하는 행위
등록 유무및 권리성	o 등록에 의해 권리발생	o 권리발생에 있어 등록불필요 – 국가가 영업비밀의 내용을 보관 o 영업비밀 요건이 충족되면 영업비밀로 보호 o 영업비밀이 침해를 받았을 경우 이에 대한 구제를 청구 – 배타적(독점적) 권리를 부여하는 것이 아니며, 비밀로 유지 · 관리되고 있는 사실상태(독점적 점유) 그 자체를 보호	o 창작과 동시에 저작권발생 o 등록이 권리발생의 요건이 아니나, 등록하면 권리자로 추정 등의 이익이 있음	o 등록에 의해 권리 발생	o 등록불필요

구분	특 허	영업비밀	저작권	상표	부정경쟁
등록 유무및 권리성		- 제3자가 동일한 내용의 영업비밀을 독자적으로 개발하여 사용한다 하더라도 그것만을 이유로 침해 주장을 할 수 없음 (이는 저작권과 유사)			
공개	o 공개를 전제로 함 (베니스의 특허의 경우에도 공중에게 시연할 것을 요구함)	o 비공개 o 공개하면 더 이상 영업비밀 아님	o 창작으로 인해 권리 발생 o 공표여부는 자유 - 공표의 자유는 저작인격권으로 보호	o 상표는 본질적으로 공중에 대한 사용을 전제함	o 공중에 대한 사용에 의해 유명성 등 취득하려면 공개적 사용이 전제로 되는 부정경쟁행위 존재 o 대부분의 부정경쟁행위는 공개와 무관
이전	o 타인에게 실시권(라이센스) 설정 가능	o 비밀유지를 전제로 실시계약(라이센스)이 가능	o 타인에게 이전 가능 - 저작인격권은 일신전속권으로 타인에게 이전불가 o 이용권(라이센스) 설정 가능	o 이전가능 o 사용권(라이센스) 설정가능	o 부정경쟁행위 자체를 금지하는 것이므로 권리를 이전할 수 없음
보호 기간	o 1624년 영국의 독점법은 14년 보호 - 길드시대에 두 번의 도제를 양성할 수 있는 기간 o 설정등록일로부터 출원일 후 20년 o 출원일 후 출원공개하면, 침해자에게 보상금 청구 - 서면경고 또는 출원공개 사실을 알고 실시한 자에게 청구	o 비밀로서 관리되는 한 무한정 보호 - 예컨대, 코카콜라의 제조방법	o 저작권: 생존기간 +70년 등 o 저작인접권: 실연/음반발행/방송을 한때로부터 70년 등 - 방송은 방송한 때로부터 50년	o 설정등록일로부터 10년 o 10년씩 갱신가능 (무제한)	o 보호기간이 존재하지 않음 (다만, 상품형태모방은 시제품 제작 등 상품의 형태가 갖추어진 날부터 3년이 지난 경우) o 부정경쟁행위가 존재하는 한 보호됨

구분	특 허	영업비밀	저작권	상표	부정경쟁
보호 기간	o 보호기간 5년 추가 가능 – 의약품과 같이 실험 등이 필요한 경우				
권리 내용	o 물건발명: 그 물건을 생산 · 사용 · 양도 · 대여 또는 수입하거나 그 물건의 양도 또는 대여의 청약(양도 또는 대여를 위한 전시를 포함한다. 이하 같다)을 하는 행위 o 방법발명: 그 방법을 사용하는 행위 o 물건을 생산하는 방법발명: '방법발명'의 실시 행위 외에 그 방법에 의하여 생산한 물건을 사용 · 양도 · 대여 또는 수입하거나 그 물건의 양도 또는 대여의 청약을 하는 행위	o 법에 규정 없으므로 자유롭게 사용	o 저작인격권 – 공표권,성명표시권,동일성유지권 o 저작재산권 – 복제권, 공연권, 공중송신권, 전시권, 배포권, 대여권, 2차적저작물작성권 – 배포권의 제한(저작권자의 허락을 받아 판매 등의 방법으로 거래에 제공된 경우에는 배포권이 없음, 단 허락 받아 거래에 제공된 경우에도, 판매용음반이나 판매용 프로그램은 저작권자가 대여할 권리를 가짐) o 저작인접권 (실연자, 음반사업자, 방송사업자)	o 상품 또는 상품의 포장에 상표를 표시하는 행위 o 상품 또는 상품의 포장에 상표를 표시한 것을 양도 또는 인도하거나 그 목적으로 전시 · 수출 또는 수입하는 행위 o 상품에 관한 광고 · 정가표 · 거래서류 · 간판 또는 표찰에 상표를 표시하고 전시 또는 반포하는 행위 o 상품, 상품의 포장, 광고, 간판 또는 표찰에 상표를 표시하는 행위에는 상품, 상품의 포장, 광고, 간판 또는 표찰을 표장의 형상이나 소리 또는 냄새로 하는 것 포함.	o 타인의 부정경쟁행위로부터 보호

제2장

저작권: 문화재산권

제1절 저작권의 의의

1. 저작권이란

저작권은 인간의 사상이나 감정의 표현을 보호하는 제도이다. 저작권은 인간의 사상과 감정을 표현한 창작물을 보호한다. 인간의 사상과 감정을 표현한 창작물은 그 인간이 속한 사회의 문화를 구성하고, 이는 인간사회의 전통과 문화를 구성하게 된다. 따라서 저작권에 의한 창작물의 보호는 전통과 문화를 풍부하게 한다.

인간은 여러 가지 매체로 사상과 감정을 표현하므로 저작권의 보호형태는 다양하다. 시, 소설, 희곡과 같은 어문저작물 뿐만 아니라 그림, 서예, 조각 등 미술품, 사진, 영화와 같은 영상물, 건축물, 심지어 골프장의 구성(layout)도 저작물을 구성하게 된다.

저작권은 창작을 보호하게 되는데, 창작은 인간의 개성의 표현이므로 각각의 창작물이 각각의 표현을 갖게 되어, 저작물로서 보호된다. 그러나 저작권은 아이디어를 보호하지 않는다. 이를 아이디어/표현의 이분법(idea/expression dichotomy)이라고 한다. 아이디어는 특허로 보호된다.

아래는 이효리와 아무로 나미에의 사진이다. 아무로 나미에의 사진이 먼저 공개되었고 이효리의 사진이 나중에 공개되어 이효리의 사진이 아무로 나미에의 사진을 표절(저작권침해)한 것이라고 주장되었다.

[이효리와 아무로나미에][72]

두 포스터에 나온 이효리와 아무로 나미에의 표현은 동일성이 있는 것이 있는가? 아이디어와 표현을 구분할 수 있는가? 아이디어는 보호를 받지 못하지만, 표현은 보호를 받는다. 패러디는 성립할 수 없는가? 아래는 영화 하류인생

73 사진은 http://img.theqoo.net/nhiHu에서 가져옴.

포스터를 모방한 빌게이츠를 모델로 한 오류인생 포스터이다.

분명 빌게이츠의 포스터는 영화 하류인생의 포스터를 모방하여 만들어진 것으로 보인다. 두 가지 포스터가 공유하는 표현과 아이디어가 있는가? 빌게이츠의 포스터에서 표현하려고 한 것은 무엇인가?

[영화 하류인생포스터와 빌게이츠][73]

두 가지 모두 하나를 바탕으로 다른 하나를 만들었다는 것이다. 표절을 판단하는 기준은 위 저작물을 창작한 사람의 독창성이 있는가이다. 하나는 원본이고 다른 하나는 이를 바탕으로 만든 것이다. 물론 원본은 모두 인간의 사상이나 감정이 반영된 것이므로 독창적인 저작물로 인정하여야 할 것이다. 문제는 이를 바탕으로 한 이효리를 담은 사진과 빌게이츠의 모습을 담은 포스터이다. 이는 원본의 저작권을 침해한 것일까? 아니면 패러디가 성립하여 새로운 저작물이 되는 것일까? 저작권이 보호하고자 하는 것은 무엇일까?

2. 아이디어와 표현의 이분법(idea v. expression dichotomy)

저작권이 보호하고자 하는 것은 저작물에 구현된 표현이다. 백종원씨가 방송에서 콩나물비빕밥을 만드는 것을 보고 여러분이 저작권으로 보호되는 방송에서 본대로 콩나물 비빔밥을 만들었다면 백종원씨의 저작권을 침해하는 것일까?

저작권은 표현을 보호하는 것으로서 아이디어를 보호하는 것은 아니다. 콩나물비빕밥을 만드는 방법은 그 구체화에 따라서 차이가 발생할 수 있지만, 기본적으로는 아이디어에 불과하다. 따라서 저작권으로 보호받지는 못한다. 아이디어는 특허

74 사진은 인터넷에서 가져옴.

나 영업비밀로 보호받을 수 있다. 이를 아이디어/표현의 이분법(idea/expression dichotomy)이라고 한다. 저작권은 표현을 보호하고 특허권은 아이디어를 보호한다는 원칙이다.

1879년 Baker v. Selden사건[75]에서 미국 연방대법원은 연방 저작권법상 저작권은 저작자에게 자신의 책에서 설명한 것에 대한 배타적인 권리를 부여하지 않는다고 판시했다.

> [W]hilst no one has a right to print or publish his book, or any material part thereof, as a book intended to convey instruction in the art, any person may practice and use the art itself which he has described and illustrated therein.
>
> ...
>
> The copyright of a book on book-keeping cannot secure the exclusive right to make, sell, and use account books prepared upon the plan set forth in such a book.

그리고 회계장부에 사용되도록 한 Selden이 만든 회계장부용 책자는 저작권의 대상이 아니고 Selden의 책자에 대한 저작권만으로는 그에게 그가 만든 방법에 의하여 작성되도록 한 회계장부용 책을 제작할 수 있는 배타적인 권리를 부여하는 것은 아니라고 하였다.

> The conclusion to which we have come is, that blank account-books are not the subject of copyright; and that the mere copyright of Selden's book did not confer upon him the exclusive right to make and use account-books, ruled and arranged as designated by him and described and illustrated in said book.

미국 연방대법원이 판결한 저작권은 표현을 보호하는 것으로 아이디어를 보호하

75 Baker v. Selden, 101 U.S. 99 (1879).

는 것은 아니라는 법 원칙은 1976년 연방저작권법 §102(b)에 입법화되었다. 1976년 저작권법 §102(b)는 "어떠한 경우라도 해당 저작물의 아이디어, 절차, 공정, 제계, 조작방법, 개념, 원칙 또는 발견에 대하여, 그러한 것들이 어떤 형식에 의하여 기술, 설명, 예시되거나 저작물에 포함되더라도 저작권의 보호대상이 아니다."(In no case does copyright protection for an original work of authorship extend to any idea, procedure, process, system, method of operation, concept, principle, or discovery, regardless of the form in which it is described, explained, illustrated, or embodied in such work.)라고 규정하였다.

Brandir Int'l, Inc. v. Cascade Pac. Lumber Co., 834 F.2d 1142 (1987)

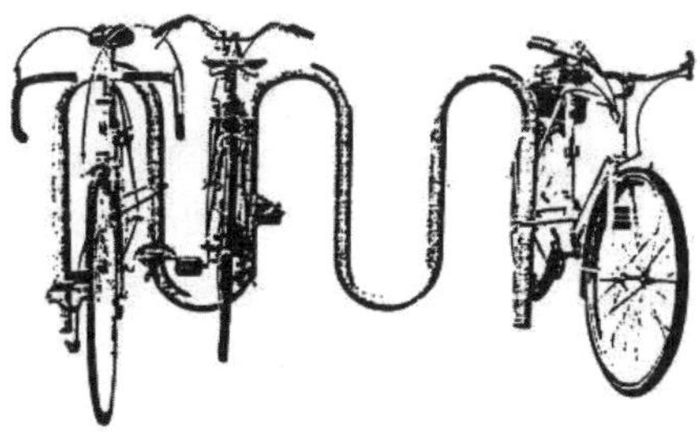

위 자전거 거치대는 저작권으로 보호받을 수 있는가?

3. 아이디어와 표현의 합체(merge) 원칙

아이디어와 표현의 합체(merge) 원칙은 제한된 표현이 존재하는 경우에 인정되는 원칙으로 이러한 경우에는 저작권을 인정하기 어려워진다. 본 원칙은 Morrissey v. Procter & Gamble Co.사건[76]에서 적용되었다. 이 사건은 사회보장번호(우리나라의 주민번호와 유사한 번호)를 이용한 경품게임이었는데, 그 경품을 받는 것에 대한 규칙을 정하였다. 피고도 유사한 게임을 만들면서 원고의 1번 규칙과 거의 유

76 MORRISSEY v. PROCTER & GAMBLE CO., 379 F.2d 675 (1st Cir. 1967).

사하게 1번 규칙을 만들었다. 이에 원고가 저작권 침해소송을 제기했다. 제1순회법원(항소법원)은 아이디어를 설명하기 위해 제한된 표현만 존재하는 경우에는 그 표현은 저작권보호가 어렵다고 판시했다. 표현에 의해 아이디어가 보호받을 수 있기 때문이다. 결국 규칙을 설명하는 등의 서술은 그 표현수단이 제한되어 있기 때문에 기능적 저작물로서 그 보호가 제한된다.

옥편의 창작물성(서울고등법원 제3민사부 1962.5.18.판결, 61나1243 간행물 출판금지[76])

당사자들의 주장을 볼 것 같으면 원고는 "국한명문신옥편"(國漢明文新玉篇)을 간행하고 있고, 피고는 원고 주장과 같은 "국한최신홍자옥편"(國漢最新弘字玉篇)을 간행하고 있으며, 원.피고가 각각 위의 간행물 출판등록을 하고 있는 사실 등은 원.피고 사이에 서로 다툼이 없고, 당사자 변론의 전취지를 보면 위의 옥편 간행은 원고가 피고보다는 먼저부터서 그것을 간행하고 있는 것이 인정된다. 그런데 원고는 한자(漢字)옥편이라고 하는 것이 그 성질상 한자(漢字) 그것을 새로 창조할 수는 없는 것이지만 그것을 해설하는 것은 각 편찬자에 따라 그 내용과 방법이 서로 달라 각각 그 특색을 가지고 있는 것인데, 피고가 간행한 위의 옥편의 내용을 보면 피고는 원고의 위의 옥편 내용을 그대로 모필로 등사해서 사진판을 만들어 가지고 출판한 것이며, 난위에(欄頭),초자(草子)나 전자(篆子) 및 부록음고(附錄音考)까지도 사진으로 전재(轉載)한 것으로서 글자의 배열과 해설 등 그 내용의 9할 3분까지가 원고의 위의 옥편에 대한 저작권을 침해하는 행위가 되는 것이기 때문에 그 간행의 금지를 구한다고 주장하므로 이 점을 문화적 창작품이 아닌 까닭으로 그 자체를 새로 창작할 수가 없는 제약이 있기는 하나 그것은 이미 먼 옛날로부터 우리 겨레의 문화에 완전히 동화(同化)가 되어 그 쓰이는 바 뜻이 한자(漢字) 그것이 고유(固有)한 것과는 반드시 같지를 않고 우리 것으로서 특징을 지니게 되었으며 또한 그것은 시대의 발전에 따라 그 내용도 점차 발전되어 가고 있기 때문에 한자옥편에 있어서 그 해설을 그 옥편의 편찬자에 따라, 풀이의 폭(幅)이나 또는 그 역사성, 시대성 등에 있어 각각 특색을 지닐 수 있는 것이라고 볼 수 있는 점을 고려한다면 이러한 옥편의 편찬은 민족문화 발전에 보탬을 주는 하나의 창작물이라고 하기에 어렵지 않겠고, 따라서 이것은 이러한 것을 보호하고자 하는 목적으로 만들어진 저작권법 제2조에 규정된 저작물에 해당하는 것이라고 할 것이니, 이 점에 대하여서는 당원도 원고의 말하는 바와 견해를 같이하는 바다. 그러므로 원고는 위의 옥편에 대한 저작권이 있고 또 그 등록을 마친 것이 위에서 본 바와 같으므로 이 저작권은 다른 사람에게 대항할 수 있는 것이라고는 하겠다.

77 고등법원판례집, 민사형사특별편(1961–1963). (저작권위원회 자료실에게 전재함).

그러나 원고는 피고가 그의 옥편을 간행함에 있어 원고의 그것을 그대로 모필로 등사를 해서 복제(複製)를 하였다고 하는 점을 보면, 이 소송에 나타난 모든 자료를 보아도 그와 같은 복제 사실을 인정할 만한 자료가 보이지를 않고 감정인 최근학(催根學)의 감정 내용에 의하면 원.피고간의 두 옥편의 내용은 그 한자수만 해서 1할 2분이 틀리고 당사자 변론의 전취지에 의하면 그 해설에 있어서도 상당한 곳이 서로 다르게 되어 있는 것으로 인정되는데, 그 진술내용에 비추어 그 방면에 전문적인 소양이 있는 것으로 인정되는 증인 이숭녕(李崇寧)은 우리 나라의 국한문 옥편은 이지음에서 약 200여년의 옛적에 저자 미상의 "전운옥편"(全韻玉篇)을 비롯하여 융희(隆熙) 3년 5월에 간행된 지석영(池錫永)선생의 "국한문 자전석요"(國漢文字典釋要)와 1915.11.1에 최남선(催南善)선생의 "신자전(新字典) 등의 간행에 전후하여 지금에 이르기까지 퍽 많은 그런 류의 옥편이 나왔으나 이것들의 내용은 대개 대동소이(大同小異)할 뿐더러 그 모태(母胎)는 위의 지석영, 최남선 두 선생의 간행물과 중국(中國)의 "강희자전(康熙字典)에 두었다고 하는 사실과 또 옥편은 그 성질이 그렇게 할 수밖에 별다른 방법이 없는 것이라고 하는 요지의 말을 하고 있고 그밖에 증인들도 별달리 위의 증언이 사리에 어긋나는 것임을 말하지 않고 있음에 비추어 위에 인정된 바 두 옥편의 내용이 다르다고 하는 그 나머지 부분이 설혹 원고의 말과 같이 똑같다손 치더라도 그와 같은 정도는 우리들의 사회관념이나 생활감정상 피고의 그것이 원고의 그것을 같다. 그런즉은 피고의 위의 옥편 간행행위가 원고의 그 저작권을 침해한 것이라고 할 수가 없을 것이니 그것을 전제로 한 원고의 이 청구도 다른 점에 대한 판단을 더할 것도 없이 용납될 수가 없다. 그런데 원판결은 그 이유 설시에 있어서는 위와 견해를 달리 하였으나 그 결론에 있어서는 위의 것과 같은 바 있으므로 결국 원고의 이 공소는 이유가 없게 되었다.

4. 사실상의 독점과 네트워크현상

특허권이나 저작권과 같이 법적인 독점을 부여하는 것은 아니지만, 사실상 독점화되는 경우가 발생한다. 타자기, 컴퓨터 휴대폰 키보드 등에서 키순서의 배열 등에서 그러한 현상이 발생한다. 사용하던 키보드를 다른 키보드로 변경하는데 전환비용(switching cost)이 발생한다. 따라서 사람들이 이전에 사용하던 방식을 그대로 이용하려고 하므로 기존의 시스템에 잠김(lock in) 되는 현상이 발생한다. 미국 해군이 현재 사용되는 영문 키보드인 QWERTY 자판과 대체 키보드인 DVORAK 자판[78]사이에 타자속도를 검증했는데, DVORAK 자판이 25-30%정도 타이핑 속도

78 1932년 Dvorak과 Dealey가 DVORAK 자판에 대하여 특허를 취득했다.

가 빨랐다고 한다. 그럼에도 불구하고 이를 변경하는데 시간과 비용 및 노력이 들기 때문에 사람들은 QWERTY 자판을 사용하게 된다. 한글 키보드의 2벌식과 3벌식간에도 잠금(lock in) 문제가 발생하는데, 현재 보편적으로 사용하는 2벌식 보다는 3벌식 자판의 속도가 빠르다고 한다. 그럼에도 불구하고 전환비용으로 인하여 계속 2벌식의 자판을 사용하고 있다.

그뿐만 아니라 컴퓨터의 윈도우 O/S의 경우에는 네트워크 현상(network effect)에 의하여 사실상 독점이 발생한다. 네트워크 현상의 전형적인 예는 전화기이다. 전화기 한 대만으로는 아무것도 할 수 없지만, 두 대가 되면 최소한 두 대의 전화기 사이에 통신이 가능하고 많은 사람이 전화기를 가질수록 그 많은 사람과 통신을 할 수 있으므로 그 효용성은 증가한다. 이를 네트워크 효과라고 한다. 이러한 네트워크 효과에 의하여 '사실상' 독점이 발생한다.

네트워크 효과와 전환비용이 발생하는 경우에는 사실상 독점과 표준화가 발생한다. 이러한 경우에는 저작권을 제한할 수밖에 없다. 이러한 경우 저작권을 인정한다면 저작권자가 저작을 함으로서 저작권으로 사회에 기여한 것보다 더 많은 반대급부를 제공받는 것이기 때문이다. 특허권의 경우에도 저작권과 같이 제한을 하여야 한다. 공정거래법에서는 FRAND 확약을 통해서 해당 권리를 공개하고 라이센스를 통한 로열티로 보상을 하여 기여와 독점사이에 균형을 맞춘다.

미국에서 네트워크효과와 전환비용의 문제가 불거진 것은 LOTUS 사건[79]이다. LOTUS 1-2-3 프로그램은 스프레드시트 프로그램이었는데, 경쟁업체인 BORLAND 사가 자신의 프로그램인 Quattro 프로그램을 좀 더 쉽게 사용할 수 있도록 LOTUS 1-2-3의 용어와 메뉴구조를 모방하여 LOTUS 1-2-3 사용자가 Quattro 프로그램을 사용할 때 쉽게 사용할 수 있도록 하였다. 그러나 BORLAND 사는 LOTUS 1-2-3 프로그램의 코드를 도용한 것은 아니었고, LOTUS 1-2-3 프로그램의 인터페이스를 알고 있는 사용자가 직관적으로 Quattro 프로그램의 인터페이스를 알 수 있도록 한 것이었다. LOTUS는 1-2-3 프로그램의 메뉴 인터페이

79 Lotus Development Corp. v. Borland International, Inc., 516 U.S. 233 (1996).

스에 대한 저작권법 위반을 주장하였다. 그러나 연방대법원은 LOTUS 1-2-3 프로그램 메뉴에 저작권을 인정한다면, 다른 프로그램에서는 LOTUS 1-2-3 프로그램과 다르게 메뉴를 구성하여야 하고, 사용자는 다시 명령어를 습득하여야 하는데(전환비용의 발생) 이렇게 되면 소비자들은 새로운 메뉴를 습득하는 것을 싫어할 수밖에 없고, LOUTUS 프로그램보다 더 나은 프로그램이 나오더라도 LOTUS 프로그램을 계속사용하게 되는 결과가 되어, 결국은 사회적 효용이 감소하게 된다는 점을 지적하였다. 결국 4:4의견이 되어(9명의 대법관중 1명은 심리에 참석하지 않았다.) 판단을 할 수 없게 됐고, 원고의 청구를 기각한 제1순회법원의 저작권침해에 대한 기각판결을 유지하게 되었다.

본 판결로 인하여 LOTUS 사는 자신의 LOTUS 1-2-3 프로그램 메뉴에 대한 저작권침해를 주장하지 못하게 되었다. 결국 본 판결로 인하여 경쟁업체들은 LOTUS 1-2-3 프로그램 메뉴와 유사한 인터페이스를 가진 프로그램 메뉴를 구성하였다. 최근에는 휴대폰의 경우 유사한 아이콘을 만들게 되어, 시장에 많은 경쟁제품들이 나오게 되었고, 사용자들은 유사한 메뉴나 아이콘을 사용할 수 있어서 매우 편리하게 되었다.

하나의 법원 판결이 사회적 경제적으로 얼마나 영향을 미칠 수 있고, 이에 따라서 관련된 기술발전을 좌우할 수 있다는 것을 단적으로 보여주는 사례라고 할 수 있다. 흔글 프로그램과 마이크로 소프트 워드(MS word) 프로그램 간의 메뉴가 유사한 것이나 애플의 아이폰이나 삼성의 갤럭시의 아이콘이 유사한 것에도 같은 법적 쟁점이 발생한다.

5. 저작권으로 보호받는 저작물

저작권으로 보호받는 저작물은 인간의 사상과 감정을 표현한 창작물이다. 인간의 사상과 감정을 표현한 것이라면 저작권의 보호를 받을 수 있다. 우리 저작권법 제4조는 저작물로 보호받을 수 있는 것을 나열하고 있다. 이는 조문에서 보는 바와 같이 예시에 불과하므로 나열된 것 이외에도 인간의 사상이나 감정을 표현한 것이라면 저작물로 보호받을 수 있다.

저작물의 예시에 관한 저작권법 규정

제4조(저작물의 예시 등) ① 이 법에서 말하는 저작물을 예시하면 다음과 같다.

1. 소설 · 시 · 논문 · 강연 · 연설 · 각본 그 밖의 어문저작물
2. 음악저작물
3. 연극 및 무용 · 무언극 그 밖의 연극저작물
4. 회화 · 서예 · 조각 · 판화 · 공예 · 응용미술저작물 그 밖의 미술저작물
5. 건축물 · 건축을 위한 모형 및 설계도서 그 밖의 건축저작물
6. 사진저작물(이와 유사한 방법으로 제작된 것을 포함한다)
7. 영상저작물
8. 지도 · 도표 · 설계도 · 약도 · 모형 그 밖의 도형저작물
9. 컴퓨터프로그램저작물

우리 저작권법 제7조는 저작권으로 보호받지 못하는 저작물을 규정하고 있다. 그러나 정확히 말하면 저작권으로 보호받지 못하는 '저작물'이 아니라 저작물이 아닌 경우이다. 왜냐하면 인간의 사상 감정이 표현된 것이 아니기 때문에 저작물 자체가 될 수 없기 때문이다. 그렇지만, 제7조에 나열된 모든 경우가 저작권으로 보호받지 못하는 것은 아니다.

대법원은 "'사실의 전달에 불과한 시사보도'를 열거하고 있는바, 이는 원래 저작권법의 보호대상이 되는 것은 외부로 표현된 창작적인 표현 형식일 뿐 그 표현의 내용이 된 사상이나 사실 자체가 아니고, 시사보도는 여러 가지 정보를 정확하고 신속하게 전달하기 위하여 간결하고 정형적인 표현을 사용하는 것이 보통이어서 창작적인 요소가 개입될 여지가 적다는 점 등을 고려하여, 독창적이고 개성 있는 표현 수준에 이르지 않고 단순히 '사실의 전달에 불과한 시사보도'의 정도에 그친 것은 저작권법에 의한 보호대상에서 제외한 것이라고 할 것이다"라고 판시하면서

"단순한 '사실의 전달에 불과한 시사보도'의 정도를 넘어선 것만을 가려내어 그에 대한 복제 행위에 대하여만 복제권 침해행위의 죄책을 인정하였어야 할 것임에도 불구하고, 이러한 조치 없이 공소사실 기재 각 연합뉴스사의 기사 및 사진 복제 행위에 대하여 모두 복제권 침해행위의 죄책을 인정한 것은, 저작권법의 보호대상이 되는 저작물의 범위에 대한 법리를 오해하였거나 심리를 다하지 않은 위법을 범한 것이라 할 것"이라고 판시했다.[80] 즉 신문기사에 표현되어 있는 기자의 고유한 사실 표현방식(문장의 서술방법, 단어의 선택)은 저작권의 대상이 될 수 있다.

저작권이 부여되지 않는 저작물에 관한 저작권법 규정
제7조(보호받지 못하는 저작물) 다음 각 호의 어느 하나에 해당하는 것은 이 법에 의한 보호를 받지 못한다. 1. 헌법 · 법률 · 조약 · 명령 · 조례 및 규칙 2. 국가 또는 지방자치단체의 고시 · 공고 · 훈령 그 밖에 이와 유사한 것 3. 법원의 판결 · 결정 · 명령 및 심판이나 행정심판절차 그 밖에 이와 유사한 절차에 의한 의결 · 결정 등 4. 국가 또는 지방자치단체가 작성한 것으로서 제1호 내지 제3호에 규정된 것의 편집물 또는 번역물 5. 사실의 전달에 불과한 시사보도

제2절 저작권법상의 중요 개념

1. 관련 규정

저작권법에는 중요한 개념정의가 있다. 아래는 개념에 대한 저작권법의 규정이다.

저작권법상 용어에 관한 저작권법 규정

80 대법원 2006.9.14. 선고 2004도5350 판결.

제2조(정의)

이 법에서 사용하는 용어의 뜻은 다음과 같다.

1. ...

2. ...

3. "공연"은 저작물 또는 실연 · 음반 · 방송을 상연 · 연주 · 가창 · 구연 · 낭독 · 상영 · 재생 그 밖의 방법으로 공중에게 공개하는 것을 말하며, 동일인의 점유에 속하는 연결된 장소 안에서 이루어지는 송신(전송을 제외한다)을 포함한다.

4. "실연자"는 저작물을 연기 · 무용 · 연주 · 가창 · 구연 · 낭독 그 밖의 예능적 방법으로 표현하거나 저작물이 아닌 것을 이와 유사한 방법으로 표현하는 실연을 하는 자를 말하며, 실연을 지휘, 연출 또는 감독하는 자를 포함한다.

5. "음반"은 음(음성 · 음향을 말한다. 이하 같다)이 유형물에 고정된 것(음이 영상과 함께 고정된 것을 제외한다)을 말한다.

6. "음반제작자"는 음을 음반에 고정하는데 있어 전체적으로 기획하고 책임을 지는 자를 말한다.

7. "공중송신"은 저작물, 실연 · 음반 · 방송 또는 데이터베이스(이하 "저작물등"이라 한다)를 공중이 수신하거나 접근하게 할 목적으로 무선 또는 유선통신의 방법에 의하여 송신하거나 이용에 제공하는 것을 말한다.

8. "방송"은 공중송신 중 공중이 동시에 수신하게 할 목적으로 음 · 영상 또는 음과 영상 등을 송신하는 것을 말한다.

8의2. "암호화된 방송 신호"란 방송사업자나 방송사업자의 동의를 받은 자가 정당한 권한 없이 방송(유선 및 위성 통신의 방법에 의한 방송에 한한다)을 수신하는 것을 방지하거나 억제하기 위하여 전자적으로 암호화한 방송 신호를 말한다.

9. "방송사업자"는 방송을 업으로 하는 자를 말한다.

10. "전송(傳送)"은 공중송신 중 공중의 구성원이 개별적으로 선택한 시간과 장소에서 접근할 수 있도록 저작물등을 이용에 제공하는 것을 말하며, 그에 따라 이루어지는 송신을 포함한다.

11. "디지털음성송신"은 공중송신 중 공중으로 하여금 동시에 수신하게 할 목적으로 공중의 구성원의 요청에 의하여 개시되는 디지털 방식의 음의 송신을 말하며, 전송을 제외한다.

12. "디지털음성송신사업자"는 디지털음성송신을 업으로 하는 자를 말한다.

13. "영상저작물"은 연속적인 영상(음의 수반여부는 가리지 아니한다)이 수록된 창작물로서 그 영상을 기계 또는 전자장치에 의하여 재생하여 볼 수 있거나 보고 들을 수 있는 것을 말한다.

14. "영상제작자"는 영상저작물의 제작에 있어 그 전체를 기획하고 책임을 지는 자를 말한다.
15. "응용미술저작물"은 물품에 동일한 형상으로 복제될 수 있는 미술저작물로서 그 이용된 물품과 구분되어 독자성을 인정할 수 있는 것을 말하며, 디자인 등을 포함한다.
16. "컴퓨터프로그램저작물"은 특정한 결과를 얻기 위하여 컴퓨터 등 정보처리능력을 가진 장치(이하 "컴퓨터"라 한다) 내에서 직접 또는 간접으로 사용되는 일련의 지시 · 명령으로 표현된 창작물을 말한다.
17. "편집물"은 저작물이나 부호 · 문자 · 음 · 영상 그 밖의 형태의 자료(이하 "소재"라 한다)의 집합물을 말하며, 데이터베이스를 포함한다.
18. "편집저작물"은 편집물로서 그 소재의 선택 · 배열 또는 구성에 창작성이 있는 것을 말한다.
19. "데이터베이스"는 소재를 체계적으로 배열 또는 구성한 편집물로서 개별적으로 그 소재에 접근하거나 그 소재를 검색할 수 있도록 한 것을 말한다.
20. "데이터베이스제작자"는 데이터베이스의 제작 또는 그 소재의 갱신 · 검증 또는 보충(이하 "갱신등"이라 한다)에 인적 또는 물적으로 상당한 투자를 한 자를 말한다.
21. "공동저작물"은 2인 이상이 공동으로 창작한 저작물로서 각자의 이바지한 부분을 분리하여 이용할 수 없는 것을 말한다.
22. "복제"는 인쇄 · 사진촬영 · 복사 · 녹음 · 녹화 그 밖의 방법으로 일시적 또는 영구적으로 유형물에 고정하거나 다시 제작하는 것을 말하며, 건축물의 경우에는 그 건축을 위한 모형 또는 설계도서에 따라 이를 시공하는 것을 포함한다.
23. "배포"는 저작물등의 원본 또는 그 복제물을 공중에게 대가를 받거나 받지 아니하고 양도 또는 대여하는 것을 말한다.
24. "발행"은 저작물 또는 음반을 공중의 수요를 충족시키기 위하여 복제 · 배포하는 것을 말한다.
25. "공표"는 저작물을 공연, 공중송신 또는 전시 그 밖의 방법으로 공중에게 공개하는 경우와 저작물을 발행하는 경우를 말한다.
26. "저작권신탁관리업"은 저작재산권자, 배타적발행권자, 출판권자, 저작인접권자 또는 데이터베이스제작자의 권리를 가진 자를 위하여 그 권리를 신탁받아 이를 지속적으로 관리하는 업을 말하며, 저작물등의 이용과 관련하여 포괄적으로 대리하는 경우를 포함한다.
27. "저작권대리중개업"은 저작재산권자, 배타적발행권자, 출판권자, 저작인접권자 또는 데이터베이스제작자의 권리를 가진 자를 위하여 그 권리의 이용에 관한 대리 또는 중개행위를 하는 업을 말한다.
28. "기술적 보호조치"란 다음 각 목의 어느 하나에 해당하는 조치를 말한다.

가. 저작권, 그 밖에 이 법에 따라 보호되는 권리의 행사와 관련하여 이 법에 따라 보호되는 저작물등에 대한 접근을 효과적으로 방지하거나 억제하기 위하여 그 권리자나 권리자의 동의를 받은 자가 적용하는 기술적 조치

나. 저작권, 그 밖에 이 법에 따라 보호되는 권리에 대한 침해 행위를 효과적으로 방지하거나 억제하기 위하여 그 권리자나 권리자의 동의를 받은 자가 적용하는 기술적 조치

29. "권리관리정보"는 다음 각 목의 어느 하나에 해당하는 정보나 그 정보를 나타내는 숫자 또는 부호로서 각 정보가 저작권, 그 밖에 이 법에 따라 보호되는 권리에 의하여 보호되는 저작물등의 원본이나 그 복제물에 부착되거나 그 공연 · 실행 또는 공중송신에 수반되는 것을 말한다.

가. 저작물등을 식별하기 위한 정보

나. 저작권, 그 밖에 이 법에 따라 보호되는 권리를 가진 자를 식별하기 위한 정보

다. 저작물등의 이용 방법 및 조건에 관한 정보

30. "온라인서비스제공자"란 다음 각 목의 어느 하나에 해당하는 자를 말한다.

가. 이용자가 선택한 저작물등을 그 내용의 수정 없이 이용자가 지정한 지점 사이에서 정보통신망(「정보통신망 이용촉진 및 정보보호 등에 관한 법률」 제2조제1항제1호의 정보통신망을 말한다. 이하 같다)을 통하여 전달하기 위하여 송신하거나 경로를 지정하거나 연결을 제공하는 자

나. 이용자들이 정보통신망에 접속하거나 정보통신망을 통하여 저작물등을 복제 · 전송할 수 있도록 서비스를 제공하거나 그를 위한 설비를 제공 또는 운영하는 자

31. "업무상저작물"은 법인 · 단체 그 밖의 사용자(이하 "법인등"이라 한다)의 기획하에 법인등의 업무에 종사하는 자가 업무상 작성하는 저작물을 말한다.

32. "공중"은 불특정 다수인(특정 다수인을 포함한다)을 말한다.

33. "인증"은 저작물등의 이용허락 등을 위하여 정당한 권리자임을 증명하는 것을 말한다.

34. "프로그램코드역분석"은 독립적으로 창작된 컴퓨터프로그램저작물과 다른 컴퓨터프로그램과의 호환에 필요한 정보를 얻기 위하여 컴퓨터프로그램저작물코드를 복제 또는 변환하는 것을 말한다.

35. "라벨"이란 그 복제물이 정당한 권한에 따라 제작된 것임을 나타내기 위하여 저작물등의 유형적 복제물 · 포장 또는 문서에 부착 · 동봉 또는 첨부되거나 그러한 목적으로 고안된 표지를 말한다.

36. "영화상영관등"이란 영화상영관, 시사회장, 그 밖에 공중에게 영상저작물을 상영하는 장소로서 상영자에 의하여 입장이 통제되는 장소를 말한다.

...

2. 2차적 저작물

2차적 저작물의 보호에 관한 저작권법 규정
제5조 (2차적저작물) ① 원저작물을 번역 · 편곡 · 변형 · 각색 · 영상제작 그 밖의 방법으로 작성한 창작물(이하 "2차적 저작물"이라 한다)은 독자적인 저작물로서 보호된다. ② 2차적저작물의 보호는 그 원저작물의 저작자의 권리에 영향을 미치지 아니한다.

2차적 저작물은 원저작물이 존재하고 이를 바탕으로 저작물을 창작한 것을 말한다. 원저작물로부터 파생된 것이므로 파생적 저작물(derivative works)이라고도 한다. 예컨대 소설을 바탕으로 각색하여 연극으로 만들거나 영화화 하는 경우에 연극이나 영화는 원저작물인 소설을 바탕으로 만들어진 2차적 저작물에 해당한다. 번역 등도 원저작물을 바탕으로 하는 것이다. 2차적 저작물은 저작물로서 보호받는다. 예컨대, 한글 소설을 영어로 번역하면 그 영문번역은 저작물로서 보호받는다.

물론 2차적 저작물을 작성할 권리는 원저작자에게 있으므로 타인이 2차적 저작물을 작성하기 위해서는 원저작권자의 허락을 받아야 한다. 만일 허락을 받지 않으면 원저작자의 저작권 침해가 되지만, 저작권 침해와는 별개로 2차적 저작물에 대한 저작권은 2차적 저작물을 작성한 자에게 속한다. 예컨대, 영문소설을 한글로 번역한 경우에, 한글로 번역한 자에게 번역물에 대한 저작권이 존재한다. 만일 그 번역에 대한 원저작자의 허락이 없다면 2차적 저작물 작성권을 침해한 것이지만, 번역물에 대한 저작권은 번역을 한 사람에게 있다.

2차적 저작물이 되기 위해서는 실질적 개변이 필요하고, 실질적 동일성이 있어야 한다. 실질적 개변이 없으면 2차적 저작물이 아니라 동일한 저작물이다. 실질적 동일성이 존재하지 않으면, 2차적 저작물이 아닌 별개의 저작물이다.

2차적 저작물이 되기 위해서는 원저작물에 대하여 별개의 저작물이라고 할 정도의 개변(改變)(실질적 개변)이 요구되는데, 실질적 개변이 되기 위해서는 보통의 저작물에서 요구되는 창작성보다 더 실질적이고 높은 정도의 창작성을 요구한다. 그 정도에 이르지 못하는 개변이 이루어진 경우, 이는 2차적 저작물이 아니라 단순한 복제에 불과하다. 예컨대, 소설을 다른 언어로 번역하는 것은 실질적 개변이 있다고 인정한다.

소설의 다른 언어로의 번역과 같이, 2차적 저작물로 인정받기 위해서는 원저작물을 토대로 하여 작성되었다는 의미에서 원저작물과의 실질적 유사성이 인정되어야 한다. 그러나 실질적 유사성의 범위내에서 원저작물에 실질적인 개변에 이르는 창착성이 부가되어야 한다.

그러나 패러디(parody)는 원저작물을 풍자하거나 익살스럽게 표현하는 것으로서 실질적 유사성을 넘는 새로운 창작성이 있다고 보아 2차적 저작물이 아닌 별개의 독립적인 저작물로 본다.

3. 편집저작물

편집저작물의 정의에 관한 저작권법 규정

제2조 (정의)

1. ....

....

17. "편집물"은 저작물이나 부호 · 문자 · 음 · 영상 그 밖의 형태의 자료(이하 "소재"라 한다)의 집합물을 말하며, 데이터베이스를 포함한다.

18. "편집저작물"은 편집물로서 그 소재의 선택 · 배열 또는 구성에 창작성이 있는 것을 말한다.

편집저작물은 저작물이나 부호 등의 집합체를 말한다. 예컨대, 시를 모아 시집을 낸 경우에 그 시집은 편집저작물이 된다. 편집저작물을 만들기 위해서는 그 소재가 된 저작물에 대한 저작권자의 동의가 있어야 한다. 물론 동의가 없더라도 저작권을 인정받을 수는 있지만, 편집저작물의 소재가 된 저작물(예컨대, 단편소설집에서 개별적인 소설) 저작자의 저작권을 침해하는 결과가 된다. 다만, 편집저작물의 최소한 선정된 소재의 선택이나 편집에 있어서 배열 또는 구성에 창작성이 있어야 한다. 편집저작물의 창작성은 약한 편이다.

4. 서체(글자체, 폰트)의 보호

서체(글자체, 폰트)는 저작권으로 보호받지 못한다는 것이 다수의 견해이자 대법원 판례의 입장이라고 할 수 있다. 서체는 저작권의 보호를 받을 수 있는 인간의 사상이나 감정을 표현한 것이 아니라 정보를 전달한다는 실용적인 기능을 주된 목적으로 한 것, 즉 순수미술이 아닌 실용적인 것이므로 저작권의 보호대상이 아니라는 것이다.

소수의 견해가 서체는 저작물로 보호받아야 한다고 주장하고 있다. 그리고 일부 판결에서 서체를 저작물로 인정하였지만, 그와 같은 판결에서 문제된 것은 서예가의 글씨이지 서적이나 컴퓨터의 워드 프로그램에서 사용되는 글자체가 아니다.[81] 즉, 서예는 순수미술로서 저작물로 보호받으므로 이를 복제한 것은 저작권 침해가 된다.

81 서울지방법원 1997. 2. 21. 선고 96가합42432 판결, 서울고등법원 1997. 9. 24. 선고 97나15236판결, 대법원 1998. 1. 26. 선고 97다49565 저작권침해금지 사건. 본 사건은 "축제사건"이라 불리는 사건으로 피고 1은 소설가 이청준의 소설 "축제"를 영화화하면서 영화포스터 등 홍보물, 광고물 및 필름 자막을 사용하고, 피고 2는 위 소설을 출판하면서 소설책의 표지, 홍보물, 광고물에 서예가 여태명의 "춘향가"작품 속 서예글씨를 허락없이 복제하여 사용한 사건으로 저작권 침해행위의 금지와 손해배상을 인정했다.

82 사진은 http://www.designmap.or.kr/ipf/IpTrFrD.jsp?p=161 에서 가져옴.

[축제사건에서 문제된 글자체][81]

[그림 1: 원작품]

[그림 2 영화포스터]

[그림 3: 소설책 표지]

손으로 작업을 하는 서예나 캘리그래피(calligraphy)와 같은 글자체는 순수미술로서 보호받을 수 있다. 이는 인쇄와 같은 목적이 아닌 미술적인 요소를 갖기 때문이다. 그러나 활자(폰트)에 의한 서체는 대량으로 사용되는 기능적인 것으로서 순수미술이 아니므로 저작권보호대상이 아니다. 다만 우리 저작권법이 응용미술도 보호하는 경우가 있으므로 일부 견해는 이 규정에 의하여 서체를 보호할 수 있다고 주장하기도 한다.

서체의 저작물성(대법원 1996. 8. 23. 선고 94누5632 판결)

서체도안들은 우리 민족의 문화유산으로서 누구나 자유롭게 사용하여야 할 문자인 한글 자모의 모양을 기본으로 삼아 인쇄기술에 의해 사상이나 정보 등을 전달한다는 실용적인 기능을 주된 목적으로 하여 만들어진 것임이 분명한바, 위와 같은 인쇄용 서체도안에 대하여는 일부 외국의 입법례에서 특별입법을 통하거나 저작권법에 명문의 규정을 둠으로써 법률상의 보호 대상임을 명시하는 한편 보호의 내용에 관하여도 일반 저작물보다는 제한된 권리를 부여하고 있는 경우가 있기는 하나, 우리 저작권법은 서체도안의 저작물성이나 보호의 내용에 관하여 명시적인 규정을 두고 있지 아니하며 이 사건 서체도안과 같이 실용적인 기능을 주된 목적으로 하여 창작된 응용미술작품은 거기에 미적인 요소가 가미되어 있다고 하더라도 그 자체가 실용적인 기능과 별도로 하나의 독립적인 예술적 특성이나 가치를 가지고 있어서 예술의 범위에 속하는 창작물에 해당하는 경우에만 저작물로서 보호된다고 해석되는 점(당원 1996.2.23. 선고 94도3266 판결 참조) 등에 비추어 볼 때 우리 저작권법의 해석상으로는 이 사건 서체도안은 신청서 및 제출된 물품 자체에 의한 심사만으로도 저작권법에 의한 보호 대상인 저작물에는 해당하지 아니함이 명백하다.

물론 요즘에는 글자체가 컴퓨터프로그램으로 구성되어 있으므로 컴퓨터 프로그램으로 보호받을 수 있는 방법이 있다. 그러나 이는 컴퓨터프로그램의 보호이지 글자체의 보호는 아니다. 폰트 파일은 컴퓨터프로그램에 해당하므로 컴퓨터프로그램으로 보호받는다. 서체로 보호받는 것은 아니다. 컴퓨터의 화면에 나타난 글자체는 저작물로 보호받지 못하나 컴퓨터화면으로 나타내기 위해서 프로그램이 실행되고 있으므로 프로그램저작권 침해 문제가 발생한다.

서체파일의 프로그램 저작물성(대법원 2001. 6. 29. 선고 99다23246 판결)

서체파일의 소스코드는 ① 그것이 비록 다른 응용프로그램의 도움 없이는 바로 실행되지 아니한다고 하여도 컴퓨터 내에서 특정한 모양의 서체의 윤곽선을 크기, 장평, 굵기, 기울기 등을 조절하여 반복적이고 편리하게 출력하도록 특정한 결과를 얻기 위하여 프로그래밍 언어의 일종인 포스트스크립트(postscript) 언어로 제작된 표현물이고, ② 서체파일 제작 프로그램에서 마우스의 조작으로 서체의 모양을 가감하거나 수정하여 좌표값을 지정하고 이를 이동하거나 연결하여 저장함으로써, 제작자가 특정한 결과를 얻기 위하여 스스로의 알고리즘(algorithm)에 따라 프로그래밍 언어로 직접 코드를 작성하는 보통의 프로그램 제작과정과는 다르다 하여도, 포스트스크립트 언어로 작성되어 사람에게 이해될 수 있고 그 내용도 좌표값과 좌표값을 연결하는 일련의 지시, 명령으로 이루어져 있으므로, 구 컴퓨터프로그램보호법(1998. 12. 30. 법률 제5605호로 개정되기 전의 것)상의 컴퓨터프로그램에 해당한다.

컴퓨터프로그램을 이용하여 프린트 한 것이라면 컴퓨터프로그램저작권의 침해가 발생할 수 있다. 예컨대, 워드프로세서(아래아 한글, MS-WORD)의 특정한 글자체의 윤곽, 크기 등을 조절하여 화면에 해당 글자체가 나타나게 하는 폰트파일은 컴퓨터프로그램이므로 이를 컴퓨터에서 실행하여 워드프로세서 작업을 하면 컴퓨터프로그램 저작권을 침해한다. 글자체는 글자체를 컴퓨터 프로그램화한 프로그램

으로 보호되기 때문에 프로그램을 실행하여, 즉 폰트프로그램을 실행하여 출력한 인쇄물, 프린트물 등의 결과물만으로는 컴퓨터 프로그램 저작권 침해가 성립되지 않는다. 물론 때에 따라서는 라이센스계약의 위반이나 프로그램을 컴퓨터에 실행하여 컴퓨터의 램메모리(RAM Memory)에 프로그램을 불법 복제를 하였기 때문에 프로그램저작권 침해 문제는 발생한다. 그러나 저작권법상의 저작물의 이용행위인 복제나 전송 등의 행위가 있지 않은 이상 화면용 내지 출력용으로 나타난 결과물만 가지고 저작권을 침해하였다고 할 수 없다. 나아가 저작권침해가 되는 경우라도 가정과 같은 한정된 장소에서 개인적인 목적(영리를 목적으로 하는 경우를 제외)으로 컴퓨터프로그램을 사용한 경우라면 침해가 발생하지 않는다.[83]

서체 파일의 사용(프로그램의 저작재산권의 제한에 관한 저작권법 규정)

제101조의3(프로그램의 저작재산권의 제한)

① 다음 각 호의 어느 하나에 해당하는 경우에는 그 목적상 필요한 범위에서 공표된 프로그램을 복제 또는 배포할 수 있다. 다만, 프로그램의 종류 · 용도, 프로그램에서 복제된 부분이 차지하는 비중 및 복제의 부수 등에 비추어 프로그램의 저작재산권자의 이익을 부당하게 해치는 경우에는 그러하지 아니하다.

1. 재판 또는 수사를 위하여 복제하는 경우
2. 「유아교육법」, 「초 · 중등교육법」, 「고등교육법」에 따른 학교 및 다른 법률에 따라 설립된 교육기관(상급학교 입학을 위한 학력이 인정되거나 학위를 수여하는 교육기관에 한한다)에서 교육을 담당하는 자가 수업과정에 제공할 목적으로 복제 또는 배포하는 경우
3. 「초 · 중등교육법」에 따른 학교 및 이에 준하는 학교의 교육목적을 위한 교과용 도서에 게재하기 위하여 복제하는 경우
4. 가정과 같은 한정된 장소에서 개인적인 목적(영리를 목적으로 하는 경우를 제외한다)으로 복제하는 경우
5. 「초 · 중등교육법」, 「고등교육법」에 따른 학교 및 이에 준하는 학교의 입학시험이나 그 밖의 학식 및 기능에 관한 시험 또는 검정을 목적(영리를 목적으로 하는 경우를 제외한다)으로 복제 또는 배포하는 경우

83 저작권법 제101조의3 제1항 제4호.

6. 프로그램의 기초를 이루는 아이디어 및 원리를 확인하기 위하여 프로그램의 기능을 조사 · 연구 · 시험할 목적으로 복제하는 경우(정당한 권한에 의하여 프로그램을 이용하는 자가 해당 프로그램을 이용 중인 때에 한한다)

② 컴퓨터의 유지 · 보수를 위하여 그 컴퓨터를 이용하는 과정에서 프로그램(정당하게 취득한 경우에 한한다)을 일시적으로 복제할 수 있다.

③ 제1항제3호에 따라 프로그램을 교과용 도서에 게재하려는 자는 문화체육관광부장관이 정하여 고시하는 기준에 따른 보상금을 해당 저작재산권자에게 지급하여야 한다. 보상금 지급에 대하여는 제25조제5항부터 제9항까지의 규정을 준용한다.

저작권법 제101조의3 제1항은 일정한 경우, 학교에서의 프로그램의 사용은 프로그램 저작권 침해를 면책하도록 하고 있다.

학교 등 기관이 특정한 문서파일을 웹에 게시하고, 이를 접속한 이용자가 웹에 게시한 문서파일을 실행하여 컴퓨터 프로그램이 실행되든지 문서파일을 다운로드한 이용자가 이를 실행하여 폰트파일이 실행되는 경우가 발생한다. 이러한 경우, 위와 같은 학교면책규정에 상관없이, 해당 문서파일을 제공한 학교 등 기관을 상대로 폰트 프로그램저작권 침해라고 경고장을 보내면서 저작권 침해라고 하거나 합의금을 요구하는 법률사무소들이 존재하는데, 이러한 프로그램 저작권자와 법률사무소의 행위들은 공갈이나 협박, 사기 등의 범죄행위에 해당할 수 있다.[84]

왜냐하면, 해당 문서는 문서를 제공한 기관의 컴퓨터에서 실행되는 것이 아니라 이를 접속하거나 다운로드한 이용자의 컴퓨터에서 실행되기 때문에 폰트 프로그램 저작권 침해행위는 학교 등 기관과는 관련이 없다. 그리고 이를 이용하거나 다운로드한 이용자는 다양하기 때문이 그중에서 일부가 그 폰트 프로그램을 이용할 권한이 없다고 하더라도 이를 이유로 학교 등 기관이 책임져야 할 이유가 없을뿐더러 실제적으로 이용자의 컴퓨터를 확인할 수도 없으므로 이를 입증할 수도 없을 것이다. 그뿐만 아니라 저작권법 제101조의3 제1항 제4호는 "가정과

84 변호사법 제24조는 변호사의 품위유지의무를 규정하고 있는데, 그 중에서 거짓진술행위에 해당할 수 있다. 즉 사실관계를 확인하지 않고, 법위반행위라고 경고하는 것은 '없는 사실' 또는 '확인 되지 않은 사실'을 적극적으로 존재하는 것으로 전제하여 진술하는 행위로서 거짓진술행위에 해당한다고 판단된다.

같은 한정된 장소에서 개인적인 목적(영리를 목적으로 하는 경우를 제외한다)으로 복제하는 경우"에 프로그램 저작권의 침해로부터 면책을 시키고 있다. 따라서 웹에 게시된 문서의 이용자가 가정용 컴퓨터에서 해당 문서를 열어보고, 이때 폰트 프로그램이 실행되는 경우에는 저작권 침해가 발생하지 않는다. 또한 학교에서 게시한 문서 뿐만 아니라 영리적 기관에서 게시된 문서를 가정용 컴퓨터에서 다운 받아 그 문서를 열어 보거나, 웹에 게시된 상태로 열어 보더라도 프로그램 저작권 침해가 발생하지 않는다.

그리고 더 중요한 것은 해당 문서를 보기 위해 컴퓨터 프로그램이 실행되고 이에 따라 폰트 파일 프로그램이 '자동실행'되는 것이 대부분인데, 이때에는 묵시적인 프로그램 저작자의 일방적 허락에 의한 폰트 파일 프로그램의 이용으로 보아야 한다. 폰트 파일 프로그램이 실행되도록 하기 위해서는 컴퓨터 이용자에게 허락을 받아야 하는데 허락을 받지 않고 자동설치되어 실행되도록 하였으면서 컴퓨터 프로그램 저작권 침해를 이유로 형사합의금을 요구하는 것은 공갈 및 사기 등의 범죄행위를 하는 것이다. 허락을 받았더라도, 그 폰트사용효과에 대해 자세한 설명을 하지 않았다면 민사책임, 특히 형사책임은 그 고의가 입증되지 않으므로 성립하지 않을 가능성이 높다.

따라서 폰트 프로그램의 무단이용 또는 불법이용이라는 경고를 받은 학교 등의 기관에서는 무엇보다도 먼저 구체적으로 어떠한 행위(6하 원칙에 의한 구체적인 사실관계)가 어떤 프로그램저작권 침해 행위인지 알려달라고 요구할 필요가 있다. 그리고 앞서 본 바와 같이 개인이 기관에서 다운받거나 그 기관 웹사이트에서 문서 프로그램을 이용한 경우에는 침해행위가 아닌 경우가 대부분이거나 침해행위가 성립한다고 하더라도 현행범이 아닌 한 이를 입증하기 어렵다.

묵시적 사용허락을 인정한 판결(서울중앙지방법원 2014. 5. 1. 선고 2012가합535149 판결)

원고는 이 사건 동영상에 피고 한양정보통신의 서체를 사용하기는 하였으나 이는 '아래한글' 또는 'MS워드' 프로그램에 번들(bundle)로 포함되어 제공되는 서체파일들로서 위 프로그램을 설치할 때 원고가 사용하는 문자발생기에 위 서체파일들이 자동으로 문자발생기의 운영체제인 Windows 폴더의 하위폴더인 Fonts 폴더에 저장되고, 위 저장된 서체파일들은 위 프로그램들 이외에 다른 프로그램을 사용할 때에도 해당 프로그램을 자동으로 인식하여 사용이 가능하였던 것이므로, 이러한 방식에 의한 사용은 저작권 침해행위의 유형인 복제, 전송, 배포 등에 해당되지 않을 뿐만 아니라 저작권법 제124조 제1항 제3호에 규정된 프로그램의 저작권을 침해하는 행위가 아니라고 주장한다. 살피건대, (중략) '아래한글' 프로그램에는 위 피고의 위 6종의 서체들 중 '피오피'체를 제외한 나머지 서체('동녘', '울릉도', '수평선', '엽서', '목판')들이 번들로 제공되는 사실, 위 프로그램을 문자발생기에 설치하면 번들로 제공된 서체들이 자동으로 문자발생기의 운영체제인 Windows 폴더의 하위폴더인 Fonts 폴더에 저장되는 사실을 인정할 수 있는바, 위 인정사실에 의하면, 원고가 위 프로그램을 문자발생기에 설치하는 과정에서 위 피고의 '동녘', '울릉도', '수평선', '엽서', '목판'체가 자동으로 문자발생기의 운영체제에 저장되었다고 하더라도, 이러한 과정은 위 프로그램 개발자에게 서체파일에 관한 라이센스를 부여한 저작권자들이 적어도 이를 묵시적으로 허락하였다고 할 것이므로, 원고가 위와 같은 방식으로 원고의 문자발생기에 저장된 서체들을 사용하였다고 하더라도 그러한 사정만으로 원고가 해당 서체들을 무단으로 복제 · 사용하여 위 피고의 저작권을 침해하였다고 보기는 어렵다고 할 것이다(이러한 행위를 저작권법상 금지되는 복제행위라고 본다면, 위 프로그램을 컴퓨터 등에 설치 · 사용하는 경우에는 언제나 저작권법상 금지되는 복제행위가 있었다는 것이 된다).

디자인보호법은 글자체(서체)를 디자인으로 보호한다. 디자인보호법상 "글자체"란 기록이나 표시 또는 인쇄 등에 사용하기 위하여 공통적인 특징을 가진 형태로 만들어진 한 벌의 글자꼴(숫자, 문장부호 및 기호 등의 형태를 포함한다)을 말한다. 그러나 디자인으로 등록하더라도 타자 · 조판 또는 인쇄 등의 통상적인 과정에서 글자체를 사용하는 경우나 이에 따른 글자체의 사용으로 생산된 결과물에 대해서는 글자체의 디자인권이 미치지 않는다. 즉, 글자체디자인을 특허청에 등록하였다고 하더라도 타인이 책이나 종이에 프린트를 하기 위해 글자체를 사용하거나 그 글자체를 사용하여 인쇄한 책이나 프린트한 결과물은 그 등록디자인권의 침해가 되지 않는다. 즉 디자인이 아닌 글자체 본연의 목적으로 사용하는 경우에는 디자인권의 침해로 보지 않는다. 등록된 글자체를 디자인으로 이용하는 경우에는 디자인권의 침해가 된다. 예컨대, 등록된 글자체 디자인을 옷이나 컵 등에 장식적으로 사용하는 경우에는 글자체 디자인권의 침해가 된다.

폰트의 정의 및 보호범위에 관한 디자인보호법 규정

제2조(정의)

이 법에서 사용하는 용어의 뜻은 다음과 같다.

2. "글자체"란 기록이나 표시 또는 인쇄 등에 사용하기 위하여 공통적인 특징을 가진 형태로 만들어진 한 벌의 글자꼴(숫자, 문장부호 및 기호 등의 형태를 포함한다)을 말한다.

제94조(디자인권의 효력이 미치지 아니하는 범위)

② 글자체가 디자인권으로 설정등록된 경우 그 디자인권의 효력은 다음 각 호의 어느 하나에 해당하는 경우에는 미치지 아니한다.

1. 타자 · 조판 또는 인쇄 등의 통상적인 과정에서 글자체를 사용하는 경우
2. 제1호에 따른 글자체의 사용으로 생산된 결과물인 경우

타인이 작성한 서체(글자체)의 사용을 정리해 보면, (i) 서체를 이용하는 행위 및 그 인쇄물, 결과물 사용(서적, 프린트물 등), (ii) 서체파일의 사용(컴퓨터상에서 해당 프로그램의 이용) (iii) 디자인으로서의 사용 (예컨대, 히딩크 넥타이), (iv) 순수미술품(서예)의 복제사용으로 정리할 수 있다. (i) 의 경우에는 서체는 저작권의 보호가 되지 않을뿐더러 서체를 디자인으로 등록했다고 하더라도 디자인보호법상의 보호가 제한되는 경우에 해당한다. (ii) 허락없이 폰트 파일 프로그램을 실행하여 사용하는 경우 컴퓨터프로그램저작권 침해가 되지만, 이 또한 권리가 제한되는 경우가 있다. 예컨대, 가정의 컴퓨터를 이용하는 경우에는 프로그램저작권침해가 되지 않는다. 디만, 웹(web)에 게시하는 경우라면 가정에서 한정되게 사용하는 것이 아니므로 프로그램저작권 침해가 발생할 수 있다. 다만, 앞서 언급한 바와 같이 실제적으로 침해가 성립하지 않는 경우가 많으므로 실제 사용형태를 정확하게 파악해야 한다. (iii) 저작권법 제2조 제11의2호에서 정하는 응용미술저작물에 해당하는 경우에 저작권 침해(아래 히딩크 사건 참조)가 발생할 수 있다. (iv) 순수미술로 표현된 서체를 그대로 이용하는 것은 저작권 침해가 된다.

히딩크 넥타이 사건 (서울지법 2003.11.19. 선고 2003노7459 판결)
(서울지법 2003. 8. 14. 선고 2003고단3524 판결의 항소심판결)

〈히딩크의 나염 행운 넥타이〉 〈히딩크의 선염 행운 넥타이〉

응용미술작품이 상업적인 대량생산에의 이용 또는 실용적인 기능을 주된 목적으로 하여 창작된 경우 그 모두가 바로 저작권법상의 저작물로 보호될 수는 없고, 그 중에서도 그 자체가 하나의 독립적인 예술적 특성이나 가치를 가지고 있어 예술의 범위에 속하는 창작물에 해당하는 것만이 저작물로서 보호된다(대법원 1996. 2. 23. 선고 94도3266 판결, 1996. 8. 23. 선고 94누5632 판결, 2000. 3. 28. 선고 2000도79 판결 등 참조). 같은 취지에서 원심이, 이 사건 '히딩크 넥타이' 도안은 우리 민족 전래의 태극문양 및 팔괘문양을 상하 좌우 연속 반복한 넥타이 도안으로서 응용미술작품의 일종에 해당된다고 할 것이나, 그 제작 경위와 목적, 색채, 문양, 표현기법 등에 비추어 볼 때 저작권법의 보호대상이 되는 저작물에 해당하지 않는다고 판단한 것은 정당하다고 판결했다.

히딩크 넥타이 사건 (대법원 2004.07.22. 선고 2003도7572 판결)
(서울지법 2003.11.19. 선고 2003노7459 판결의 상고심사건)

일명 '히딩크 넥타이'의 도안이 우리 민족 전래의 태극문양 및 팔괘문양을 상하 좌우 연속 반복한 넥타이 도안으로서 응용미술작품의 일종이라면 위 도안은 '물품에 동일한 형상으로 복제될 수 있는 미술저작물'에 해당한다고 할 것이며, 또한 그 이용된 물품과 구분되어 독자성을 인정할 수 있는 것이라면 저작권법 제2조 제11의2호에서 정하는 응용미술저작물에 해당한다.

5. 패러디

패러디는 '원저작물'의 희극적, 조소적 재해석이다. 우스꽝스러운 효과를 내기 위하여 원작품의 특징적 스타일을 모방하여 창작하는 문학적 · 예술적 작품이라고 할 수 있다. 패러디는 원작품에 대한 파생적 저작물(2차적 저작물)로 인정받는지 또는 독립저작물로 인정받는지 문제가 된다. 파생적 저작물은 원저작물을 바탕으로 하기 때문에 원저작자가 패러디를 할 권리가 있고, 원저작자의 허락을 받지 않고 패러디를 한 경우에는 저작권 침해가 발생한다. 만일 패러디가 독립한 저작물이라면 원저작물과 별개의 저작물이므로 저작권 침해가 발생하지 않는다.

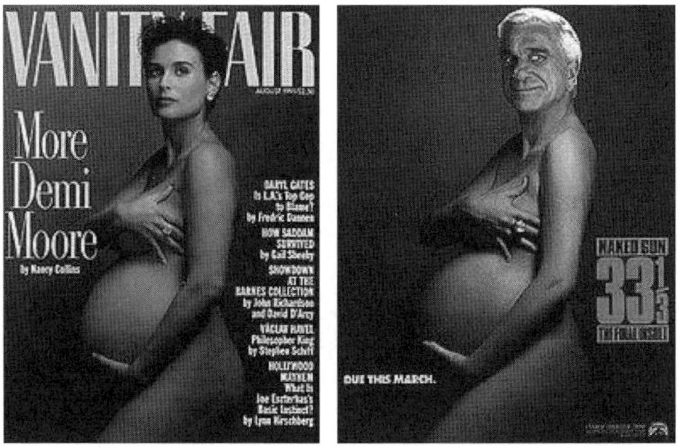

[영화 Naked Gun 33⅓– Leslie Nielsen][85]

다수의 견해는 패러디는 기존의 작품(원저작물)에 비평이나 논평, 풍자 등 새로운 창작을 가미함으로써 인류의 문화유산을 풍부하게 하여 문화의 향상발전이라는 저작권법의 목적달성에 기여하기 때문에 헌법상 기본권인 표현의 자유에 의하여 독립한 저작물로서 보호하여야 한다고 한다. 패러디는 것은 엄숙하고 진지한 작품에 대한 풍자 · 비평 · 비꼼 등이므로 원저작물의 파생적 저작물일수 있고, 원저작자의 동의를 받기 어려운 현실적인 문제가 존재한다. 그뿐만 아니라 패러디는 원저

85 Leibovitz v. Paramount Pictures Corp., 137 F.3d 109 (2d Cir. 1998). 패러디로서 공정사용에 해당하여 저작권 침해를 인정하지 않음. 위 사진은 https://en.wikipedia.org/wiki/Leibovitz_v._Paramount_Pictures_Corp에서 가져옴.

작물의 시장적 가치를 침해할 가능성이 거의 없다. 독자적인 시장을 형성하기 때문이다. 오히려 패러디로 인하여 원저작물의 시장가치가 증가하기도 한다. 원저작물의 가치를 증가시키는 경우에는 저작권의 침해라고 할 수 없을 것이다.

그리하여 패러디가 성립하기 위해서는 원저작물에 대한 비판, 풍자(일반에 대한 풍자목적은 패러디가 성립하기 어렵다)가 있어야 하고, 원저작물이 공개되었어야 한다는 것이다. 원작품이 유명할 것인지에 대해서는 논쟁이 존재한다. 그리고 원작품과는 다른 창작성이 존재하여야 한다.

우리 저작권법은 저작물의 통상적인 이용 방법과 충돌하지 아니하고 저작자의 정당한 이익을 부당하게 해치지 않는 경우 저작물을 이용할 수 있도록 규정하고 있다. 패러디도 저작재산권 제한 규정이 적용될 때에는 저작권자의 허락 없이 이용 가능하다. 다만, 저작권법상 허용되는 패러디이기 위해서는 원저작물의 비평 또는 풍자라는 목적에 충실해야 한다. 따라서 특정 영화 포스터나 드라마의 한 장면을 정치적인 비평이나 특정한 인물 등을 비판하기 위해 자신이 의도한 상황을 연출하기 위해서 제목이나 문구를 수정하고 주인공의 얼굴을 바꾸는 경우(예컨대, 영화포스터 '오류인생')에는 원작 자체를 비평하고 풍자하는 것이 아니라 특정 정치인인이나 사회 유명인 등을 비꼼으로써 사회 현실을 비판하는 것으로서 저작권법상 허용되는 패러디라고 보기 어렵다.

원저작물 자체를 비평하고 풍자하는 패러디는 재창작으로써 저작권법상 허용되지만, 단순히 흥미나 재미를 위한 것이라면 이는 원저작물에 대한 저작권 침해가 될 수 있다. 다만 이 경우에는 저작권법 제35조의5에 규정된 공정사용에 해당할 수 있다.

저작물의 공정한 이용에 관한 저작권법 규정

제35조의5(저작물의 공정한 이용)

① 제23조부터 제35조의4까지, 제101조의3부터 제101조의5까지의 경우 외에 저작물의 통상적인 이용 방법과 충돌하지 아니하고 저작자의 정당한 이익을 부당하게 해치지 아니하는 경우에는 저작물을 이용할 수 있다.

② 저작물 이용 행위가 제1항에 해당하는지를 판단할 때에는 다음 각 호의 사항등을 고려하여야 한다.

1. 이용의 목적 및 성격
2. 저작물의 종류 및 용도
3. 이용된 부분이 저작물 전체에서 차지하는 비중과 그 중요성
4. 저작물의 이용이 그 저작물의 현재 시장 또는 가치나 잠재적인 시장 또는 가치에 미치는 영향

패러디: 개사곡사건 (대법원 1991. 8. 27. 선고, 89도702 판결)

---

(1) 사실관계

피고인은 기독교 장로회 소속 목사로서 민중의 현실과 의식을 그들이 부르는 노래를 통하여 조사 연구할 목적으로 노동자들에 의해 새로운 가사가 붙여진 가요(전오승 작사 작곡인「전우가 남긴 한마디」라는 가요는 그 곡명을「정의를 부르짖는 동지, 단결로 맺어진 동지」로, "생사를 같이 했던 전우야 정말 그립구나 그리워를"으로 된 가사를 "단결로 맺어진 동지야 윙윙 돌아가는 기계 속에서" 등으로 변경된 32곡의 가요)등을 수집하여 원작곡자나 작사자의 승낙 없이 원곡의 악보를 전사하고, 그 곡조에 따라 근로자들에 의해 불리어지는 곡명 및 가사와 원곡의 곡명을 적어 넣고 서문과 분류 목차를 첨가 편집하여 원작곡자나 작사자의 성명은 밝히지 아니한 채 인쇄업자에게 의뢰하여「노동과 노래」라는 제목으로 100부를 출판하여 70부는 피고인과 관심을 같이 하는 연구소 회원 및 목사들에게 배포하고 30부는 당국에 의해 압수되었다.

(2) 판결내용

원심판결 (서울형사지법 1988. 10. 14. 선고, 85노3363 판결)

피고인의 책자 편찬의 동기, 위 가사들의 자연발생적인 노동민요적 성격 및 그 수집방법, 위 책자의 발간 부수 및 그 배포의 상대방이 극히 제한되어 있었던 점 등의 제반사정을 종합하고 위 책자의 발간에 의하여 피고인이 위 책자를 편찬, 배포함에 있어 일반인으로서 정당하게 이용할 수 있는 범위를 일탈하여 공소사실 적시 가요의 작곡자 및 작사자의 인격적 · 재산적 이익을 침해하였다고 볼 수 없다.

대법원 판결

피고인이 노동자들에 의해 새로운 가사가 붙여진 가요 등을 수집 하여 원작곡자나 작사자의 승낙 없이 원곡의 악보를 전사하고 그 곡조에 따라 근로자들에 의해 불리어지는 곡명 및 가사와 원곡의 곡명을 적어 넣고 서문과 분류 목차를 첨가 편집하여 원작곡자나 작사자의 성명은 밝히지 아니한 채

인쇄업자에게 의뢰하여 100부를 출판하여 배포한 것이라면, 발행할 의사로 기계적 방법에 의하여 복제한 것으로서 악보의 전부와 가사를 그대로 편집한 것은 자기 저작물의 종된 자료로서 이를 인용하거나 또는 학문적 예술적 저작물을 설명하는 자료로서 이를 삽입한 것으로 볼 수 없어, 비침해행위를 규정한 구저작권법 제64조 제1항 각 호의 어느 것에도 해당하지 아니한다. 따라서 피고인은 구저작권법상 합저작물인 음악저작물의 작곡자, 작사자의 저작인격권과 저작재산권을 침해하였다.

패러디: 개사곡 사건 (서울지방법원 2001. 11. 1. 자, 2001카합1837 결정)

(1) 사실관계

가수 서태지의 95년 히트곡인 '컴백홈(come back home)'을 가수 이재수가 '컴배콤'으로 바꿔 부르고 뮤직비디오도 제작

(2) 결정

기존의 저작물에 풍자나 비평 등으로 새로운 창작적 노력을 부가 함으로써 사회 전체적으로 유용한 이익을 가져다 줄 수 있는 점이나 저작권법 제25조 ...에 비추어, 이른바 패러디가 당해 저작물에 대한 자유이용의 범주로서 허용될 여지가 있음은 부인할 수 없다 하겠으나, 그러한 패러디는 우리 저작권법이 인정하고 있는 저작권자의 동일성유지권과 필연적으로 충돌할 수밖에 없는 이상 그러한 동일성유지권의 본질적인 부분을 침해하지 않는 범위 내에서 예외적으로만 허용되는 것으로 보아야 할 것이고, 이러한 관점에서 패러디로서 저작물의 변형적 이용이 허용되는 경우인지 여부는 저작권법 제25조 및 제13조 제2항의 규정 취지에 비추어 원저작물에 대한 비평 · 풍자 여부, 원저작물의 이용목적과 성격, 이용된 부분의 분량과 질, 이용된 방법과 형태, 소비자들의 일반적인 관념, 원저작물에 대한 시장수요 내지 가치에 미치는 영향 등을 종합적으로 고려하여 신중하게 판단하여야 할 것이다.

이 사건에 관하여 보건대, ... 피신청인들의 이 사건 개사곡은 신청인의 이 사건 원곡에 나타난 독특한 음악적 특징을 흉내 내어 단순히 웃음을 자아내는 정도에 그치는 것일 뿐, 신청인의 이 사건 원곡에 대한 비평적 내용을 부가해 새로운 가치를 창출한 것으로 보이지 아니하고 ...패러디로 보호되는 것은 당해 저작물에 대한 비평이나 풍자인 경우라 할 것이고 당해 저작물이 아닌 사회현실에 대한 것까지 패러디로서 허용된다고 보기 어렵고, 피신청인들이 상업적 목적으로 이 사건 원곡을 이용하였으며, 이 사건 개사곡이 이 사건 원곡을 인용한 정도가 피신청인들이 패러디로서

도하는 바를 넘는 것으로 보이고, 이 사건 개사곡으로 인하여 ...원곡에 대한 사회적 가치의 저하나 잠재적 수요의 하락이 전혀 없다고 보기 어려운 점 등 ...여러 사정을 종합하여 보면 ....이 사건 개사곡은 패러디로서 보호받을 수 없는 것이라 하겠다.

(인용된 저작권법은 침해시의 저작권법이므로, 현재의 조문과 일치하지 않으나 기본 법리는 같음)

제3절 저작권자

1. 저작권의 발생

저작권은 저작물을 창작하면 그때 발생한다. 우리법은 "저작권은 저작물을 창작한 때부터 발생하며 어떠한 절차나 형식의 이행을 필요로 하지 아니한다."고 규정하고 있다. 국가에 따라서는 다른 요건을 요구하기도 한다. 예컨대, 미국은 종이 등 기록매체에 기록(fixation) 할 것을 요구한다. 그러나 우리나라는 그러한 요건이 없다.

저작권법상 저작권의 등록은 가능하지만, 등록이 저작권 발생요건은 아니다.[86] 다만, 저작권을 등록한 경우에는 등록자를 저작자로 추정하여 주는 등 여러 가지 잇점이 발생한다.

저작권 발생에 관한 저작권법 규정
제10조(저작권) ① ... ② 저작권은 저작물을 창작한 때부터 발생하며 어떠한 절차나 형식의 이행을 필요로 하지 아니한다.

86 저작권의 등록은 본 교재에서 다루지 않는다. 저작권의 등록에 관해서는 저작권법 제53조 이하 규정 참조.

2. 저작권자의 결정

"저작자"는 저작물을 창작한 자를 말한다. 저작물의 원본이나 그 복제물에 저작자로서의 실명 또는 이명(예명 · 아호 · 약칭 등)으로서 널리 알려진 것이 일반적인 방법으로 표시된 자와 저작물을 공연 또는 공중송신하는 경우에 저작자로서의 실명 또는 저작자의 널리 알려진 이명으로서 표시된 자는 저작자로 추정을 한다.

다만, 추정을 하는 것에 불과하므로 다른 입증을 하여 저작권자로 인정받을 수 있다. 그뿐만 아니라 저작자의 표시가 없는 저작물의 경우에는 발행자 · 공연자 또는 공표자로 표시된 자가 저작권을 가지는 것으로 추정한다. 법인 등의 명의로 공표되는 업무상저작물의 저작자는 계약 또는 근무규칙 등에 다른 정함이 없는 때에는 그 법인 등이 된다. 다만, 컴퓨터프로그램저작물의 경우 외부에 공표될 것을 요하지 아니한다. 예컨대 대학에서 배포하는 "대학요람" 등은 대학의 명의로 공표된다. 그런데 대학 자체는 법인일 뿐이므로 실제로 그 대학요람을 저술한 자연인이 존재한다. 그러한 경우에 대학명의로 발생한 대학요람은 그 요람을 저술하기로 하는 계약이나, 대학의 근무규칙에서 저작자에 관하여 명시적인 내용이 없으면 대학이 저작자로 인정된다.

대학에서 학생이 교수의 연구에 참여하고 그 연구결과에 대한 논문의 저자로 기재되는 경우가 많다. 우리나라에서는 관행상 대학원생을 저자에 등재를 하여 주는 경우가 많은데 저작자와 논문의 공헌자의 개념은 다르다. 논문에 있어서는 표현보다는 아이디어를 논문으로 하는 것이 주를 이루는데, 학술논문의 경우에는 발명의 경우와 유사하다. 아이디어를 착상하고 구체화하여 이를 논문화 하는 과정에서 단순히 실험을 돕는다든지 하는 것은 단순한 노무를 제공하는 것일 수 있는데 이때에는 그 노무제공에 대한 보수를 지급하여야 하는 것으로서 논문의 저자가 될 수 없다. 학술논문은 아이디어와 이를 구체화하고 논문으로 표현하는 것 두가지에 기여를 하여야 하는데 학술논문은 아이디어를 구체화하는 것이 주를 이룬다고 보인다. 아이디어를 구체화 한 다음의 논문화 하는 과정은 사상과 감정의 표현이라고 보다는 기술적인 지식을 구체화하는 것이기 때문이다. 따라서 실험을 돕는 것이 논문화

하는 것보다는 저자의 개념에 가까울 수 있지만, 아이디어를 구체화하거나 실제화하는 것에 기여를 하지 않고, 단순한 실험을 돕는 것이 불과하다면 저자로 기재될 수 없다. 발명자가 될 수 없는 것과 같은 논리이다. 또한 구체화한 아이디어를 논문으로 작성하는 것에서는 창작적인 요소가 가미되는 정도에 따라서 저자가 될 수 있지만, 아이디어를 연구과정에서 구체화하지 않은 상태에서 국문 논문의 초록을 작성한다든지 외국어로 번역하는 것만으로는 저자로 될 수 없다고 생각한다. 다만 외국어 번역은 번역자로서의 2차적 저작권은 인정되지만, 연구내용에 대한 연구자 개념의 저자로서는 맞지 않는다. 우리나라에서는 관행적으로 연구에 참여하지 않은 사람을 저자로 등재시켜주어 논문내용보다도 저자 이름이 더 많다는 우스개소리도 있는데 이는 저작권법의 취지와 맞지 않는 행동이다. 다만, 저자가 되지 못하는 기여자들에게는 그들의 노동에 맞는 보수를 지급하여야 한다.

저작자의 추정에 관한 저작권법 규정

제8조(저작자 등의 추정)

① 다음 각 호의 어느 하나에 해당하는 자는 저작자로서 그 저작물에 대한 저작권을 가지는 것으로 추정한다.

1. 저작물의 원본이나 그 복제물에 저작자로서의 실명 또는 이명(예명 · 아호 · 약칭 등을 말한다. 이하 같다)으로서 널리 알려진 것이 일반적인 방법으로 표시된 자
2. 저작물을 공연 또는 공중송신하는 경우에 저작자로서의 실명 또는 저작자의 널리 알려진 이명으로서 표시된 자

② 제1항 각 호의 어느 하나에 해당하는 저작자의 표시가 없는 저작물의 경우에는 발행자 · 공연자 또는 공표자로 표시된 자가 저작권을 가지는 것으로 추정한다.

제9조(업무상저작물의 저작자)

법인등의 명의로 공표되는 업무상저작물의 저작자는 계약 또는 근무규칙 등에 다른 정함이 없는 때에는 그 법인등이 된다. 다만, 컴퓨터프로그램저작물(이하 "프로그램"이라 한다)의 경우 공표될 것을 요하지 아니한다.

3. 공동저작물과 결합저작물

공동저작물은 다수의 사람이 공동으로 저작하였으나 외관상 공동저작자 각자가 이바지한 부분을 분리하는 것이 불가능한 경우이다. 예컨대, 다수의 사람이 연극을 공연한 경우에 각자가 그 연극의 이바지 부분을 분리하기 어려울 것이다. 이러한 경우에는 공동저작물이 된다. 이에 반하여 결합저작물은 공동으로 저작을 하였지만 각자가 이바지 한 부분이 분리가 가능한 경우이다. 예컨대, 다수의 학자가 각 자의 논문을 모아서 하나의 책을 만든 경우나 다수의 단편소설을 모아 놓은 단편소설집, 다수의 시를 한 권의 책으로 발간한 시집 등이 결합저작물에 해당한다. 작사와 작곡이 합쳐진 노래의 경우에도 결합저작물에 해당한다.

공동저작물은 공동저작권자 전원의 합의에 의해서만 저작인격권 및 저작재산권의 행사가 가능하다. 다만, 공동저작물의 저작자는 그들 중에서 저작인격권이나 저작재산권을 대표하여 행사할 수 있는 자를 정할 수 있다. 공동저작물의 저작재산권은 맨 마지막으로 사망한 저작자가 사망한 후 70년간 존속하게 되므로 저작권의 존속기간에서 유리한 점이 있다. 결합저작물은 각자의 창작부분이 결합된 것에 불과하고 각자가 이바지한 것을 분리할 수 있어 개별적으로 이용 가능하다. 따라서 본인의 창작부분에 대해 각각 저작권을 가진다.

대법원은 공동저작자가 다른 공동저작자와 합의 없이 공동저작물을 이용하더라도 공동저작물에 관한 저작재산권의 행사방법을 위반한 행위가 되는 것에 그칠 뿐 다른 공동저작자의 공동저작물에 관한 저작재산권을 침해하는 것은 아니라고 하였다.[87]

공동저작물에 관한 저작권법 규정

제15조(공동저작물의 저작인격권)

① 공동저작물의 저작인격권은 저작자 전원의 합의에 의하지 아니하고는 이를 행사할 수 없다. 이 경우 각 저작자는 신의에 반하여 합의의 성립을 방해할 수 없다.

87 대법원 2014. 12. 11. 선고, 2012도16066 판결.

② 공동저작물의 저작자는 그들 중에서 저작인격권을 대표하여 행사할 수 있는 자를 정할 수 있다.
③ 제2항의 규정에 따라 권리를 대표하여 행사하는 자의 대표권에 가하여진 제한이 있을 때에 그 제한은 선의의 제3자에게 대항할 수 없다.

제39조(보호기간의 원칙)
① 저작재산권은 이 관에 특별한 규정이 있는 경우를 제외하고는 저작자가 생존하는 동안과 사망한 후 70년간 존속한다.
② 공동저작물의 저작재산권은 맨 마지막으로 사망한 저작자가 사망한 후 70년간 존속한다.

제4절 저작권

1. 저작인격권

가. 서론

저작인격권은 저작자가 저작물에 대하여 가지는 인격적 정신적 이익을 보호하는 권리이다. 저작물은 저작자의 사상이나 감정의 표현이다. 저작물에는 저작자의 개성이 반영되어 있고, 내심의 의사나 사적인 것이 표현되어 있을 수 있다. 따라서 이에 대하여 저작자의 인격적이고 정신적인 이익을 보호하고자 한다.

저작인격권은 헤겔의 재산권 이론으로 설명하기 쉽다. 헤겔에 따르면 재산이란 자유의지(free will)를 가진 인간의 정신작용의 산물이고, 자유의지를 가진 인간이 만들어 낸 외부의 물체에는 그 결과물을 만든 인간의 인격과 개성이 체화되어 있으므로 인간의 개성이 체화된 외부의 물체는 그 물체를 만들어낸 인간의 재산이 된다. 저작물도 개성이 체화된 것이므로 그 인간의 정신작용의 산물에 대하여 인격적 이익을 갖는 것은 당연하다. 저작인격권은 저작재산권과 달리 저작자의 일신전속적인 권리이다. 따라서 타인이 승계할 수 없다. 상속의 대상도 될 수 없다. 저작자가 사망하면 저작인격권도 소멸한다. 저작권법은 성명표시권, 공표권 및 동일성유지권을 저작인격권으로 규정하고 있다. 공동저작물에 대한 저작인격권에 대하여 저작권법은 특칙을 마련하고 있다. 다수인이 공동으로 저작한 저작물에 대한 저작인격권은 저작자 전원의 합의에 의해서만 행사할 수 있지만, 저작자는 신의에 반하여 그 합의의 성립을 방해할 수 없다.[88]

공동저작물의 저작자는 공동저작자 중에서 저작인격권을 대표하여 행사할 수 있는 대표자를 정할 수 있고 그 대표권에 제한이 있는 경우 그 제한은 선의의 제3자에게 대항할 수 없다.

저작인격권의 일신전속성에 관한 저작권법 규정
제14조(저작인격권의 일신전속성) ① 저작인격권은 저작자 일신에 전속한다. ② 저작자의 사망 후에 그의 저작물을 이용하는 자는 저작자가 생존하였더라면 그 저작인격권의 침해가 될 행위를 하여서는 아니 된다. 다만, 그 행위의 성질 및 정도에 비추어 사회통념상 그 저작자의 명예를 훼손하는 것이 아니라고 인정되는 경우에는 그러하지 아니하다.

나. 공표권

저작인격권중 공표권은 저작자가 그의 저작물을 공표하거나 공표하지 않을 것을 결정할 권리이다. 공표는 저작물을 공연, 공중송신 또는 전시, 그 밖의 방법으로 공중에게 공개하는 경우와 저작물을 발행하는 것을 말한다. 자신의 저작물을 공개하는 것은 자신의 명예에 관련될 수 있으므로 자신이 이를 공개할지 결정할 수 있도록 한 것이다. 예컨대 일기를 공개하면 자신의 사생활을 노출하는 것이므로 저작자 자신이 공표할지 결정하도록 한 것이다. 이미 공표된 저작물에 대해서는 공표권이 존재할 수 없다.

저작자가 아직 공표되지 않은 저작물의 저작재산권을 양도, 이용허락을 한 경우에는 그 상대방에게 저작물의 공표를 동의한 것으로 추정한다. 원래 공표권은 일신

88 저작권법」 제15조제1항.

전속권이지만, 저작재산권을 양도하면서 공표하지 못하도록 하는 것은 저작재산권을 무용지물로 만들 수 있다. 따라서 공표권은 양도불가능하지만 공표하는 사실행위를 할 수 있도록 허락한 것으로 추정하는 것이다.

원저작자의 동의를 받아 작성된 2차적저작물 또는 편집저작물이 공표된 경우에는 그 원저작물도 공표된 것으로 본다. 예컨대, 일기를 영화로 만들도록 허락한 경우에 영화가 상영(공표)되면 일기도 공표된 것으로 보게 된다.

저작인격권 중 공표권에 관한 저작권법 규정

제11조(공표권)

① 저작자는 그의 저작물을 공표하거나 공표하지 아니할 것을 결정할 권리를 가진다.

②저작자가 공표되지 아니한 저작물의 저작재산권을 제45조에 따른 양도, 제46조에 따른 이용허락, 제57조에 따른 배타적발행권의 설정 또는 제63조에 따른 출판권의 설정을 한 경우에는 그 상대방에게 저작물의 공표를 동의한 것으로 추정한다.

③저작자가 공표되지 아니한 미술저작물 · 건축저작물 또는 사진저작물(이하 "미술저작물등"이라 한다)의 원본을 양도한 경우에는 그 상대방에게 저작물의 원본의 전시방식에 의한 공표를 동의한 것으로 추정한다.

④ 원저작자의 동의를 얻어 작성된 2차적저작물 또는 편집저작물이 공표된 경우에는 그 원저작물도 공표된 것으로 본다.

⑤ 공표하지 아니한 저작물을 저작자가 제31조의 도서관등에 기증한 경우 별도의 의사를 표시하지 않는 한 기증한 때에 공표에 동의한 것으로 추정한다.

다. 성명표시권

저작자는 저작물의 원본이나 그 복제물에 또는 저작물의 공표 매체에 그의 실명 또는 이명을 표시할 성명표시권을 가진다. 저작물을 이용하는 자는 그 저작자의 특별한 의사표시가 없는 때에는 저작자가 그의 실명(실제의 이름) 또는 이명(별명, 아호 등)을 표시한 바에 따라 이를 표시해야 한다. 그러나 저작물의 성질이나 그 이용의 목적 및 형태 등에 비추어 부득이하다고 인정되는 경우에는 실명이나 이명을 표시할 필요가 없다.

저작인격권 중 성명표시권에 관한 저작권법 규정

제12조(성명표시권) ① 저작자는 저작물의 원본이나 그 복제물에 또는 저작물의 공표 매체에 그의 실명 또는 이명을 표시할 권리를 가진다.

②저작물을 이용하는 자는 그 저작자의 특별한 의사표시가 없는 때에는 저작자가 그의 실명 또는 이명을 표시한 바에 따라 이를 표시하여야 한다. 다만, 저작물의 성질이나 그 이용의 목적 및 형태 등에 비추어 부득이하다고 인정되는 경우에는 그러하지 아니하다.

대법원 1989.10.24. 선고 88다카29269 판결

나. 구 저작권법 제14조(1986.12.31. 법률 제3916호로 개정되기 전의 것)에 의하면 저작자는 저작물에 관한 재산적 권리에 관계없이 또한 그 권리의 이전 후에 있어서도 그 저작물의 창작자임을 주장할 권리가 있고 이는 저작자가 저작자로서의 인격권에 터잡아 저작물의 원작품이나 그 복제물에 또는 저작물의 공표에 있어서 그의 실명 또는 이명을 표시할 권리가 있다는 것이므로 저작자의 동의나 승락없이 그 성명을 표시하지 않았거나 가공의 이름을 표시하여 그 저작물을 무단복제한 자에 대하여는 특단의 사정이 없는 한 위 귀속권침해로 인한 정신적 손해의 배상을 청구할 수 있다.

다. 문교부가 국어교과서에 실은 산문의 지은이를 가공의 이름으로 표시한 이유가 교육정책상의 목적에 있었다 하더라도 이러한 사정만으로는 저작자에게 전속되는 창작자임을 주장할 수 있는 귀속권을 침해하는 정당한 사유가 되지 아니한다.

...

마. 구 저작권법 제17조에 의하면 저작자는 그 저작물의 내용, 형식과 제호를 변경할 권리가 있고, 이는 저작자가 그 저작물에 관한 인격적 권리에 터잡아 저작물의 동일성을 유지할 권리가 있다는 뜻이므로 저작자는 특단의 사정이 없는 한 그 저작물을 임의로 변경한 자에 대하여 위 법조 소정의 변경권 내지 동일성 유지권의 침해로 인한 정신적 손해의 배상을 구할 수 있다 할 것이고, 한편 이른바 원상유지권을 규정한 같은 법 제16조가 뜻하는 것은 저작자는 그 저작물에 변경을 가하여 그 명예와 성망을 해한 자에 대하여는 같은 법 제62조, 제63조, 민법 제764조 등의 규정에 따라 손해배상에 갈음하거나 손해배상과 함께 명예회복에 적당한 처분을 구할 수 있다는 것일 뿐, 위 법조 소정의 명예와 성망을 침해 당하지 아니한 저작자는 그 저작물의 동일성 유지권 내지 변경권이 침해되더라도 일체 이로 인한 정신적 손해의 배상을 청구할 수 없게 된다는 것으로 풀이할 수는 없다.

라. 동일성유지권과 그 제한

동일성유지권이란 저작자가 그의 저작물의 내용 · 형식 및 제호를 변경하지 않을 권리이다. 저작물의 변경이나 삭제는 반드시 저작자 본인이 하거나 저작자의 허락을 받아야 한다. 다만, 동일성 유지권을 저작물의 소유권보다 우선하는 경우에는 여러 가지 곤란한 문제가 발생한다. 극단적인 예로서, 책으로서 가치가 소실된 중고책도 폐기할 수 없는 곤란한 문제가 발생한다.[89] 따라서 소유권자는 자신의 소유물을 폐기할 수 있고, 그것이 동일성 유지권을 침해한다고 할 수 없다고 해야 한다.

아래 도라산역 벽화사건의 경우에는 저작인격권이 아닌 인격권침해를 인정했다.

저작인격권 중 동일성유지권에 관한 저작권법 규정

제13조(동일성유지권)

① 저작자는 그의 저작물의 내용 · 형식 및 제호의 동일성을 유지할 권리를 가진다.

② 저작자는 다음 각 호의 어느 하나에 해당하는 변경에 대하여는 이의(異議)할 수 없다. 다만, 본질적인 내용의 변경은 그러하지 아니하다.

1. 제25조의 규정에 따라 저작물을 이용하는 경우에 학교교육 목적상 부득이하다고 인정되는 범위 안에서의 표현의 변경
2. 건축물의 증축 · 개축 그 밖의 변형
3. 특정한 컴퓨터 외에는 이용할 수 없는 프로그램을 다른 컴퓨터에 이용할 수 있도록 하기 위하여 필요한 범위에서의 변경
4. 프로그램을 특정한 컴퓨터에 보다 효과적으로 이용할 수 있도록 하기 위하여 필요한 범위에서의 변경
5. 그 밖에 저작물의 성질이나 그 이용의 목적 및 형태 등에 비추어 부득이하다고 인정되는 범위 안에서의 변경

도라산역 벽화사건

[사실관계]

원고는 통일부 의뢰로 도라산역 통일문화광장에 아래의 벽화를 제작하여 설치했다. 이 벽화는 '분

---

89 물론 중고책의 경우, 권리소진의 원칙이 적용되어 저작자의 권리가 소진되었다고 할 수 있는데, 저작권법은 권리소진의 범위를 정하고 있다.

위기가 역에 어울리지 않는다'는 이유로 이씨의 동의 없이 2010년 5월 대한민국정부가 도라산역 벽화를 떼어 낸 후 불로 태워 소각하였다.

[서울중앙지방법원 2012. 3. 20. 선고 2011가합49085 판결]

1. 소유자가 저작물을 저작자의 동의 없이 변경하여 이용하는 것이 아니라 소유자가 저작물을 완전히 파괴하는 경우라면 일반적으로 그 파괴 행위가 예술가의 동일성 유지권을 침해하는 행위에 포섭된다고 볼 수 없으므로 저작물의 소유자인 피고가 자신의 소유물인 이 사건 벽화를 파괴한 행위에 해당하므로 원고의 동일성 유지권이 침해되었다고 볼 수 없다.
2. 이 사건 파괴 행위의 과정에서 이 사건 벽화가 훼손되었다고 하더라도 피고의 소유권 행사로 인한 이 사건 벽화의 파괴가 정당 한 이상 그 훼손 행위만을 두고 원고의 예술의 자유 내지는 인격권이 침해되었다고 볼 수 없다.

[서울고등법원 2012. 11. 29. 선고 2012나31842 판결]

1. 동일성 유지권은 저작물 소유권자의 처분행위에 대항할 수 없고 현행 저작권법상 장소 특정적 미술에 대한 특별한 보호는 인정되지 않으므로 피고의 행위가 원고의 동일성 유지권을 침해하였다고 보기 어렵다.
2. 국민에 대하여 예술의 자유를 보장하여야 할 뿐 아니라 적극적으로 예술을 보호하고 장려할 책무를 부담하는 국가가 물품관리법 시행령의 관련 규정을 위반하여 이 사건 벽화를 폐기하였고 그 절차가 공론의 장을 충분히 거쳤다고 볼 수도 없으며 원고는 작품의 보존에 대하여 상당한 이익을 가지고 있음에도 원고에게 알리지도 않고 소각한 피고의 이 사건 벽화 폐기 행위는 원고의 인격권을 침해하는 불법행위를 구성한다.

[대법원 2015.08.27.선고 2012다204587)]
저작권법은 공표권(제11조), 성명표시권(제12조), 동일성유지권(제13조) 등의 저작인격권을 특별히 규정하고 있으나, 작가가 자신의 저작물에 대해서 가지는 인격적 이익에 대한 권리가 위와 같은 저작권법 규정에 해당하는 경우로만 한정된다고 할 수는 없으므로 저작물의 단순한 변경을 넘어서 폐기행위로 인하여 저작자의 인격적 법익 침해가 발생한 경우에는 위와 같은 동일성유지권 침해의 성립 여부와는 별개로 저작자의 일반적 인격권을 침해한 위법한 행위가 될 수 있다.

그러나 도라산역 벽화와 같은 저작물의 폐기가 아닌 저작물의 내용을 추가, 삭제, 절단, 개변 등을 하는 저작물의 변경행위는 동일성유지권 침해문제가 발생한다. 이와 같은 저작물 변경행위로 인하여 저작권자의 사상 감정의 표현이 저작권자의 의사와는 관계없이 임의로 변경된 저작물의 지속적인 이용행위가 발생하기 때문이다. 우리 저작권법은 다음과 같은 경우에는 공익적이거나 부득이 한 경우에 해당하여 동일성유지권이 제한된다고 규정한다. 그 이외에는 저작인격권 침해가 된다.

i) 학교교육 목적 등에 저작물을 이용하는 경우에 학교교육 목적상 부득이하다고 인정되는 범위에서 표현을 변경하는 경우,
ii) 건축물의 증축 · 개축 그 밖의 변형인 경우,
iii) 특정한 컴퓨터 외에는 이용할 수 없는 프로그램을 다른 컴퓨터에 이용할 수 있도록 하기 위해 필요한 범위에서 변경하는 경우,
iv) 프로그램을 특정한 컴퓨터에 보다 효과적으로 이용할 수 있도록 하기 위해 필요한 범위에서 변경하는 경우,
v) 그 밖에 저작물의 성질이나 그 이용의 목적 및 형태 등에 비추어 부득이하다고 인정되는 범위에서 변경하는 경우

예컨대, 도시 계획 등에 의하여 도로가 나는 경우에 건축물을 변경하거나 건축물을 증축하는 경우, 법의 변경에 따라 해당 법령을 도서에 반영하는 경우, 오탈자를 수정하는 경우 등이 부득이한 변경에 해당한다.

서울고등법원은 '그 밖에 저작물의 성질이나 그 이용의 목적 및 형태 등에 비추어 부득이하다고 인정되는 범위에서 변경하는 경우'에 대하여 "저작물의 이용에 있어 기술상의 한계나 실연자의 능력상 한계 등으로 인해 저작물을 변경하여 이용하는 것이 불가피한 경우로서 저작자의 이의 유무가 그 이용형태에 어떠한 영향을 미칠 수 없어 이를 굳이 보장할 필요가 없거나, 중대한 공익상의 필요에 의해 저작자의 이의권을 부득이 제한해야 하는 경우를 의미한다"고 하였다.[90] 서울고등법원은 음악사이트의 운영자가 저작자의 동의를 받지 아니한 채 원곡의 일부를 절단하여 전송하는 미리듣기 서비스를 제공하거나, 원곡의 일부를 부분적으로 발췌, 변환, 저장한 후 구매자에게 통화연결음, 휴대폰벨소리 서비스를 제공하는 등의 행위는 "저작물의 동일성을 해치지 않는 범위 내에서 단순히 오 · 탈자를 수정하거나 문법에 맞지 않는 부분을 교정하는 정도를 넘어서 저작물의 내용, 형식 및 제호에 대한 추가, 삭제, 절단, 개변 등의 변경을 가하는 것은 동일성유지권을 갖고 있는 저작자만이 할 수 있고, 원칙적으로 제3자는 저작자의 동의를 받지 아니한 채 그 의사에 반하여 위와 같은 변경을 할 수 없다"고 하여, 저작물의 무단이용자가 거래실정상의 필요만을 이유로 저작자의 동의를 얻지 아니한 채 임의로 저작물의 일부를 절단하여 이용하는 것에 대하여 동일성유지권 침해를 인정했다.[91]

마. 저작인격권의 일신전속성

저작인격권은 인격적 속성에 의하여 저작자 일신에 전속한다. 자손에게 상속이나 타인에게 양도가 되지 않는다. 저작자만이 행사할 수 있다. 저작자의 사망 후에는 인신전속권이므로 저작인격권도 소멸하지만, 그의 저작물을 이용하는 자는 저작자가 생존하였더라면 그 저작인격권의 침해가 될 행위를 하여서는 아니 된다. 다만, 그 행위의 성질 및 정도에 비추어 사회통념상 그 저작자의 명예를 훼손하는 것이 아니라고 인정되는 경우에는 금지되는 행위가 아니다.

90 서울고등법원 2008. 9. 23. 선고 2007나70720 판결.

91 Id.

저작인격권을 침해하여 저작자의 명예를 훼손한 경우에는 3년 이하의 징역 또는 3천만원 이하의 벌금에 처하거나 이를 병과할 수 있다.[92]

2. 저작재산권

가. 서론

저작재산권은 저작인격권과 구별되는 것으로 저작인격권과 달리 저작재산권은 부동산이나 동산 등의 유체재산권과 같이 양도하거나 상속할 수 있다. 그뿐만 아니라 저작재산권 위에 담보물권인 질권을 설정할 수도 있고 타인에게 이용을 허락(라이센스)해 줄 수도 있다. 또한 저작물 위에 출판권이나 배타적 발행권을 설정하여 줄 수 있다.[93]

나. 저작재산권의 종류

저작재산권은 복제권, 공연권, 공중송신권, 전시권, 배포권, 대여권, 이차적저작물작성권의 지분적 권리로 구성된다. 물권은 법이나 관습법에 의해서만 창설할 수 있고 임의로 창설할 수 없다는 물권법정주의 원칙이 준물권인 저작권에도 준용되므로 저작권법에서 명시한 지분적 권리 이외에 법에 명시되지 않거나 관습법에 의해 인정되지 않은 지분적 권리는 인정되지 않는다.

재산권은 권리의 다발(bundle of rights)로 이해된다. 이는 저작권을 포함한 재산권은 다수의 지분적인 권리가 모여 하나의 재산권을 이루는 것으로서 재산권 자체는 무한적인 권리이지만, 지분적인 권리에 의하여 재산권이 구체화되어 실행할 수 있는 권리가 된다.

---

92 저작권법 제136조제2항 제1호.

93 copyrights의 어원은 출판권으로부터 시작된다.

[권리의 다발, bundle of rights][94]

저작재산권자의 bundle of rights

제16조(복제권) 저작자는 그의 저작물을 복제할 권리를 가진다.

제17조(공연권) 저작자는 그의 저작물을 공연할 권리를 가진다.

제18조(공중송신권) 저작자는 그의 저작물을 공중송신할 권리를 가진다.

제19조(전시권) 저작자는 미술저작물등의 원본이나 그 복제물을 전시할 권리를 가진다.

제20조(배포권) 저작자는 저작물의 원본이나 그 복제물을 배포할 권리를 가진다. 다만, 저작물의 원본이나 그 복제물이 해당 저작재산권자의 허락을 받아 판매 등의 방법으로 거래에 제공된 경우에는 그러하지 아니하다.

제21조(대여권) 제20조 단서에도 불구하고 저작자는 판매용 음반이나 판매용 프로그램을 영리를 목적으로 대여할 권리를 가진다.

제22조(2차적저작물작성권) 저작자는 그의 저작물을 원저작물로 하는 2차적저작물을 작성하여 이용할 권리를 가진다.

다. 저작재산권의 이전

재산권의 특징은 재산을 처분하여 그 투자가치를 회수할 수 있다는 것이다. 저작

94 https://guides.nyu.edu/copyright/authorrights.

재산권은 양도가 가능함을 법적 바탕으로 하고 있으므로 저작재산권도 이를 전부 양도하거나 또는 일부만을 분리하여 양도할 수 있다. 명시적으로 약정하지 않는 한 저작물의 복제권, 공연권, 공중송신권, 전시권, 배포권, 대여권 만이 양도되고 2차적 저작물 작성권은 양도되지 않은 것으로 추정된다. 2차적 저작물 작성권까지 양도받기 위해서는 명시적으로 2차적 저작물 작성권을 양도해야 한다. 다만, 컴퓨터 프로그램의 경우 특약이 없는 한 2차적 저작물 작성권도 함께 양도된 것으로 추정한다.

저작재산권의 일부 양도는 복제권 등 저작권을 구성하는 지분적 권리만을 분리하여 개별적으로 양도할 수 있다. 배타적발행권이나 출판권은 저작재산권의 일부를 가진 자가 타인에게 설정하여 줄 수 있는 권리이다.

저작인격권이 일신전속권으로서 상속이나 양도를 할 수 없음에 반하여 저작재산권은 상속에 의하여 상속인에게 이전될 수 있고, 질권의 목적이 되어 담보로 제공할 수 있다.

라. 저작물의 이용허락(license)

저작재산권은 타인에게 이전하지 않고 저작자 자신이 직접 그 저작물을 이용하거나 타인에게 그 이용을 허락하고 대가(royalty)를 받을 수도 있다. 이용허락은 상대방에게만 독점적으로 이용허락을 하여 줄 수도 있고, 비독점적으로 사용허락을 할 수 있다. 독점적으로 이용허락을 설정하는 경우를 exclusive license라고 하는데, 이는 계약으로 특정인에게 독점적인 이용허락을 하여줄 의무를 부담하는 것에 불과하다. 따라서 저작권자가 제3자에게 다시 이용허락을 할 수 있는데, 이 경우에 독점적 이용허락의무를 위반한 것으로 계약불이행(계약위반)에 해당한다.

비독점적으로 이용허락을 설정하는 경우는 non-exclusive license 라고 한다. 비독점적으로 이용허락을 설정하는 경우에는 그 이용허락을 받은 자의 이용허락 범위내에서 저작물 이용은 저작권 침해를 구성하지 않는다는 의미이다. license의 의미는 자유(free)로서, license를 취득한다는 것은 침해로부터의 자유를 취득한다는 것으로 저작물의 라이센스의 목적물을 라이센스 범위내에서 이용하는 경우에 저작권 침해가 발생하지 않는다는 의미가 된다. 즉 저작권(지적재산권)의 라이센스를 취득한다는 것은 저작권(지적재산권) 침해로부터의 자유를 취득한다는 소극적 의미가 된다.

이용허락을 받은 자는 허락받은 이용방법과 조건의 범위 안에서 그 저작물을 이용할 수 있으나 저작재산권자의 동의 없이는 그 이용권을 제3자에게 양도할 수 없다. 저작물의 이용권은 이용할 수 있는 상대방이 특정되어 있는 것이므로 저작물 이용권의 성질상 양도를 할 수 없다. 다만, 저작권자의 동의가 있으면 양도가 가능하다. 예컨대, 저작권자는 자신의 저작물을 누가 이용하는지가 중요한 사항이다. 예컨대, 학생에 있어서 개인교습선생이 누구인지 중요한 것과 마찬가지이다. 따라서 이용자를 변경하기 위해서는 저작권자의 동의가 필요하도록 한 것이다.

저작재산권에 대하여 이용허락을 받을 수 없는 경우에 저작권법은 일정한 요건이 충족하면 허락이 있는 것으로 간주(의제)한다. 이를 법에서 정한 바에 따라 허락이 있는 것으로 간주한다고 하여 법정허락이라고 한다. 예컨대 외국인의 저작물을 제외하고 상당한 노력을 기울였어도 공표된 저작물의 저작재산권자나 그의 거소(거주지)를 알 수 없어 그 저작물의 이용허락을 받을 수 없는 경우에는 문화체육관광부장관의 승인을 얻은 후 문화체육관광부장관이 정하는 기준에 의한 보상금을 공탁하고 이를 이용할 수 있도록 하고 있다.

공표된 저작물을 공익상 필요에 의하여 방송하고자 하는 방송사업자가 그 저작재산권자와 협의하였으나 협의가 성립되지 아니하는 경우에는 문화체육관광부장관의 승인을 얻은 후 문화체육관광부장관이 정하는 기준에 의한 보상금을 당해 저작재산권자에게 지급하거나 공탁하고 이를 방송할 수 있다. 판매용 음반이 우리나라에서 처음으로 판매되어 3년이 경과한 경우 그 음반에 녹음된 저작물을 녹음하여 다른 판매용 음반을 제작하고자 하는 자가 그 저작재산권자와 협의하였으나 협의가 성립되지 아니하는 때에는 문화체육관광부장관의 승인을 얻은 후 문화체육관광부장관이 정하는 기준에 의한 보상금을 당해 저작재산권자에게 지급하거나 공탁하고 다른 판매용 음반을 제작할 수 있다. 법정허락은 공표되지 않은 저작물에 대해서는 인정되지 않는다.

저작물의 법정허락에 관한 저작권법 규정

제50조(저작재산권자 불명인 저작물의 이용)

① 누구든지 대통령령이 정하는 기준에 해당하는 상당한 노력을 기울였어도 공표된 저작물(외국인의 저작물을 제외한다)의 저작재산권자나 그의 거소를 알 수 없어 그 저작물의 이용허락을 받을 수 없는 경우에는 대통령령이 정하는 바에 따라 문화체육관광부장관의 승인을 얻은 후 문화체육관광부장관이 정하는 기준에 의한 보상금을 공탁하고 이를 이용할 수 있다.

② 제1항의 규정에 따라 저작물을 이용하는 자는 그 뜻과 승인연월일을 표시하여야 한다.

③ 제1항의 규정에 따라 법정허락된 저작물이 다시 법정허락의 대상이 되는 때에는 제1항의 규정에 따른 대통령령이 정하는 기준에 해당하는 상당한 노력의 절차를 생략할 수 있다. 다만, 그 저작물에 대한 법정허락의 승인 이전에 저작재산권자가 대통령령이 정하는 절차에 따라 이의를 제기하는 때에는 그러하지 아니하다.

④ 문화체육관광부장관은 대통령령이 정하는 바에 따라 법정허락 내용을 정보통신망에 게시하여야 한다.

제51조(공표된 저작물의 방송)

공표된 저작물을 공익상 필요에 의하여 방송하고자 하는 방송사업자가 그 저작재산권자와 협의하였으나 협의가 성립되지 아니하는 경우에는 대통령령이 정하는 바에 따라 문화체육관광부장관의 승인을 얻은 후 문화체육관광부장관이 정하는 기준에 의한 보상금을 당해 저작재산권자에게 지급하거나 공탁하고 이를 방송할 수 있다.

제52조(판매용 음반의 제작)

판매용 음반이 우리나라에서 처음으로 판매되어 3년이 경과한 경우 그 음반에 녹음된 저작물을 녹음하여 다른 판매용 음반을 제작하고자 하는 자가 그 저작재산권자와 협의하였으나 협의가 성립되지 아니하는 때에는 대통령령이 정하는 바에 따라 문화체육관광부장관의 승인을 얻은 후 문화체육관광부장관이 정하는 기준에 의한 보상금을 당해저작재산권자에게 지급하거나 공탁하고 다른 판매용 음반을 제작할 수 있다.

마. 배타적 발행권과 출판권

저작물을 발행하거나 복제 · 전송할 권리를 가진 사람은 그 저작물을 발행 등에 이용하고자 하는 사람에게 배타적 권리(배타적 발행권)를 설정할 수 있다. 앞서 제시한 바와 같이 발행은 저작물 또는 음반을 공중의 수요를 충족시키기 위하여 복제 · 배포하는 것을 말하는데[95], 저작권법은 복제 · 전송권을 기초로 발행권을 부여한 것이다.

물권법정주의에 따라 저작권법이 정하는 범위를 넘어서는 권리의 설정은 허용되지 않는다. 다만, 권리자는 그 저작물에 대하여 발행하거나 복제 · 전송의 방법 및 조건이 중첩되지 않는 범위 내에서 새로운 배타적 발행권을 설정할 수 있다.[96] 배타적 발행권은 단순한 채권적 권리를 의미하는 이용허락과는 달리 배타적이고 독점적인 권리이다. 이용허락을 받은 자는 타인에게 자신의 권리를 행사할 수 없다. 배타적 발행권은 배타적인 권리이므로 제3자에게 자신의 배타적 발행권을 주장할 수 있다. 따라서 저작재산권자는 그 저작물에 대하여 발행 등의 방법 및 조건이 중첩되지 않는 범위 내에서 배타적발행권을 설정할 수 있는 것이다. 만일 중첩이 되는 경우에는 배타적 발행권자 사이에 권리충돌의 문제가 발생한다.

배타적 발행권을 가진 자는 자신의 권리 침해를 하는 자에 대하여 권리를 주장할 수 있다. 즉 민사소송의 주체가 되어 직접 침해를 한 자에게 침해금지나 손해배상의 민사소송을 제기할 수 있다. 이는 배타적 발행권의 본질이 '배타성'을 바탕으로 하기 때문에 배타성을 침해한 자에 대하여 자신의 권리를 주장할 수 있기 때문이다.

배타적 발행권 이외에 국내 출판업계의 오랜 관행을 존중하여 기존에 저작물을 인쇄 그 밖에 이와 유사한 방법으로 문서 또는 도화로 발행하고자 하는 사람에 대하여 출판권을 설정할 수 있도록 한 출판권 제도도 유지하고 있다. 출판권의 내용은 배타적 발행권을 준용한다.

95 저작권법 제2조 제24호.

96 저작권법 제57조 제2항

저작물의 배타적 발행권에 관한 저작권법 규정

제57조(배타적발행권의 설정)

① 저작물을 발행하거나 복제 · 전송(이하 "발행등"이라 한다)할 권리를 가진 자는 그 저작물을 발행등에 이용하고자 하는 자에 대하여 배타적 권리(이하 "배타적발행권"이라 하며, 제63조에 따른 출판권은 제외한다. 이하 같다)를 설정할 수 있다.

② 저작재산권자는 그 저작물에 대하여 발행등의 방법 및 조건이 중첩되지 않는 범위 내에서 새로운 배타적발행권을 설정할 수 있다.

③ 제1항에 따라 배타적발행권을 설정받은 자(이하 "배타적발행권자"라 한다)는 그 설정행위에서 정하는 바에 따라 그 배타적발행권의 목적인 저작물을 발행등의 방법으로 이용할 권리를 가진다.

④ 저작재산권자는 그 저작물의 복제권 · 배포권 · 전송권을 목적으로 하는 질권이 설정되어 있는 경우에는 그 질권자의 허락이 있어야 배타적발행권을 설정할 수 있다.

제58조(배타적발행권자의 의무)

① 배타적발행권자는 그 설정행위에 특약이 없는 때에는 배타적발행권의 목적인 저작물을 복제하기 위하여 필요한 원고 또는 이에 상당하는 물건을 받은 날부터 9월 이내에 이를 발행등의 방법으로 이용하여야 한다.

② 배타적발행권자는 그 설정행위에 특약이 없는 때에는 관행에 따라 그 저작물을 계속하여 발행등의 방법으로 이용하여야 한다.

③ 배타적발행권자는 특약이 없는 때에는 각 복제물에 대통령령으로 정하는 바에 따라 저작재산권자의 표지를 하여야 한다. 다만, 「신문 등의 진흥에 관한 법률」 제9조제1항에 따라 등록된 신문과 「잡지 등 정기간행물의 진흥에 관한 법률」 제15조 및 제16조에 따라 등록 또는 신고된 정기간행물의 경우에는 그러하지 아니하다.

제58조의2(저작물의 수정증감)

① 배타적발행권자가 배타적발행권의 목적인 저작물을 발행등의 방법으로 다시 이용하는 경우에 저작자는 정당한 범위 안에서 그 저작물의 내용을 수정하거나 증감할 수 있다.

②배타적발행권자는 배타적발행권의 목적인 저작물을 발행등의 방법으로 다시 이용하고자 하는 경우에 특약이 없는 때에는 그때마다 미리 저작자에게 그 사실을 알려야 한다.

제59조(배타적발행권의 존속기간 등)

① 배타적발행권은 그 설정행위에 특약이 없는 때에는 맨 처음 발행등을 한 날로부터 3년간 존속한다. 다만, 저작물의 영상화를 위하여 배타적발행권을 설정하는 경우에는 5년으로 한다.

② 저작재산권자는 배타적발행권 존속기간 중 그 배타적발행권의 목적인 저작물의 저작자가 사망한 때에는 제1항에도 불구하고 저작자를 위하여 저작물을 전집 그 밖의 편집물에 수록하거나 전집 그 밖의 편집물의 일부인 저작물을 분리하여 이를 따로 발행등의 방법으로 이용할 수 있다.

제60조(배타적발행권의 소멸통고)

① 저작재산권자는 배타적발행권자가 제58조제1항 또는 제2항을 위반한 경우에는 6월 이상의 기간을 정하여 그 이행을 최고하고 그 기간 내에 이행하지 아니하는 때에는 배타적발행권의 소멸을 통고할 수 있다.

② 저작재산권자는 배타적발행권자가 그 저작물을 발행등의 방법으로 이용하는 것이 불가능하거나 이용할 의사가 없음이 명백한 경우에는 제1항에도 불구하고 즉시 배타적발행권의 소멸을 통고할 수 있다.

③ 제1항 또는 제2항에 따라 배타적발행권의 소멸을 통고한 경우에는 배타적발행권자가 통고를 받은 때에 배타적발행권이 소멸한 것으로 본다.

④ 제3항의 경우에 저작재산권자는 배타적발행권자에 대하여 언제든지 원상회복을 청구하거나 발행등을 중지함으로 인한 손해의 배상을 청구할 수 있다.

제61조(배타적발행권 소멸 후의 복제물의 배포)

배타적발행권이 그 존속기간의 만료 그 밖의 사유로 소멸된 경우에는 그 배타적발행권을 가지고 있던 자는 다음 각 호의 어느 하나에 해당하는 경우를 제외하고는 그 배타적발행권의 존속기간 중 만들어진 복제물을 배포할 수 없다.

1. 배타적발행권 설정행위에 특약이 있는 경우
2. 배타적발행권의 존속기간 중 저작재산권자에게 그 저작물의 발행에 따른 대가를 지급하고 그 대가에 상응하는 부수의 복제물을 배포하는 경우

제62조 (배타적발행권의 양도 · 제한 등)

① 배타적발행권자는 저작재산권자의 동의 없이 배타적발행권을 양도하거나 또는 질권의 목적으로 할 수 없다.

② 배타적발행권의 목적으로 되어 있는 저작물의 복제 등에 관하여는 제23조, 제24조, 제25조제1항부터 제5항까지, 제26조부터 제28조까지, 제30조부터 제33조까지, 제35조제2항 및 제3항, 제35조의2부터 제35조의5까지, 제36조 및 제37조를 준용한다.

---

3. 저작재산권의 소멸

가. 권리소진의 원칙(exhaustion doctrine; first sale doctrine)

대학생이 된 A는 교양필수과목을 수강한 후에, 후배에게 해당 필수과목의 지정

교재를 중고로 판매하였데 A가 자신이 구입한 서적을 중고로 판매한 것이 저작권자의 배포권을 침해한 것일까? 왜냐하면 "배포"는 저작물 등의 원본 또는 그 복제물을 공중에게 대가를 받거나 받지 아니하고 양도 또는 대여하는 것을 말하는데, 중고서적은 복제물에 해당하고 이를 중고로 판매하는 행위는 공중에게 대가를 받고 양도하는 행위이기 때문이다. 배포권은 저작재산권에 해당하므로 저작권자의 권리이다. 만일 이와 같은 경우, 저작권 침해라고 한다면, 세상의 수많은 중고 책, 중고 음반 등 중고 저작물의 거래는 원저작자의 저작권 침해행위가 될 것이다.

지적재산권법의 원리중의 하나는 판매된 지적재산권 물품에 대한 지적재산권은 소멸한다는 원칙이다. 이를 권리소진의 원칙(exhaustion doctrine) 또는 최초판매의 원칙(first sale doctrine)이다. 일단 판매된 물품에 대한 권리는 소멸된다는 것이다. 그리하여 중고물품에 대한 특허나 저작권 또는 상표권 등의 권리는 이미 소멸되었으므로 이를 재판매하더라도 배포권 등을 침해하지 않는다. 해당물품에 대하여 배포권이 소멸되었기 때문이다.

이러한 법리의 근원에는 보상설(reward theory)과 유체물에 대한 권리이전설이 있다. 저작물의 권리소진에 관련된 많은 판결은 보상이론에 근거하고 있다. 최초의 처분(first sale/first disposition)에 의하여 저작권자가 그 양도된 저작물에 대하여 대가를 받아 정당한 보상을 받은 경우, 저작권자는 그 이후 양도된 저작물 거래에 대하여 통제권을 상실한다는 것이다. 지적재산권의 정당성에 관한 보상설의 논거이다. 특허독점과 공공의 부담은 균형을 이루어야 하는데 지적산물에 대하여 정당하게 보상하면 투자 회수를 가능케 하여 궁극적으로 발명에 대한 동기(incentive)가 될 수 있다고 한다. 그리고 무한한 독점에 대한 공공의 부담은 독점권을 제한할 필요성을 인정하게 되어 지적산물에 대한 균형된 보상기간이 종료하면 지적재산권이 종료하는 것과 같이 판매에 의하여 보상을 받게 되면 그에 대한 권리도 소멸하는 것이 타당하다고 한다.

Keeler v. Standard Folding Bed Co. 사건에서 미국연방대법원은

> The conclusion reached does not deprive a patentee of his just rights, because no article can be unfettered from the claim of his monopoly without paying its tribute. The inconvenience and annoyance to the public that an opposite conclusion would occasion are too obvious to require illustration.[97]

라고 하였다. 위 판결은 특허권에 관한 것으로 특허권자의 권리와 수요자의 권리의 조화를 이루기 위해서 권리소진의 원칙이 필요한데, 권리소진을 인정하더라도 특허권자의 권리침해는 없다고 한다. 왜냐하면 특허권자는 대가를 받고 해당 물품을 이전한 것이므로 해당물품에 대하여 다시 이전되더라도 특허권자의 이익침해는 없고, 권리소진은 특허권자가 이전하지 않은 물품에 대하여 적용되지 않기 때문이다. 또한 해당 물품의 소유자가 특허권자로부터 동의를 받아 중고물품을 판매하라고 하는 것은 자신의 소유물에 대한 권리제한이 될 것이다. 그뿐만 아니라 현재 사회와 같이 자원의 고갈과 공해, 환경문제가 심각한 경우에는 중고 물품의 거래나 재활용이 장려되어야 하는 정책적인 문제도 있다. 권리소진의 원칙에 의한 자유로운 중고거래를 인정하더라도 특허권자나 저작권자의 이익을 침해하지 않는다.

United States v. Masonite Corp. 사건에서도 연방대법원은

> Whilst the remuneration of genius and useful ingenuity is a duty incumbent upon the public, the rights and welfare of the community must be fairly dealt with and effectually guarded.[98]

라고 하여 기여에 대한 공정한 보상에 의하여 권리가 소멸됨을 언급하고 있다.

또 하나의 견해는 대륙법상 동산 취득자의 소유권을 보호한다는 소유권설과 유사한 견해로 커먼로상 일단 판매한 물품의 거래를 제한하는 것을 금지한다는 법리에서 기인하고 있다. 이 견해는 보상설과 모순되는 것은 아니다. 커먼상 '동산'을 판

97 Keeler v. Standard Folding Bed Co., 157 U.S. 659, 666–67 (1895).

98 United States v. Masonite Corp. 316 U.S. 265, 278 (1942).

매 등 처분한 경우 그 물품은 더 이상 이전에 소유한 소유권자의 권리가 아닌 새로운 소유자의 처분권한에 복종한다는 이론으로 사적소유이론이라고 한다. 본 이론을 지적재산권으로 보호되는 유체 '물품'에 적용한다. 예컨대 특허권은 커먼로상의 권리로서(common law right)와 같이 물품이 거래된 경우, 그 이후에는 거래를 제한할 수 없게 된다.

1873 Adams v. Burke 사건[99]에서 미국 연방대법원은

> if lawfully sold, "there is no restriction on their use to be implied for the benefit of the patentee or his assignees or licensees"

라고 판시했는데 이는 권리가 이전된 경우에 그 권리를 취득한 자에게는 어떠한 권리제한도 없다고 한다. 본 이론은 특허의 경우에 있어서 방법특허에는 적용되지 않았다. 방법특허는 '물품'(동산)이 아니기 때문에 특허권자의 특허권이 소진되지 않는다는 것이다.[100] 그런데 2008년 미국연방대법원은 LG v. Quanta 사건[101]에서 "방법"특허에도 권리가 소진됨을 인정했다.

우리나라 저작권법은 권리소진의 원칙에 대하여 "저작자는 저작물의 원본이나 그 복제물을 배포할 권리를 가진다. 다만, 저작물의 원본이나 그 복제물이 해당 저작재산권자의 허락을 받아 판매 등의 방법으로 거래에 제공된 경우에는 그러하지 아니하다."고 규정하고 있다.[102] 저작권법상 권리소진이 되는 것은 배포권이다. 저작재산권중 배포권 이외의 공연권이나 전송권, 2차적 저작물 작성권 등의 권리는 소진되지 않고, 여전히 저작권자가 권리를 보유한다. 또한 판매 등에 의해서 거래된 것이어야 한다. 거래되지 않은 절도품 등은 권리소진의 대상이 되지 않는다.

우리 저작권법은 권리소진원칙을 규정하고 있지만, 권리소진원칙이 적용되지 않는 경우를 명시하고 있다. 저작권법은 "제20조 단서에도 불구하고 저작자는 판매

99 Adams v. Burke, 84 U.S. (17 Wall.) 453 (1873).
100 Glass Equip. Dev. Inc. v. Besten, Inc., 174 F.3d 1337 (Fed. Cir. 1999); Bandag, Inc. v. Al Bolser's Tire Stores, Inc. 750 F.2d 903 (Fed. Cir. 1984).
101 Quanta Computer, Inc. v. LG Electronics, Inc., 553 U.S. 617 (2008).
102 저작권법 제20조 단서.

용 음반이나 판매용 프로그램을 영리를 목적으로 대여할 권리를 가진다."[103]고 규정하고 있다. 즉 판매용음반이나 판매용프로그램은 판매 등의 방법으로 거래에 제공되었더라도 권리소진이 되지 않는다. 여전히 저작권자가 권리를 보유한다. 판매에도 불구하고 권리소진이 되지 않는 물품은 음반과 소프트웨어이다. 도서, 영상이 녹화된 DVD나 비디오 테잎의 경우에는 권리소진이 된다.

이와 같이 권리소진이 되지 않는 것을 규정하게 된 것은 저작권법을 개정하던 당시에 우리나라에는 각 동네마다 많은 소규모 책 대여점과 비디오 영화 대여점이 존재하였는데, 책과 영화 비디오 및 DVD에 권리소진의 원칙이 적용되지 않아 원저작자가 그 대여할 권리를 가진다고 하면, 동네 소규모 대여점은 문을 닫을 수밖에 없었기 때문에 권리소진의 원칙이 제외되는 범위에 포함시키지 않은 것이다.

[권리소진의 원칙]

권리소진의 원칙	권리소진의 원칙의 제한	권리소진의 원칙의 제한이 되지 않는 경우 (권리소진되는 경우)
저작재산권자의 허락에 의해 판매 등으로 거래된 경우, 배포권(대여권)의 제한	상업용 음반, 프로그램은 대여권에 대하여 권리소진 되지 않음	비상업용 음반, 프로그램
서점에서 책을 구입한 경우	노래, 연주 등이 녹음되거나 컴퓨터 프로그램이 저장된 판매용 CD, LP, USB, HDD, SSD 등	– 상업용음반, 프로그램이 아닌, 비상업용 음반, 프로그램 – 책, DVD, 비디오 테입
법 제20조 (배포권) .... "다만, 저작물의 원본이나 그 복제물이 해당 저작재산권자의 허락을 받아 판매 등의 방법으로 거래에 제공된 경우에는 그러하지 아니하다."	제21조(대여권) 제20조단서에도 불구하고 저작자는 상업적 목적으로 공표된 음반(이하 "상업용 음반"이라 한다)이나 상업적 목적으로 공표된 프로그램을 영리를 목적으로 대여할 권리를 가진다.	제21조에서 권리소진이 되지 않는 예외로 규정하지 않음

103 저작권법 제21조

나. 저작재산권의 존속기간

저작재산권은 원칙적으로 저작자가 생존하는 동안과 사망한 후 70년간 존속한다. 저작인격권은 저작자 이외의 자에게 귀속하거나 행사할 수 없는 일신전속권이므로 저작권자의 사망으로 소멸한다. 공동으로 저작을 한 공동저작물의 경우에는 맨 마지막으로 사망한 저작자가 생존하는 기간과 사망한 후 70년간 존속한다. 최종생존자의 사망부터 70년의 존속기간을 기산하는 것은 공동저작자가 누릴 수 있는 이점이다.

저작자가 알려지지 않은 저작물이거나 또는 널리 알려지지 아니한 저작자의 실명이 아닌 다른 이름이 표시된 저작물의 저작재산권은 공표된 때부터 70년간 존속한다. 저작자가 누구인지 특정할 수 없으므로 실제 저작한 때와 생존기간을 알 수 없기 때문에 공중이 이를 알 수 있는 시기인 공표된 때로 부터 시작한다. 다만, 이 기간 내에 저작자가 사망한지 70년이 지났다고 인정할 만한 정당한 사유가 발생한 경우에는 그 저작재산권은 저작자가 사망한 후 70년이 지났다고 인정되는 때에 소멸한 것으로 본다. 다만 저작자의 실명 또는 널리 알려진 이명이 밝혀진 경우나 실명등록을 한 경우에는 저작자를 특정할 수 있으므로 공표된 시점으로부터 70년간의 보호기간이 아닌 저작자가 알려진 경우의 규정을 적용하여 생존기간 및 사망 후 70년간 보호한다. 예컨대, 유명 예술가들은 본인의 실명을 사용하지 않고, 예명이나 별명을 사용하더라도 누구인지 특정할 수 있고, 그들이 창작한 예술품도 특정할 수 있다.

업무상저작물의 저작재산권은 공표한 때부터 70년간 존속한다. 다만, 창작한 때부터 50년 이내에 공표되지 아니한 경우에는 창작한 때부터 70년간 존속한다. 업무상저작물은 법인이 저작자가 되므로 생존기간을 확정할 수 없기 때문에 사망 후 70년으로 정할 수 없다. 영상저작물의 저작재산권은 공표한 때부터 70년간 존속한다. 다만, 창작한 때부터 50년 이내에 공표되지 아니한 경우에는 창작한 때부터 70년간 존속한다.

공표시기는 책 · 호 또는 회 등으로 공표하는 저작물의 경우에는 매책 · 매호 또는 매회 등의 공표 시로 한다. 일간신문의 연재소설이나 TV 방송의 연속극같이 일부분씩 순차적으로 공표하여 완성하는 저작물의 경우에는 최종부분의 공표시로 한다. 일부분씩 순차적으로 공표하여 전부를 완성하는 저작물의 계속되어야 할 부분이 최근의 공표시기부터 3년이 경과되어도 공표되지 아니하는 경우에는 이미 공표된 맨 뒤의 부분을 최종부분으로 본다.

저작재산권의 보호기간을 계산하는 경우에는 저작자가 사망하거나 저작물을 창작 또는 공표한 다음 해부터 기산한다. 2018. 3. 5.에 저작자가 사망하거나 창작 또는 공표한 경우에 70년의 기간은 2019년 1월 1일부터 기산한다. 70년을 계산하는 시기가 불명확한 점을 피하기 위한 규정이다.

저작권 보호기간에 관한 저작권법 규정

제39조(보호기간의 원칙)

① 저작재산권은 이 관에 특별한 규정이 있는 경우를 제외하고는 저작자가 생존하는 동안과 사망한 후 70년간 존속한다.

② 공동저작물의 저작재산권은 맨 마지막으로 사망한 저작자가 사망한 후 70년간 존속한다.

제40조(무명 또는 이명 저작물의 보호기간)

① 무명 또는 널리 알려지지 아니한 이명이 표시된 저작물의 저작재산권은 공표된 때부터 70년간 존속한다. 다만, 이 기간 내에 저작자가 사망한지 70년이 지났다고 인정할만한 정당한 사유가 발생한 경우에는 그 저작재산권은 저작자가 사망한 후 70년이 지났다고 인정되는 때에 소멸한 것으로 본다.

② 다음 각 호의 어느 하나에 해당하는 경우에는 제1항의 규정은 이를 적용하지 아니한다.

1. 제1항의 기간 이내에 저작자의 실명 또는 널리 알려진 이명이 밝혀진 경우
2. 제1항의 기간 이내에 제53조제1항의 규정에 따른 저작자의 실명등록이 있는 경우

제41조(업무상저작물의 보호기간)

업무상저작물의 저작재산권은 공표한 때부터 70년간 존속한다. 다만, 창작한 때부터 50년 이내에 공표되지 아니한 경우에는 창작한 때부터 70년간 존속한다.

제42조(영상저작물의 보호기간)

영상저작물의 저작재산권은 제39조 및 제40조에도 불구하고 공표한 때부터 70년간 존속한다. 다만, 창작한 때부터 50년 이내에 공표되지 아니한 경우에는 창작한 때부터 70년간 존속한다.

4. 저작재산권의 제한(자유사용, 공정사용)

저작재산권에 대하여는 저작재산권자의 동의가 없더라도 이를 사용할 수 있는 경우가 있다. 예컨대 논문작성을 위하여 타인의 논문을 인용하는 것이다. 이를 자유사용, 공정사용 또는 법정사용이라고 한다. 공정사용은 일반 공중이 갖는 적극적인 권리라고 보는 견해가 있고 반대로 침해를 인정하지 않는 소극적인 것이라고 보는 견해가 있다.

우리 저작권법은 제23조부터 제38조까지 그리고 제101조의3부터 제101조의5에 공정사용에 해당하는 것을 개별적으로 예시하고 있고, 제35조의5에 공정사용의 일반조항을 규정하고 있다. 공정사용의 개별적 예시에 해당하지 않더라도 제35조의5 제2항에 규정된 "1. 이용의 목적 및 성격, 2. 저작물의 종류 및 용도, 3. 이용된 부분이 저작물 전체에서 차지하는 비중과 그 중요성, 4. 저작물의 이용이 그 저작물의 현재 시장 또는 가치나 잠재적인 시장 또는 가치에 미치는 영향"을 고려하여 저작물의 통상적인 이용 방법과 충돌하지 아니하고 저작자의 정당한 이익을 부당하게 해치지 아니하는 경우에는 저작물을 이용할 수 있도록 하고 있다. 본 조항이 신설되기 전에는 28조의 규정에 의하여 판단하고 있었다.

공정사용의 구체적 사례를 보면, 2008년 6월 서울남부지방법원은 방송사의 오락프로그램에서 저작권자의 허락 없이 무단으로 영화의 일부 장면을 약 3분간 인용하여 방송한 것은 그 목적이 시청자들에게 정보와 재미를 주기 위한 것이라고 하더라도 그 이용의 성격이 상업적 · 영리적이라는 점 등에 비추어 공정 이용에 해당하지 않는다고 했다. 법원은 피고회사인 SBS가 저작권자로부터 인용에 대한 동의를 받는 것이 어렵지 않았을 뿐만 아니라 SBS가 인터넷 홈페이지를 통해 유료로 문제된 프로를 방송하였다는 점을 근거로 공정이용을 부정했다.[104]

다음 커뮤니케이션이 사진작가인 원고의 홈페이지에 게시된 사진작품 '백두산 천지' 등 31점을 수집 · 복사해 가로 3cm, 세로 2.5cm 크기로 포털사이트에 썸네일로

104 서울남부지법 2008.6.5. 선고 2007가합18479 판결. 원고는 SBS에 1억 1천만원을 청구했으나 법원은 손해배상액으로 3백만원을 인정했다.

게시하였는데 대법원은 정당한 범위내의 인용으로 판시했다.[105] 대법원은 썸네일 이미지는 해당작가의 홈페이지로 연결돼 있어 이용자들도 썸네일 이미지를 작품사진으로 감상하기 보다는 관련 사이트를 찾아가는 통로로 인식할 가능성이 높아 이 서비스의 목적은 이용자들에게 이미지의 위치를 알려주는데 있다"면서 썸네일 이미지를 클릭하여 생성되는 이미지는 썸네일 보다 조금 더 크게 확대될 뿐 해상도가 떨어져 사진으로서 감상하기는 어려운 점 등을 감안하면 썸네일(thumb nail)을 통해 사진을 조금 크게 볼 수 있도록 한 서비스가 원본 작품사진에 대한 수요를 대체한다고 보기 어렵다고 판시했다.

구 저작권법 시대의 판결로는 "피고인이 노동자들에 의해 새로운 가사가 붙여진 가요 등을 수집하여 원 작곡자나 작사자의 승락 없이 원곡의 악보를 전사하고 그 곡조에 따라 근로자들에 의해 불리어지는 곡명 및 가사와 원곡의 곡명을 적어 넣고 서문과 분류 목차를 첨가 편집하여 원작곡자나 작사자의 성명은 밝히지 아니한 채 인쇄업자에게 의뢰하여 100부를 출판하여 배포한 것"이라면, 비침해행위, 즉 공정사용을 규정한 구 저작권법 제64조 제1항 각호의 어느 것에도 해당하지 아니하고 그 복제의 방법과 부수, 배포대상 등에 비추어 피고인이 연구의 목적으로 위와 같이 책자를 출판하였다고 하더라도 정당한 이용행위의 범주에 속하는 사적사용을 위한 복제라고 할 수 없다고 판시하였다.[106]

우리법상 저작권의 공정이용에 관한 규정은 미국 저작권법을 따라 규정된 것으로 볼 수 있다. 미국저작권법은 공정이용의 판단에 있어서

(1) 문제된 사용이 상업적 성질의 것인지 또는 비영리적 교육목적을 위한 것인지의 여부를 포함한, 그 사용의 목적 및 성격;

(2) 저작권이 있는 저작물의 성격;

(3) 저작권이 있는 저작물 전체에서 사용된 부분이 차지하는 양과 상당성; 및

(4) 문제된 사용이 저작권이 있는 저작물의 잠재적 시장이나 가치에 미치는 영향.

105 대법원 2010. 3. 11. 선고 2009다4343 판결.
106 대법원 1991. 8. 27. 선고 89도702 판결.

을 고려하여 판단하도록 하고 있다. 따라서 사용된 부분이 많을수록, 상업적일수록 침해로 판단될 가능성이 높다.

Copyright Act of 1976, 17 U.S.C., § 107

Notwithstanding the provisions of sections 106 and 106A, the fair use of a copyrighted work, including such use by reproduction in copies or phonorecords or by any other means specified by that section, for purposes such as criticism, comment, news reporting, teaching (including multiple copies for classroom use), scholarship, or research, is not an infringement of copyright. In determining whether the use made of a work in any particular case is a fair use the factors to be considered shall include-

(1) the purpose and character of the use, including whether such use is of a commercial nature or is for nonprofit educational purposes;
(2) the nature of the copyrighted work;
(3) the amount and substantiality of the portion used in relation to the copyrighted work as a whole; and
(4) the effect of the use upon the potential market for or value of the copyrighted work.

The fact that a work is unpublished shall not itself bar a finding of fair use if such finding is made upon consideration of all the above factors.

[번역]

제106조 및 제106조의 A의 규정에도 불구하고, 비평, 논평, 뉴스 보도, 학교 수업(학급에서 다수 복제하는 경우를 포함), 학문, 또는 연구 등과 같은 목적을 위하여 저작권이 있는 저작물을 복제물이나 음반으로 제작하거나 또는 기타 제106조 및 제106조의 A에서 규정한 방법으로 인용하는 경우를 포함하여 공정 이용 행위는 저작권 침해가 되지 아니한다. 구체적인 경우에 저작물의 사용이 공정 이용이냐의 여부를 결정함에 있어서 다음의 사항을 참작하여야 한다.

(1) 이러한 사용이 상업적 성질의 것인지 또는 비영리적 교육목적을 위한 것인지의 여부를 포함한, 그 사용의 목적 및 성격;
(2) 저작권이 있는 저작물의 성격;
(3) 저작권이 있는 저작물 전체에서 사용된 부분이 차지하는 양과 상당성; 및

(4) 이러한 사용이 저작권이 있는 저작물의 잠재적 시장이나 가치에 미치는 영향.
위의 모든 사항을 참작하는 공정 이용이라면, 저작물이 발행되지 아니하였더라도 그 사실 자체만으로는 그러한 결정을 방해하지 못한다.

미국에서 공정사용과 관련하여 매우 유명한 판결이 있다. 소니는 베타막스 방식이라는 비디오 녹화 기계(VTR(Video Tape Recorder))를 제작판매하였고, 소비자들은 이를 구입하여 TV 프로그램이나 TV에서 방영되는 영화 전체를 녹화하였다. 이에 Universal Studio, Walter Disney, MGM 영화사 등이 Sony사를 상대로 저작물에 대한 기여침해를 이유로 손해배상과 판매금지를 요구하는 소송을 제기하였다. 1심은 공정이용에 해당한다고 하였지만, 2심은 공정이용을 부인하면서 저작권 침해를 인정하였다. 연방대법원은 저작물을 VTR로 녹화하는 경우의 대부분은 그 목적이 나중에 따로 시청하기 위해 미리 녹화해 두는 것이고 이는 이른바 '시간이동(Time Shifting)'이므로, 저작권자에게 해가 되지 않는 공정이용이라고 판단하여 Sony의 책임을 부인하였다.

Sony Corp. of America v. Universal City Studios, Inc., 464 U.S. 417 (1984)

I. 사실관계

Universal City Studios사와 Walt Disney Production사는 TV프로그램 저작권을 가진 회사들이다. Sony사는 베타맥스(Betamax) 방식의 가정용 VTR(Video Tape Recorder)을 제작 및 판매하는 회사이다. Sony사의 VTR은 안에 내재된 TV Tuner라는 기능을 통해 생방송을 시청하면서도 다른 채널을 볼 수 있고, 타이머기능을 이용해 자동녹화를 할 수 있다. 시청자들이 Sony의 VTR을 이용하여 Universal City Studios와 Walt Disney Production의 프로그램 전체를 녹화하였고, 녹화한 비디오들을 판매하였다.
이에 Universal City Studios와 Walt Disney Production은 프로그램을 복제하여 판매한 사용자들이 자신들의 방송을 녹화하여 판매해 저작권을 침해한 것에 대해, VTR기기를 제조한 Sony도 기여책임(contributory infringement)을 진다고 주장하며, Sony사를 상대로 손해배상 및 판매금지청구의 소를 제기하였다.

II. 캘리포니아 중앙지방법원 판결

1. 캘리포니아 중앙지방법원(제1심)은 Sony사의 VTR 내 TV Tuner 기능의 목적은, 어디까지나 방송 프로그램에 대한 접근성 강화라는 사실을 지적하며, TV Tuner는 시청자들이 가정에서 비영리적으로 이용하는 것이고 이는 저작권침해 없는 공정 이용(Fair use)이라는 입장을 취했다.

2. 미 연방저작권법 제107조에 따라, 어떠한 저작물의 사용 및 복제가 공정 이용으로 인정되기 위해서는 일단 다음 네 가지사항을 참작해야 한다. ① 이용목적의 비상업성 및 비영리성 여부, ② 저작물의 성격, ③ 저작물 전체에서 이용된 부분이 차지하는 양과 질, ④ 이용이 저작물의 잠재적 시장이나 가치에 미치는 영향

3. 여기에서 제1심은, Sony사의 VTR 내의 TV Tuner 기능을 통해 저작물 전체를 복제한다고 해도 그로 인해 전파방송물 시장이 위축되거나 악영향을 받는다고 할 수 없다는 점을 논거로 들어, Sony사의 VTR이 방송 저작권자들의 저작권을 침해한다고 볼 수 없다고 판결하였다.

Ⅲ. 제9 순회항소법원 판결

1. 제9순회항소법원은, Sony의 VTR 내 TV Tuner 기능에 의한 프로그램녹화는 공정이용을 부인하면서 저작권침해를 구성한다고 판결하였다

2. 항소법원은 방송물 복제가 영리성을 가지고, 저작물의 성격상 전파된 방송이 계속 복제가 되는 것은 저작권자의 합리적인 기대에 반하며, 저작권자의 허락 없이 저작물을 이용하는 것은 허용되지 않고, VTR의 대량복제로 인하여 저작자들의 방송시장이 타격을 받을 수 있다고 판단하였다.

Ⅳ. 연방대법원 판결

1. 연방대법원의 다수의견은, VTR은 나중의 시청을 위해 시간이동(time-shifting) 하는 것으로서 공정사용에 해당하여 침해를 구성하지 않는다고 했다. 그리고 누군가 VTR를 이용하여 저작권을 침해하더라도 VTR제조회사에게 기여침해를 물을 수 없다고 판시하였다.

   법원은 저작권자의 합법적 이익과 공중의 비상업적 분야에 대한 자유로운 활동사이의 균형을 고려하면, 다른 상품들처럼 VTR이 합법적으로 광범위하게 이용된다면 소비자들이 저작권으로 보호받는 프로그램을 복사를 할수 있다고 하더라도 이를 기여침해라고 할 수 없다고 했다.

   다수의견은 저작권자의 허락을 받지 않고 저작물을 VTR로 녹화하는 경우의 대부분은 그 목적이 나중에 따로 시청하기 위해 미리 녹화해 두는 것이고 이는 이른바 '시간이동(Time Shifting)'이므로, 저작권자에게 해가 되지 않는 공정이용이라고 판단하여 Sony의 책임을 부정하였다.

2. 대법관 Blackmun, Marshall, Powell, Rehnquist의 반대의견은 본 사건의 시간이동이 공정사용이라고 볼 수 없으며, 녹화기기의 제조사 Sony는 저작권 침해에 대한 기여책임을 진다고 하였다.

대법원의 다수의견(6대3)은 원래 제9항소법원의 저작권 침해판결을 지지하는 것이었는데, 대법관 Stevens은 일반 가정에서 저작권 침해를 한다는 것을 인정해야 하는 문제점을 지적하는 소수의견을 작성하였고 그 과정에서 다수의견에 가담하고 있던 대법관 O'Connor와 Brennan의 의견을 수용하는 판결문을 작성하여, 최종적으로 저작권 침해를 부인하는 견해가 5대 4의 다수의견이 된 것이다.

저작재산권의 제한(공정사용; 자유사용)에 관한 저작권법 규정

제23조(재판절차 등에서의 복제)
재판절차를 위하여 필요한 경우이거나 입법 · 행정의 목적을 위한 내부자료로서 필요한 경우에는 그 한도 안에서 저작물을 복제할 수 있다. 다만, 그 저작물의 종류와 복제의 부수 및 형태 등에 비추어 당해 저작재산권자의 이익을 부당하게 침해하는 경우에는 그러하지 아니하다.

제24조(정치적 연설 등의 이용)
공개적으로 행한 정치적 연설 및 법정 · 국회 또는 지방의회에서 공개적으로 행한 진술은 어떠한 방법으로도 이용할 수 있다. 다만, 동일한 저작자의 연설이나 진술을 편집하여 이용하는 경우에는 그러하지 아니하다.

제24조의2(공공저작물의 자유이용)
① 국가 또는 지방자치단체가 업무상 작성하여 공표한 저작물이나 계약에 따라 저작재산권의 전부를 보유한 저작물은 허락 없이 이용할 수 있다. 다만, 저작물이 다음 각 호의 어느 하나에 해당하는 경우에는 그러하지 아니하다.
1. 국가안전보장에 관련되는 정보를 포함하는 경우
2. 개인의 사생활 또는 사업상 비밀에 해당하는 경우
3. 다른 법률에 따라 공개가 제한되는 정보를 포함하는 경우
4. 제112조에 따른 한국저작권위원회에 등록된 저작물로서 「국유재산법」에 따른 국유재산 또는 「공유재산 및 물품 관리법」에 따른 공유재산으로 관리되는 경우

② 국가는 「공공기관의 운영에 관한 법률」 제4조에 따른 공공기관이 업무상 작성하여 공표한 저작물이나 계약에 따라 저작재산권의 전부를 보유한 저작물의 이용을 활성화하기 위하여 대통령령으로 정하는 바에 따라 공공저작물 이용활성화 시책을 수립 · 시행할 수 있다.

③ 국가 또는 지방자치단체는 제1항제4호의 공공저작물 중 자유로운 이용을 위하여 필요하다고 인정하는 경우 「국유재산법」 또는 「공유재산 및 물품 관리법」에도 불구하고 대통령령으로 정하는 바에 따라 사용하게 할 수 있다.

第25조(학교교육 목적 등에의 이용)

① 고등학교 및 이에 준하는 학교 이하의 학교의 교육 목적상 필요한 교과용도서에는 공표된 저작물을 게재할 수 있다.

② 특별법에 따라 설립되었거나 「유아교육법」, 「초 · 중등교육법」 또는 「고등교육법」에 따른 학교, 국가나 지방자치단체가 운영하는 교육기관 및 이들 교육기관의 수업을 지원하기 위하여 국가나 지방자치단체에 소속된 교육지원기관은 그 수업 또는 지원 목적상 필요하다고 인정되는 경우에는 공표된 저작물의 일부분을 복제 · 배포 · 공연 · 전시 또는 공중송신할 수 있다. 다만, 저작물의 성질이나 그 이용의 목적 및 형태 등에 비추어 저작물의 전부를 이용하는 것이 부득이한 경우에는 전부를 이용할 수 있다.

③ 제2항의 규정에 따른 교육기관에서 교육을 받는 자는 수업목적상 필요하다고 인정되는 경우에는 제2항의 범위 내에서 공표된 저작물을 복제하거나 전송할 수 있다.

④ 제1항 및 제2항에 따라 저작물을 이용하려는 자는 문화체육관광부장관이 정하여 고시하는 기준에 따른 보상금을 해당 저작재산권자에게 지급하여야 한다. 다만, 고등학교 및 이에 준하는 학교 이하의 학교에서 제2항에 따른 복제 · 배포 · 공연 · 방송 또는 전송을 하는 경우에는 보상금을 지급하지 아니한다.

⑤ 제4항의 규정에 따른 보상을 받을 권리는 다음 각 호의 요건을 갖춘 단체로서 문화체육관광부장관이 지정하는 단체를 통하여 행사되어야 한다. 문화체육관광부장관이 그 단체를 지정할 때에는 미리 그 단체의 동의를 얻어야 한다.

1. 대한민국 내에서 보상을 받을 권리를 가진 자(이하 "보상권리자"라 한다)로 구성된 단체
2. 영리를 목적으로 하지 아니할 것
3. 보상금의 징수 및 분배 등의 업무를 수행하기에 충분한 능력이 있을 것

⑥ 제5항의 규정에 따른 단체는 그 구성원이 아니라도 보상권리자로부터 신청이 있을 때에는 그 자를 위하여 그 권리행사를 거부할 수 없다. 이 경우 그 단체는 자기의 명의로 그 권리에 관한 재판상 또는 재판 외의 행위를 할 권한을 가진다.

⑦ 문화체육관광부장관은 제5항의 규정에 따른 단체가 다음 각 호의 어느 하나에 해당하는 경우에는 그 지정을 취소할 수 있다.

1. 제5항의 규정에 따른 요건을 갖추지 못한 때
2. 보상관계 업무규정을 위배한 때
3. 보상관계 업무를 상당한 기간 휴지하여 보상권리자의 이익을 해할 우려가 있을 때

⑧ 제5항의 규정에 따른 단체는 보상금 분배 공고를 한 날부터 3년이 경과한 미분배 보상금에 대하여 문화체육관광부장관의 승인을 얻어 공익목적을 위하여 사용할 수 있다.

⑨ 제5항 · 제7항 및 제8항의 규정에 따른 단체의 지정과 취소 및 업무규정, 보상금 분배 공고, 미분배 보상금의 공익목적 사용 승인 등에 관하여 필요한 사항은 대통령령으로 정한다.

⑩ 제2항의 규정에 따라 교육기관이 전송을 하는 경우에는 저작권 그 밖에 이 법에 의하여 보호되는 권리의 침해를 방지하기 위하여 복제방지조치 등 대통령령이 정하는 필요한 조치를 하여야 한다.

제26조(시사보도를 위한 이용)

방송 · 신문 그 밖의 방법에 의하여 시사보도를 하는 경우에 그 과정에서 보이거나 들리는 저작물은 보도를 위한 정당한 범위 안에서 복제 · 배포 · 공연 또는 공중송신할 수 있다.

제27조(시사적인 기사 및 논설의 복제 등)

정치 · 경제 · 사회 · 문화 · 종교에 관하여 「신문 등의 진흥에 관한 법률」 제2조의 규정에 따른 신문 및 인터넷신문 또는 「뉴스통신진흥에 관한 법률」 제2조의 규정에 따른 뉴스통신에 게재된 시사적인 기사나 논설은 다른 언론기관이 복제 · 배포 또는 방송할 수 있다. 다만, 이용을 금지하는 표시가 있는 경우에는 그러하지 아니하다. 〈개정 2009.7.31.〉

제28조(공표된 저작물의 인용)

공표된 저작물은 보도 · 비평 · 교육 · 연구 등을 위하여는 정당한 범위 안에서 공정한 관행에 합치되게 이를 인용할 수 있다.

제29조(영리를 목적으로 하지 아니하는 공연 · 방송)

① 영리를 목적으로 하지 아니하고 청중이나 관중 또는 제3자로부터 어떤 명목으로든지 반대급부를 받지 아니하는 경우에는 공표된 저작물을 공연 또는 방송할 수 있다. 다만, 실연자에게 통상의 보수를 지급하는 경우에는 그러하지 아니하다.

② 청중이나 관중으로부터 당해 공연에 대한 반대급부를 받지 아니하는 경우에는 판매용 음반 또는 판매용 영상저작물을 재생하여 공중에게 공연할 수 있다. 다만, 대통령령이 정하는 경우에는 그러하지 아니하다.

제30조(사적이용을 위한 복제)

공표된 저작물을 영리를 목적으로 하지 아니하고 개인적으로 이용하거나 가정 및 이에 준하는 한정된 범위 안에서 이용하는 경우에는 그 이용자는 이를 복제할 수 있다. 다만, 공중의 사용에 제공하기 위하여 설치된 복사기기에 의한 복제는 그러하지 아니하다.

제31조(도서관등에서의 복제 등)

① 「도서관법」에 따른 도서관과 도서 · 문서 · 기록 그 밖의 자료(이하 "도서등"이라 한다)를 공중의 이용에 제공하는 시설 중 대통령령이 정하는 시설(당해시설의 장을 포함한다. 이하 "도서관등"

이라 한다)은 다음 각 호의 어느 하나에 해당하는 경우에는 그 도서관등에 보관된 도서등(제1호의 경우에는 제3항의 규정에 따라 당해 도서관등이 복제 · 전송받은 도서등을 포함한다)을 사용하여 저작물을 복제할 수 있다. 다만, 제1호 및 제3호의 경우에는 디지털 형태로 복제할 수 없다.

1. 조사 · 연구를 목적으로 하는 이용자의 요구에 따라 공표된 도서등의 일부분의 복제물을 1인 1부에 한하여 제공하는 경우
2. 도서등의 자체보존을 위하여 필요한 경우
3. 다른 도서관등의 요구에 따라 절판 그 밖에 이에 준하는 사유로 구하기 어려운 도서등의 복제물을 보존용으로 제공하는 경우

② 도서관등은 컴퓨터를 이용하여 이용자가 그 도서관등의 안에서 열람할 수 있도록 보관된 도서등을 복제하거나 전송할 수 있다. 이 경우 동시에 열람할 수 있는 이용자의 수는 그 도서관등에서 보관하고 있거나 저작권 그 밖에 이 법에 따라 보호되는 권리를 가진 자로부터 이용허락을 받은 그 도서등의 부수를 초과할 수 없다.

③ 도서관등은 컴퓨터를 이용하여 이용자가 다른 도서관등의 안에서 열람할 수 있도록 보관된 도서등을 복제하거나 전송할 수 있다. 다만, 그 전부 또는 일부가 판매용으로 발행된 도서등은 그 발행일로부터 5년이 경과하지 아니한 경우에는 그러하지 아니하다.

④ 도서관등은 제1항제2호의 규정에 따른 도서등의 복제 및 제2항과 제3항의 규정에 따른 도서등의 복제의 경우에 그 도서등이 디지털 형태로 판매되고 있는 때에는 그 도서등을 디지털 형태로 복제할 수 없다.

⑤ 도서관등은 제1항제1호의 규정에 따라 디지털 형태의 도서등을 복제하는 경우 및 제3항의 규정에 따라 도서등을 다른 도서관등의 안에서 열람할 수 있도록 복제하거나 전송하는 경우에는 문화체육관광부장관이 정하여 고시하는 기준에 의한 보상금을 당해저작재산권자에게 지급하여야 한다. 다만, 국가, 지방자치단체 또는 「고등교육법」 제2조의 규정에 따른 학교를 저작재산권자로 하는 도서등(그 전부 또는 일부가 판매용으로 발행된 도서등을 제외한다)의 경우에는 그러하지 아니하다.

⑥ 제25조제5항 내지 제9항의 규정은 제5항의 보상금의 지급 등에 관하여 준용한다.

⑦ 제1항 내지 제3항의 규정에 따라 도서등을 디지털 형태로 복제하거나 전송하는 경우에 도서관등은 저작권 그 밖에 이 법에 따라 보호되는 권리의 침해를 방지하기 위하여 복제방지조치 등 대통령령이 정하는 필요한 조치를 하여야 한다.

⑧ 「도서관법」 제20조의2에 따라 국립중앙도서관이 온라인 자료의 보존을 위하여 수집하는 경우에는 해당 자료를 복제할 수 있다.

제32조(시험문제로서의 복제)

학교의 입학시험 그 밖에 학식 및 기능에 관한 시험 또는 검정을 위하여 필요한 경우에는 그 목적

을 위하여 정당한 범위에서 공표된 저작물을 복제 · 배포할 수 있다. 다만, 영리를 목적으로 하는 경우에는 그러하지 아니하다.

제33조(시각장애인 등을 위한 복제 등)

① 공표된 저작물은 시각장애인 등을 위하여 점자로 복제 · 배포할 수 있다.

② 시각장애인 등의 복리증진을 목적으로 하는 시설 중 대통령령이 정하는 시설(당해 시설의 장을 포함한다)은 영리를 목적으로 하지 아니하고 시각장애인 등의 이용에 제공하기 위하여 공표된 어문저작물을 녹음하거나 대통령령으로 정하는 시각장애인 등을 위한 전용 기록방식으로 복제 · 배포 또는 전송할 수 있다.

③ 제1항 및 제2항의 규정에 따른 시각장애인 등의 범위는 대통령령으로 정한다.

제33조의2(청각장애인 등을 위한 복제 등)

① 누구든지 청각장애인 등을 위하여 공표된 저작물을 수화로 변환할 수 있고, 이러한 수화를 복제 · 배포 · 공연 또는 공중송신할 수 있다.

② 청각장애인 등의 복리증진을 목적으로 하는 시설 중 대통령령으로 정하는 시설(해당 시설의 장을 포함한다)은 영리를 목적으로 하지 아니하고 청각장애인 등의 이용에 제공하기 위하여 필요한 범위에서 공표된 저작물등에 포함된 음성 및 음향 등을 자막 등 청각장애인이 인지할 수 있는 방식으로 변환할 수 있고, 이러한 자막 등을 청각장애인 등이 이용할 수 있도록 복제 · 배포 · 공연 또는 공중송신할 수 있다.

③ 제1항 및 제2항에 따른 청각장애인 등의 범위는 대통령령으로 정한다.

제34조(방송사업자의 일시적 녹음 · 녹화)

① 저작물을 방송할 권한을 가지는 방송사업자는 자신의 방송을 위하여 자체의 수단으로 저작물을 일시적으로 녹음하거나 녹화할 수 있다.

② 제1항의 규정에 따라 만들어진 녹음물 또는 녹화물은 녹음일 또는 녹화일로부터 1년을 초과하여 보존할 수 없다. 다만, 그 녹음물 또는 녹화물이 기록의 자료로서 대통령령이 정하는 장소에 보존되는 경우에는 그러하지 아니하다.

제35조 (미술저작물등의 전시 또는 복제)

① 미술저작물등의 원본의 소유자나 그의 동의를 얻은 자는 그 저작물을 원본에 의하여 전시할 수 있다. 다만, 가로 · 공원 · 건축물의 외벽 그 밖에 공중에게 개방된 장소에 항시 전시하는 경우에는 그러하지 아니하다.

② 제1항 단서의 규정에 따른 개방된 장소에 항시 전시되어 있는 미술저작물등은 어떠한 방법으로든지 이를 복제하여 이용할 수 있다. 다만, 다음 각 호의 어느 하나에 해당하는 경우에는 그러하지 아니하다.

1. 건축물을 건축물로 복제하는 경우
2. 조각 또는 회화를 조각 또는 회화로 복제하는 경우
3. 제1항 단서의 규정에 따른 개방된 장소 등에 항시 전시하기 위하여 복제하는 경우
4. 판매의 목적으로 복제하는 경우

③ 제1항의 규정에 따라 전시를 하는 자 또는 미술저작물등의 원본을 판매하고자 하는 자는 그 저작물의 해설이나 소개를 목적으로 하는 목록 형태의 책자에 이를 복제하여 배포할 수 있다.

④ 위탁에 의한 초상화 또는 이와 유사한 사진저작물의 경우에는 위탁자의 동의가 없는 때에는 이를 이용할 수 없다

제35조의2(저작물 이용과정에서의 일시적 복제)

컴퓨터에서 저작물을 이용하는 경우에는 원활하고 효율적인 정보처리를 위하여 필요하다고 인정되는 범위 안에서 그 저작물을 그 컴퓨터에 일시적으로 복제할 수 있다. 다만, 그 저작물의 이용이 저작권을 침해하는 경우에는 그러하지 아니하다.

제35조의3(부수적 복제 등)

사진촬영, 녹음 또는 녹화(이하 이 조에서 "촬영등"이라 한다)를 하는 과정에서 보이거나 들리는 저작물이 촬영등의 주된 대상에 부수적으로 포함되는 경우에는 이를 복제 · 배포 · 공연 · 전시 또는 공중송신할 수 있다. 다만, 그 이용된 저작물의 종류 및 용도, 이용의 목적 및 성격 등에 비추어 저작재산권자의 이익을 부당하게 해치는 경우에는 그러하지 아니하다.

제35조의4(문화시설에 의한 복제 등)

① 국가나 지방자치단체가 운영하는 문화예술 활동에 지속적으로 이용되는 시설 중 대통령령으로 정하는 문화시설(해당 시설의 장을 포함한다. 이하 이 조에서 "문화시설"이라 한다)은 대통령령으로 정하는 기준에 해당하는 상당한 조사를 하였어도 공표된 저작물(제3조에 따른 외국인의 저작물을 제외한다. 이하 이 조에서 같다)의 저작재산권자나 그의 거소를 알 수 없는 경우 그 문화시설에 보관된 자료를 수집 · 정리 · 분석 · 보존하여 공중에게 제공하기 위한 목적(영리를 목적으로 하는 경우를 제외한다)으로 그 자료를 사용하여 저작물을 복제 · 배포 · 공연 · 전시 또는 공중송신할 수 있다.

② 저작재산권자는 제1항에 따른 문화시설의 이용에 대하여 해당 저작물의 이용을 중단할 것을 요구할 수 있으며, 요구를 받은 문화시설은 지체 없이 해당 저작물의 이용을 중단하여야 한다.

③ 저작재산권자는 제1항에 따른 이용에 대하여 보상금을 청구할 수 있으며, 문화시설은 저작재산권자와 협의한 보상금을 지급하여야 한다.
④ 제3항에 따라 보상금 협의절차를 거쳤으나 협의가 성립되지 아니한 경우에는 문화시설 또는 저작재산권자는 문화체육관광부장관에게 보상금 결정을 신청하여야 한다.
⑤ 제4항에 따른 보상금 결정 신청이 있는 경우에 문화체육관광부장관은 저작물의 이용 목적 · 이용 형태 · 이용 범위 등을 고려하여 보상금 규모 및 지급 시기를 정한 후 이를 문화시설 및 저작재산권자에게 통보하여야 한다.
⑥ 제1항에 따라 문화시설이 저작물을 이용하고자 하는 경우에는 대통령령으로 정하는 바에 따라 이용되는 저작물의 목록 · 내용 등과 관련된 정보의 게시, 저작권 및 그 밖에 이 법에 따라 보호되는 권리의 침해를 방지하기 위한 복제방지조치 등 필요한 조치를 하여야 한다.
⑦ 제2항부터 제5항까지의 규정에 따른 이용 중단 요구 절차와 방법, 보상금 결정 신청 및 결정 절차 등에 관하여 필요한 사항은 대통령령으로 정한다.

제35조의5(저작물의 공정한 이용)
① 제23조부터 제35조의4까지, 제101조의3부터 제101조의5까지의 경우 외에 저작물의 통상적인 이용 방법과 충돌하지 아니하고 저작자의 정당한 이익을 부당하게 해치지 아니하는 경우에는 저작물을 이용할 수 있다.
② 저작물 이용 행위가 제1항에 해당하는지를 판단할 때에는 다음 각 호의 사항등을 고려하여야 한다.
1. 이용의 목적 및 성격
2. 저작물의 종류 및 용도
3. 이용된 부분이 저작물 전체에서 차지하는 비중과 그 중요성
4. 저작물의 이용이 그 저작물의 현재 시장 또는 가치나 잠재적인 시장 또는 가치에 미치는 영향

제36조(번역 등에 의한 이용)
① 제24조의2, 제25조, 제29조, 제30조, 제35조의3부터 제35조의5까지의 규정에 따라 저작물을 이용하는 경우에는 그 저작물을 번역 · 편곡 또는 개작하여 이용할 수 있다.
② 제23조 · 제24조 · 제26조 · 제27조 · 제28조 · 제32조 · 제33조 또는 제33조의2에 따라 저작물을 이용하는 경우에는 그 저작물을 번역하여 이용할 수 있다.

제37조(출처의 명시)
① 이 관에 따라 저작물을 이용하는 자는 그 출처를 명시하여야 한다. 다만, 제26조, 제29조부터 제32조까지, 제34조 및 제35조의2부터 제35조의4까지의 경우에는 그러하지 아니하다.
② 출처의 명시는 저작물의 이용 상황에 따라 합리적이라고 인정되는 방법으로 하여야 하며, 저작자의 실명 또는 이명이 표시된 저작물인 경우에는 그 실명 또는 이명을 명시하여야 한다.

제37조의2(적용 제외)
프로그램에 대하여는 제23조 · 제25조 · 제30조 및 제32조를 적용하지 아니한다.

제38조(저작인격권과의 관계)
이 관 각 조의 규정은 저작인격권에 영향을 미치는 것으로 해석되어서는 아니 된다.

일시적 복제
(MAI Systems Corp. v. Peak Computer, Inc., 991 F.2d 511 (9th Cir.1993))

컴퓨터의 RAM과 같이 컴퓨터의 전원이 켜져있을 때만 기록되는 일시적 기억저장장치에 입력하는 행위도 복제에 해당한다고 판시한 사건이다.

원고 MAI는 컴퓨터 하드웨어와 소프트웨어를 모두 개발, 제작, 판매하는 회사이고, 피고 Peak Computer는 원고 MAI의 컴퓨터의 진단과 수리를 주된 업무로 하였기 때문에 피고가 원고의 컴퓨터를 수리하기 위해서는 원고의 운영체제 프로그램을 RAM에 복제하는 과정이 필수적으로 요구되었는데, 원고는 그것이 자신의 프로그램 저작권 침해행위라고 주장했다.

법원은 제1심과 제2심 모두 MAI 프로그램을 컴퓨터의 RAM상에 일시적으로 복제하는 행위도 복제에 해당한다고 판시하였다. 그러나 이와 같은 내용이 복제는 컴퓨터 수리를 위한 것으로서 프로그램의 이용가치를 저하시키는 것이 아니라 궁극적으로는 그 이용가치를 증진시키는 것이므로 공정사용(fair use)에 해당한다고 할 수 있다. 우리나라의 경우, 저작권법 제35조의2(저작물 이용과정에서의 일시적 복제)에 규정된 "컴퓨터에서 저작물을 이용하는 경우에는 원활하고 효율적인 정보처리를 위하여 필요하다고 인정되는 범위 안에서 그 저작물을 그 컴퓨터에 일시적으로 복제할 수 있다. 다만, 그 저작물의 이용이 저작권을 침해하는 경우에는 그러하지 아니하다."라고 규정하고 있고, 제101조의3 제1항 제6호에는 " 프로그램의 기초를 이루는 아이디어 및 원리를 확인하기 위하여 프로그램의 기능을 조사 · 연구 · 시험할 목적으로 복제하는 경우(정당한 권한에 따라 프로그램을 이용하는 자가 해당 프로그램을 이용 중인 경우로 한정한다)"라고 규정하고 있으므로 컴퓨터 메모리에 일시적으로 복제하는 행위(RAM 복제)는 공정사용규정에 해당하는 것으로 보인다. 물론 제101조의3 제1항 제6호는 "정당한 권한에 따라 프로그램을 이용하는 자가 해당 프로그램을 이용 중인 경우로 한정한다"라고 제한을 하고 있으나, 프로그램의 이용자가 프로그램의 수리를 위해 수리전문가에게 수리를 의뢰하는 것은 프로그램이용자의 통제하에 의한 것이므로 프로그램이용자가 해당프로그램을 이용하는 것으로 보아야 한다.

반대로 컴퓨터에서 저작물을 이용하는 경우가 아니라면, 저작권법 제35조의2가 적용되지 않으므로 저작권법 제35조의5에 규정된 일반적인 공정사용에 관한 규정이 적용되지 않는다면, 저작권 침해에 해당할 수 있다. 예컨대, 중국 공원에서 볼 수 있는 바와 같이, 붓에 바로 증발하는 물로 저작권 보호대상인 시를 쓰는 경우 등이 일시적 복제로서 저작권 침해에 해당할 수 있다.

제5절 저작인접권

1. 의의

저작인접권은 저작물을 직접적으로 창작하는 것은 아니지만 저작물의 이용이나 확산을 하는 매개자 내지 전달자 역할을 하는 자에게 인정되는 권리이다. 저작권은 아니지만 저작권의 이웃한/인접하여 있는 권리라는 의미로 영어로는 'neighboring rights'라고 한다. 저작인접권의 보호를 받는 자는 실제 연기를 하는 가수, 배우, 탈렌트 등의 실연자, 음반제작자, 방송사업자가 있다. 저작인접권의 보호대상은 실연, 음반, 방송이지만 모든 실연, 음반, 방송이 보호되는 것은 아니라 저작권법에 구체적으로 규정된 범위내에서 보호를 받는다.

2. 보호범위

가. 실연

(1) 우리나라 국민이 행하는 실연, 우리나라 법률에 의하여 설립된 법인이나 우리나라에 주된 사무소가 있는 외국 법인이 행하는 실연,

(2) 우리나라가 가입 또는 체결한 조약에 따라 보호되는 실연,

(3) 보호되는 음반에 고정된 실연,

(4) 보호되는 방송에 의하여 송신되는 실연

나. 음반

(1) 우리나라 국민을 음반제작자로 하는 음반,

(2) 음이 맨처음 우리나라에서 고정된 음반,

(3) 우리나라가 가입 또는 체결한 조약에 따라 보호되는 음반으로서 그 조약에 가입한 나라 내에서 고정된 음반

다. 방송

(1) 우리나라 국민인 방송사업자의 방송,

(2) 우리나라에 있는 방송설비로부터 행하여지는 방송,

(3) 우리나라가 가입 또는 체결한 조약에 따라 보호되는 방송으로서 그 조약에 가입한 나라의 국민인 방송사업자가 그 나라 내에 있는 방송설비로부터 행하는 방송

외국인의 경우, 저작인접권과 관련하여 우리나라가 가입한 국제조약인 '음반의 무단 복제로부터 음반제작자를 보호하기 위한 제네바음반협약'의 발효일인 1987년 10월 10일 이후의 위 제네바협약 가입국의 국민인 음반제작자만이 보호대상이 되었다. 그러나 무역관련지적재산권협정(Agreement on Trade Related Intellectual Properties, TRIPs협정)의 이행을 위해 저작권법을 개정을 하였고, 그 개정된 저작권법이 효력이 발생함에 따라 1996년 7월 1일 이후부터는 외국의 실연, 방송도 우리나라 저작권법의 보호대상이 된 것이다.

나. 저작인접권의 내용

1) 실연자의 권리

실연자는 저작물을 연기 · 무용 · 연주 · 가창 · 구연 · 낭독 그 밖의 예능적 방법

으로 표현하거나, 악기연주자 저작물이 아닌 것을 이와 유사한 방법으로 표현하는 자를 말하며, 실연을 지휘, 연출 또는 감독하는 자를 포함한다. 영화배우, 연극배우, 무용수, 성우, 가수 등이 실연을 하는 자에 해당한다. 물론 실연가라도 저작자가 될 수 있다. 저작물을 실연의 방법으로 공중에게 공개하는 경우(예컨대, 가수가 공중앞에서 노래를 부름)에는 실연과 공연이 동시에 존재하게 된다.

실연자는 자신의 실연에 대하여 성명표시권, 동일성유지권의 인격권을 가진다. 실연에 대한 재산권으로는 복제권, 배포권(실연의 복제물이 실연자의 허락을 받아 판매 등의 방법으로 거래에 제공되는 경우 제외), 대여권(그의 실연이 판매용 음반을 영리를 목적으로 대여 하는 경우), 공연권(그 실연이 방송되는 실연인 경우 제외), 방송권(실연자의 허락을 받아 녹음된 경우 제외), 전송권, 판매용 음반에 대한 방송보상청구권, 판매용 음반에 대한 디지털음성송신보상청구권, 판매용 음반에 대한 공연보상청구권을 가진다.

2) 보상청구권

실연자가 개별적으로 보상청구권을 행사하는 것은 비용이 많이 든다. 경제학에서는 이를 거래비용이라고 한다. 거래비용을 줄이는 방법으로 일정한 보상금을 지급하고 명시적인 허락없이 저작물을 사용하게 하는 거래를 하도록 한다. 저작권이라는 재산권에 불법행위 법리(liability rule)를 적용한 결과이다. 거래비용이 많거나 당사자가 많을 경우에는 liability rule를 적용한다. liability rule은 손해배상금에 해당하는 금원을 사용료로 납부하고 누구든지 사용할 수 있도록 한 것이다. 이러한 원칙에 의하여 저작권법은 저작인접권을 행사하고 사용할 수 있도록 하고 있다. 실연자의 보상금청구권을 실연자로 구성된 단체가 행사하도록 하고 있다.

방송사업자가 실연이 녹음된 상업용 음반을 사용하여 방송하는 경우에는 상당한 보상금을 그 실연자에게 지급하여야 한다. 실연자가 외국인인 경우에 상호주의 원칙에 따라 그 외국에서 대한민국 국민인 실연자에게 보상금을 지급하지 않으면 우리도 그 나라의 국민에게 보상금을 지급할 필요가 없다. 방송사업자가 실연자 단체에게 보상금을 지급하는 경우에, 그 보상금 액수는 실연자 단체와 방송사업자가 매년 협의하여 정한다. 만약 협의가 성립되지 아니하는 경우에는 방송사업자나 실연자 단체는 한국저작권위원회에 조정을 신청할 수 있다.

디지털음성송신(웹캐스팅)사업자가 실연이 녹음된 음반을 사용하여 송신하는 경우에는 상당한 보상금을 그 실연자에게 지급하여야 한다. 디지털음성송신사업자의 실연자 단체에 대한 보상금 지급의 경우, 보상금 액수는 실연자 단체와 디지털음성송신사업자가 매년 협의에 의해 정한다. 만일 협의가 성립되지 아니한 경우에는 문화체육관광부장관이 정하여 고시하는 금액을 지급한다.

실연이 녹음된 상업용 음반을 사용하여 공연을 하는 자는 상당한 보상금을 그 실연자에게 지급하여야 한다. 예컨대 백화점에서 상업용 음반을 사용하여 해당 음반에 수록된 가수의 노래를 방송하면 상당한 보상금을 그 노래를 부른 가수(가수 뿐만 아니라 반주를 한 사람도 있을 것이다)에게 지급하여야 한다. 실연자가 외국인인 경우에 상호주의 원칙에 따라 외국에서 대한민국 국민인 실연자에게 보상금을 인정하지 아니하는 때에는 그 실연자인 외국인에게 보상금을 지급하지 않는다.

[신탁관리단체 리스트]

보상청구권은 실연자 단체의 회원이 아닌 실연자라도 보상금을 수령한 실연자 단체에 요청하면 보상금청구권을 대신 행사하도록 하고 있으므로 모든 실연자가 반드시 그 실연자 단체에 가입해야 하는 것은 아니다.[107]

2인 이상이 공동으로 합창, 합주

107 https://www.copyright.or.kr/committee-introduction/related-organzation/concentrated-management/index.do

또는 연극 등을 실연한 경우에 그 실연자의 권리는 공동으로 실연한 자가 선출하는 대표자가 이를 행사하며, 대표자의 선출이 없는 경우에는 지휘자 또는 연출자 등이 이를 행사한다. 그러나 독창 또는 독주가 함께 실연된 경우에는 반드시 독창자 또는 독주자의 동의를 받아야 한다.

3) 음반제작자의 권리

음반제작자는 음반의 복제권, 배포권(음반의 복제물이 음반제작자의 허락을 받아 판매 등의 방법으로 거래에 제공된 경우 제외), 대여권(판매용 음반을 영리를 목적으로 대여하는 경우), 전송권, 판매용 음반에 대한 방송보상청구권, 판매용 음반에 대한 디지털음성송신보상청구권, 판매용 음반에 대한 공연보상청구권을 가진다. 보상청구권의 행사 방법은 실연자의 경우와 같다.

상업용 음반을 사용하여 공연을 하는 자는 상당한 보상금을 해당 음반제작자에게 지급하여야 한다. 다만, 음반제작자가 외국인인 경우에 그 외국에서 대한민국 국민인 음반제작자에게 보상금을 인정하지 아니하는 때에는 그러하지 아니하다

4) 방송사업자의 권리

방송사업자란 방송을 업으로 하는 자를 말한다. 여기서 방송이란 공중송신 중 공중이 동시에 수신하게 할 목적으로 음 · 영상 또는 음과 영상 등을 송신하는 것을 말한다.

방송사업자는 그의 방송을 복제할 권리, 동시중계방송할 권리 및 공연할 권리가 있다. 공연할 권리와 관련하여 공중의 접근이 가능한 장소에서 방송의 시청과 관련하여 입장료를 받는 경우에 그 방송에 대한 공연 권리를 갖는다. 입장료를 받고 TV 방송을 시청하게 하는 경우에만 방송사업자는 보상금을 받을 수 있는데, 음식점이나 호프집과 같은 일반 영업장에서 TV에 시청에 대한 입장료를 받는 것이 아니므로 그 방송에 대한 보상금을 받을 수 없다.

다. 저작인접권의 보호기간, 제한 및 등록

실연은 실연한 때, 음반의 경우에는 맨처음 음반에 고정한 때, 방송은 방송한 때 저작인접권 발생하고, 실연과 음반은 실연하거나 음반에 음을 고정한 때로부터 70년간 보호된다. 다만, 음반은 맨처음 고정한 때가 아니라 발행한 때로부터 그 보호기간을 기산한다. 실연한때부터 50년내에 실연이 고정된 음반이 발행된 경우에는 발행된 때로부터 70년간 보호된다. 음반을 맨 처음 고정한 때로부터 50년내 발행하지 않은 경우에는 맨 처음 고정한때로부터 70년간 보호된다. 방송은 방송한 때로부터 50년간 보호된다.

실연자의 인격권은 일신전속적인 권리이므로 사망하면 종료한다고 해석된다. 음반제작이나 방송은 직접 연기 등이나 표현하는 것이 아니므로 인격권이 존재한다고 할 수 없다.

저작인접권도 저작권과 마찬가지로 공중(the public)의 공정사용의 경우에 그 권리의 행사가 제한된다. 저작인접권의 등록 역시 저작권 등록 규정이 그대로 준용된다.

리메이크 노래 제작과 원실연자의 저작인접권 침해 여부
(서울중앙지방법원 2010. 4. 9. 선고 2009가합66124 판결)

사실관계

(1) 원고는 1992. 10.경 현대음향 주식회사를 통하여 장경수 작사, 이호섭 작곡의 이 사건 노래를 포함한 12곡의 노래를 실연하여 수록한 음반을 윤○상이라는 예명으로 발매하였다.

(2) 피고 함○규는 1993년경 이 사건 노래를 포함한 20곡의 노래를 메들리 형식으로 편곡하여 '함○아 1 디스크'라는 명칭으로 음반을 발매하였다.

(3) 피고 금○ 등은 가정용 내지 영업용 노래반주기를 제작 · 판매하는 회사인데 ○○○○저작권협회로부터 음악저작물의 이용허락을 받기 위하여 3개월 마다 노래반주기에 사용한 곡의 리스트와 노래반주기 판매 수량을 위 협회에 신고한 뒤 저작권료를 정산하여 지급하여 오던 중, 이 사건 노래를 편곡한 반주 2곡을 노래반주기에 수록하면서 가수명을 각각 윤○상, 함○아로 표기하였다.

판단요지

가. 피고 함○규에 대한 청구에 관한 판단

피고측이 답변서를 제출하지 않아 민사소송법 제257조에 의하여 변론을 하지 않고 판결이 되었다. 원고는 이 사건 노래의 실연자로서 저작인접권을 가진다 할 것이나, 실연자의 저작인접권은 그의 실연 및 실연의 복제물에 한정된다 할 것이어서(저작권법 제66조), 피고 함○규가 이 사건 노래를 메들리 형태로 편곡하여 음반을 발매하고 실연하였다하여 원고의 실연과 혼동될 수 있을 정도로 유사하다는 사정이 없는 한 이를 두고 원고의 저작인접권이 침해되었다고 보기는 어렵고, 달리 피고 금○ 등이 이 사건 노래에 관한 원고의 실연 내지 그 복제물을 사용하였다거나 원고가 피고 함○규의 실연에 대하여도 저작인접권을 가짐을 인정할 증거가 없으며, 〈중략〉 이와 다른 전제에 선 원고의 이 부분 주장은 더 나아가 살필 필요 없이 이유 없다.

제6절 컴퓨터 프로그램, 인터넷과 지적재산권의 보호

1. 컴퓨터프로그램의 보호

컴퓨터프로그램은 저작권에 의한 보호의 대상이 된다. 저작권법은 “”컴퓨터프로그램저작물”은 특정한 결과를 얻기 위하여 컴퓨터 등 정보처리능력을 가진 장치(이하 “컴퓨터”라 한다) 내에서 직접 또는 간접으로 사용되는 일련의 지시 · 명령으로 표현된 창작물을 말한다”고 정의하고 있다.[108]

그러나 프로그램 언어, 규약 및 해법은 저작권보호의 대상에서 제외된다.[109] 프로그램 언어는 프로그램을 표현하는 수단으로서 문자 · 기호 및 그 체계를 말하고, 규약은 특정한 프로그램에서 프로그램 언어의 용법에 관한 특별한 약속, 해법은 프로그램에서 지시 · 명령의 조합방법을 말한다.

2. 프로그램저작재산권의 제한(101조의3)

프로그램저작재산권도 일반 저작권과 같이 공정사용에 의한 제한이 된다. 공정사용에 의한 제한 사유는, i) 수사, 재판; ii) 교육기관에서 교육에 제공목적, iii) 초중등교육법상의 학교 등에서 교과용교재에 대한 게재목적 (이 경우에는 보상금을

108 저작권법 제2조 제16호.
109 저작권법 제101조의2.

지급해야 한다.; iv) 가정 등 한정된 장소에서 영리가 아닌 개인적 목적으로 하는 사적복제; v) 학교에서의 프로그램의 검증 목적; vi) 프로그램의 기초아이디어의 검증목적 복제; vii) 컴퓨터 유지보수목적의 일시적 복제; viii) 호환정보취득목적의 프로그램코드 역분석; ix) 정당이용자에 의한 보존을 위한 복제이다.

3. 인터넷 이용과 프로그램 저작권의 침해문제

인터넷의 이용은 저작권 문제를 발생시킨다. 사진, 음악 등 컨텐츠는 저작권으로 보호된다. 저작물 파일의 송신 및 업로드(송신 또는 이용에 제공)는 저작권자의 공중송신권[110]을 침해하는 행위에 해당한다. 업로드 한 파일에 의하여 저작물의 인터넷 게시는 복제권을 침해하는 행위가 된다.[111][112]

저작물 파일의 다운로드는 수신에 해당하는 것으로서 명시적 규정은 없으나 다운로드한 파일의 개인적 이용은 프로그램 저작권의 제한에 해당[113]하게 되므로 프로그램저작권의 침해가 발생하지 않을 수 있다.

제7절 저작권 침해

1. 저작권의 침해

저작권의 공정이용 등 저작권 행사가 제한되는 경우나 기타 합법적인 행위를 제

110 "공중송신"은 저작물, 실연 · 음반 · 방송 또는 데이터베이스(이하 "저작물등"이라 한다)를 공중이 수신하거나 접근하게 할 목적으로 무선 또는 유선통신의 방법에 의하여 송신하거나 이용에 제공하는 것을 말한다.

111 "복제"는 인쇄 · 사진촬영 · 복사 · 녹음 · 녹화 그 밖의 방법으로 일시적 또는 영구적으로 유형물에 고정하거나 다시 제작하는 것을 말하며, 건축물의 경우에는 그 건축을 위한 모형 또는 설계도서에 따라 이를 시공하는 것을 포함한다.

112 제35조의2(저작물 이용과정에서의 일시적 복제) 컴퓨터에서 저작물을 이용하는 경우에는 원활하고 효율적인 정보처리를 위하여 필요하다고 인정되는 범위 안에서 그 저작물을 그 컴퓨터에 일시적으로 복제할 수 있다. 다만, 그 저작물의 이용이 저작권을 침해하는 경우에는 그러하지 아니하다.

113 제30조(사적이용을 위한 복제) 공표된 저작물을 영리를 목적으로 하지 아니하고 개인적으로 이용하거나 가정 및 이에 준하는 한정된 범위 안에서 이용하는 경우에는 그 이용자는 이를 복제할 수 있다. 다만, 공중의 사용에 제공하기 위하여 설치된 복사기기에 의한 복제는 그러하지 아니하다.

외하고 "저작권자의 허락 없이 저작물을 이용하거나 저작자의 인격을 침해하는 방법으로 저작물을 이용하는 것"은 저작권 침해행위가 된다고 할 수 있다.

저작권 침해가 인정되려면 문제된 두 저작물이 실질적으로 유사하여야 하고, 침해된 저작물을 알고 있어야 한다. 저작물은 독립적 창작이 허용된다. 저작물은 자신으로부터 기원(origin)되는 한 두 저작물이 동일하거나 유사하더라도 침해로 인정되지 않는다. 이점은 특허와 다르다. 특허는 객관적으로 동일하거나 사회통념상 동일하다고 인정될 때에는 두 아이디어를 동일하다고 인정한다. 그러나 저작물은 주관적인 표현을 보호하기 때문에 자신으로부터 기원하는 한(originate) 타인의 저작물과 동일하더라도 저작권 침해는 발생하지 않는다. 저작권은 저작자가 스스로 창작하였다는 의미의 창작성(originality)을 보호하기 때문이다.

가. 실질적인 유사

양 저작물간에 동일 또는 유사한 관계가 존재하여야 한다. 추상적 아이디어가 동일한 것은 저작권 침해를 인정하지 않는다. 구체적 표현이 동일 또는 실질적으로 유사하여야 한다. 공통적인 표현, 관용적인 어구, 아이디어가 유사한 경우에는 저작권 침해를 인정하지 않는다.

실질적 유사(대법원 2010.11.11. 선고 2009다16742 판결)

원고 도안 "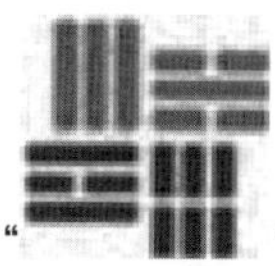"과 피고 도안 "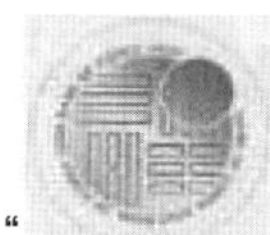(5,000원 권), (10,000원 권)"은 4괘 형상이 왼쪽 위로부터 시계방향으로 '건(乾, ☰), 감(坎, ☵), 곤(坤, ☷), 리(離, ☲)'의 순서에 따라 사각형 형태로 모아서 가로와 세로로 엇갈리게 배치되어 있는 점에서 유사점이 있기는 하다. 그러나 4괘의 개별적인 형상 자체는 예전부터 전해져 오던 것이고, ① 원고 도안은 '건, 곤' 괘가 세로로, '감, 리' 괘가 가로로 배치되어 있는 반면, 피고 도안은 '건, 곤' 괘가 가로로, '감, 리' 괘가 세로로 배치되어 있는 점, ② 원고 도안은 중심의 십자(+) 축을 중심으로 4괘가 정렬되어 있는 반면, 피고

도안은 그렇지 않은 점, ③ 원고 도안은 각 괘의 길이가 틀에 갇히지 않은 채 벗어나 있어 바람개비 모양을 연상시키는 반면, 피고 도안은 외곽 틀 내로 각 괘의 길이가 제한되어 있는 점, ④ 원고 도안은 '건, 감' 괘는 빨간색으로, '곤, 리' 괘는 파란색으로 채색되어 있는 반면, 피고 도안은 채색이 되어 있지 않은 점 등에서 차이가 있으므로, 양 도안은 그 표현에 있어서 실질적으로 유사하다고 할 수 없다.

대법원 2000. 10. 24. 선고 99다10813 판결

1. 저작권의 보호 대상은 학문과 예술에 관하여 사람의 정신적 노력에 의하여 얻어진 사상 또는 감정을 말, 문자, 음, 색 등에 의하여 구체적으로 외부에 표현한 창작적인 표현형식이고, 표현되어 있는 내용 즉 아이디어나 이론 등의 사상 및 감정 그 자체는 설사 그것이 독창성, 신규성이 있다 하더라도 원칙적으로 저작권의 보호 대상이 되지 않는 것이므로, 저작권의 침해 여부를 가리기 위하여 두 저작물 사이에 실질적인 유사성이 있는가의 여부를 판단함에 있어서도 창작적인 표현형식에 해당하는 것만을 가지고 대비하여야 할 것이며(대법원 1999. 11. 26. 선고 98다46259 판결 참조), 소설 등에 있어서 추상적인 인물의 유형 혹은 어떤 주제를 다루는 데 있어 전형적으로 수반되는 사건이나 배경 등은 아이디어의 영역에 속하는 것들로서 저작권법에 의한 보호를 받을 수 없다고 할 것이다.

나. 접근(access) 또는 의거

저작권은 독자적인 창작이다. 독자적으로 창작하였지만, 객관적으로 동일한 저작물의 존재가 가능하다. 이러한 경우에는 각자가 독립한 저작권이 존재하는 것이므로 저작권 침해가 발생하지 않는다. 저작권 침해가 인정되기 위해서는 타인의 저작물을 모방한 것이어야 한다. 즉, 타인의 저작물에 대한 접근(access) 내지 타인의 저작물에 의거한 것이 필요하다. 타인의 저작물에 접근 또는 의거했는지 여부는 접근 여부 또는 접근가능성에 의하여 판단하게 되는데, 타인의 저작물을 보거나 접근할 수 있는 합리적인 기회가 있었다는 점이 있다면 충분하다. 타인의 저작물을 접하거나 복제할 기회가 있었다면 의거관계가 입증된다고 할 수 있다. 접근할 '상당한' 가능성이 있다는 것을 추정할 수 있으면 된다. 그러나 접근가능성이 있다는 추측만으로는 의거관계를 인정하기는 어렵다.

대법원 2000. 10. 24. 선고 99다10813 판결

2. 원심판결 이유에 의하면, 원심은 그 판시와 같은 사실을 인정한 다음 피고측의 드라마 '까레이스키'의 제작을 위해 이상현이 쓴 1차 시놉시스는 원고의 소설 '텐산산맥'이 출간되기 전에 완성되었으므로 의거관계가 처음부터 성립될 여지가 없으나, 김주현 등이 그 2차 시놉시스를 완성한 뒤 방송대본을 집필하고 실제 '까레이스키'가 제작될 시점에는 피고측의 연출가 장수봉이 적어도 소설 '텐산산맥'의 존재를 이미 알고 있었다 할 것이어서 드라마 '까레이스키'는 소설 '텐산산맥'에 의거하여 그것을 이용하여 저작된 것으로 추정되고, 또한 두 작품 모두 일제치하에 연해주로 이주한 한인들의 삶이라는 공통된 배경과 사실을 소재로 주인공들의 일제 식민지로부터 탈출, 연해주 정착, 1937년 스탈린에 의한 한인들의 중앙아시아로 강제이주라는 공통된 전개방식을 통해 제정 러시아의 붕괴, 볼셰비키 혁명(1917년), 적백내전, 소련공산정권의 수립, 스탈린의 공포정치 등 러시아의 변혁 과정에서 연해주와 중앙아시아에 사는 한인들이 어떠한 대우를 받았고 어떻게 적응하며 살아왔는지 그 실상을 파헤치고 있다는 점에서 유사한 면은 있지만, 이는 공통의 역사적 사실을 소재로 하고 있는 데서 오는 결과일 뿐이고, 양자의 실질적 동일성 내지 종속성에 관하여 살펴볼 때 소설 '텐산산맥'은 이야기의 구성이 단조롭고 등장인물의 발굴과 성격도 비교적 단순한 데 반하여, 드라마 '까레이스키'는 등장인물의 수나 성격이 훨씬 다양하고 사건의 전개방식도 더 복잡하며 이야기의 구성이나 인물의 심리묘사 등도 보다 치밀하고, 극 전체의 완성도, 분위기 및 기법 등에 상당한 차이가 있는 점, 드라마 '까레이스키'의 등장인물의 설정과 성격, 이야기의 구성, 사건의 전개방식 등에 있어 상규의 연해주 탈출, 항일운동, 기순과의 결혼, 시베리아 유배, 강제수용소 탈출, 남영의 공산당 여성간부로서의 활동, 상규 2세의 뒷바라지, 기철의 공산당 간부로서의 활약, 기순의 고리대금업, 정신 이상 등의 기본적인 줄거리는 원고의 소설 출간 이전에 작성된 이상현의 1차 시놉시스 및 방송대본과 크게 다른 점이 없는 점, '까레이스키'라는 드라마의 제목이나, 양 저작물에서 사랑하는 사람을 그리워하는 남자 주인공의 모습, 남녀 한 쌍의 주인공이 눈 속에서 헤매는 모습, 송월선생과 성암선생, 여자 주인공의 직업과 러시아 의사와의 관계 설정, 1937년 강제이주의 상황묘사, 연해주 망명과 유격대 독립운동사 등에 관하여도 저작권 보호의 대상이 되지 않거나 원고의 소설 출간 이전부터 예정된 줄거리라는 점 등 전체적으로 볼 때 드라마 '까레이스키'는 원고의 소설과는 완연히 그 예술성과 창작성을 달리 하는 별개의 작품이라 할 수 있고 양자가 실질적으로 동일하다거나 종속적인 관계에 있음을 인정하기 어려워 드라마 '까레이스키'가 소설 '텐산산맥'의 저작권을 침해하였다고 인정되지 않는다고 판단하였다.

기록과 앞서 본 법리에 비추어 살펴보면 원심의 이와 같은 사실인정과 판단은 옳고, 거기에 채증법칙 위배로 인한 사실오인이나 심리미진, 이유모순, 혹은 저작권 침해에 대한 법리오해 등의 위법이 있다고 할 수 없다. 상고이유 주장은 모두 이유 없다.

2. 침해간주

직접적인 침해행위는 아니지만 침해로 보는 행위가 있다. 이러한 행위는 직접적인 침해로 연결될 수밖에 없는 행위이기 때문에 침해로 본다. 따라서 이러한 행위가 있으면 침해로 인정(간주)되기 때문에 이러한 행위를 침해가 아니라고 입증을 할 수 없다.

간접침해로 인정되는 행위는 i) 현재의 상태로는 침해가 아니지만, 결국 침해로 연결될 수밖에 없는 경우와 ii) 침해의 결과물을 이용하는 행위로 나누어진다.

저작권법 제124조에 규정된 행위 중, 수입 시에 대한민국 내에서 만들어졌더라면 저작권 그 밖에 이 법에 따라 보호되는 권리의 침해로 될 물건을 대한민국 내에서 배포할 목적으로 수입하는 행위와 저작권 그 밖에 이 법에 따라 보호되는 권리를 침해하는 행위에 의하여 만들어진 물건(수입물건을 포함)을 그 사실을 알고 배포할 목적으로 소지하는 행위는 그 자체로는 침해가 아니지만 침해로 연결될 수밖에 없는 행위이고, 프로그램의 저작권을 침해하여 만들어진 프로그램의 복제물(수입 물건포함)을 그 사실을 알면서 취득한 자가 이를 업무상 이용하는 행위는 침해결과물을 이용하는 행위이다.

복제한 저작물을 이용하는 행위는 저작권 침해가 아니다. 저작물의 복제행위는 저작권자의 복제권을 침해하는 행위로서 저작권 침해가 되지만 복제한 저작물을 이용하는 행위는 복제권의 침해가 아니다. 그러나 프로그램 저작물의 경우에는 복제된 프로그램을 업무상 이용하는 행위는 저작권 침해로 의제한다.

저작인격권 관련하여, 저작자의 명예를 훼손하는 방법으로 저작물을 이용하는 행위는 저작인격권의 침해로 본다. 예컨대 자화상을 이용하여 욕되게 변형하는 경우에는 그 자화상의 저작자의 인격권을 침해하는 행위가 될 수 있다.

침해의제에 관한 저작권법 규정

제124조(침해로 보는 행위)

① 다음 각 호의 어느 하나에 해당하는 행위는 저작권 그 밖에 이 법에 따라 보호되는 권리의 침

해로 본다.

1. 수입 시에 대한민국 내에서 만들어졌더라면 저작권 그 밖에 이 법에 따라 보호되는 권리의 침해로 될 물건을 대한민국 내에서 배포할 목적으로 수입하는 행위
2. 저작권 그 밖에 이 법에 따라 보호되는 권리를 침해하는 행위에 의하여 만들어진 물건(제1호의 수입물건을 포함한다)을 그 사실을 알고 배포할 목적으로 소지하는 행위
3. 프로그램의 저작권을 침해하여 만들어진 프로그램의 복제물(제1호에 따른 수입 물건을 포함한다)을 그 사실을 알면서 취득한 자가 이를 업무상 이용하는 행위

② 저작자의 명예를 훼손하는 방법으로 저작물을 이용하는 행위는 저작인격권의 침해로 본다.

---

3. 금지행위

직접적인 저작권 침해행위나 침해행위로 간주되는 행위는 아니지만, 저작권법에서 일정한 행위를 하지 못하도록 금지하고 있다. 기술적 보호조치를 무력화하는 행위(제104조의2), 권리관리정보를 제거하거나 변경하는 행위(제104조의3), 암호화된 방송신호를 무력화하는 행위(제104조의4), 저작물의 라벨을 위조하는 행위(제104조의5), 영화관에서 영화를 몰래 촬영하는 행위(제104조의6), 권한없이 방송전신호를 제3자에게 송신하는 행위(제104조의7)를 금지하고 있다. 이러한 행위에 대하여 침해의 정지 · 예방, 손해배상의 담보 또는 손해배상이나 이를 갈음하는 법정손해배상의 청구를 할 수 있다.

그뿐만 아니라 3년 이하의 징역 또는 3천만원 이하의 벌금에 처하거나 징역과 벌금이 병과될 수 있다. 다만, 암호화된 방송 신호가 방송사업자의 허락없이 복호화된 것임을 알면서 그러한 신호를 수신하여 청취 또는 시청하거나 다른 사람에게 공중송신하는 행위를 하면 1년이하의 징역이나 1천만원 이하의 벌금에 처하게 된다.

저작권자는 고의 또는 과실로 저작인격권을 침해한 자에 대해서도 손해배상을 청구하거나 손해배상과 함께 명예회복에 필요한 조치를 청구할 수 있다.

4. 침해에 대한 민사구제

가. 금지청구권

금지청구권에 관한 저작권법 규정
제123조(침해의 정지 등 청구) ① 저작권 그 밖에 이 법에 따라 보호되는 권리(제25조 · 제31조 · 제75조 · 제76조 · 제76조의2 · 제82조 · 제83조 및 제83조의2의 규정에 따른 보상을 받을 권리를 제외한다. 이하 이 조에서 같다)를 가진 자는 그 권리를 침해하는 자에 대하여 침해의 정지를 청구할 수 있으며, 그 권리를 침해할 우려가 있는 자에 대하여 침해의 예방 또는 손해배상의 담보를 청구할 수 있다. ② 저작권 그 밖에 이 법에 따라 보호되는 권리를 가진 자는 제1항의 규정에 따른 청구를 하는 경우에 침해행위에 의하여 만들어진 물건의 폐기나 그 밖의 필요한 조치를 청구할 수 있다. ③ 제1항 및 제2항의 경우 또는 이 법에 따른 형사의 기소가 있는 때에는 법원은 원고 또는 고소인의 신청에 따라 담보를 제공하거나 제공하지 아니하게 하고, 임시로 침해행위의 정지 또는 침해행위로 말미암아 만들어진 물건의 압류 그 밖의 필요한 조치를 명할 수 있다. ④ 제3항의 경우에 저작권 그 밖에 이 법에 따라 보호되는 권리의 침해가 없다는 뜻의 판결이 확정된 때에는 신청자는 그 신청으로 인하여 발생한 손해를 배상하여야 한다.

저작권자는 그 권리를 침해하는 자에 대해서 i) 침해가 현재 이루어지고 있는 경우 침해의 정지를 청구하거나, ii) 침해가 예상되는 경우 침해의 예방 또는 손해배상의 담보, iii) 침해행위에 의하여 만들어진 물건의 폐기나 그 밖에 필요한 조치를 청구할 수 있다. 침해자가 고의나 과실로 저작권을 침해하였건, 고의나 과실없이 침해하였건 금지청구가 인정된다.

나. 손해배상청구

고의 또는 과실로 저작재산권을 침해한 자에 대해서 저작재산권자는 손해배상을 청구할 수 있다. 고의 과실이 없는 경우에는 손해배상청구가 허용되지 않는다. 손해배상액은 침해자가 그 침해행위로 인하여 얻은 이익액 또는 저작재산권자가 권리행사로 통상 얻을 수 있는 금액 등이 기준이 된다. 손해액을 산정하기 어려운 때에는 변론의 취지 및 증거조사의 결과를 참작하여 상당한 손해액을 인정할 수 있다. 저작권 침해에 있어서는 손해액의 입증이 어렵다는 점을 고려한 규정이다.

손해배상의 청구에 관한 저작권법 규정

제125조(손해배상의 청구)

① 저작재산권 그 밖에 이 법에 따라 보호되는 권리(저작인격권 및 실연자의 인격권을 제외한다)를 가진 자(이하 "저작재산권자등"이라 한다)가 고의 또는 과실로 권리를 침해한 자에 대하여 그 침해행위에 의하여 자기가 받은 손해의 배상을 청구하는 경우에 그 권리를 침해한 자가 그 침해행위에 의하여 이익을 받은 때에는 그 이익의 액을 저작재산권자등이 받은 손해의 액으로 추정한다.

②저작재산권자등이 고의 또는 과실로 그 권리를 침해한 자에 대하여 그 침해행위에 의하여 자기가 받은 손해의 배상을 청구하는 경우에 그 권리의 행사로 통상 받을 수 있는 금액에 상당하는 액을 저작재산권자등이 받은 손해의 액으로 하여 그 손해배상을 청구할 수 있다.

③제2항의 규정에 불구하고 저작재산권자등이 받은 손해의 액이 제2항의 규정에 따른 금액을 초과하는 경우에는 그 초과액에 대하여도 손해배상을 청구할 수 있다.

④등록되어 있는 저작권, 배타적발행권(제88조 및 제96조에 따라 준용되는 경우를 포함한다), 출판권, 저작인접권 또는 데이터베이스제작자의 권리를 침해한 자는 그 침해행위에 과실이 있는 것으로 추정한다.

다. 법정손해배상의 청구

등록된 저작물의 저작권 침해에 대해서는 법정손해배상제도가 인정된다. 저작재산권자 등은 고의 또는 과실로 권리를 침해한 사람에 대하여 사실심의 변론이 종결되기 전에는 실제 손해액 또는 인정 손해액에 갈음하여 침해된 각 저작물 등마다 1천만원을, 영리를 목적으로 고의로 저작권을 침해한 경우에는 5천만원 이하의 범위에서 상당한 금액의 배상을 청구할 수 있다. 침해사실만 인정되면 손해액을 입증하지 않더라도 법에 정해진 금액을 손해액으로 청구할 수 있다는 의미에서 법정손해배상이라고 한다. 법정손해배상을 청구하기 위해서는 침해행위가 일어나기 전에 그 저작물 등이 등록되어 있어야 한다. 법원은 이러한 청구가 있는 때에는 변론의 취지와 증거조사의 결과를 참작하여 위 범위 내에서 상당한 손해액을 인정할 수 있다.

법정손해배상청구

제125조의2(법정손해배상의 청구)

① 저작재산권자등은 고의 또는 과실로 권리를 침해한 자에 대하여 사실심(事實審)의 변론이 종결되기 전에는 실제 손해액이나 제125조 또는 제126조에 따라 정하여지는 손해액을 갈음하여 침해된 각 저작물등마다 1천만원(영리를 목적으로 고의로 권리를 침해한 경우에는 5천만원) 이하의 범위에서 상당한 금액의 배상을 청구할 수 있다.

② 둘 이상의 저작물을 소재로 하는 편집저작물과 2차적저작물은 제1항을 적용하는 경우에는 하나의 저작물로 본다.

③ 저작재산권자등이 제1항에 따른 청구를 하기 위해서는 침해행위가 일어나기 전에 제53조부터 제55조까지의 규정(제90조 및 제98조에 따라 준용되는 경우를 포함한다)에 따라 그 저작물등이 등록되어 있어야 한다.

④ 법원은 제1항의 청구가 있는 경우에 변론의 취지와 증거조사의 결과를 고려하여 제1항의 범위에서 상당한 손해액을 인정할 수 있다.

라. 변론의 전취지에 의한 손해액의 인정

손해발생은 인정되지만, 구체적으로 손해액 입증이 안되는 경우에는 법원은 변론의 전취지와 증거조사결과를 참작하여 적정한 손해액을 산정할 수 있도록 하고 있다. 실제로 발생한 손해입증의 어려움을 고려한 것이다.

변론의 전취지에 의하여 손해배상을 인정할 수 있다는 저작권법 규정

제126조(손해액의 인정)

법원은 손해가 발생한 사실은 인정되나 제125조의 규정에 따른 손해액을 산정하기 어려운 때에는 변론의 취지 및 증거조사의 결과를 참작하여 상당한 손해액을 인정할 수 있다

마. 저작인격권의 침해

저작권자는 고의 또는 과실로 저작인격권을 침해한 자에 대해서도 손해배상(위

자료)을 청구하거나 손해배상과 함께 명예회복에 필요한 조치를 청구할 수 있다.

저작인격권 침해에 관한 저작권법 규정
제127조(명예회복 등의 청구) 저작자 또는 실연자는 고의 또는 과실로 저작인격권 또는 실연자의 인격권을 침해한 자에 대하여 손해배상에 갈음하거나 손해배상과 함께 명예회복을 위하여 필요한 조치를 청구할 수 있다. 제128조(저작자의 사망 후 인격적 이익의 보호) 저작자가 사망한 후에 그 유족(사망한 저작자의 배우자 · 자 · 부모 · 손 · 조부모 또는 형제자매를 말한다)이나 유언집행자는 당해 저작물에 대하여 제14조제2항의 규정을 위반하거나 위반할 우려가 있는 자에 대하여는 제123조의 규정에 따른 청구를 할 수 있으며, 고의 또는 과실로 저작인격권을 침해하거나 제14조제2항의 규정을 위반한 자에 대하여는 제127조의 규정에 따른 명예회복 등의 청구를 할 수 있다.

5. 저작권 침해에 대한 형사처벌

저작권의 침해에 대한 형사벌이 인정된다. 저작재산권 등의 권리를 침해한 경우에는 5년 이하의 징역 또는 5,000만 원 이하의 벌금에 처하거나 이를 병과할 수 있다. 저작인격권을 침해하여 저작자의 명예를 훼손시키거나 타인의 저작물을 자신의 저작물로 허위등록을 한 경우에는 3년 이하의 징역 또는 3,000만 원 이하의 벌금에 처한다. 출처 명시를 위반한 경우에는 500만 원 이하의 벌금에 처한다.

한편, 저작권 침해와 관련된 형사 제재는 친고죄로 규정되어 있다. 따라서 저작권자로부터 고소가 있어야 한다. 그러나 저작권 침해의 정도가 심한 경우나 고소권자가 존재할 수 없는 경우에는 친고죄가 아니다. 예컨대, 영리를 목적으로 또는 상습적으로 저작권을 침해한 자, 업으로 또는 영리 목적으로 기술적보호조치 무력화, 권리관리정보 제거 등을 한 자, 저작권 허위등록, 저작자가 아닌 자의 저작자 표시, 저작자 사후의 저작인격권 침해, 무허가 저작권위탁관리업 운영 등의 경우에는 고소가 없어도 처벌할 수 있다. 고소는 수사기관에 처벌을 요구하는 의사표시이다.

프로그램의 저작권을 침해하여 만들어진 프로그램의 복제물을 그 사실을 알면서 취득한 자가 이를 업무상 이용하는 경우에는 피해자의 명시적 의사에 반하여 처벌하지 못하는 반의사불벌죄이다. 이러한 경우에는 고소가 있어야 하는 것은 아니지만, 처벌을 원하지 않는다는 의사표시가 있으면 처벌할 수 없다.[114]

저작권법상 권리를 침해하여 만들어진 복제물과 그 복제물의 제작에 주로 사용된 도구나 재료 중에 그 침해자, 인쇄자, 배포자 또는 공연자의 소유에 속하는 것은 몰수할 수 있다. 법인 등이 저작권 침해죄를 범할 때에는 그 행위자를 벌하는 외에 그 법인 등에 대해서도 벌금형을 과할 수 있다. 다만 법인 또는 개인이 그 위반행위를 방지하기 위하여 해당 업무에 관하여 상당한 주의와 감독을 게을리하지 아니한 경우 법인이나 그 개인을 처벌하지 않는다.

114 수사기관이 저작권법 위반으로 조사하면서 저작권자에게 처벌을 원하는지 물어보고, 저작권자가 처벌을 원하지 않는다고 진술하거나, 서면으로 처벌불원의 의사를 표시하면 처벌하지 않는다.

제3장

특허권: 산업재산권

제1절 특허권의 의의

1. 특허제도

14세기 영국에서 국왕이 특허권을 부여할 때, 다른 사람이 볼 수 있도록 개봉된 상태로 수여되었다. 특허권을 부여한 특허증서를 개봉된 문서, 즉 Letters Patent(특허장)이라고 한다. letters close (litterae clausae)는 사적문서로 비공개의 문서이다. "open"(exposed, accessible) 이라는 뜻을 가진 Patent가 특허권이라는 뜻으로 사용되었다. 공개된다는 것은 공공에게 특허권의 존재를 알릴 뿐만 아니라 제3자가 자신의 침해행위를 피할 수 있다는 의미가 있다. 이 당시 특허의 개념은 현재와 같이 발명에만 부여하는 것은 아니었다. 예컨대, 공직자의 임명, 지위부여(공작, 남작, 후작, 백작 등)에도 특허장이 사용되었다.

유럽의 특허제도는 자국 기술과 산업을 발전시키기 위하여 외국의 기술자에 대한 유인책, 즉, 기술자 스카웃의 한 방책으로 사용되었다. 새로운 기술을 발전시키기 위하여 외국의 기술 수입은 특허제도의 기원을 이루었다. 일정기간 특허부여를 통한 외국 기술자의 이민정책은 이미 베니스와 유럽대륙에서 시작된 정책이었다. 영국에서의 특허는 기술수입을 장려하는 것에 그 목적을 두고 있었다. 영국에서도 유럽과 마찬가지로 기술의 수입은 장려되고, 반대로 기술의 수출은 엄격히 금지되었다.

2. 베니스의 특허법(1474)

특허를 부여한 기록은 로마제국에서도 나타난다. 서기 337년 로마황제 콘스탄티누스 1세(Constantine)는 장인에게 세금을 면제하여 주었다는 기록이 있다. 그러나 이 시대의 특허는 신기술에 부여하는 특허와 다르다.

중세시대인 12세기에 베니스와 플로렌스에서는 길드를 중심으로 독점을 발전시켜왔다. 1416년 베니스에서는 최초의 특허로서 로드(Rhodes)의 주민이었던 프란

시스코 페트리(Franciscus Petri)에게 그의 직조기(structures with pestles for fulling fabrics)에 대하여 50년간의 특허를 부여했다. 1421년 플로렌스의 두오모 성당에 사용될 석재를 수송하기 위하여 아르노 강(Arno River)에서 운항할 바지선을 발명한 플리포 브루넬레쉬(Flippo Brunelleschi)도 특허를 받았다. 베니스 이전에도 발명 또는 기여에 대하여 보상을 하여야 한다는 관념이 존재하였고 개별적으로 새로운 기술에 대하여 특허도 부여되었다. 이때의 특허는 법에 의하여 일반적으로 수여된 것이 아니라 개별적으로 수여되었다.

그러나 르네상스 이후, 북부 이탈리아 도시국가 베니스에서는 모직물공업 발전을 위해 법을 제정하여 제도적으로 발명을 보호하였다. 1474년 베니스는 특허법을 제정했다. 그 당시 특허기간은 10년이었다. 베니스의 특허법은 현재까지 가장 오래된 특허법으로 알려져 있다. 베니스의 특허법의 영문번역본은 다수가 존재한다.

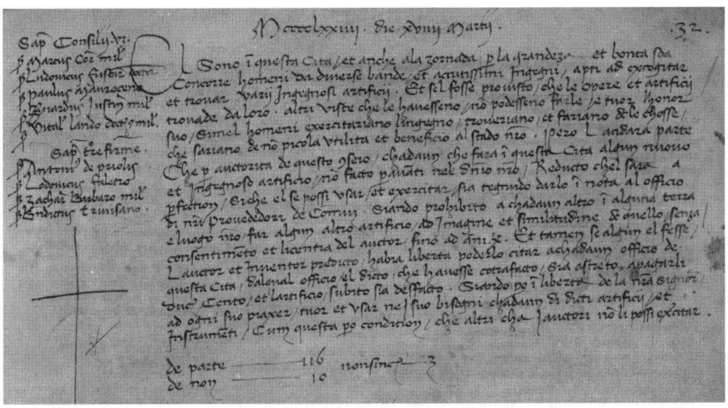

[베니스의 특허법]

1474년 베니스의 특허법 전문[114]

We have among us men of great genius, apt to invent and discover ingenious devices; and in view of the grandeur and virtue of our City, more such men come to us from divers parts. Now if provision were made for the works and devices discovered by such persons, so that others

115 Giulio Mandich, Venetian Patents (1450–1550), 30 J. Pat. Off. Soc'y 166, 176–177, (1948)

who may see them could not build them and take the inventor's honor away, more men would then apply their genius, would discover, and would build devices of great utility and benefit to our Commonwealth.

Therefore:

> BE IT ENACTED that, by the authority of this Council, every person who shall build any new and ingenious device in this City, not previously made in this Commonwealth, shall give notice of it to the office of our General Welfare Board when it has been reduced to perfection so that it can be used and operated. It being forbidden to every other person in any of our territories and towns to make any further device conforming with and similar to said one, without the consent and license of the author, for the term of 10 years. And if anybody builds it in violation hereof, the aforesaid author and inventor shall be entitled to have him summoned before any magistrate of this City, by which Magistrate the said infringer shall be constrained to pay him [one] hundred ducats; and the device shall be destroyed at once. It being, however, within the power and discretion of the Government, in its activities, to take and use any such device and instrument, with this condition however that no one but the author shall operate it.

베니스의 특허법 영문번역[115]

[T]here are in this city, and also there come temporarily by reason of its greatness and goodness, men from different places and most clever minds, capable of devising and inventing all manner of ingenious contrivances. And should it be provided, that the works and contrivances invented by them, others having seen them could not make them and take their honor, men of such kind would exert their minds, invent and make things which would be of no small utility and benefit to our State. Therefore, decision will be passed that, by authority of this Council, each person who will make in this city any new ingenious contrivance, not made heretofore in our dominion, as soon as it is reduced to perfection, so that it can be used and exercised, shall give notice of the same to the office of our Provisioners of Common. It being forbidden to any other in any territory

116 Mgbeoji, Ikechi (2003). "The Juridical Origins of the International Patent System: Towards a Histiography of the Role of Patents in Industrialization". Journal of the History of International Law. 5.2: 413.

and place of ours to make any other contrivance in the form and resemblance thereof, without the consent and license of the author up to ten years. And, however, should anybody make it, the aforesaid author and inventor will have the liberty to cite him before any office of this city, by which office the aforesaid who shall infringe be forced to pay him the sum of one hundred ducates and the contrivance immediately destroyed. Being then in liberty of our Government at his will to take and use in his need any of the said contrivances and instruments, with this condition, however, that no others than the authors shall exercise them. [본 버전은 Luigi Sordelli 교수가 번역한 것임]

1594년 갈릴레오는 양수, 관개용 기계에 대한 특허를 취득했다. 이 당시 공개적으로 발명을 시연할 것을 요구하였는데 현대 특허법상 명세서의 상세한 설명과 같은 역할(해당기술의 전문가에 의한 시연)을 한다고 생각된다. Flippo Brunelleschi의 바지선은 공개시연 중에 가라앉았다.

3. 영국의 특허법[117]

영국은 1624년 독점법(the Statute of Monopolies of 1624)을 제정했다. 본 독점법은 선발명주의를 취하고 독점권은 14년을 부여했다. 14년을 부여한 것은 길드의 장인이 도제를 키우는 기간이 7년이었는데, 도제를 두 번 훈련시킬 수 있는 기간이면 충분하다고 생각한 것이었다.

이탈리아와 유럽에서 시작된 특허제도는 영국에도 영향을 미쳐, 영국 왕이 산업발전을 위해 새로운 기술을 도입한 자에게 특권(privileges)을 부여했던 기록은 1331년까지 소급된다. 1331년 영국의 에드워드 3세는 외국의 기술자를 자국에 유치하여 기술발전을 이룩하는 정책의 일환으로 벨기에 북부의 플랑드르 지방에서 영국으로 이민 온 존 켐프(John Kempe)에게 직조기술에 대한 보호명령서(Letters

117 나종갑, 특허제도와 신규성개념의 형성, 그리고 특허권자의 수출할 권리, 산업재산권 55호, 65면이하 및 나쁜 지적재산권(Bad Intellectual Properties)의 재림(I) – 대법원 2013.3.28.선고 2011후835판결, 산업재산권 50권 35면 이하에서 발췌

of Protection)를 발급하였다.[118] 1336년에도 에드워드 3세는 요크 지방에 정착한 벨기에 안트워프(Antwerp)에서 이민 온 직조기술자에게 그들이 가져온 기술의 대가로 보호명령서(Letters of Protection)를 발급했다. 1338년에는 네덜란드 서부의 델프트(Delft)에서 이민 온 시계기술자에게 보호명령서가 발급되었다. 1449년에 헨리 6세는 벨기에의 플랑드르에서 영국으로 이민 온 어타이남의 존(John of Utynam)에게 그 당시 영국에서는 새로운 기술이었던 스테인드 글라스 제조방법에 대하여 20년의 독점을 부여했다. 이와 같이 외국의 기술이민자에게 독점을 부여한 것 단순한 특허부여가 아닌 외국기술자를 통한 낙후된 산업발전책이었다. 이 당시 유럽의 기술자들이 영국의 왕에게 자신의 기술에 대하여 특허를 부여할 것을 청원하기도 했다.

영국이 독점법을 제정한 것은 국왕의 특허부여권을 박탈하고자 한 것이었다. 국왕의 특허권 남용으로 인하여 수많은 특허가 부여되자, 더 이상 특허로 부여할 것이 없게 되었다. 기존 특허의 난립으로 반공유의 비극(Tragedy of Anticommons)이 발생했다. 그리하여 특허제도를 개혁할 필요가 있었다.

특별한 기술을 가진 외국의 기술자들에 대한 이민정책은 지속되었다. 영국에서는 엘리자베스 여왕시기에 많은 특허가 부여되었는데, 외국 기술자들에 이민유인책으로서 특허 뿐만 아니라 왕실 수입증대를 위한 왕의 특권은 지속적으로 부여되었다. 엘리자베스 여왕 재임 말년에는 독점/특허 부여에 대한 불만이 커졌다. 엘리자베스 여왕은 의회가 승인한 왕실 수입이상의 재원을 필요로 했다. 여왕은 특허권을 판매하여 부족한 재원을 충당했다. 그러나 이러한 독점권의 판매로 인하여 동일업종의 종사자는 기존의 영업에서 축출되어 자신이 종사했던 직업과 영업을 잃게 되고 소비자는 독점으로 인하여 기존에 지불하던 가격보다 더 높은 가격을 지불 할 수밖에 없었다.[119] 왕으로부터 독점을 받은 소수는 부자가 되었지만 다수의 시민은 가난해졌다. 그러나 너무 많은 특허가 부여되어 더 이상 특허를 부여할 것이 없게

118 E. W. Hulme, supra note 11, p.142.

119 Thomas B. Nachbar, "Monopoly, Mercantilism, and the Politics of Regulation," 91 VA. L. REV. 1313, 1328, 2005.

되는 지경에 이르렀을 뿐만 아니라 서민경제가 피폐해졌다. 독점권을 침해한 경우에 그 처벌은 매우 가혹했다.[120]

아담 스미스(Adam Smith)는 그의 저서 '국부론'에서 첫 번째 특허 침해를 한 경우, 그의 모든 물품을 몰수하고, 1년의 징역형 후에 왼쪽 손목을 잘라 시장에 걸고, 두 번째 침해에는 중범죄로서 사형에 처한다("Like the laws of Draco, these laws may be said to be all written in blood... the exporter of sheep, lamps, or rams, was for the first offence to forfeit all his goods for ever, to suffer a year's imprisonment, and then to have his left hand cut off in a market town upon a market day, to be there nailed up; and for the second offense to be adjudged a felon, and to suffer death accordingly.")고 기록하고 있다. 이와 같이 아담 스미스는 엘리자베스여왕 시대의 특허 폐해를 지적하고 있다.[121] 엘리자베스여왕 시대에 특허로 인한 처참하고 열악한 상황에 대하여 역사학자 David Hume은 다음과 같이 기술하고 있다.

> The active reign of Elizabeth had enabled many persons to distinguish themselves in civil and military employments; and the queen, who was not able from her revenue to give them any rewards proportioned to their services, had made use of an expedient which had been employed by her predecessors, but which had never been carried to such an extreme as under her administration. She granted her servants and courtiers patents for monopolies; and these patents they sold to others, who were thereby enabled to raise commodities to what price they pleased, and who put invincible restraints upon all commerce, industry and emulation in the arts. It is astonishing to consider the number and importance of those commodities which were thus assigned over to patentees. Currants, salt, iron, powder, cards, calf-skins, fells,

---

120 Adam Smith/Edwin Cannan, ed., *An Inquiry into the Nature and Cause of the Wealth of Nations (1776)*, Modern Library, 1994, IV. ch.8, pp. 700–01.

121 91 VA. L. REV. 1313, 1328, 2005.

pouldavies, ox shin–bones, train oil, lists of cloth, pot–ashes, anise–seeds, vinegar, sea–coals, steel, acquavitae, brushes, pots, bottles, saltpetre, lead, accidences, oil, calamine stone, oil of blubber, glasses, paper, starch, tin, sulphur, new drapery, dried pilchards, transportation of iron ordnance, of beer, of horn, of leather, importation of Spanish wool, of Irish yarn; these are but a part of the commodities which had been appropriated to monopolists. When this list was read in the House, a member cried, "Is not bread in the number?" "Bread," said every one in astonishment. "Yes, I assure you," replied he, "if affairs go on at this rate, we shall have bread reduced to a monopoly before next parliament." These monopolists were to exorbitant in their demands that in some places they raised the price of salt from sixteen pence a bushel to fourteen or fifteen shillings. Such high profits naturally begat intruders upon their commerce; and, in order to secure themselves against encroachments, the patentees were armed with high and arbitrary powers from the council, by which they were enabled to oppress the people at pleasure, and to exact money from such as they thought proper to accuse of interfering with their patent. The patentees of saltpetre, having the power of entering into every house and of committing what havoc they pleased in stables, cellars or wherever they suspected saltpetre might be gathered, commonly extorted money from those who desired to free themselves from this damage or trouble. And while all domestic intercourse was thus restrained, lest any scope should remain for industry, almost every species of foreign commerce was confined to exclusive companies, who bough and sold at any price that they themselves thought proper to offer or exact.[122]

122 David Hume · Tobias George Smollett, *History of England from the Invasion of Julius Caesar to the Revolution in 1688*, J. F. Dove, St. John's Square, 1825, Vol. 2, p. 501:
엘리자베스의 통치기간은 많은 사람으로 하여금 시민 및 군사 의무와 자신을 구별하도록 하였다; 그리고 자신의 수입을 그들에게 그들이 제공한 각 서비스에 대한 어떠한 보상도 제공할 수 없었던 여왕은 선조들이 만든, 그러나 그녀의 통치하에서 행사되지 않은 임시방편을 사용한다. 여왕은 신하들에게 독점에 대한 특허를 부여한다; 그리고 그들은 그러한 특허를 자신들이 원하는 가격으로 해당 상품들을 판매하고 모든 상거래, 산업 그 특허를 받으면, 그 특허로 인하여 시민들이 기존에 누리던 생존에 필요한 상품 등에 대한 거래 자유를 제한하게 되는 것이므로 그러한 특허는 시민의 생존권을 위협하는 것이었다. 1601년 이와 같은 특허의 심각성을 인식한 영국 의회는 왕의 특허부여권을 제한하는 법안을 제출한다. 이에 엘리자베스 여왕은 의회가 여왕의 특허부여권에 대하여 감독을 하는 것을 조건으로 자신의 특허부여권을 행사하겠다는 약속을 하여 특허부여권을 지켰다. 엘리자베스 여왕은 자신이 부여한 특허 중 일부를 취소하였다. 그뿐만 아니라 전통적으로 왕의 특허부여권이나 특허의 합법성은 the Court of Star Chamber[123]만이 관할권을 행사하였고 커먼로 법원은 관할권이 없었지만, 여왕은 독점의 합법성 문제에 대하여 커먼로 법원(common law court)에서 심판받을 것을 약속했다.[124] 이와 같은 약속에 따라 사악한 특허(bad patent)로 인한 시민의 고통은 곧 법원의 심판을 받게 된다.

1598년 영국의 엘리자베스 1세 여왕은 Edward Darcy에게 21년 동안 놀이카드(playing card)의 제조, 수입 및 판매 등 모든 거래에 관한 권한을 부여하였다.

리고 예술에서의 경쟁에 아무도 경쟁할 수 없는 제한을 할 수 있는 사람들에게 판매한다. 특허권자에게 양도되는 그러한 상품의 종류와 중요성을 고려해 본다면 믿기 힘들 정도이다. 건포도, 소금, 철, 파우더, 카드, 송아지 가죽, 벌목, 캔버스 천(pouldavies), 황소 정강이 뼈, 고래기름, 옷감들, 탄산칼륨, 애니스 씨앗, 역청탄, 철, 에탄올 수용액(acquavitae), 솔, 냄비, 병, 초석(saltpetre), 납, accidences, 오일, 칼라민 광석, 생선기름, 유리, 종이, 전분, 주석, 유황, 포목, 정어리 및 철, 맥주, 뿔피리, 가죽군수품의 수송, 및 스페인 모직과 아일랜드 방적사의 수입; 이러한 것들은 독점자들에게 배분된 물품의 일부이었다. 이러한 목록이 하원에 알려졌을 때, 한 의원은 빵은 없었는가라고 외쳤다. 모든 의원이 "빵" 하며 놀랐다. 예, 확신한다고 그가 말했다. 만일 이렇게 지속된다면 우리는 다음 의회 회기 전에 빵도 독점 목록에 기재할 것입니다. 이러한 독점자들은 자신들의 욕구가 과도하여 소금가격을 부셸당 16펜스에서 14 또는 15 실링까지 올릴 것이다. 그러한 높은 수익은 자연적으로 [특허가 없는] 불법거래자를 특허권자들의 상거래에 유입시켰고, 그리고 그러한 불법 침입으로부터 특허권자 자신들을 보호하기 위하여 특허권자들은 지방의회로부터 임의적인 권력을 취득하였고, 그러한 권력을 취득하여 마음대로 시민을 억압할 수 있었고, 자신들의 특허를 침해한 것에 대한 적절한 청구라고 생각하는 금액을 받았다. 모든 가정과 마굿간, 포도주 창고 또는 초석이 있다고 특허권자가 의심하는 어느 곳에서 어떤 일(havoc)을 하던지 간에 문제가 되지 않는 초석특허권자는 이와 같은 [일(havoc)로 인한] 손해나 문제가 발생하지 않기를 원하는 사람으로부터 돈을 받는 것이 일반적이었다. 그리고 모든 국내 거래는 제한이 되는 동안, 어느 범위도 산업에 남아 있지 않게 되고, 거의 모든 종류의 외국 상거래는 자신들이 적절하다고 판단하는 가격에 구입하거나 판매할 수 있는 독점적인 회사에게 귀속되었다.

그 외 당시의 특허에 의한 민간의 피폐에 대한 동일한 상황은 John Sinclair, *The History of the Public Revenue of the British Empire*, W. and A. Strahan, for T. Cadell, 1785, p. 131 및 Bruce Bugbee, supra note 21, p. 37 이하에도 자세히 기술되어 있다.

123 커먼로 법원의 보조적인 법원으로 판사와 왕의 자문단인 추밀고문관(privy councillors)로 구성되었다.

124 Id., 1345.

Thomas Allin(Allen)이 동일한 카드를 제조하기 시작하였다. Darcy는 Allin을 상대로 자신의 특허를 침해하였다는 소송을 제기하였다.[125]

법원은 커먼로에 반하는 독점은 불법이며 커먼로는 자유로운 거래를 보호하고 있으므로 이에 반하는 Darcy의 놀이카드에 대한 독점을 인정하지 않았다. 법원이 독점을 부인한 이유는 독점은 경쟁을 제한하고 새로운 발명을 도입하는 것에 대한 제한이 될 것이라는 것이었다. 법원은 "신의 명령"("general ordinance of God, by the policy of the realm, and by the laws and customs")은 기술, 직업과 거래("several arts, manual occupations and trades")를 규율하므로 사람은 서로 도와야 하고, 인간 스스로의 노동활동으로 살아가지 못하도록 하는 것("a man not to live by the labour of his own trade")은 불법이라고 하였다. 그리고 법원은 여러 선례(Dyer's Case[126] 및 Schoolmaster's Case[127])를 분석한 다음, Darcy의 특허는 다른 사람의 생존을 위협할 수 있는 너무 많은 권한을 부여받았다고 판시하였다. 법원은 사회는 결국 개인의 노동과 근면성("the labor and industry of men")에서 기원하고 신의 인간에 대한 선물("the Gift of God to them")이므로 인간은 어떠한 특허, 특권 또는 관습으로부터 자유로울 자연권이 있다고 했다. 인간은 왕 또는 인간이 만든 제정법으로 제한할 수 없는 기본적인 자연권이 있다고 했다. 나아가 법원은 특허가 개인의 자유를 제한을 금지하는 것에 대한 예외적인 것으로서 허용되더라도 그 특허는 일정기간으로 제한되어야 한다고 하였다. 즉, 법원은 특허를 예외적인 것으로서 허용하였다. 나아가 특허가 다른 사람의 생존권을 제한한다면 이는 무효라는 근거를 제시하였다.

125 Edward Darcy Esquire v Thomas Allin of London Haberdasher (1599) 74 ER 1131.

126 Dyer's case (1414) 2 Hen. V, fol. 5, pl. 26. 거래제한에 관한 계약법이 문제된 사건이다. John Dyer는 원고에게 원고의 마을에서 6개월 동안 같은 거래행위를 하지 않겠다고 약속했다. 이 약속에 대한 원고의 반대급부는 없었다. 원고가 법원에 이행을 청구하였으나, 법원은 커먼로와 신(God)의 명령에 위반된다는 이유로 원고의 청구를 인정하지 않았다.

127 Hamlyn v. More (The Schoolmasters' Case). Y.B. 11 Hen. 4, fol. 47, Hil., pl. 21 (1410) (Eng.). 조그만 마을에 학교가 있었다. 피고가 다른 학교를 열고자 하였다. 따라서 조그만 마을에 학교가 두 개가 존재하게 되었다. 기존의 학교 교사(Schoolmaster)가 피고에게 고의적으로 자신의 영업을 방해하므로 커먼로에 위반된다고 소를 제기했다. 법원은 경쟁으로 인하여 경제적으로 손해를 입은 것만으로는 법적 구제가 인정되는 법적 손해를 인정할 수 없다는 이유로 원고의 청구를 기각했다.

엘리자베스 여왕이 사망을 하고, 제임스 1세(James I)가 즉위한다. 제임스 1세는 외국과의 전쟁 등으로 인하여 재정결핍을 가져오게 된다. 제임스 1세는 의회와의 마찰을 무릅쓰고 재정확보를 위하여 특허를 남발하여 특허부여권을 남용한다. 이에 의회가 반발하자 제임스 1세는 거래에 관한 독점은 커먼로에 위반되므로 자신은 더 이상 그러한 특권 부여를 하지 않겠다고 기재한 Book of Bounty에 서명을 하였다. 그러나 제임스 1세는 그러한 서명에도 불구하고 여전히 특허권을 부여했다. 따라서 의회와 제임스 1세와의 관계는 악화될 수밖에 없었다. 이에 의회는 재정지원을 중단한다. 이에 제임스 1세는 왕실의 재정난을 해결하는 방편으로 특허권을 부여하지만, 그와 같이 부여된 특허권은 취소되기도 하였다.[128] 이 제임스 1세 시대에 Lord Chief Justice of England로 활동했던 에드워드 코크(Edward Coke)는 제임스 1세로부터 해고 당한 후 의회에 들어가 1621년 왕의 특허부여권을 모두 제한하는 법안을 발의하기도 했지만, 왕의 특허부여권에 대한 너무 강한 제한이라는 염려로 인하여 해당 법안은 상원(House of Lord)을 통과하지 못했다.[129]

마침내 1624년 영국의회는 독점법(the Statute of Monopolies)을 제정하여 더 이상 왕이 자의적으로 특허를 부여할 권한을 박탈하였다. 제임스 1세가 스페인과 전쟁을 위하여 4번째 의회[130]를 소집하자, 하원(House of Common)은 독점법(the Statute of Monopolies)을 통과시켰다. 그러나 상원(House of Lord)은 독점(monopoly)의 의미가 명확하지 못하고 독점에 대한 취소가 커먼로상 근거에 의한 것인지 또는 해당 법에 근거를 갖는 것인지가 불분명하다는 우려를 제기하였고 에드워드 코크는 그러한 우려를 불식시켰지만, 상원(House of Lord)은 왕의 회사설립허여권에 대한 제한을 할 수 있다는 우려와 독점법(the Statute of Monopolies)의 적용이 제외되는 특허가 존속하기를 원했기 때문에 법안 통과에 소극적이었

128 Thomas B. Nachbar, supra note 22, 1346.

129 Id., 1346-1647.

130 에드워드 코크에 의해 Happy Parliament 또는 Fælix Parliamentum로도 불리는데, 1624년 2월 19일부터 같은 해 5월 29일까지 열렸다.

다.[131] 결국 1624년 5월에 일부 길드(guild)[132] 등에게 부여된 특허권의 예외를 인정하여 상원에서도 통과되었다.

독점법의 통과로 새로운 것이 아니면 특허를 부여할 수 없도록 하였다. 이로 인하여 신규성(novelty)을 요건으로 한 좋은 특허(good patents)제도가 확립되게 된 것이다. 새로운 발명에 대하여 특허를 부여하는 경우에는 신규성이 필수요건으로 등장하게 된다. 시민이 누리던 기존의 자유를 제한하는 사악한 특허(bad patents)는 이제 지적재산법의 범주에서 사라지게 되는 계기가 되었다.

1624년 독점법은 새로운 발명(novel invention)에 대하여 특허를 부여했는데, 국내에서 새로운 것이면 특허를 부여했다. 따라서 외국에서 이미 실시되는 발명이더라도 영국내에서 새로운 것이면 특허를 부여했기 때문에 특허제도는 외국의 발명가들의 이민을 장려하는 정책으로 사용되었다. 이러한 정책은 19세기 중반까지 사용되었다.

영국특허법은 새로운 발명에 대한 특허 부여하여 기존 특허제도의 패러다임을 변경하였다. 기존에는 새로운 것뿐만 아니라 기존의 거래의 자유를 제한하는 특허를 부여했었지만, 1624년 영국의 독점법은 새로운 것에 대해서만 특허를 부여하는 제도로 변경했다. 공익을 위배한 경우 특허를 불인정하였다. 이는 우리법상 산업상 이용가능성이나 미국의 유용성과 같은 의미이다. 영국의 독점법은 결국 산업혁명의 근원이 되는 방적기, 증기기관 등이 탄생하는 계기가 되었다고 평가된다.

4. 미국의 특허

미국의 연방정부가 성립되기 전 영국의 식민지 시대부터 존재했던 13개 주는 대부분 독자적으로 특허권을 부여할 수 있었다. 미국 최초의 특허는 1641년 매사추세스 주에서 Samuel Winslow에게 부여한 소금제조에 관한 10년의 특허이었다. 이

131 Id., 1349-1650.

132 영국 길드(guild)의 경우에 정치적으로 의회에 의존하였다.

특허는 1641년 매사추세스 일반법원(Massachusetts General Court)에 의해 승인되었다. 1784년 사우스 캐롤라이나 주는 14년간의 특허권을 부여하는 최초의 특허법(An Act for the Encouragement of Arts and Sciences)을 제정했다. 그 후 다수의 특허가 부여된다. 주법에 의한 특허보호는 발명가에 대한 재산권을 창설하는 것이 아닌 기업에 의한 미국의 산업부흥을 위한 성격을 갖게 되었다.[133]

미국의 주정부는 독자적으로 각 주가 독자적으로 특허를 부여함으로서 부여된 특허사이에 충돌을 일으켰는데, 대표적인 예로 증기선에 관한 특허를 들 수 있다.[134] 이에 통일적인 특허법 제정의 필요성이 발생하게 되었고, 연방헌법에 연방특허법 제정에 관한 근거를 창설하게 되었다. 특히 연방주의자였던 제임스 메디슨(James Madison)은 주(states)는 발명에 대하여 특허를 부여할 수 없다고 주장했다. 그리하여 연방헌법에 특허저작권 조항을 규정하게 되었다.

1790년 연방특허법 시행후에 Samuel Hopkins가 최초로 재와 진주 재의 제조방법에 대하여 특허를 취득하였다.

5. 특허제도의 위기

산업혁명에 의한 경제발전에 따라 경제공황이 발생하게 되었다. 그러한 경제공황의 원인으로 독점이 지목되었고, 법으로 독점을 부여하는 특허도 예외는 아니었다. 독점에 대한 공포로 인하여 유럽에서는 특허법을 폐지한 나라가 나왔다. 네덜란드는 1869부터 1912년 사이에 특허법을 폐지하였다. 스위스는 1850년 이후에 1907년 사이에 특허법이 존재하지 않았다. 스위스는 특허에 관한 입법을 시도하기는 했지만, 일반적인 특허법을 제정하지 않았다.

이후 특허에 대한 규제가 심해지자 특허권자는 특허풀(patent pool)을 형성하여 대응한다. 특허풀로 유명한 것은 재봉틀과 비행기에 관련된 특허풀이었다. 특허풀

133 Herbert Hovenkamp, 「Enterprise and American Law, 1836–1937」, Harvard University Press, 1991, pp.17–41.

134 Edward C. Walterscheid, Priority of Invention: How the United States Came to Have a "First-to-Invent" Patent System, 23 AIPLA Q.J. 263, pp.269–77 (1995).

은 특허실시료를 낮추는 긍정적인 역할도 하지만 특허풀의 회원과 비회원사이의 장벽을 설정하여 특허장벽을 쌓게 된다. 19세기 말기에는 미국에서 셔먼법이라고 하는 독점규제법이 제정된다. 재벌과 독점이 심화되었기 때문이다.

1929년 대공황은 독점때문이라는 예일학파의 주장에 따라 미국에서는 특허법을 개혁하게 되고 그 결과 1952년 특허법을 제정하게 된다.

제2절 발명 및 특허의 요건

1. 발명과 고안

발명은 특허법상 특허의 대상을 일컫는 용어이다. 특허법은 발명은 자연법칙을 이용한 기술적 사상의 창작으로서 고도(高度)한 것을 말한다고 정의하고 있다. 이에 반하여 실용신안의 대상은 고안이라고 하고 있고, 고안은 자연법칙을 이용한 기술적 사상의 창작으로 정의하고 있다. 특허는 수준이 높은 기술을 보호대상으로 하고, 실용신안은 비교적 수준이 낮은 기술을 보호대상으로 한다.

특허법에서는 물건(조성물 포함)이나 제조방법(process) 모두 보호의 대상이지만 실용신안법상 실용신안으로 등록을 받을 수 있는 고안은「물품의 형상 · 구조 또는 조합에 관한 고안」으로 한정되어 있다. 실용신안법 제4조 제1항 본문의 "물품"에 대하여 일정한 정의는 없다. 일반적으로 공간적으로 일정한 형(型)을 가진 것으로 일반 상거래의 대상이 되고 사용목적이 명확한 것은 "물품"에 해당한다고 해석한다. 따라서 특허의 대상이 되는 방법(process)은 형(型)을 가진 것이 아니므로 실용신안의 보호대상은 아니다. 그뿐만 아니라 특허의 대상이되는 조성물,[135] 화학물질, 일정 형상을 갖지 않는 것, 동물 품종, 식물 품종, 컴퓨터 프로그램 등은 형(型)이 없기 때문에 실용신안으로 보호 받을 수 없다.

135 여러 가지 성분으로 만들어진 물질 (의약물질/약품 등이 이에 해당)

특허	실용신안
제2조(정의) 1. "발명"이란 자연법칙을 이용한 기술적 사상의 창작으로서 고도(高度)한 것을 말한다. 2..... 3. "실시"란 다음 각 목의 구분에 따른 행위를 말한다. 가. 물건의 발명인 경우: 그 물건을 생산 · 사용 · 양도 · 대여 또는 수입하거나 그 물건의 양도 또는 대여의 청약(양도 또는 대여를 위한 전시를 포함한다. 이하 같다)을 하는 행위 나. 방법의 발명인 경우: 그 방법을 사용하는 행위 다. 물건을 생산하는 방법의 발명인 경우: 나목의 행위 외에 그 방법에 의하여 생산한 물건을 사용 · 양도 · 대여 또는 수입하거나 그 물건의 양도 또는 대여의 청약을 하는 행위	제2조(정의) 1. "고안"이란 자연법칙을 이용한 기술적 사상의 창작을 말한다. 2..... 3. "실시"란 고안에 관한 물품을 생산 · 사용 · 양도 · 대여 또는 수입하거나 그 물품의 양도 또는 대여의 청약(양도 또는 대여를 위한 전시를 포함한다. 이하 같다)을 하는 행위를 말한다.

특허법 제29조	실용신안법 제4조
① 산업상 이용할 수 있는 발명으로서 다음 각 호의 어느 하나에 해당하는 것을 제외하고는 그 발명에 대하여 특허를 받을 수 있다. ...	① 산업상 이용할 수 있는 물품의 형상 · 구조 또는 조합에 관한 고안으로서 다음 각 호의 어느 하나에 해당하는 것을 제외하고는 그 고안에 대하여 실용신안등록을 받을 수 있다. ...

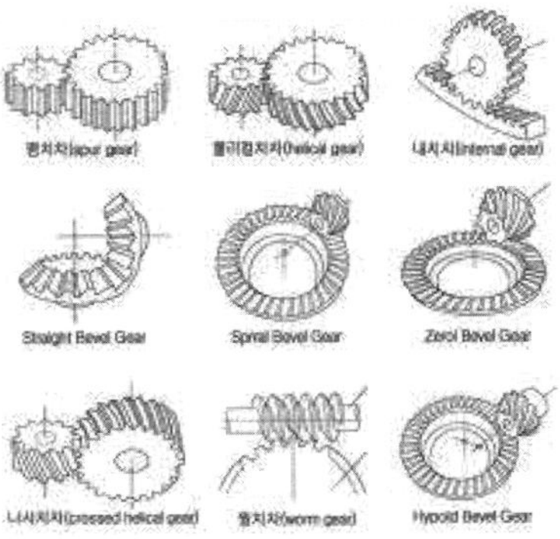

[치자의 형][135]

실용신안의 대상이 되는 고안을 구성하는 형상이란 선이나 면 등으로 표현된 외형적인 형태로서 예컨대 캠(cam)의 형태, 치차의 치형 등이 이에 해당한다.

실용신안의 대상인 고안을 형성하는 물품의 구조는 공간적, 입체적으로 조립된 구성을 말하는데, 물품의 외관만이 아니고 평면도, 측면도, 정면도 및 경우에 따라서는 단면도를 이용하여 표현되는 물품의 구성이면 고안에 해당한다. 물품의 구조상의 특징은 외관상 명료하게 인식할 수 있게 하여야 하는 것은 아니다. 어떤 사물을 절단 등 물리력을 가해 형상을 알 수 있게 하거나 화학적 분석에 의하여 구별할 수 있는 경우에는 형이 있는 것으로 본다. 전자제품 등의 회로의 경우에는 물품의 구조로서 실용신안의 대상으로 인정한다.

실용신안의 대상이 되는 물품의 조합은 각각 독립적으로 일정한 구조 또는 형상이 존재하는 물품의 조합이 기능적으로 서로 관련되어 사용가치를 발휘하는 것을 말한다. 예컨대 볼트와 너트를 조합하는 경우가 이에 해당한다. 이때 2개 이상의 물품을 조합하는 것도 가능하다.

2. 특허를 받을 수 있는 발명의 종류

우리 특허법은 발명의 종류를 정의하지 않는다. 다만, 해당 특허권자가 갖는 독점권의 범위를 i) 물건의 발명, ii) 방법의 발명 및 iii) 물건을 생산하는 방법의 발명으로 나누어 규정하고 있으므로 결국 우리 특허법은 3가지의 발명을 규정하고 있다고 할 수 있다.

136 인터넷에서 퍼옴.

특허발명의 실시에 관한 특허법 규정
3. "실시"란 다음 각 목의 구분에 따른 행위를 말한다. 가. 물건의 발명인 경우: 그 물건을 생산 · 사용 · 양도 · 대여 또는 수입하거나 그 물건의 양도 또는 대여의 청약(양도 또는 대여를 위한 전시를 포함한다. 이하 같다)을 하는 행위 나. 방법의 발명인 경우: 그 방법을 사용하는 행위 다. 물건을 생산하는 방법의 발명인 경우: 나목의 행위 외에 그 방법에 의하여 생산한 물건을 사용 · 양도 · 대여 또는 수입하거나 그 물건의 양도 또는 대여의 청약을 하는 행위

3. 특허요건

특허요건은 발명이 특허를 취득하기 위하여 갖추어야 할 요건이다. 특허요건과 구별하여야 할 것은 발명요건이다. 발명요건은 발명이 되기 위한 요건임에 반하여, 특허요건은 특허권을 취득하기 위하여 특허출원된 발명이 갖추어야 할 요건이다.

특허출원된 발명은 i) 산업에 이용할 수 있어야 하며(산업상 이용가능성-발명과 비발명의 구분), ii) 출원하기 전에 이미 알려진 기술(선행기술)이 아니어야 하고(신규성), iii) 선행기술과 다른 것이라 하더라도 그 기술분야의 전문가가 선행기술로부터 쉽게 생각해 낼 수 없는 것이어야 한다.(진보성)

발명요건은 발명의 개념을 말하는데, 자연법칙을 이용한 기술적 사상의 창작으로서 고도한 것을 말한다. 사실 발명요건은 실용신안의 대상과 구별하고 특허의 대상을 이해하기 위하여 만들어낸 개념인데, 발명요건은 특허요건인 산업상 이용가능성의 개념과 많은 부분 겹친다. 따라서 발명요건은 불필요한 개념이라고 할 수 있지만, 특허의 대상을 이해하는 데는 도움이 된다.

가. 산업상 이용가능성

산업상 이용가능성에 관한 특허법 규정
① 산업상 이용할 수 있는 발명으로서 다음 각 호의 어느 하나에 해당하는 것을 제외하고는 그 발명에 대하여 특허를 받을 수 있다. 1. 특허출원전에 ... 2. 특허출원전에 ....

산업상 이용할 수 있는 발명에 관하여 특허법 제29조 1항에 '산업상 이용할 수 있는 발명'이 특허를 취득할 수 있다고 규정하고 있다. 산업상 이용할 수 있는 발명은 '발명'으로서 산업상 이용할 수 있는 것을 말한다. 따라서 '발명'이 되어야 하고, '산업에 이용'할 수 있어야 한다. 특허법의 목적이 산업발전에 기여하는데 있으므로(특§1) 모든 발명은 산업상 이용가능성이 있어야 하는 것은 당연한 귀결이다. 특허법 제29조 제1항 본문의 '산업'은 가장 넓은 의미의 산업으로 해석하여야 한다. 산업은 유용하고 실용적인 기술에 속하는 모든 활동을 포함하는 최광의(最廣義) 개념이다.

산업상 이용가능성은 미국법상으로는 유용성으로 나타나는데 유용하다는 것은 경쟁자가 필요한지 여부에 의하여 결정될 수 있다. 그리하여 연혁적으로도 특허발명의 유용성은 Story 판사가 해석한 바와 같이, 특허법상 발명은 사소하지 않아야 하고 안락함, 이로운 정책 및 사회의 건강한 도덕에 해가 되지 않아야 한다("[t]he law only requires that the invention should not be frivolous or injurious to the well being, goodpolicy, and sound morals of society.")는 것으로 해석되었다. Story 판사는

> "[특허]법상 유용한 발명이란 도덕, 건강 또는 좋은 사회 질서에 해가 되는 발명과 구별하여 사회에서 이익이 되도록 사용되어야 하는 것을 의미한다. 동일한 목적을 달성하기 위해 실제 실시되는 모든 발명을 대체하기 위하여 발명이 그와 같은 일반적 유용성(general utility)을 갖추어야 할 필요는 없

다. 불쾌하거나 유해하지 않은 것, 실질적인 사용(practical use)에 적용할 수 있는 것, 그것이 적용되는 한 유익한 것이면 충분하다. 만일 실제적 유용성(practical utility)이 매우 제한적이라면, 발명가에게 이익이 없거나 거의 없는 것으로 연결된다; 만일 사소한 것이라면, 전적으로 의미 없는 것이다. 그러나 법은 유용성의 정도를 고려하지 않는다; 법은 단순히 발명이 사용할 수 있다는 것 그리고 그러한 사용은 건강한 도덕과 정책이 승인하거나 금지하지 않는 것이다."[137]

라고 판시하여 유용성이란, 유용성의 정도(degree)가 아닌 실시할 수 있는지 여부("capable of use")라는 점을 지적하였다. 즉 특허법 발전 초기에 있어서 유용성이란 특허발명의 구체적인 실시가 가능한지 여부가 유용성의 충족요건이고, 그러한 유용성은 Story 판사의 기준으로 보면 특허법상 유용성은 사소하지 않고, 사회에 해가되지 않아야 하는 것이었다.

미국의 Story 판사가 1817년 Lowell v. Lewis 사건에서 발명은 사소한 것이나 후생(well-being), 정책 또는 사회의 도덕관점에 해가 되는 것이 되어서는 안 되고, 유용하다는 것(useful) 은 비도덕적이거나 해를 끼치는 것이어서는 안 된다고 한 판결은 특허의 윤리성에 대한 답을 제시하였다고 할 수 있다.

특허의 윤리성은 1624년 영국의 독점법(Statute of Monopolies of 1624)에서 찾아 볼 수 있다. 영국의 독점법은 "[g]rauntes did not use soe they be not contrary to the lawe nor mischeivous to the state by raisinge of prices of commodities at home or hurt of trade or generally inconvenient..." (특허부여는 상품의 가격을 올리거나 거래에 해가되거나 또는 일반적인 장애가 되어 법에 반대되거나 국가에 해가 되지 않아야...)라고 규정하였는데, 이는 특허의 도덕성과 윤리성에 대한 기원적인 규정으로 볼 수 있다.

미국은 영국의 독점법에 규정되었던 원칙을 유용성에 관한 규정으로 수용하고 있었다. 미국에서는 1790년 특허법, 1793년 특허법, 1870년 특허법과 1836년 특허

137 Bedford v. Hunt, 3 F. Cas. 37 (C.C.Mass. 1817).

법에 발명의 유용성에 대한 규정을 두고 있었다. 미국에서 요구하는 유용성의 개념을 그 당시 연방순회법원 판사이었던 Story 판사는 유용성(usefulness)을 도덕적으로 이해하였던 것이다. 이러한 해석은 그 이후의 대법원 판결에서 뒷받침된다. Story 판사가 연방대법관이 된 후인 1829년 Pennock & Sellers v. Dialogue 사건에서 영국의 독점법과 미국의 특허법은 동일하지 않지만, 영국의 독점법에 대한 영국법원의 해석원칙은 미국법에도 묵시적으로 수용되어 있어 미국특허법의 해석원칙이 될 수 있다고 판결했다.

1) 산업상 이용가능성이 문제되는 경우: 유용한 결과가 없는 발명(유형 1)

가) 일반적 유용성(General Utility)

발명이 실제적으로 어떤 결과를 가져오거나 사용을 할 수 있는가? 예컨대, 자연과학법칙에 위배되는 것인가? 만일 자연과학에 위배된다면, 일반적으로 실현가능성이 없으므로, 원칙적인 유용성은 없는 것으로 해석한다. 영구기관이 그러한 예이다. 영구기관은 구현될 수 없기 때문에 완성이 불가능하다. 미완성된 발명이나 안전성이 입증되지 않은 발명도 일반적 유용성을 충족하지 못한다고 할 수 있다. 예컨대, 안정성이 입증되지 않은 원자로가 이에 해당한다고 할 것이다. 일반적 유용성은 발명이 어떤 유익한 결과를 가져오는지에 관한 것이다.

[영구기관의 예][137]

우리나라 특허법상 이런 유형은 자연

138 http://study.zum.com/book/11554. 구슬이 회전축 왼쪽에 더 많이 있으므로 왼쪽 부분이 더 큰 힘을 받아 회전 원판이 계속 반시계 방향으로 회전한다고 주장한다. 그러나 구슬이 회전판에 작용하는 힘은 회전축으로부터 거리가 멀수록 크기 때문에, 결과적으로 왼쪽 구슬과 오른쪽 구슬이 회전판에 작용하는 힘은 같다.

법칙을 이용한 것이 아니므로 "비발명"으로서 특허대상으로 인정하지 않는다. 즉 발명이 불가능하기 때문이다. 추와 같이 좌우로 흔들리기 만하는 기구는 일반적 유용성을 충족한다. 그러나 일반적 유용성만으로는 인간에게 구체적으로 어떤 유용성을 가져오는지 불분명하다. 구체적 유용성이 있어야 인간에게 유용한 발명이 된다.

나) 구체적 유용성(Special Utility, Substantial Utility)

발명이 해결하려고 한 문제를 해결하는가? 앞서 추와 같은 물건을 메트로놈이나 시계추로 사용한다면 구체적으로 박자를 맞춘다든지 시간을 잰다든지 하는 유익한 결과를 가져온다. 이러한 유용성을 구체적 유용성이라고 한다. 특허를 취득하기 위해서는 구체적 유용성을 충족해야 하다.

구체적 유용성은 유용함이 특정되고 구체적인 결과를 가져오는 것인지에 관한 것이다. 특히 화학, 생물학관련 발명에서 문제가 많이 된다. 예컨대, 아미노산의 염기서열은 그 자체로서 특정한 문제해결이나 유용성이 있는 것은 아니다. 물론 아미노산의 염기서열은 일반적으로 유익한 결과를 가져오므로 일반적인 유용성은 존재한다. 아미노산의 염기서열을 파악하고 이를 인공적으로 합성하면 어떤 이익을 가져준다는 것은 확실하다. 그러나 아미노산이 어떤 구체적이고 특별한 결과를 가져오는지 것인지가 분명하지 않으면 어떤 구체적인 이익을 가져다주는지 알 수 없다. 특정한 물질을 개발하였다고 하여 그 물질의 용도가 구체적으로 특정되지 않는다면 특허를 취득할 수 없다.

구체적이고 특정한 결과를 가져오는 것이 아닌 일반적으로 유용한 것에 불과한 아미노산에 대한 염기서열에 대하여 특허를 부여한다면, 그 특허는 너무 광범위한 특허를 부여하게 된다. 아미노산의 염기서열을 연구하여 장래에 알게 될 구체적인 유용한 결과 모두에 특허를 부여하는 결과가 되기 때문이다.

다) 유익적 유용성(Beneficial Utility)

유익적 유용성은 발명이 사회에 해악을 가져와서는 안 된다는 것이다. 일반적 유용성과 구체적 유용성이 적극적으로 존재하여야 하는 것이라면, 유익적 유용성은 소극적인 것이라고 할 수 있다. 유익적 유용성은 발명의 목적이 최소한의 사회적 이익을 가져오는지 또는 해악을 가져오는지를 판단하는 것이다. 즉 발명이 추구한 것이 사회가 추구하는 것과 같은 것이어야 한다. 예컨대 도박게임장치는 특허를 받을 수 없다. 1817년 Lowell v. Lewis 사건[139]에서 Story 대법관은 "발명은 사소한 것이나 후생(well-being), 정책 또는 사회의 도덕관점에 해가 되는 것이 되어서는 안 되고, 유용하다는 것(useful)은 비도적이거나 해를 끼치는 것이어서는 안 된다." 고 판시한 이래 특허요건으로서 인정되고 있다. 일반적 유용성과 구체적 유용성이 존재하면 유용한 발명으로 인정되지만, 그 발명이 사회적 해악을 가져오는 것이라면 이는 유용한 것이라고 할 수 없다.

우리 특허법은 발명은 산업상 이용가능한 이외에 공서양속에 반하는 것이어서는 안된다고 규정하고 있다.

유익적 유용성에 관한 특허법 규정
특허법 제32조(특허를 받을 수 없는 발명) 공공의 질서 또는 선량한 풍속을 문란하게 하거나 공중의 위생을 해할 염려가 있는 발명에 대하여는 제29조제1항 및 제2항의 규정에 불구하고 특허를 받을 수 없다

보통 공공질서 또는 공서양속에 관한 규정으로 불리지만, 유용성에 관한 측면에서 보면 유익적 유용성에 관한 규정이라고 볼 수 있다. 마약흡입기나 위조지폐제조기에 관한 발명은 그 자체에서 공공질서와 공서양속에 반하는 발명이라고 할 수 있다.

139 Lowell v. Lewis, 15 F. Cas. 1018 (C.C.D. Mass 1817).

그러나 발명의 목적이 적법한 것이라면, 그 발명이 불법적으로 사용될 수 있다고 하더라도 유익적 유용성을 충족한다. 총은 살상무기로 이용될 수 있지만 그 차체가 사회에 해악을 가져오는 것은 아니다. 따라서 총은 유익적 유용성을 충족한다.

2) 산업상이용가능성: 발명에 해당하지 않는 유형 (유형 2)

특허를 받을 수 있는 발명은 '자연법칙을 이용한 기술적 창작'이어야 한다. 개념상 '발명'에 해당하지 않는 것은 특허를 받을 수 없다. 즉 발명의 성립하는지에 관한 것이다. 발명이 성립하지 않는 것은 발명이 아니므로 특허를 받을 수 없다.

가) 자연법칙 자체

발명은 자연법칙을 이용하여야 하는 것이므로 자연법칙 자체는 발명이 되지 않는다. 자연법칙은 열역학 제2법칙, 에너지 보존의 법칙 등이 이에 해당한다.

나) 단순한 발견(discovery)이어서 발명이 아닌 것

발견은 기존에 존재하는 것일 뿐 새롭게 만들어 내는 창작(invention)이 아니다. 따라서 발명이 아니므로 특허를 받을 수 없다. 예컨대 광석과 같은 천연물이나 자연현상이 이에 해당한다. 광석의 채굴에 대해서는 행정법상 특허를 받을 수 있지만, 이는 지식재산권법상의 특허와는 다르다.

특허법상 특허는 새로운 지식을 창작하는 것에 대하여 부여한다. 단순히 새롭게 알아낸 지식에 대해서는 특허를 부여하지 않는다. 예컨대, 자연법칙은 알아낸 것에 불과하다. 왜냐하면, 원래 자연에 존재하던 것이기 때문이다. 발견(discovery)에 대하여 특허를 부여하지 않는 것은 그 발견은 기존에 존재하는 것을 알아낸 것일 뿐 새롭게 창작한 것(invention)이 아니기 때문이다. 특허에는 용도발명에 부여하는 특허가 있는데, 용도발명특허는 예컨대, 어떤 의약품에 기존의 효과와 다른 효과에 대하여 특허를 부여하는 것이다. 용도발명을 발견이라고 하는 견해들이 있는

데, 용도발명의 대상인 그 효과는 자연이 창조한 것이 아니라 인간이 창조한 것이다. 의약품의 경우에 그 의약품을 발명함으로써 새로 생성된 효과이다. 다만, 그 효과를 나중에 알게 된 것일 뿐이다. 자연에 존재하는 것을 알아낸 것은 자연이 창조한 것인지 인간이 창조한 것은 아니다.

그러나 물질 자체의 발견이 아니라 천연물에서 어떤 물질을 인위적으로 분리하는 방법이나 분리된 화학물질 또는 미생물 등은 발명에 해당한다. 하바드 마우스[140]와 같은 경우에 이에 해당한다.

용도발명

자연계에 존재하는 물의 속성을 발견하고 그 속성에 따라 새로운 용도로 사용함으로써 기인하는 용도발명도 단순한 발견(discovery)과는 구분되는 것으로 특허법상 다르게 취급한다.
원칙적으로 새로운 용도의 단순한 발견만으로는 발명으로서 성립하지 않으나, 새로운 속성은 인간이 발명해 낸 것으로서 그 효과를 그 의약품의 발명과 동시에 알게 된 것이 아니라 나중에 알게 된 것이다. 보통 의약품의 효과는 의약품의 발명보다는 늦게 알게 된다. 따라서 용도발명을 보통의 발명과 다르게 취급할 이유는 없는 것이다.
통설에서는 용도발명이 통상의 기술자에게 쉽지 않은 결과 "창작적 요소"가 있다고 인정하는데, 이는 발명과 특허요건을 구별하지 못한 것이다. 의약품의 모든 용도는 그 의약품의 발명과 동시에 이루어지지 않고, 실험과 임상 등을 통해 나중에 알게 되는 것이다. 따라서 용도발명이라고 따로 취급하는 것을 옳지 않다.

다) 자연법칙에 위배되는 것(General Utility)

자연법칙에 위배되는 발명의 대표적인 예는 영구기관 발명이다. 이는 일반적인 유용성이 없는 형태이다. 청구항에 기재된 발명의 일부라도 자연법칙에 위배되는 부분이 있으면 특허를 받을 수 있는 발명으로 인정되지 않는다. (대법원 1998.9.

140 하바드 마우스는 암유전자를 주입시킨 수정란을 암쥐의 자궁에 착상하여 출산된 쥐로서 암유전자를 다음 세대 이후에 유전하도록 유전자변이가 있었다. 이 쥐는 통상인 쥐보다 높은 암 발병 성질을 가진 것으로 특허의 대상이 될 수 있는지 많은 논쟁이 있었지만, 88년 4. 12. 미국특허청은 동물특허를 부여했다. 그러나 캐나다에서는 특허를 부여하지 않았다.

4. 선고 98후744 판결)

라) 자연법칙을 이용하지 아니한 것

특허를 받을 수 있는 발명이 되기 위해서는 자연법칙을 이용하여야 한다. 따라서 자연법칙을 이용하지 않는 경우에는 특허를 받을 수 없다. 경제법칙, 수학공식, 논리학적 법칙, 작도법 등 자연법칙이 아니라 인위적인 법칙을 이용한 경우, 게임의 규칙 등 인위적인 약속은 자연법칙이 아니므로 발명에 해당하지 않는다. 컴퓨터 프로그램도 인위적인 것이기 때문에 특허를 받을 수 없다.

그 이외에도 인간의 정신활동인 영업계획 그 자체, 교수방법 그 자체, 금융보험제도 그 자체, 과세제도, 언어 문법구조의 형성방법, 한글창제의 원리, 영어문법구조, 암호체계구조 등도 인간이 만들어낸 인위적인 법칙에 불과하다.

특허법상의 발명에 해당하기 위한 자연법칙 이용 여부는 청구항 전체로 판단하여야 한다. 청구항에 기재된 발명의 일부에 자연법칙을 이용하고 있는 부분이 있어도 청구항 전체로서 자연법칙을 이용하고 있지 않다고 판단될 때에는 특허법상의 발명에 해당하지 아니한다. 반대로 청구항에 기재된 발명의 일부에 자연법칙을 이용하고 있지 아니한 부분(예컨대 수학공식 등)이 있어도 청구항을 전체로 파악했을 때 자연법칙을 이용하고 있다고 판단될 때에는 특허법상의 발명에 해당한다.

외국어 발음표기 문자를 형성하는 방법(특허법원 2002.1.17. 선고 2001허3453 판결)

외국어 발음표기 문자를 형성하는 방법에 있어서, 문자에 대한 한글과 외국어의 발음상의 차이에 의하여 표기시에 차이가 생기는 문자들의 표시를 위하여 해당 문자의 발음시에 형성되는 사람의 목구멍의 형상과 혓소리가 발음상 변화를 일으키는 현상과 이에 따른 입술모양에 따라서 문자를 변형시켜서 형성하는 것을 특징으로 하는 외국어 발음표기 문자의 형성방법은 인위적인 약속에 불과하여 특허를 받을 수 있는 발명에 해당하지 않는다.

생활쓰레기 재활용 종합관리방법 (대법원 2003. 5. 16. 선고 2001후3149 판결)

[발명의 목적]

각 단계에서 얻어지는 자료들을 축적한 통계로 생활쓰레기를 종합관리

[발명의 구성]

① 바코드 스티커와 달력지를 관할 관청에서 각 배출자에게 배포하는 제1단계,
② 각 배출자들은 정해진 규정에 의해 바코드 스티커를 쓰레기 봉투에 부착하여 배출하는 제2단계,
③ 수거자가 수거하여 처리과정을 거치는 제3단계
④ 잘못 분류된 쓰레기 봉투는 전면에 부착된 바코드를 판독하여 해당 배출자에게 시정명령을 지시하는 제4단계

[대법원]

원심은 명칭을 "생활쓰레기 재활용 종합관리방법"으로 하는 원고의 이 사건 출원발명을 구성하는 각 처리단계는 그 판시와 같은 이유로 자연법칙을 이용한 것이라고 할 수 없고, 이 사건 출원발명 전체를 살펴 보더라도, 이 사건 출원발명은 바코드스티커, 달력지, 쓰레기 봉투, 그리고 컴퓨터 등을 이용한 바코드 판독 등 하드웨어 및 소프트웨어 수단을 포함하고 있지만, 이 사건 출원발명의 구성요소인 위 각 단계는 위 하드웨어 및 소프트웨어의 결합을 이용한 구체적 수단을 내용으로 하고 있지 아니할 뿐만 아니라, 그 수단을 단지 도구로 이용한 것으로 인간의 정신활동에 불과하고, 위 각 단계로 이루어지고 위 각 단계에서 얻어지는 자료들을 축적한 통계로 생활쓰레기를 종합관리하는 이 사건 출원발명은 전체적으로 보면 그 자체로는 실시할 수 없고 관련 법령 등이 구비되어야만 실시할 수 있는 것으로 관할 관청, 배출자, 수거자 간의 약속 등에 의하여 이루어지는 인위적 결정이거나 이에 따른 위 관할 관청 등의 정신적 판단 또는 인위적 결정에 불과하므로 자연법칙을 이용한 것이라고 할 수 없으며, 그 각 단계가 컴퓨터의 온 라인(on-line) 상에서 처리되는 것이 아니라 오프 라인(off-line) 상에서 처리되는 것이고, 소프트웨어와 하드웨어가 연계되는 시스템이 구체적으로 실현되고 있는 것도 아니어서 이른바 비즈니스모델 발명의 범주에 속하지도 아니하므로 이 사건 출원발명은 제29조 제1항 본문의 '산업상 이용할 수 있는 발명'이라고 할 수 없다.

마) 기능

악기 연주방법, 볼을 손가락으로 잡는 방법과 볼을 던지는 방법에 특징이 있는

투구방법 등은 자연법칙을 이용한 것이 아니라 인간의 몸체 체화된 기능적인 특성에 불과하다. 따라서 특허를 받을 수 있는 발명에 해당하지 않는다.

바) 단순한 정보의 제시

녹음된 음악에만 특징이 있는 CD, 컴퓨터프로그램 리스트 자체, 디지털 카메라로 촬영된 데이터 등 단순한 정보를 제시하는 것은 특허를 받을 수 있는 발명에 해당하지 않는다. 손맛이나 개인적인 체험에 의한 것 등 제3자에게 전달되더라도 객관성이 결여된 것으로 볼 수밖에 없는 것은 발명에 해당하지 않는다. 비즈니스 모델의 경우에 객관적, 반복적 결과를 가져오지 않는다면 이러한 경우에 해당할 수 있다. 다만, 반복적인 결과는 높은 정도를 요구하지 않는다.

그러나 정보를 제시함에 있어서 신규한 기술적 특징을 가지고 있으면 그 기술적 특징은 발명에 해당할 수 있다. 예컨대, 문자, 숫자, 기호로 이루어지는 정보를 저장하는 물리적인 기록 매체나 물리적인 기록매체에 기록하는 방법에 대한 기술적인 특징은 특허를 받을 수 있는 발명에 해당한다.

사) 미적 창조물

미적 창조물은 저작물로서 저작권의 대상이지 특허의 대상은 아니다. 그러나 미적 효과를 나타냄에 있어서 기술적 구성이나 기술적 수단은 발명에 해당할 수 있다.

아) 컴퓨터 프로그램 언어 자체, 컴퓨터 프로그램 자체

컴퓨터 프로그램은 인위적인 약속에 불과한 알고리즘으로 구성된 컴퓨터를 실행하는 명령에 불과한 것으로 컴퓨터 프로그램 자체는 발명이 될 수 없다.

하드웨어를 구동하는 소프트웨어 (대법원 2001. 11. 30. 선고 97후2507 판결)

출원발명이 기본워드에 서브워드를 부가하여 명령어를 이루는 제어입력포맷을 다양하게 하고 워드의 개수에 따라 조합되는 제어명령어의 수를 증가시켜 하드웨어인 수치제어장치를 제어하는 방법에 관한 것으로서, 결국 수치제어입력포맷을 사용하여 소프트웨어인 서브워드 부가 가공프로그램을 구동시켜 하드웨어인 수치제어장치에 의하여 기계식별 · 제어 · 작동을 하게 하는 것일 뿐만 아니라 하드웨어 외부에서의 물리적 변환을 야기시켜 그 물리적 변환으로 인하여 실제적 이용가능성이 명세서에 개시되어 있으므로 발명에 해당한다.

자) 반복하여 동일한 효과를 얻을 수 없는 것

반복재현성은 반드시 100%의 확률로 효과를 얻을 수 있는 것만을 의미하는 것이 아니다. 반복 재현가능하면 그 반복재현가능성이 2-3%의 확률로도 가능하다.[141]

차) 아직 완성되지 아니한 발명(미완성 발명)

미완성 발명은 "발명"이 아니므로 "발명요건" 충족하지 못한다. 특허법 제29조 제1항 본문의 규정을 인용하여 "산업상 이용할 수 있는 발명"을 충족하지 못한다고 할 수도 있다. 미완성의 발명은 산업에 이용할 수 없기 때문이다.

특허요건으로서 발명의 완성 여부와 명세서 기재요건의 충족 여부는 구별되어야 한다. 명세서를 제대로 기재하지 못하면 특허거절사유가 된다.(특허법 제62조 제42조 제3항 제4항) 그러나 특허요건의 불비도 거절사유가 된다.(특허법 제62조 제29조) 판결은 이를 혼용한다. 예컨대, 발명이 완성되지 못한 것은 다른 한편으로 명세서의 기재만으로 판단하기 때문에 명세서가 기재불비된 것으로 보아 특허를 인정하지 않을 수도 있다. 다만, 특허를 취득하지 못한다는 점에서는 동일하므로 결과적으로는 차이가 없다.

141 일본 동경 고판 평성 2. 2. 13 판시 1348호.

완성된 발명과 명세서 기재요건 (대법원 2007.3.30. 선고 2005후1417 판결)

특허출원서에 첨부하는 명세서에 기재될 '발명의 상세한 설명'에는 그 발명이 속하는 기술분야에서 통상의 지식을 가진 자가 당해 발명을 명세서 기재에 의하여 출원시의 기술 수준으로 보아 특수한 지식을 부가하지 않고서도 정확하게 이해할 수 있고 동시에 재현할 수 있도록 그 목적 · 구성 및 효과를 기재하여야 하고, 특히 약리효과의 기재가 요구되는 의약의 용도발명에 있어서는 그 출원 전에 명세서 기재의 약리효과를 나타내는 약리기전이 명확히 밝혀진 경우와 같은 특별한 사정이 있지 않은 이상 특정 물질에 그와 같은 약리효과가 있다는 것을 약리데이터 등이 나타난 시험예로 기재하거나 또는 이에 대신할 수 있을 정도로 구체적으로 기재하여야만 비로소 발명이 완성되었다고 볼 수 있는 동시에 명세서의 기재요건을 충족하였다고 볼 수 있다.

명세서 요건 (대법원 2001. 11. 30. 선고 2001후65 판결)

일반적으로 기계장치 등에 관한 발명에 있어서는 특허출원의 명세서에 실시예가 기재되지 않더라도 당업자가 발명의 구성으로부터 그 작용과 효과를 명확하게 이해하고 용이하게 재현할 수 있는 경우가 많으나, 이와는 달리 이른바 실험의 과학이라고 하는 화학발명의 경우에는 당해 발명의 내용과 기술수준에 따라 차이가 있을 수는 있지만 예측가능성 내지 실현가능성이 현저히 부족하여 실험데이터가 제시된 실험예가 기재되지 않으면 당업자가 그 발명의 효과를 명확하게 이해하고 용이하게 재현할 수 있다고 보기 어려워 완성된 발명으로 보기 어려운 경우가 많고, 특히 약리효과의 기재가 요구되는 의약의 용도발명에 있어서는 그 출원 전에 명세서 기재의 약리효과를 나타내는 약리기전이 명확히 밝혀진 경우와 같은 특별한 사정이 있지 않은 이상 특정 물질에 그와 같은 약리효과가 있다는 것을 약리데이터 등이 나타난 시험예로 기재하거나 또는 이에 대신할 수 있을 정도로 구체적으로 기재하여야만 비로소 발명이 완성되었다고 볼 수 있는 동시에 명세서의 기재요건을 충족하였다고 볼 수 있을 것이며, 이와 같이 시험예의 기재가 필요함에도 불구하고 최초 명세서에 그 기재가 없던 것을 추후 보정에 의하여 보완하는 것은 명세서에 기재된 사항의 범위를 벗어난 것으로서 명세서의 요지를 변경한 것이다.

카) 식물특허(plant patent)[142]

우리나라는 유성생식을 하는 식물에 대해서는 특허를 부여하지 않았으나, 이러한 제한이 폐지되어 모든 식물과 그 육종법, 식물유전자 등의 식물관련 기술이 특허를 받을 수 있게 되었다. 식물신품종보호법은 유무성 번식하는 식물품종을 보호

142 35 U.S.C. §161.

한다. 식물품종보호제도는 역사적으로 농업발전을 목적으로 하고, 식물특허제도는 식물개발에 관련된 산업기술의 발전을 목적으로 한다.

미국에서 식물특허제도는 1930년 타운센드-퍼넬 식물특허법(The Townsend-Purnell Plant Patent Act, PPA)에 의해 도입되었다.[143] 본 법은 감자 등 덩이줄기식물과 야생식물을 제외한 카네이션, 국화, 다알리아, 장미, 딸기 등의 무성번식을 하는 식물을 보호하였다. 그리고 무성식물보호제도는 1952년 미국 특허법에 편입시켰다.

식물특허는 무성번식(asexually reproduces) 만을 대상으로 하고, 유성생식을 하는 경우에는 식물품종보호법(Plant Variety Protection Act)의 보호대상이다. 무성생식의 방법에는 제한이 없다. 무성생식의 방법이 알려진 경우라도 식물특허의 대상이다. 따라서 종자번식을 제외하고 기존에 알려진 뿌리번식, 접목(접붙이기), 꺾꽂이, 배아 분열 방식에 의한 경우도 식물특허의 대상이다. 식물특허의 대상에서 박테리아는 제외된다. 오히려 박테리아는 기능특허(utility patent)의 대상이다.

독창적(distinctive)[144]이라는 의미는 기존의 식물과 구별되는 특징, 예컨대 병충해, 색, 영양분 또는 냉한성 등의 특징을 가지고 있는 것을 의미한다.

그러나 종자번식(seeds), 괴경(tubers)[145], 생물공학적 과정, 재조합 DNA 및 유전자(genes)는 식물 특허대상에서 제외된다. 유성번식을 하는 경우에는 1930년 식물품종보호법(Plant Variety Protection Act) 제정당시에 보호대상에서 제외되었다. 1968년 식물품종보호법(Plant Variety Protection Act)을 유성번식 식물에 확대 적용하는 입법이 추진되었으나 의회를 통과하지 못하였다.

1970년 연방의회는 국제식물신품종보호연맹(UPOV)의 영향을 받아 식물품종보호법(Plant Variety Protection Act of 1970[146]; PVPA)을 제정하여 버섯과 같은 진균류나 박테리아 이외의 유성번식식물과 덩이줄기식물의 신품종을 보호하기 시작하였다.[147] 그리고 현재에는 유성번식식물에 대해서 식물특허(plant patent)가 아닌

143 Townsend-Purnell Plant Patent Act of 1930.

144 distinctive는 "구별성"이라고도 한다.

145 덩이줄기라고도 하고, 감자, 토란, 돼지감자등이 이에 속한다. 양분이 있어 영양생식을 한다.

146 7 U.S.C. §57.

147 미국에서 식물품종보호법에 의한 식물품종보호는 식물품종보호청(Plant Variety Protection Office)의 관할이

기능특허(utility)에 의해서 보호한다.

1980년 미국 연방대법원은 살아 있는 박테리아에 대하여 미국 특허법 101조에 의한 기능특허성을 인정하였다.[148] 1985년 연방특허상표청은 Hibbered 사건[149]에서 유성생식을 하는 식물에 대해서 식물기능특허(plant utility patent)를 인정하였다.[150] 2001년 연방대법원은 특허법이 식물에 대한 명시적인 제외를 규정하지 않았으므로 기능특허를 식물에 대하여 적용하는 것이 연방의회의 의도에 어긋나는 것이 아니라고 판시하여 특허청의 유성생식식물에 대한 기능특허(utility patent) 부여를 지지하였다.[151]

식물특허도 하나의 기능특허(utility patent)이므로 기능특허에 관한 조항이 적용된다. 다만 신규성이나 진보성은 필요하지만 명세서 기재요건 등 몇 가지 다른 점이 있다.[152]

대부분의 무성번식식물은 특허법의 식물특허에 의해서 보호되고, 유성번식식물과 덩이줄기식물은 식물품종보호법으로 보호되고, 버섯 등 진균류를 포함한 식물 전체와 박테리아는 특허법의 기능특허(utility patent)으로 보호하고 있다. 식물특허를 받은 무성번식식물에 대하여 발명자가 선출원의 존속기간 만료일 이후의 기간에 대한 권리를 포기하면(Terminal Disclaimer) 다시 기능 특허를 청구하여 식물에 대하여 일반 기능 특허와 식물 특허의 이중보호를 받을 수도 있다.

며, 품종보호요건, 농민의 자가채종, 연구목적실시에 대한 예외(research exemption) 등의 규정을 채택하고 있다. 7 U.S.C. §2483. "Every certificate of plant variety protection shall certify that the breeder has the right, during the term of the plant variety protection, to exclude others from selling the variety, or offering it for sale, or reproducing it, or importing it, or exporting it, or using it in producing a hybrid or different variety therefrom, to the extent provided by this Act." Id.

148 Diamond v. Chakrabarty, 447 U.S. 303 (1980).

149 Ex parte Hibberd, 227 U.S.P.Q. 443 (Bd. Pat. App. & Interferences 1985).

150 식물기능특허(plant utility patent)의 경우에는 PVPA와 달리 농민의 자가채종, 연구목적실시에 대한 예외(research exemption)를 인정하지 않는다.

151 J.E.M. Ag Supply, Inc. v. Pioneer Hi-Bred Int'l., Inc., 534 U.S. 124, 127 (2001).

152 기능특허(utility patent)의 경우에는 명세서를 "완전하고(full), 명료하며(clear), 간결하고(concise), 정확하게(exact)" 기재하여야 하지만, 식물특허의 경우에는 "합리적으로 가능한한 완전하게(as complete as is reasonably possible)" 기재하도록 하고 있다. 또한 식물세포 등의 기탁을 허용하고 있고 반복재현성을 완화하고 있다.

3) 산업상이용가능성: 발명이 산업상 이용가능성이 없는 범주 (유형 3)

가) 의료행위

의료행위는 산업상 이용할 수 있는 발명에 해당하지 않는다. 즉 특허요건을 갖추지 못하는 경우이다. 의료행위에 대한 발명은 인간을 수술하거나 치료하거나 또는 진단하는 방법의 발명이다. 이러한 유형의 발명에 대한 특허를 부여하는 것은 공서양속위반으로 인정한다. 유럽도 같은 입장을 취한다.

의사(한의사 포함) 또는 의사의 지시를 받은 자의 행위가 아니라도, 의료기기(예: 메스 등)를 이용하여 인간을 수술하거나 의약품을 사용하여 인간을 치료하는 방법은 의료행위에 해당한다. 특허청구항에 의료행위를 적어도 하나의 단계 또는 불가분의 구성요소로 포함하고 있는 방법의 발명도 산업상 이용가능성이 없다고 본다.

인체를 처치하는 방법이 치료 효과와 비치료 효과(예: 미용효과)를 동시에 가지는 경우에 치료 효과와 비치료 효과를 구별하여 분리할 수 없는 방법은 "치료방법"으로 간주한다.

미국의 경우 사람에 대한 치료, 진단, 수술방법에 대하여 특허를 인정한다. 다만, 의사의 시술행위에 대해서는 특허권의 효력을 부인하여 침해를 인정하지 않는다.

인간을 수술하거나 치료하거나 또는 진단에 사용하기 위한 의료 기기, 의약품 등은 치료방법이 아니므로 특허를 받을 수 있다. 그뿐만 아니라 신규한 의료기기의 발명에 따라 필요한 해당 의료기기의 작동방법 또는 의료기기를 이용한 측정방법에 대한 발명은 치료행위가 아니므로 특허를 받을 수 있는 발명이 된다.

다만, 그 구성에 인체와 의료기기 간의 상호작용 또는 실질적인 의료행위를 포함하는 경우에는 특허를 인정하지 않는다. 인간과 분리된 혈액이나 인체조직이 의료행위와 분리된 경우에는 특허를 인정한다. 예컨대 소변, 변, 태반, 모발, 손톱 등 인간으로부터 자연적으로 배출된 것 또는 혈액, 피부, 세포, 종양, 인체조직과 같이 채취된 것을 처리하는 방법이 의료행위와는 분리 가능한 별개의 단계로 이루어진 것 또는 의료 데이터를 수집하는 방법 등은 치료행위가 아니므로 특허를 취득할 수 있다.

일반적으로 인간을 수술, 치료, 진단하는 방법에 이용할 수 있는 발명의 경우에는 산업상 이용 가능성이 없는 것으로 인정한다. 그러나 인간 이외의 동물에만 한정한다는 사실이 특허청구범위에 명시되어 있으면 산업상 이용할 수 있는 발명으로 취급한다.

인간을 제외한 치료방법 (대법원 1991.3.12. 선고 90후250 판결)

사람의 질병을 진단, 치료, 경감하고 예방하거나 건강을 증진시키는 의약이나 의약의 조제방법 및 의약을 사용한 의료행위에 관한 발명은 산업에 이용할 수 있는 발명이라 할 수 없으므로 특허를 받을 수 없는 것이나, 다만 동물용 의약이나 치료방법 등의 발명은 산업상 이용할 수 있는 발명으로서 특허의 대상이 될 수 있는바, 출원발명이 동물의 질병만이 아니라 사람의 질병에도 사용할 수 있는 의약이나 의료행위에 관한 발명에 해당하는 경우에도 그 특허청구범위의 기재에서 동물에만 한정하여 특허청구함을 명시하고 있다면 이는 산업상 이용할 수 있는 발명으로서 특허의 대상이 된다.

나) 업(業)으로 이용할 수 없는 발명

업(業)으로 이용할 수 없는 발명은 산업상 이용가능성이 없다. 업(業)이라는 의미는 영업을 의미하는 것이 아니라 지속적이라는 의미이다. 개인적 또는 실험적, 학술적으로만 이용할 수 있고 업으로서 이용될 가능성이 없는 발명은 산업상 이용가능한 발명이 아니다. 그러나 개인적 또는 실험적, 학술적으로 이용될 수 있는 것이라도 시판(市販) 또는 영업의 가능성이 있는 것은 업으로 이용가능한 발명이므로 산업상 이용가능성이 있는 발명이다.

다) 현실적으로 명백하게 실시할 수 없는 발명

이론적으로는 그 발명을 실시할 수 있더라도 그 실시가 현실적으로 전혀 불가능한 경우에도 산업상 이용가능성이 없다. 다만, 그 발명이 실제로 또는 즉시 산업상 이용되는 것이 필요하지는 않고, 장래에 이용될 수 있으면 산업상 이용할 수 있는 발명이다. 예컨대, 시장이 형성되지 않아 상업화나 발명의 실시가 상업성이 존재하는 장래에 가능한 경우에도 산업상 이용가능성이 있다.

그러나 기술이 장래에 보완되어야 하는 경우는 미완성발명으로서 산업상 이용가능성이 없다고 해석한다. 예컨대, 핵융합로가 만들어졌지만, 폭발 위험성이 존재한다면 완성된 발명으로 볼 수는 없다. 다만 폭발 위험성이 100% 없을 것을 요구하는 것은 아니다. 이는 국가마다 정책적으로 차이점이 발생할 수 있다.

산업적 실시가 장래에 "가능"한 경우라면 산업상 이용가능성이 부정되어야 할 것이다. 즉 기술적으로 보완되어야 한다면 이는 미완성의 발명으로 볼 수 있다.

산업상이용가능성의 존재시기 (대법원 2003.3.14. 선고 2001후2801 판결)

이 사건 출원발명의 명세서에 기재된 실시예에는 이 사건 출원발명에 사용되는 수지상 세포를 사람의 비장으로부터 얻는 방법만이 기재되어 있지만, 수지상 세포를 사람의 혈액으로부터도 얻을 수 있음이 이미 그 출원일 전에 알려져 있고, 실제로 출원일 이후 사람의 혈액으로부터 수지상 세포를 추출하여 면역반응을 유발시키는 기술이 임상적으로 실시되고 있는 이상, 비록 사람의 비장으로부터 수술에 의하여 수지상 세포를 얻는 것이 일반적이었고, 사람의 혈액으로부터 수지상 세포를 손쉽게 얻는 것이 곤란하여 이 사건 출원발명의 출원일 당시 사람의 혈액으로부터 수지상 세포를 얻는 것이 산업상 이용되고 있지 않다 하더라도, 출원일 당시에 그 기술분야에서 통상의 지식을 가진 자는 장래 의학기술의 발전에 따라 장래에 혈액으로부터도 필요한 양의 수지상 세포를 얻는 것이 가능하리라는 것을 용이하게 생각할 수 있다 할 것이므로, 결국 이 사건 출원발명의 수지상 세포를 외과적인 수술을 거쳐 사람의 비장으로부터 얻는 것을 전제로 하여 이 사건 출원발명이 산업상 이용할 수 없는 발명이라고 할 수 없고, 나아가 이 사건 출원발명은 '수지상 세포'라는 물의 발명이므로 산업상 이용가능성이 부정되는 의료행위에 관한 방법의 발명에도 해당하지 아니하며, 그 발명을 실행할 때 반드시 신체를 손상하거나 신체의 자유를 비인도적으로 구속하는 것이라고도 볼 수 없다는 취지로 판단.

[대법원]

특허출원된 발명이 출원일 당시가 아니라 장래에 산업적으로 이용될 가능성이 있다 하더라도 특허법이 요구하는 산업상 이용가능성의 요건을 충족한다고 하는 법리는 해당 발명의 산업적 실시화가 장래에 있어도 좋다는 의미일 뿐 장래 관련 기술의 발전에 따라 기술적으로 보완되어 장래에 비로소 산업상 이용가능성이 생겨나는 경우까지 포함하는 것은 아니라 할 것인바, 원심도 인정한 바와 같이 이 사건 출원발명의 출원일 당시 수지상 세포는 혈액 단핵세포의 0.5% 미만으로 존재하고 분리된 후에는 수일 내로 사멸하기 때문에 연구하기가 쉽지 않아 혈액으로부터 충분한 양의 수지상 세포를 분리해 내는 것은 기술적으로 쉽지 않고, 출원일 이후 기술의 발전에 따라 사람의 혈액으로부터 수지상 세포를 추출하고 이를 이용하여 면역반응을 유발시키는 기술이 임상적으로 실시되고 있다는 것이므로, 결국 이 사건 출원발명의 출원일 당시를 기준으로 수지상 세포를 사람의 혈액으로부터 분리하여 이 사건 출원발명에 사용하는 기술이 장래에 산업상 이용가능성이 있다고 보기는 어렵다 할 것이다.

나. 신규성

1) 신규성의 의의

신규성은 기존에 존재하지 않는 새롭다는 의미이다. 가장 오래된 특허법이라고 현재까지 알려진 1474년 Venice의 특허법 이래 존재한 요건이다. 다만, 1624년 영국의 독점법이 제정되기 이전까지 특허는 새로운 발명에 대한 특허 뿐만 아니라 새로운 발명이 아닌 기존의 거래관계를 제한하는 특허가 존재하였다. 1624년 영국의 독점법은 새로운 것이 아닌 한 특허를 부여하지 않았다. 1624년 영국의 독점법이 근대적인 특허법으로 발전하게 된 계기가 된 이유이다. 물론 새로운 발명에 대한 특허가 아닌 특허도 존재한다. 이러한 특허는 현재 행정법 영역에 존재하는데, 예컨대 면세점 특허가 이러한 종류의 특허에 해당한다.

신규성에 관한 특허법 규정

특허법 제29조(특허요건)

① ~~산업상 이용할 수 있는 발명으로서~~ 다음 각 호의 어느 하나에 해당하는 것을 제외하고는 그 발명에 대하여 특허를 받을 수 있다.

1. 특허출원 전에 국내 또는 국외에서 공지(公知)되었거나 공연(公然)히 실시된 발명
2. 특허출원 전에 국내 또는 국외에서 반포된 간행물에 게재되었거나 전기통신회선을 통하여 공중(公衆)이 이용할 수 있는 발명

우리나라 특허법 제29조 제1항은 산업상 이용가능성 뿐만 아니라 신규성을 규정한다. 동 조항은 신규성 상실사유로 두 가지를 규정하고 있는데 하나는 공지된 경우와 다른 하나는 공연히 실시된 경우이다.

신규하다는 것, 즉 새롭다는 것은 특허출원시를 기준으로 판단하여 특허출원전에 이미 공지된 발명인지를 판단한다. 특허출원시의 개념은 시분초를 구분하는 것으로 날짜개념이 아니다. 즉 특허출원시 보다 1초라도 앞서 공개된 동일한 발명이 존재한다면 그 발명은 신규하지 않은 것이다.

공지된 발명이란 비밀로 유지되지 않고, 불특정다수인에게 알려지거나 알려질 수 있는 상태에 있는 것을 의미한다. 공지된 내용에 기초하여 발명을 특정하지만, 당시의 기술상식을 참작하여 공지된 내용으로부터 통상의 발명가[153]가 자명하게 파악할 수 있는 사항도 공지된 것으로 본다.

반드시 불특정(다수)인에게 인식되었을 필요는 없다 하더라도 적어도 불특정다수인이 인식할 수 있는 상태 또는 알려질 수 있는 상태이면 공지된 것으로 본다. 비밀이 아닌 상태로 제3자에게 객관적으로 인식 가능한 상태에 있으면 충분하고, 제3자가 그것을 현실적으로 인식하였느냐의 여부는 문제로 되지 않는다. 도서관에 비치된 서적에 있는 지식은 누가 그 서적을 보지 않더라도 공지된 것으로 본다.

공연히 실시된 발명이란 공중이 인지할 수 있도록 공개적으로 실시된 발명을 의미한다. 그 발명이 실시됨으로써 불특정인에게 알려진 경우에는 공연히 실시된 발명이다.

공연히 실시되었다는 것은 국내/외에서 그 발명이 공연(公然)히 알려진 상태 뿐

153 일부에서는 해당기술의 전문가를 기준으로 판단하는 것으로 설명하지만, 신규성은 발명가를 기준으로 판단하여야 한다.

만 아니라 공연(公然)히 알려질 수 있는 상태에서 실시되고 있는 것을 포함한다.

공연은 전면적으로 비밀상태가 아닌 것을 의미한다. 따라서 그 발명의 실시에 있어서 발명의 주요부에 대하여 일부라도 비밀부분이 있을때에는 그 실시는 공연한 것이 아니다.

2) 신규성 판단방법

특허법은 발명 대 발명을 1대1로 비교하여 새로울 것(신규)을 요구한다. 이는 진보성 판단방법과 다른 점이다. 1대1 비교를 하는 이유는 신규성은 그 발명자체가 존재하였는지를 판단하는 것이기 때문이다. 발명 그 자체를 하나(1) 로 판단하여 선행의 동일한 것(1)이 존재하는지를 묻는 것이다. 예컨대 손목시계가 문제될 때, 손목시계와 동일한 물품이 이미 존재하는지(선행)를 검토한다. 문제된 해당물품을 분리하거나 비교되는 물품을 조합하거나 분리하여 판단하지 않는다.

시계몸체와 시계줄이 결합되어 있는 것과 동일한 물품은 시계몸체와 시계줄이 결합되어 있는 것이 존재하는지로 판단한다. 시계몸체와 시계줄이 결합되어 있는 것과 시계몸체만 있는 것은 동일한 발명이 아니다. 따라서 시계몸체만이 선행발명으로 존재하는 경우, 시계몸체와 시계줄을 결합한 것은 신규성이 존재하는 것으로 인정한다.

3) 신규성 의제

신규하지 않음에도 신규성이 있는 것으로 의제하는 것은 두가지 경우이다. 하나는 출원전에 발명자가 자발적으로 알린 경우와 제3자가 알린 경우이다. 전자를 자발적 공지, 후자를 비자발적 공지라고 한다.

자기의 발명의 공개로 인하여 특허를 받지 못하게 되는 것이 너무 가혹한 경우가 발생한다. 자신의 발명이라도 특허를 출원 하기 전에 공중이 알 수 있는 상태가 되면 신규성을 상실한다. 그런데 발명자가 자신의 발명을 출원 전에 공개한 경우, 즉 자발적으로 알린 경우로서 학회 등에서 자신의 발명을 발표하거나 공개 시연을 한 경우 또는 외부인에게 공장을 견학 시킨 경우 등은 신규성을 상실하여 특허를 취득할 수 없다. 이러한 경우에는 일정기간 내에 자신의 발명을 출원하면 신규성을 상실하지 않은 것으로 인정한다. 이와 같은 예외를 인정하지 않는 경우에 연구 결과를 신속히 공개하지 않아 결과적으로 국가산업발전을 저해한다는 점을 고려한 것이다.

다만, 조약 또는 법률에 따라 국내 또는 국외에서 출원공개되거나 등록공고된 경우는 제외된다. 절차상 시간의 경과에 따라 공개되는 것은 신규성을 의제하지 않는다. 다만 착오로 출원이 공개된 경우에는 신규성의제가 적용된다.

발명자가 자신의 발명을 자발적으로 알린 경우 이외에 발명자의 의사에 반하여 자신의 발명이 알려진 경우에도 신규성이 의제된다. 발명에 관한 사항을 비밀로 유지했으나 타인이 절도(산업스파이 등) 등을 하여 발명을 외부에 공개한 경우나 발명자의 피용인이나 제3자가 계약상 또는 신의측상 의무에 위반하여 외부에 공개한 경우와 같이 자발적으로 알린 경우가 아닌 경우이다.

이러한 경우에는 발명이 신규성을 상실한 때로부터 12개월 이내에 특허출원을 하면 신규성이 있는 것으로 간주한다. 자발적으로 공지된 경우에 신규성의제를 적용받기 위해서는 특허출원서에 자발적인 의사에 의하여 발명이 공지되었음을 기재하고, 이를 증명할 수 있는 서류를 30일 이내에 제출하여야 한다. 비자발적으로 공지된 경우에는 이러한 기재를 할 필요가 없다.

신규성만 의제되고 진보성이 의제되는 것은 아닐 뿐만 아니라 출원시점까지 의제되는 것은 아니므로 선출원자가 있는 경우에는 후출원되나, 선출원자는 이미 공개되었으므로 신규성을 상실하게 되어 거절결정이 될 것이다. 이러한 선출원은 처음부터 출원이 없는 것으로 간주되므로(특허법 제36조 제4항) 신규성이 의제되는 출원은 유효하게 된다.

신규성의제에 관한 특허법 규정

특허법 제30조 (공지 등이 되지 아니한 발명으로 보는 경우)

① 특허를 받을 수 있는 권리를 가진 자의 발명이 다음 각 호의 어느 하나에 해당하게 된 경우 그 날부터 12개월 이내에 특허출원을 하면 그 특허출원된 발명에 대하여 제29조제1항 또는 제2항

을 적용할 때에는 그 발명은 같은 조 제1항 각 호의 어느 하나에 해당하지 아니한 것으로 본다.

1. 특허를 받을 수 있는 권리를 가진 자에 의하여 그 발명이 제29조제1항 각 호의 어느 하나에 해당하게 된 경우. 다만, 조약 또는 법률에 따라 국내 또는 국외에서 출원공개되거나 등록공고된 경우는 제외한다.
2. 특허를 받을 수 있는 권리를 가진 자의 의사에 반하여 그 발명이 제29조제1항 각 호의 어느 하나에 해당하게 된 경우

② 제1항 제1호를 적용받으려는 자는 특허출원서에 그 취지를 적어 출원하여야 하고, 이를 증명할 수 있는 서류를 산업통상자원부령으로 정하는 방법에 따라 특허출원일부터 30일 이내에 특허청장에게 제출하여야 한다.

③ ....

다. 진보성

1) 의의

진보성에 관한 특허법 규정

특허법 제29조(특허요건)

② 특허출원 전에 그 발명이 속하는 기술분야에서 통상의 지식을 가진 사람이 제1항 각 호의 어느 하나에 해당하는 발명에 의하여 쉽게 발명할 수 있으면 그 발명에 대해서는 제1항에도 불구하고 특허를 받을 수 없다.

신규성은 특허의 전통적인 요건으로 특허제도의 성립 당시부터 존재하였으나, 진보성은 1850년대 이후 미국 대법원 판결에 의해 추가된 요건이고, 1952년 미국 특허법에 의해 명문화 되었다는 것이 일반적인 인식이다. 그런데 이에 대하여 프랑스 특허법에서 최초의 연혁적 기원을 찾을 수 있다는 견해가 있다. 그러나 1474년 베니스 특허법에 'ingenious device'라는 언급에서 그 기원을 찾아 볼 수 있고, 1793년 미국의 특허법에 "And it is hereby enacted and declared, that simply changing the form or the proportions of any machine, or composition of matter, in any degree, shall not be deemed a discovery."[154] 라고 규정하고 있었는데, 이를 진보성에 대한 효시로 이해할 수도 있겠지만, 신규성 개념으로 보는 것이 타당하다. 1793년 미국 특허법은 단순한 변경은 발명으로 인정되지 않는다고 명시하고 있었다.

1474년 베니스의 특허법이나 1624년 영국의 특허법에 제정당시에는 특허를 받기 위해서 그 해당 국가나 도시에서 새로울 것을 요구하는 신규성이 존재해야 했다. 그러나 선행기술에 비하여 기술적 진보가 있어야 하는 진보성을 요구하지는 않았다는 것이 일반적인 해석이다. 물론 위에 게시한 1474년 베니스의 특허법에 현대의 언어로는 신규성과 그 의미가 다른 "nuovo et ingegnoso artifico"(ingenious)가 쓰여있다. 그리고 영국의 1624년 독점법을 기초한 영국의 정치가이자 법률가인 Edward Coke는 영국에서 특허를 받을 수 있는 요건으로 새로운(New) 것일 것을 요구하고, 기존에 영국에 존재하던 것을 개량한 것, Coke의 표현으로 "but a New Button to an Old Coat"에 대해서는 특허를 부여하지 않아야 한다고 강조하였다. 따라서 영국의 독점법이 제정될 때에도 신규성 이외에 진보성이 문제된 것으로 보이지 않는다. 그러나 신규성만 인정하는 경우에는 기존의 물품에 대하여 사소한 변경을 가한 것도 특허를 인정하여 특허가 범람하게 되었다. 이에 특허를 제한할 필요성 발생하게 된다.

그뿐만 아니라 1850년대 이후에 특허의 문제점이 발생하게 되었다. 이 자본주의 발전으로 인한 경제공황의 발생했고 그 원인이 독점이라는 인식이 존재하였다. 발명에 부여하는 특허도 독점을 부여하는 것이었다. 독점에 대한 공포가 유럽 전역에 퍼졌다. 독점에 대한 공포에 대응으로 일부 유럽 국가에서는 특허제도를 폐지하는 국가도 등장 하게 되었다. 네덜란드는 1869년 특허를 폐지하게 된다. 스위스는 특허법의 도입을 준비하다가 이를 포기하였다. 네덜란드와 스위스에서는 20세기가 들어선 이후에 다시 특허법이 제정되게 된다.

1850년 미국에서는 특허 취득을 제한하는 방식으로 대응하게 된다. 특허를 제한하기 위하여 신규성 이외에 특허취득을 위해서는 기존의 발명보다 좀 더 개선된 것이

154 Patent Act of 1793, Ch. 11, 1 Stat. 318–323, Sec. 2.

필요하다는 판결(Hotchkiss v. Greenwood)이 등장하였다. 본 판결 이후에 진보성 개념이 발전하기 시작하였다. 신규성 이외에 진보된 발명일 것을 요구하게 된 것이다.

2) 진보성 개념의 형성

가) 신규성 플러스(Novelty Plus)

1850년 Hotchkiss v. Greenwood 사건에서 확립되었다. 본 판결 이전에는 신규성과 유용성만이 특허요건으로 요구되었다.

본 사건 발명은 자기로 된 문손잡이(door knob) 발명이었다. 선행기술의 문손잡이 재질은 금속이나 나무로 된 것이었는데, 특허발명은 세라믹(도자기)을 사용한 것으로 기존의 제품보다 개선되고 가격이 저렴하였다. 특허요건으로 신규성만을 요구하게 되면 본 발명은 기존에 존재하지 않는 새로운 것이었으므로 특허를 받을 수 있었다. 그러나 미국 연방대법원은 단순히 소재(material)를 대체한 것("the mere substitution of one material for another")이라면 손잡이의 발명에 해당 기술에 익숙한 통상의 기술자의 능력보다 나은 다른 발명의 재능이나 기술이 있는 것은 아니다.("the material being in common use and no other ingenuity or skill being necessary to construct the knob than that of an ordinary mechanic acquainted with the business")라고 하여 신규성만으로 부족하고 특허를 인정받기 위해서는 신규성 이외에 발명의 재능(ingenuity)이 필요하다고 판시하였다.

나) 천재의 영감기준(flash of creative genius)

1941 미국연방대법원 Cuno Engineering v. Automatic Devices사건에서 확립되었다. 본 사건에서 연방대법원은 "새로운 발명이 유용하더라도 창조적인 천재의 영감이 있어야 하고 단순한 기술만으로는 부족하다. 만일 그렇지 않다면 공중의 영역에 사적인 권리를 갖지 못한다.(That is to say the new device, however useful it may be, must reveal the flash of creative genius, not merely the skill of the calling. If it fails, it has not established its right to a private grant on the public domain.)"라고 판시했다.

즉 특허를 받을 수 있는 발명은 천재의 작품이라고 할 수 있을 만큼 고난도의 것이어야 한다는 취지이다. 따라서 특허를 받는 발명의 수는 현저하게 감소하게 된다. 본 사건 판결은 1929년 대공황을 배경으로 한다. 예일대학교 법학자와 경제학자들은 대공황의 원인을 독점으로 보았다. 특허도 독점이므로 대공황의 원인으로 되었으므로 특허제도를 개선할 수밖에 없었다. 이에 행정부는 특허제도를 개선하는 작업에 돌입하였고, 대법원은 특허에 대하여 적대시하게 되어, 특허부여의 기준이 매우 높아졌다. 미국 역사상 특허부여 기준은 이 시대가 가장 높았다.

다) Scrutinize-with-Care 기준(synergism 기준)(1950)

1950년 The Great Atlantic Tea & Pacific Tea Co. v. Supermarket Equipment Corp. ("A&P") 사건에서는 발명으로 인한 현저한 상승효과가 있어야 특허를 받을 수 있다고 판시했다. 연방대법원은 문제된 발명은 일반적이고 새로운 것이 없는 기존의 알려진 요소의 조합으로서 "2 더하기 2는 4가 되는 것(two plus two have been added together, and still they make only four)"과 같은 것으로 아무런 상승효과(synergism)가 없다고 판시하면서 특허를 인정하지 않았다. 대법원은 기존 요소의 조합은 반드시 기존의 것을 합한 것을 초과한 것, 즉 상승효과(synergy)를 가져와야 특허를 부여할 수 있다고 판시했다.

우리나라 판결은 synergism 기준이 기본적인 입장이라고 할 수 있다.

---

synergism 기준에 의한 판결(대법원 2012. 8. 23. 선고 2010후3424 판결)

[2] 선택발명에 여러 효과가 있는 경우에 선행발명에 비하여 이질적이거나 양적으로 현저한 효과를 갖는다고 하기 위해서는 선택발명의 모든 종류의 효과가 아니라 그 중 일부라도 선행발명에 비하여 그러한 효과를 갖는다고 인정되면 충분하다.

라) Non-Obviousness 기준(1952년 미국 특허법)

기존 연방대법원 판결에 의하여 제시된 진보성 기준은 객관화되지 못한 특허기준으로 인한 혼란을 가져왔다. 즉 자의적인 기준이라는 비판이 가해졌다.

또한 대공황에 대한 반성으로 특허법 개정작업이 시작되었고 1952년 결실을 맺었다. 연방특허법은 1952년 특허법에 진보성을 명시적으로 입법화 하였다. 즉 발명(invention)이 특허를 받기 위해서는 비자명(non-obviousness)하여야 했다. 진보성은 발명이 이루어진 시기의 기술(발명당시의 기술)수준으로 판단하여야 하고, 컬럼버스의 달걀과 같은 사후적 고찰(hindsight)의 금지하였다.

진보성 판단기준으로서 합리적인 인간기준에서 유추된 통상적인 지식을 가진 해당 기술의 전문가 개념(당업자 기준)으로 변경하였다. 우리나라와 같이 출원주의를 취하는 나라에서는 출원시를 기준으로 진보성의 존재를 판단한다. 미국도 America Invent Act에 의하여 2012년부터 출원주의를 취하였으므로 출원시를 기준으로 진보성의 존재를 판단하게 된다.

3) 진보성 판단

가) 통상의 기술자

발명자를 기준으로 판단하는 신규성과 달리 진보성은 '그 발명이 속하는 기술분야'에서 '통상의 지식을 가진 자'에게 '자명한 것'인지 여부, 즉 용이하게 발명을 할 수 있는지에 의하여 판단하게 된다. 그 기술분야에서 통상의 지식을 가진 자는 출원전의 해당 기술분야의 기술상식을 보유하고 있고, 출원발명의 과제와 관련되는 출원전의 기술수준에 있는 모든 것을 입수하여 자신의 지식으로 할 수 있는 자를 의미한다. 특허법 제29조 제2항은 "그 발명이 속하는 기술분야에서 통상의 지식을 가진 사람"이라고 하여 해당 기술분야의 전문가의 지식을 기준으로 판단하고 있음을 명시하고 있다. 이에 반하여 신규성을 규정하고 있는 제29조 제1항은 그러한 내용을 규정하지 않고 있다.

나) 해당 기술분야

특허법 제29조 제2항은 "그 발명이 속하는 기술분야"라고 명정하고 있으므로 진보성을 판단함에 있어서는 원칙적으로 출원발명과 같은 기술분야(이용되는 산업분야)에 속하거나 출원된 발명의 기술적 과제, 효과 또는 용도와 합리적으로 관련된 기술분야에서 진보성이 있는 발명인지를 판단한다. 진보성 판단에 있어서 동일기술분야를 고려하는 것은 신규성은 기술분야에 관계없이 이전에 존재한 동일한 또는 동일성이 있는 발명인지 여부를 판단하는 것과 다르다.

판결에 의하면 "완충재는 충격을 완화하기 위한 것이고, 단열재는 열의 전도를 막는 것이라는 점에 비추어 일반적으로 기술분야를 같이한다고 할 수 없으므로 단열재의 기술분야에서 공지의 기술이라도 완충재의 기술분야에서 공지라고 할 수 없다."[155]고 하고, "출원발명은 수간주입법을 이용하여 약제를 나무에 주사하고 천공 구멍을 막는 수목의 병충해 방지 방법이고, 인용발명 1은 수간(나무줄기)에 천공을 한 다음에 그 천공한 구멍을 처리하는 방법에 관한 것이며, 인용발명 2는 수간주입법에 의하여 방제대상 수목에 항생제를 투여하는 기술에 관한 것인 경우, 인용발명 1, 2는 출원발명과 동일 기술분야에 속하는 발명들로 보기에 충분하므로 인용발명 1, 2를 선행기술로 하여 출원발명의 진보성을 부정할 수 있다."고 한다.[156]

또한 대법원은 "이 사건 특허발명은 태양광선을 차단하기 위해 사용되는 파라솔을 접었을 때 그 부피를 보다 더 작게 함으로써 파라솔의 이동 및 보관이 용이한 파라솔 프레임지지구를 제공하기 위한 것인 반면, 비교대상발명 1은 강풍에서 사용하여도 우산이 손상되지 않는 내강풍용 우산을 제공하기 위한 것이므로, 양 발명은 그 기술분야 및 목적이 동일하지는 아니하나, 파라솔과 우산은 모두 중앙의 지지봉을 중심으로 상부의 덮개를 접고 펼칠 수 있는 구조로 이루어져 있고 특히 양 발명의 파라솔과 우산은 모두 환기구와 개구부가 형성된 것이므로 그 기술분야가 매우 근접하고 또 파라솔이나 우산과 같이 접고 펼칠 수 있는 구조의 물품에 있어서 이

155 대법원 1992. 5. 12. 선고 91후1298 판결.

156 대법원 2003.4.25.선고 2002후987 판결.

를 접었을 때 그 부피를 더 작게 한다는 것은 당연히 요청되는 것이므로 이 사건 특허발명의 목적이 특이하다고 보기는 어렵다."고 하였다.[157]

다) 진보성 판단방법

(1) TSM 테스트(Teaching-Suggestion-Motivation)

진보성 판단은 특허심사의 전부라고 하여도 과언이 아닐 만큼 매우 중요하지만, 그 심사방법이나 기준이 명확하지 않다. 미국 법원에서 발전해온 진보성판단방법 중의 하나가 TSM 테스트이다. TSM 테스트는 관세 및 특허항소법원(CCPA)의 In Application of Bergel 사건[158]에서 채용한 방법으로 연방항소법원이 이를 발전시켰다.

TSM 테스트(Teaching-Suggestion-Motivation)는 선행발명이나 인용발명이 특허출원한 발명을 가르쳐 주거나(Teaching), 암시해 주거나(Suggestion) 또는 동기가 되었다면(Motivation) 그 출원발명은 선행발명으로부터 유래된 자명한 것이 되기 때문에 진보성이 부정된다는 원칙이다.

우리나라 법원도 TSM 테스트를 도입하고 있다. 특허법원도 "선행기술에 암시 · 동기 등이 제시되어 있는 정도는 당해 특정기술을 구체적으로 설시할 것까지 요구되지 아니하고 통상의 기술자가 통상의 창작성을 발휘하여 결합에 이를 정도의 동기 및 암시가 있는 것으로 족하다"라고 하고 있다.[159]

TSM 테스트에 관한 판결(대법원 2010.9.9. 선고 2009후1897 판결)

여러 선행기술문헌을 인용하여 특허발명의 진보성을 판단함에 있어서는 그 인용되는 기술을 조합 또는 결합하면 당해 특허발명에 이를 수 있다는 암시, 동기 등이 선행기술문헌에 제시되어 있거나 그렇지 않더라도 당해 특허발명의 출원 당시의 기술수준, 기술상식, 해당 기술분야의 기본적 과제,

157 대법원 2006. 12.7 선고 2005후3321 판결.

158 In re application of Bergel, 292 F.2d 955 (CCPA 1961).

159 특허법원, 2008.12.11. 선고 2007허8986 판결.

발전경향, 해당 업계의 요구 등에 비추어 보아 그 기술분야에 통상의 지식을 가진 자(이하 '통상의 기술자'라고 한다)가 용이하게 그와 같은 결합에 이를 수 있다고 인정할 수 있는 경우에는 당해 특허발명의 진보성은 부정된다고 할 것이다.

---

(2) 과제가 공통되는 경우

인용발명과 출원발명의 과제가 공통된 경우에 그것은 통상의 기술자가 인용발명에 의하여 청구항에 기재된 발명을 용이하게 발명할 수 있다는 근거가 된다. 따라서 진보성이 부정된다.

과제가 공통되는 경우 (대법원 2007. 9. 6.선고 2005후3284판결)

청구항에 기재된 발명과 인용발명들은 반도체 장비를 검사하기 위해 프르브 카드와 반도체 장치의 패드 접촉단자가 확실하게 접촉하도록 상호 대응면을 평행하게 한다는 점에서 과제가 일치하는 바, 당업자라면 알려진 과제를 해결하기 위해 상호 동떨어진 것이 아닌 한 그러한 기술들을 끌어모아 목적을 달성하기 위해 노력할 것이어서 이를 비교 분석 후 필요에 따라 결합한 것에 불과한 이 건 발명의 진보성은 부정되어야 한다.

인용발명이 청구항에 기재된 발명과 그 과제가 서로 상이한 경우에도 통상의 기술자가 인용발명으로부터 통상의 창작능력을 발휘하여 청구항에 기재된 발명과 동일한 구성을 도출할 수 있었다는 사실이 자명한 경우에는 진보성을 부정하게 된다.

(3) 인용발명과 출원발명의 기능 또는 작용이 공통되는 경우

인용발명과 출원발명의 기능 또는 작용이 공통되는 경우 해당 기술분야의 전문가가 인용발명에 의하여 용이하게 발명할 수 있다는 유력한 근거가 된다.

인용발명과 출원발명의 기능 또는 작용이 공통되는 경우(대법원 1991.3.12.선고 90후823판결)

이 사건 고안의 등록청구의 범위를 기준으로 삼아 이 사건 고안과 갑제3호증의 인용고안을 대비하여 보면, 양자는 모두 흡입된 공기를 여과장치와 살균장치에 의하여 정화하고 살균한 다음 실내로 배출하는 공기정화장치에 관한 것으로서, 양자 중 이 사건 고안은 여과장치가 활성탄 휠터 · 메

카니칼 휠터 · 이온화방식 집진기 · 후리휠터로 구성되고, 지지대의 하방이 절곡되어 그 절곡부에 위치한 곡면 반사경의 앞쪽에 자외선살균 등이 설치되어 곡면 반사경과 자외선살균등이 결합되어 있으며, 공기유출구가 실내의 천정을 정면으로 향하도록 설치되어 있고, 흡입된 공기가 먼저 여과장치를 통과한 후 살균되도록 구성되어 있음에 비하여, 위 인용고안은 여과장치가 다공망판 · 석면 · 합성섬유 부직포로 구성되고, 살균등에 반사경이 붙어 있지 않으며, 공기배출구가 실내의 천정을 비스듬히 향하도록 설치되어 있고, 흡입된 공기가 먼저 살균 등이 있는 곳을 통과한 후 여과장치를 통과하도록 구성되어 있어, 두 고안의 구성에 차이가 있음은 인정되지만, 이와 같은 미세한 차이는 당해 기술분야에서 통상의 지식을 가진 자이면 필요에 따라 이미 공지된 위 인용고안에 의하여 극히 용이하게 고안할 수 있는 정도의 단순한 설계변경에 불과한 것으로서, 그 차이로 인하여 새롭게 상승된 작용효과를 가져온다고 볼 수도 없으므로...

(4) 기술분야의 관련성

기술분야의 관련성은 해당 기술분야의 전문가가 인용발명, 선행발명에 의하여 출원발명을 용이하게 발명할 수 있다는 유력 근거가 된다. 즉 인용발명이나 선행발명과 출원발명의 관련성이 높을수록 인용발명이나 선행발명을 참조하여 발명할 가능성이 높으므로 특허를 얻기 위해서는 더 높은 기술적 진보를 요구하게 된다.

제3절 특허권

1. 특허권의 범위

가. 객관적 범위

1) 원칙

특허권은 특허발명을 독점적으로 실시할 권리이다. 특허발명의 보호범위는 특허청구범위(claims)에 적혀 있는 사항에 의해서 정해진다. 특허청구범위는 특허권을 특정하는 역할을 한다.

2) 청구항(claim)

1624년 영국 독점법에는 특허의 범위를 정하는 청구항(claim)이나 청구범위(claims)에 관한 규정이 없었다. 다만, 특허청구를 함에 있어서 청구항을 기재하는 것이 관행으로 여겨졌고, 이때의 클레임은 권리를 요구하지 않는 것을 명시하는 것, 즉 포기(disclaim)으로 인정하기도 하였다.[160] 다른 한편으로 청구항이란 발명하고 특허된 것이 주장되는 것을 정확하게 정의하는 것이었다.

특허를 국가/사회와 발명자와의 계약으로 보는 계약법적 사고는 서면설명서를 요구하게 되었다. 서면 설명서의 제출은 특허를 사회(국가)와 특허권자의 계약으로 보는 것을 의미한다. 서면 설명서는 계약에 있어서 상호대가적인 것(consideration)에 해당한다. 발명자가 사회(국가)에 기여하는 것은 발명의 기술사상이고 그 기술사상은 서면 설명서에 의하여 사회에 공개하는 것이다. 그리고 그러한 공개에 대하여 사회는 발명자에게 독점이라는 대가를 부여하는 것이기 때문이다.

미국에서는 1790년 특허법과 1793년 특허법은 특허권자의 권리범위는 발명에 대한 설명(description)에 의하여 특정되도록 규정하였다. 그러나 1790년 법이 명세서(a specification in writing)를 제출하도록 하였지만 1793년 법은 발명의 설명(a written description)만을 제출하도록 하고, 서면 명세서(a specification in writing)를 제출하도록 하지는 않았다.

1810년대에 미국 법원은 특허청구항이 불명한 경우에 선행기술과 구분되는 자신의 발명을 외부에 공개하지 않음을 이유로 특허를 무효화 했다. 특허는 새롭고 유용한 발명을 대상으로 하므로 특허청구인은 자신의 발명을 구체화 하여야 한다고 하였다. 이는 공중에 대하여 특허권의 범위를 명확히 함으로서 그들이 특허 침해를 하지 않도록 할 수 있기 때문이다. 연방대법원도 특허출원인이 선행기술과 특허출원기술이 다르다는 것을 명세서에서 분명히 해야 하므로 그러한 기재가 없는 경우

160 Plimpton v. Spiller (1877), 6 Ch. D. 412 (Eng. C.A.), 426–427.

에 공중은 출원된 발명에 있어서 무엇이 새로운 것인지 알 수 없다는 점을 강조했다. 명세서에 의하여 발명에 있어서 특허대상이 특정되지 않으면 그 특허를 무효라고 했다. 발명의 상세한 설명에 발명의 요약이나 특허청구범위 기재가 관습적으로 행해졌다. 그러나 청구항의 기재는 1836년 미국 특허법이 제정될 때까지 법에 명정된 것은 아니었다. 발명가들은 특허 무효를 피하기 위해서 선행발명으로부터 구분되는 자신의 발명의 특징을 설명하기 시작했다. 그리고 1836년 특허법은 청구범위 기재화를 명문화 했다.

3) 특허청구범위의 해석: 중심한정주의와 주변한정주의 그리고 균등론

특허청구범위, 즉 클레임(claims)은 자신의 발명을 주장하는 것이기 때문에 결국 자신의 발명에 대하여 법적 보호를 요구하는 범위가 된다. 따라서 특허청구범위는 법적 보호의 요건, 즉 특허요건을 충족하여야 한다. 특허청구범위는 특허발명의 보호범위를 결정하는 기준으로서 특허청구범위에 기재되지 않는 한 특허로서 보호받을 수 없다. 또한 특허청구범위는 특허의 구성요건으로서 기능하므로 특허청구범위에 기재된 구성요소 모두를 실시하여야 특허침해가 발생한다. 따라서 특허청구범위는 특허권의 권리범위라고 할 수 있다.

개념상 특허청구범위와 특허권의 권리범위는 일치하여야 하지만, 항상 그러한 의미로 해석되는 것은 아니다. 특허권은 제3자의 특허발명의 무단실시를 배제할 수 있는 재산권이다. 따라서 그 권리범위가 명확히 공시될 것을 요구한다. 발명에 대한 특허청구가 중심한정인지 주변한정인지는 특허권을 해석하는데 핵심적인 요소가 된다. 그럼에도 불구하고 특허법에서는 권리범위해석에 있어서 명확하고 구체적인 방법을 제시하지 않고 있다.

특허청구범위 해석에 있어서 주변한정주의(Peripheral Definition)를 취하는 미국의 특허실무는 중심한정주의(Central Definition)로부터 발전해왔다. 중심한정주의는 미국 특허실무에서 유래하는 것이다. 특허등록제도의 불완전성을 보완하기 위하여 발명을 전체를 관찰하여 얻는 발명 아이디어의 원리를 찾음으로서 보호범위가 결정된다고 한다. 즉 특허의 보호는 아이디어에 대한 것이므로 특허발명의 보호범위는 특허청구범위(claims)에서 공개된 아이디어 뿐만 아니라 기술적으로 허용되는 범위까지라고 한다. 중심한정주의에서 특허청구범위는 특허의 존재를 알려주는 표지판(sign-post)에 불과한 것으로 이해한다.

미국이 중심한정주의를 취하던 1853년 Winans v. Denmead 사건[161]에서 미국 연방대법원은 만일 공중이 발명의 여러 가지 다양한 형식이나 부분들을 실질적으로 복사하는데 자유롭다면 특허를 받은 것에 대한 배타적인 권리는 보호될 수 없을 것이라고 판시하였다. 이는 발명가 보호라는 중심한정주의의 이념을 나타내고 있다.

중심한정주의를 취하는 대표적인 나라는 독일이다. 발명가는 자신의 발명이 기여한 것에 대하여 완전한 보상을 받아야 한다. 발명이 기여한 바는 i) '발명의 구체적 대상(Unmittelbarer Gegenstand der Erfindung),' ii) '발명의 목적'(Gegenstand der Erfindung) 뿐만 아니라 iii) '발명의 일반적인 아이디어'(Allgemeiner Erfindungsgedanke)이다. 특허발명의 보호범위는 특허청구범위로부터 명시적으로 도출되는 영역을 넘어서게 된다. 따라서 특허권자에게 유리하고 경쟁자에게 불리하다. 이 제도는 특허침해소송에서 특허청구범위의 해석이 중요하기 때문에 법원중심의 제도가 된다.

주변한정주의는 부동산법상의 권리증서의 토지경계('metes and bounds') 확정 개념을 유추하여 특허청구범위도 특허권의 권리범위를 확정한다. 권리증서가 부동산에 대한 권리의 외연을 정하는 것과 같이 특허청구범위도 특허의 보호범위를 정하는 것이라고 이해한다. 주변한정주의의 장점은 특허권의 권리범위가 제3자에게 명확하게 할 수 있다는 점이다.

주변한정주의는 특허의 정당성에 관한 이론 중에서 발명을 장려하기(incentive) 위한 것이라는 장려설(incentive theory)을 바탕으로 한다. 주변한정주의하에서 특허청구범위는 출원에 대한 심사를 위한 것이기 때문에 주변한정주의는 특허제도가 특허청을 중심으로 운용된다는 것을 의미하게 된다.

161 Winans v. Denmead, 56 U.S. (15 How.) 330 (1853).

중심한정(central definition)주의와 주변한정(peripheral definition)주의

중심한정(central definition) 및 주변한정(peripheral definition)이란 용어는 Harold E. Potts에 의하여 주창된 것으로 알려져 있다. 그후 중심한정과 주변한정은 1940년대 말에 Ridsdale Ellis가 그의 저서 Patent Claims(1949)를 저술하면서 거의 25년간 Potts의 잊혀진 제안이 미국에서 다시 논의되게 되었다.

나. 주관적 범위

특허권은 특허권자와 전용실시권자가 행사할 수 있다. 전용실시권은 특허독점의 양도를 받은 자를 말한다. 전용실시권자와 구별하여야 하는 것이 통상실시권자이다. 통상실시권은 특허발명을 실시하더라도 특허침해로 문제삼지 않겠다는 의미에 불과하다. 즉 특허발명의 실시에 대한 허가(permit)에 해당한다. 따라서 특허발명에 대한 통상실시권자는 특허발명의 실시하는 것 이외에 어떠한 권리도 없다.

특허권을 승계한 자도 특허권을 행사할 수 있다. 승계에는 상속이나 회사의 합병과 같이 그 지위를 포괄적으로 승계하는 포괄승계와 특허권만을 양도받는 특정승계가 있다.

2. 특허권

특허권의 존속기간은 특허등록일부터 시작된다. 그 종기는 출원일로부터 20년되는 날이다. 특허청에 특허출원을 한 이후에 심사를 받고 특허요건을 갖춘 발명은 특허를 등록할 수 있기 때문에 실제 보호기간은 그 보다 짧다. 다만 출원중인 발명이 공개되어 특허등록되면, 특허 등록전까지 보상금청구권이 인정된다.

1624년 영국의 독점법하에서는 14년의 특허보호기간을 인정하였다. 14년의 보호기간을 인정한 것은 그 당시 길드제도의 마스터가 도제를 양성하는 기간이 7년이었는데, 두 번의 도제를 양성할 수 있는 기간이면 충분하다고 보았기 때문이었다. 물론 그 이전에 개별적으로 부여되는 특허의 경우에는 그 특허마다 보호기간이 달랐

기 때문에 일률적으로 말할 수 없지만, 1624년 영국의 독점법은 14년의 보호기간을 인정했다. 그 이후에도 개별 특허마다 보호기간이 다르게 인정된 경우도 있었다.

TRIPs 협정은 특허보호기간을 출원일로부터 20년간으로 하였기 때문에 WTO 협정의 가입국은 출원일로부터 20년간 보호한다. 예전 미국 같은 나라는 특허 등록일로부터 17년간 보호하였기 때문에 특허 출원 후 심사기간이 길어지거나 의도적으로 특허심사를 회피하는 경우에 출원일에 상관없이 보호기간이 설정되어 문제가 발생하게 되었다.

특허보호기간을 특허출원일이 아닌 특허 등록일로 하여 발생하는 문제의 대표적인 예가 소위 잠수함특허(Lemelson Submarine Patent) 사례이다. 제롬 레멜슨(Jerome Lemelson)은 군수용무기 개발과 관련된 해양연구소의 연구원으로 일하다가 1957년 독립한다. 그는 1954년과 1956년에 '바코드 스캐닝'(the scanning of bar codes)에 관한 자동측정장치(Automatic Measuring Apparatus) 발명을 하여 미국 특허청에 출원하였지만, 1993년까지 미국의 일부계속출원(CIP; Continuation in part application) 미공개제도를 이용하여 특허출원을 공개하지 않고, 원출원일을 우선일로 유지하는 우선일제도를 이용하여 특허 출원서를 지속적으로 보정하면서 개량발명을 가지치기 방법으로 1993년까지 계속적으로 출원하였다. 자신의 발명을 출원하던 당시에는 자신의 발명에 대한 기술시장이 형성되지 않아 기술이 쓸모없게 되자 시장이 형성되기를 기다리면서 개량발명을 하면서 특허출원을 유지하는 방법을 채택하였다. 그리하여 해당기술에 관한 16건의 특허를 등록 받았다.

레멜슨의 특허발명은 그 출원이 미국특허상표청에 계류중인 동안 그의 특허출원이 존속되어 있는 것을 모른 상태에서 1989년 미국의 자동차 업계는 바코드 시스템을 채용하였고, 이 바코드 시스템은 자동차, 반도체 등 거의 전산업 분야에 광범위하게 이용되고 있었다. 레멜슨은 자신의 특허발명에 관한 시장이 형성된 이후에, 바다속의 잠수함이 수면으로 올라와 자신의 존재를 나타내는 것처럼, 특허를 등록하고 이러한 특허출원의 존재를 모른채 관련 기술을 실시하였던 큰 기업들을 대상으로 특허침해에 따른 손해배상을 청구하였다. 레멜슨은 자신의 특허로 우리나라 등을 포함하여 미국, EU 및 일본의 자동차 회사, 전자회사, 자동화 기계장치 제조회사들 등 약 1,000여개 업체로부터 1997년 자신이 사망할 때까지 총15억 달러 정도의 특허료를 받았다고 한다.

미국 연방 의회는 이런 잠수함 특허의 문제로 인해 지난 1995년에 특허법을 개정해 1995년 6월 8일 이후에 출원된 특허는 '우선일' 또는 '출원일'로부터 20년의 존속기간을 갖게 했다. 그러나 1995년 6월 8일 이전에 출원된 특허는 여전히 등록일로부터 17년을 보호받게 되는데, 아직도 그러한 특허가 존재한다고 한다.

특허법은 의약품 등의 발명은 실제 의약품으로 사용하기 위해서는 식품의약안전청의 허가 등을 받아야 하는데, 허가 등을 받을 때까지 실시할 수 없다는 점을 고려하여 5년 내에서 존속기간연장등록을 할 수 있도록 하고 있다. 존속기간연장등록이 인정되는 발명은 대통령으로 정해져 있다.

2. 특허권의 효력이 미치지 아니하는 범위

특허권의 효력이 미치지 않은 범위에 관한 특허법 규정

제96조(특허권의 효력이 미치지 아니하는 범위)

① 특허권의 효력은 다음 각 호의 어느 하나에 해당하는 사항에는 미치지 아니한다.

1. 연구 또는 시험(「약사법」에 따른 의약품의 품목허가 · 품목신고 및 「농약관리법」에 따른 농약의 등록을 위한 연구 또는 시험을 포함한다)을 하기 위한 특허발명의 실시
2. 국내를 통과하는데 불과한 선박 · 항공기 · 차량 또는 이에 사용되는 기계 · 기구 · 장치, 그 밖의 물건
3. 특허출원을 한 때부터 국내에 있는 물건

② 둘 이상의 의약[사람의 질병의 진단 · 경감 · 치료 · 처치(處置) 또는 예방을 위하여 사용되는 물건을 말한다. 이하 같다]이 혼합되어 제조되는 의약의 발명 또는 둘 이상의 의약을 혼합하여 의약을 제조하는 방법의 발명에 관한 특허권의 효력은 「약사법」에 따른 조제행위와 그 조제에 의한 의약에는 미치지 아니한다.

1850년대 영국에서는 네덜란드 국적의 선박이 입항하자 특허침해를 이유로 동 선박소유자를 제소하였다. 해당 특허권은 선박 프로펠러에 관한 것이었는데 피고의 선박에 이를 장착하고 네덜란드와 영국을 왕복하고 있었다. 특허권자는 해당 발명의 사용을 막기 위해 예비적 금지명령을 청구했다. 피고는 해당 특허발명은 네덜란드에서 공개적으로 사용되고 있었기 때문에 네덜란드에서 특허침해가 발생하지 않는다고 주장했다. 피고는 선박이 영국과 수교한 네덜란드에서 건조되었고, 네덜란드인이 소유하고 운항하는 선박은 영국에서 일시적으로 존재한 것으로서 특허권의 예외가 되어야 된다고 다음과 같이 주장했다.

> 그러한 권리가 영국에 입국하는 외국인에게 행사된다면 중대한 문제가 발생할 것이다. 외국인이 본인 자신의 사용이나 편안을 위해 이 나라에 가져온 물건은 특허의 대상, 그리고 실시의 대상이 되지 않는다. 만약 그러한 권리가 존재한다면 심지어 폭풍우나 해안에 좌초되어 영국 항구에 우연히 정박하게 된 선박에 대하여도 주장될 것이다.

그러나 영국의 형평법원은 속지주의 원칙을 들어 다음의 이유로 피고의 주장을 기각했다.

> 특허는 의심할 여지없이 특허권자에게 독점적이고 배타적 권리를 침해하는 자에 대하여 소를 제기할 권리를 부여한다. 여기에 있는 동안 영국에 입국한 외국인들은 군주국의 국민에게 그들이 행한 위법행위에 대하여 소송을 제기당한다. 그렇다면 왜 이 나라의 헌법과 법률에 부합하여 부여되는 독점적이고 배타직 권리를 침해하는 위법행위에 대하여 소송을 제기당하지 않으려 하는가? 그리고 만약 그들이 이러한 소송을 당한다면 원인은 군주국의 국민뿐만 아니라 외국인에게도 적용되는 법으로 인한 것이지 이 법원의 권한 때문이 아니다.

본 사건 판결의 파장은 컸다. 외국에 입항하면 특허침해로 제소될 것을 우려한 선박들이 외국과의 운송에 참여하지 않으려 했기 때문이다. 이러한 결과는 특허법의 목적에 부합하지 않는 것이었다. 이에 1852년 영국의회는 법 개정에 착수했다.

William Page Wood 법무차관은 '영국령에서 외국 선박의 운항 목적을 위한 특허실시는 특허 침해가 아니고 특허권자는 발명의 실시를 금지할 수 없다.'는 내용을 특허법에 규정할 것을 제안하였고, 이에 1852년 영국 특허법 제26조에 명정됐다.

그 조항은

> [이 법이 의회를 통과된 후 부여된] 발명에 대한 어떤 특허장(letter of patent)도 대영제국의 항구나 법원의 관할 내 있는 외국 선박에서의 발명의 실시 또는 선박 운항을 위한 발명의 실시를 제한하는데까지 미치지 않는다. 다만 그 발명은 대영제국의 영토내에서 판매되거나 외국으로 수출하기 위한 상품의 제조를 위하여 사용되어서는 아니 된다. 이 조항은 영국 선박 내 발명의 사용이나 그것의 운항을 위한 발명의 사용을 막기 위해 특허권을 승인한 외국 선박에는 미치지 않는다. 단, 이 발명은 외국 영역에서 판매되거나 수출하기 위한 상품의 제조를 위하여 사용되어서는 안 된다.

라고 규정하였다.

위와 같은 특허권의 제한은 국제적인 상품의 유통과 거래를 제한하지 않기 위한 것이다. 항공기가 외국의 영토를 경유할 때 그 항공기에 사용된 부품이나 기술은 수십만가지이다. 그중에서 특허로 보호되는 것들을 항공기 기착지 국가마다 모두 조사할 수 없는 것이다. 그뿐만 아니라 조사한다고 한들 그 부품을 항공기에서 제외시킬 수도 없는 것이다. 따라서 이러한 경우에는 특허권을 제한하는 것이 사회적으로 이익이 된다.

연구 또는 시험(「약사법」에 따른 의약품의 품목허가 · 품목신고 및 「농약관리법」에 따른 농약의 등록을 위한 연구 또는 시험을 포함)을 하기 위한 특허발명의 실시의 경우에는 특허권의 부당하게 연장되는 것을 막기 위한 것이다. 특허기간이 존속되는 기간동안 시험을 하기 위한 특허발명의 실시를 금지한다면 경쟁자는 특허기간이 만료된 후에 시험 등을 하여야 할 것이다. 그렇게 되면 복제약의 시판을 위한 시험기간동안에는 복제약이 판매될 수 없기 때문에 시장에는 특허기간이 만료되더라도 기존 특허권자의 약품만이 존재하게 될 것이다. 결국 특허기간이 사실상

연장되는 효과를 가져온다. 그러한 부당함을 막기 위하여 시험을 위한 실시에 대해서는 특허권이 제한되도록 한 것이다.

특허가능성의 조사, 기능 조사, 개량 및 발전을 목적으로 한 시험 등 기술진보를 목적으로 한 행위를 특허권이 제한되는 연구 및 시험으로 해석한다. 생동성 시험도 특허권이 제한되는 시험에 해당하는지가 문제된다. 생동성 시험이란 제약업체가 일반(제네릭) 의약 판매 허가를 받기 전에 실제 사람에게 투여하여 특허를 받았던 오리지널 약과 동일한 성분으로 만들어진 일반 의약이 특허를 받았던 약과 동등한 약효를 나타내는지 여부를 통계학적 방법으로 증명하는 실험을 말한다. 생동성 시험이 기술진보를 목적으로 하는 시험('연구 또는 시험')인지가 문제되는데 미국, 일본 독일 등에서는 생동성 시험은 특허권의 침해에 해당하지 않는 것으로 규정하거나 해석한다. 우리나라 법원도 제네릭 약품 제조 회사가 타회사의 특허기간 중에 그 특허약품의 제조승인 신청에 필요한 임상시험을 실시하는 것은 "연구 또는 시험"에 해당으로 해석한다.

의료인의 의약의 제조행위에도 특허권이 제한된다. 1987년 개정전 특허법에서는 "불특허 사유"로 규정하고 있었으나 1987년 특허법 개정으로 "특허권의 효력범위 외"로 규정하였다.

의약의 조제는 국민의 복지를 위하여 인정된다. 의약의 조제는 의료인의 진료행위에 속하는 것이므로 의료인이 전문지식에 따라 자유롭게 환자의 증상에 따라 행하는 치료행위 또는 의사나 치과의사 등의 처방에 따라 행하는 약사의 조제행위에 대해서는 특허권의 범위를 제한하는 것이 타당하기 때문이다.

3. 특허권의 해석

특허발명의 보호범위에 관한 특허법 규정
제97조(특허발명의 보호범위) 특허발명의 보호범위는 청구범위에 적혀 있는 사항에 의하여 정하여진다.

특허권은 특허청구항에 의해서 결정된다. 따라서 특허청구항 기재내용의 의미를 확정하는 것은 특허권의 범위를 확정하는 것과 같다. 다만 특허청구항은 기술적(technological) 의미를 갖기 때문에 특허청구항의 기재 자체만으로 해석하는 것보다는 명세서에 다른 기재 등을 보고 확정하는 것이 바람직하다.

가. 특허청구범위 우선의 원칙

특허청구범위에 기재된 사항의 문언을 기본으로 한 해석에 의해서 특허의 보호범위가 결정된다. 문언적 해석은 앞서 언급한 중심한정주의와 주변한정주의가 있다.

특허발명의 보호범위는 (특허)청구범위에 기재된 사항에 의하여 정하여진다. (제97조) 특허청구범위에 기재된 사항이 아니면 보호 받지 못한다. 특허청구범위에 기재가 되지 않고 발명의 상세한 설명에만 기재된 사항은 보호받지 못한다. 다만 특허의 보호범위는 특허청구범위에 기재된 기술적(technological) 사항에 의하여 정하여지지만, 그 기술적 사항의 해석에는 특허청구범위 이외의 명세서의 다른 부분, 즉 발명의 상세한 설명이나 도면기재가 참작될 수 있다. 특허청구범위의 기재에 명확하지 않은 것이 있거나 용어의 의미를 이해하기 어려운 때에는 발명의 상세한 설명 등의 기재가 그 해석기준이 된다는 것이다.

나. 모든 구성요소 포함/모든 구성요건 완비의 원칙(all element rule; all limitations rule)

특허발명의 해석에 있어서는 특허 청구범위의 기재된 발명의 모든 필수 구성요소를 포함하여야 한다는 원칙이다. 예컨대 연필심, 연필몸통, 6각으로 된 연필몸통, 지우개, 지우개로 구성되는 육각지우개 연필의 경우에 그 연필에 대한 특허는 위 필수적 구성요소를 모두 포함하는 것으로 해석하는 원칙이다.

모든 구성요소 포함의 원칙은 특허발명의 침해해석에서도 사용되지만, 특허발명의 신규성이나 진보성을 판단하는데도 사용되는 원칙이다. 특허발명의 신규성이나 진보성을 부인하기 위해서 선행발명이나 인용발명에 특허발명의 모든 구성요소가 포함되어야 한다. 그렇지 않은 경우, 즉 선행발명이나 인용발명이 특허발명의 모든 구성요소 포함의 원칙을 충족하지 못하는 경우, 신규성판단에 있어서는 동일한 발명이 아니므로 신규성을 충족하게 된다. 진보성의 판단에 있어서는 동일 기술분야의 평균적인 지식을 가진 전문가의 능력에 의해 판단할 때, 구성요소가 완비되지 않았지만 선행발명이나 인용발명으로부터 특허발명을 쉽게 유추할 수 있으면 진보성이 부인되게 된다.

다. 발명의 설명 및 도면의 참작원칙

특허출원을 할 때 제출하는 출원서류에는 발명의 (상세한) 설명을 기재한 명세서가 첨부되어야 한다. 발명의 (상세한) 설명에는 그 발명이 속하는 기술분야에서 통상의 지식을 가진 자가 용이하게 실시할 수 있을 정도로 그 발명의 목적, 구성 및 효과가 기재되어야 한다. 따라서 특허청구범위의 기재만으로 발명이 어떠한 것이지 충분히 이해할 수 있어야 한다. 이는 발명에 대한 특허는 계약적 성격을 가지고 있기 때문에 특허 독점에 대한 반대급부인 발명의 공중에 대한 공개는 발명의 내용을 알 수 있도록 명확히 기재되어야 하기 때문이다.

이론적으로는 그 특허청구범위를 해석할때 특허청구범위에 기재되어 있는 것 이외의 다른 것을 특허청구범위의 해석자료로 하는 것은 허용되지 않는다고 할 수 있다. 그러나 특허청구범위는 발명의 (상세한) 설명에 기재된 발명의 구성에 없어서는 아니 되는 사항만으로 기재되어야 하고, 이를 위반한 경우에 특허청구를 거절결정하는 근거가 되므로 특허청구범위만으로 발명의 목적, 구성, 효과를 충분히 파악할 수 있도록 하여야 한다. 그러나 현실에서는 특허청구범위의 기재만으로는 발명의 목적, 구성, 효과를 충분히 파악하기 어렵다. 특허청구범위의 해석을 위하여 예외적으로 명세서 중 발명의 (상세한) 설명 또는 도면의 기재 내용을 참작하여야 한다는 것이 '발명의 (상세한) 설명 참작의 원칙'이다.(최근 '발명의 상세한 설명'은 '발명의 설명'으로 그 용어가 변경되었다.)

한 사안에서 특허발명은 "소형 휠발전기 및 그를 구비한 발광 휠 및 그 제조방법"에 관한 것(등록번호 제291213호)이었다. 특허 청구항 1, 5 발명의 권리범위에 원고가 실시하는 확인대상발명이 포함되는지가 쟁점이 되었다.

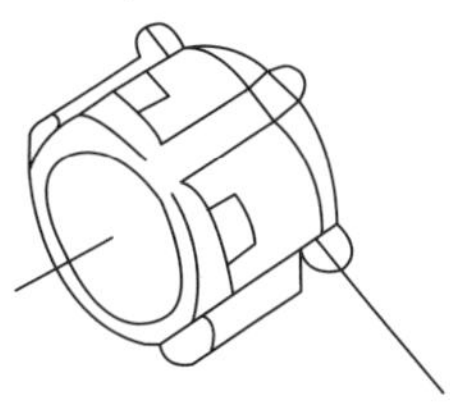

특허법원은 원고의 청구를 기각한 특허심판원의 심결을 취소하면서 "청구항 1, 5 발명의 완충기의 권리범위는 적어도 완충날개(132)나 또는 그와 대등하거나 유사한 완충기능을 갖는 별도의 장치적 구조물로 한정되고, 단순히 '자석허브의 재질 자체가 갖는 휠액슬(12)과의 상대적 탄성력 차이'를 이용하여 영구자석을 충격으로부터 보호하는 기능은 그 권리범위에 속하지 않는다"고 제한적으로 해석하고, 재질이 완충기능을 갖는 확인대상발명의 '자석허브'는 청구항 1, 5 발명의 완충기의 권리범위에 속한다고 볼 수는 없다고 판결했다.

이에 특허권자인 피고가 상고했는데, 대법원은 "완충기라는 용어는 기능적 표현으로서 그 용어 자체만으로는 기술적 구성의 구체적인 내용을 알 수 없으므로, 그 발명의 상세한 설명과 도면을 참작하여 보면, 이 사건 특허발명의 '발명의 상세한 설명'에는 완충기의 재질에 대하여는 아무런 기재가 없고, 그 구조에 대하여는 '완충기의 원주상에 탄력성이 양호한 재질로 이루어진 완충날개들이 구비되며, 완충날개들과 영구자석의 사이에는 외부충격으로부터 완충작용을 확실하게 하기 위한 완충공간이 이루어진 구성'만이 기재 내지 도시되어 있어서, 청구항 1, 5 발명의 완충기가 표현하고 있는 기술적 구성은 완충날개를 가진 구조나 그와 유사한 구조라고 할 것이다"라고 판결(대법원 2007. 6. 14. 선고 2007후883 판결)하면서 특허법원의 판결을 지지했다. 즉 대법원도 발명의 설명 및 도면의 참작 원칙에 따라 특허청구범위를 해석하고 있다.

라. 균등의 원칙(균등론)

1853년 Winans 사건에서 균등의 원칙이 적용되었지만, 이때는 중심한정주의를 취하던 시대에 판결이었다. 중심한정주의는 균등의 원칙이 그 기반이 된 청구항의 기재방식주의이다.

1870년 미국의 특허법이 개정되고 특허실무가 주변한정주의에 의하여 특허청구범위를 기재하는 방식으로 변하였다. 주변한정주의는 균등론이 필요하지 않은 특허청구범위의 기재방식이었다. 그러나 1950년 미국연방대법원은 주변한정주의에서도 균등론을 적용하였다. Graver Tank & Mfg.Co. v. Linde Air Product (1950) 사건에서 특허청구범위에 전기용접에 사용되는 용제에 관한 2개의 청구항을 포함하고 있었다. 그중 포괄적 개념인 "silicate"가 포함된 청구항은 무효로 되었고, 구체적으로 한정되어 알칼리토금속이라고 기재된 청구항은 유지되었다.

특허권자는 전기용접에 사용되는 용제로서 알칼리토금속에 속하는 마그네슘(magnesium)을 사용하였다. 침해자는 마그네슘(magnesium) 대신 망간(manganese)을 사용했는데 망간은 알칼리토금속에 속하지 않는 것이어서 문언침해가 인정될 수 없었다. 원소 주기율표상, 알칼리 토류금속으로서는 베릴륨(Be), 마그네슘(Mg), 칼슘(Ca), 스트론튬(Sr), 바륨(Ba)과 라듐(Ra)의 여섯가지 가지만 존재하는데 특허청구범위에 망간(Mn)은 알칼리 토류금속이 포함되지 않기 때문에 특허청구범위에 망간이 포함되지 않는다. 따라서 문언침해가 문제되지 않았지만, 미국이 취하는 주변한정주의하에서 균등침해가 성립될 수 있는지 문제가 되었다.

연방대법원은 균등론을 적용하여 침해라고 판정한 하급법원의 판결을 지지했다. 연방대법원이 균등론을 적용한 배경에는 망간과 마그네슘은 동일한 목적을 위한 용접용제로 사용될 수 있다는 전문가증언과, 선행기술에서도 망간이 용접용제로 사용되고 있음이 인정되었기 때문이었다.

마. 출원경과 참작의 원칙 및 출원경과 금반언의 원칙

특허청구범위의 내용을 명확히 하기 위해서 특허출원과 심사 그리고 특허등록에 이르기까지 모든 절차 과정을 통하여 출원인이 표시한 의사 또는 특허심사관의 견해를 참작하여야 한다는 특허청구범위의 해석 원칙이다. 출원경과는 누구라도 열람 또는 복사를 청구할 수 있는 출원서류, 출원당시의 명세서, 도면, 거절이유통지서, 보정서, 이의신청서, 답변서, 거절결정불복의 심판청구서 등의 기재를 통해 알 수 있다.

특허취득이나 심판중에 출원인이 자신이 출원한 특허의 유효성을 입증하기 위해 주장된 사항과 배치되는 사항을 특허 취득 후등 나중에 주장하는 것은 허용되지 않는다. 이를 출원경과 금반언의 원칙이라고 한다.

바. 공지사실제외설(대법원 1983.7.26. 선고 81후56 판결)

발명은 출원시의 기술수준보다 진보된 유용한 기술적 사상이기 때문에 특허가 부여되는 것이다. 따라서 특허여부를 결정하기 위하여 출원시의 기술수준인 공지사실을 참작하는 것은 당연하고, 출원시의 공지기술은 권리범위에서 제외되어야 한다.

사. 의식적으로 한정하거나 제외한 경우

출원인이 특허청구범위에서 의식적으로 제외한 사항은 그 특허발명의 보호범위에 속하지 아니한다.

제4절 특허침해

1. 특허침해요건

가. 실시행위가 "업"으로 인한 경우

특허침해가 되기 위해서는 업으로 실시를 하여야 한다. 업으로 라는 의미는 반복적인 것을 의미하는 것으로서 상업적인 것을 의미하지 않는다. 개인적, 가정에서의 실시는 업으로서의 실시로 인정되지 않는다. 다만, 개인적인 것 또는 가정에서의 실시라도 반복적이고 지속적이라면 업으로서 실시하는 것으로 인정될 수 있다.

나. "특허청구범위"의 실시일 것

특허청구범위에 기재된 발명, 즉 특허받은 발명의 실시이어야 한다. 이에는 균등물의 실시를 포함한다. 다만 특허권의 효력이 제한되는 경우에는 특허침해가 인정되지 않는다. 특허법 제96조의 효력범위에서 제외되는 경우는 특허침해가 발생하지 않는다. 특허법 제181조 재심에 의하여 회복한 특허권 그리고 제81조의3 제4항의 납부 또는 보전에 의하여 회복한 특허권은 그 효력이 제한된다. 따라서 그러한 경우에도 특허침해가 발생하지 않는다.

다. 특허발명의 "실시"일 것

"실시"의 정의는 특허법 제2조 제3호에 규정되어 있다. 특허가 물건의 발명인 경우에는 그 물건을 생산 · 사용 · 양도 · 대여 또는 수입하거나 그 물건의 양도 또는 대여의 청약(양도 또는 대여를 위한 전시를 포함한다. 이하 같다)을 하는 행위가 실시이다. 특허가 방법의 발명인 경우에는 그 방법을 사용하는 행위가 실시행위이다. 특허가 물건을 생산하는 방법의 발명인 경우에는 그 방법을 사용하는 행위 외에 그 방법에 의하여 생산한 물건을 사용 · 양도 · 대여 또는 수입하거나 그 물건의 양도 또는 대여의 청약을 하는 행위가 실시에 해당한다.

특허의 경우에는 상표와 달리 수출은 특허권자의 권리범위가 아니다. 예컨대, 특허권자로부터 생산만을 허락받은 자는 양도가 허용되지는 않지만, 외국으로 수출하는 것은 허용된다고 할 수 있다.

특허법은 재산법으로서 특허권은 배타적 효력을 갖는다. 배타적 효력을 갖는 권리는 당사자가 임의로 창설해서는 안 된다. 이러한 원칙을 물권법정주의라고 하는

데, 특허권에도 유추적용이 된다고 할 것이다. 수출이 특허권자의 실시범위로 명시되어 있지 않기 때문에 특허권자에게 수출할 권리가 없다고 하는 것도 물권법정주의가 유추적용되기 때문이라고 할 수 있다.

라. 위법한 실시행위일 것

실시행위가 정당한 권원이 없이 행해진 경우라면 특허권을 침해하게 된다. 실시권이 존재하는 경우에 실시권의 범위내에서 또는 중고물품과 같이 권리가 소진된 물품 등의 판매는 특허권을 침해하지 않는다.

2. 직접침해

직접침해는 문언침해 및 균등침해가 있다. 그리고 특허침해가 문제되는 경우가 몇가지가 있다. 문언침해는 특허발명의 구성요소를 모두 실시하는 경우에 해당한다. 특허침해를 판단하기 위해서 침해의심발명이 특허발명의 구성요소를 모두 실시한다는 것을 "구성요건완비의 원칙(all element rule")이라고 한다. 예컨대, 특허발명이 A+B+C로 구성되었는데, 특허침해가 문제가 된 발명이 A+B로 구성되었다면 특허침해가 성립하지 않게 된다. 특허발명의 구성요건 A+B+C가 완비되어야 하는데("A+B+C") 완비되지 않았기(A+B) 때문이다. 특허발명이 연필의 몸통(A) + 지우개(B) + 연결부(C) + 육각(D)으로 구성되었는데, 문제된 발명이 연필의 몸통(A) + 지우개(B) + 연결부(C) 만으로 구성되고 육각(D)이 빠진 경우이다. 특허발명의 구성요건이 완비되지 않았으므로 특허침해가 발생하지 않는다. 이러한 경우를 생략발명이라고 한다. 다만 우리 대법원은 예외적으로 생략발명을 특허침해로 인정하는 경우가 있다.

---

162 https://canal-midi.info/%EC%97%B0%ED%95%84 에서 가져옴.

163 https://ac-illust.com/ko/search-result/similar/1311090?same_creator=1에서 가져옴.

모든 구성요소 포함의 원칙(all element rule)

특허발명[161]

비교대상발명(생략발명)[162]

위 비교 그림에서는 특허발명의 경우에는 지우개와 지우개 연결부가 구성되어 있으나 비교대상발명의 경우에는 그러한 구성이 없다. 비교대상발명은 생략발명이다. 따라서 모든 구성요소 포함의 원칙(all element rule)을 충족하지 못하여 비교대상발명은 특허발명의 권리범위내에 있지도 않고 특허침해도 성립되지 않는다.

특허발명을 이용하여 새로운 발명을 하는 경우를 이용발명이라고 한다. 생략발명의 반대가 되는 형태이다. 이용발명의 일종인 개량발명도 기존의 특허발명으로 요소를 모두 포함하고 있으므로 문언침해에 해당한다. 특허발명의 이용관계가 성립하는 경우에는 새로운 특허를 받을 수 있다. 이용발명을 실시하기 위해서는 기존발명(인용발명)에 대한 특허권자로부터 허락을 받아야 한다.(특허법 제98조) 만일 기존 발명의 특허권자가 실시허락을 하지 않는 경우에는 특허심판원에 통상실시권 허락의 심판을 청구할 수 있다.(특허법 제138조)

화학발명에서 촉매(catalysis)를 사용한 경우가 문제된다. 촉매는 화학 반응과정에서 소모되거나 변화되지 않으면서 반응속도를 빠르거나 느리게 변화시키는 물질이다. 기존 반응 경로와 다른 형태의 전이상태를 형성하여 반응이 일어나는 데 필요한 활성화 에너지를 변화시켜 반응속도를 변화시키는 것이 촉매의 역할이다. 예컨대, 물을 수소와 산소로 분해하는데, 촉매를 사용하면 그 반응속도와 효율을 상승시킬 수 있다.

우리 대법원은 촉매를 이용한 발명을 기존의 발명과 상이한 발명으로 인정한 바 있다. 그뿐만 아니라 촉매사용이 공지되었다고 하더라도 인용발명의 상세한 설명에 촉매사용 언급이 없었다면, 상이한 발명으로 보았다. 대법원은

> 화학물질의 제조과정에 있어서 촉매를 사용하는 것과 사용하지 않는 것은 그 기술사상을 현저히 달리하는 것이므로, 촉매사용에 대한 언급이 없는 특허제조방법과 촉매를 사용하여 행하는 제조방법은 비록 출발물질과 생성물질이 같다고 하더라도, 후자의 촉매사용이 작용효과상의 우월성을 얻기 위한 것이 아니라 무가치한 공정을 부가한 것에 지나지 않는다고 인정되는 경우를 제외하고는, 서로 다른 방법이라 할 것이며[164]

라고 판시하여 별개의 발명으로 인정했다.

그러나 그 이후 대법원은 기존의 발명에 촉매를 부가하여 수율의 상승 등 현저한 효과가 발생하는 경우에는 이용발명에 해당한다고 하여 기존의 발명의 권리범위내로 보고 있다. 촉매를 부가하더라도 효과에 현저한 상승이 없고 당업자로서의 용이하게 구성을 할 수 있는 우회발명으로 인정하여 기존 발명의 권리범위내로 보고 있다. 대법원은

> 화학반응에서 촉매라 함은 반응에 관여하여 반응속도 내지 수율 등에 영향을 줄 뿐 반응 후에는 그대로 남아 있고 목적물질의 화학적 구조에는 기여를 하지 아니하는 것임을 고려하면, 화학물질 제조방법의 발명에서 촉매를 부가함에 의하여 그 제조방법 발명의 기술적 구성의 일체성, 즉 출발물질에 반응물질을 가하여 특정한 목적물질을 생성하는 일련의 유기적 결합관계의 일체성이 상실된다고 볼 수는 없으므로, 촉매의 부가로 인하여 그 수율에 현저한 상승을 가져오는 경우라 하더라도, 달리 특별한 사정이 없는 한 선행 특허발명의 기술적 요지를 그대로 포함하는 이용발명에 해당한다고 봄이 상당하다.[165]

164 대법원 1985. 4. 9. 선고 83후85 판결.

165 대법원 2001. 8. 21. 선고, 98후522 판결.

라고 하여 수율에 현저한 상승을 가져오는 경우에 기존의 판결과 달리 이용발명으로 인정하고 있다. 이와 같이 대법원의 견해가 바뀐 것은 정치경제학적 고려가 있었다고 해석해 볼 수 있다. 기술발전정도가 낮을 때에는 외국의 발명에 촉매만 부가하여도 새로운 발명으로 인정하여 기존의 특허침해없이 해당 발명을 실시하고 특허를 받도록 하여 국내산업을 보호하려고 하였으나, 우리의 기술발전 정도가 높아져 이제는 그러한 고려를 할 필요가 없다는 것을 반영한 것으로 볼 수 있다.[166]

직접침해에 해당하는 균등침해는 문언침해는 아니지만 특허발명과 균등한 발명을 실시함으로서 침해가 된다. 앞서 Graver Tank & Mfg.Co. v. Linde Air Product사건에서 보는 바와 같이 전기용접시 사용되는 용제로서 마그네슘 대신에 이를 치환할 수 있는 망간을 사용하는 것이다. 균등물을 이용한 이용발명도 직접침해의 형태에 해당한다.

그 외의 침해형태는 원칙적으로 직접침해가 인정되지 않지만, 우리 법원이 개별적인 특수한 사정을 고려하여 사안에 따라서 침해로 인정하는 형태들이다.

구분		특허발명	침해 의심 발명	대법원 판례	비고
문언침해	all element rule의 적용	A+B+C	A+B+C	침해[166]	최근 판례는 개별 구성요소의 중요성을 강화하는 방향으로 나아감(생략침해나 불완전 이용침해의 인정여부와 상관관계 있음) (element by element 대비)

166 장하준의 "사다리 걷어차기"의 주된 내용과 같은 맥락이라고 할 수 있다.
167 대법원판결 2001.9.7. 선고 99후1584 ; 2001.8.21. 선고 99후2372
168 대법원 1991.11.26. 선고 90후1499 판결, 대법원 1995.12.5. 선고 92후1660 판결
169 대법원판결 2001.6.15. 선고 98후836 ; 2001.6.12. 선고 98후2016 등
170 대법원판결 2001.8.21. 선고 98후522 ; 2001.9.7. 선고 2001후393
171 대법원판결 2001.6.15. 선고 2000후617 ; 2000.11.14. 선고 98후2351 등
172 대법원 1998.1.23., 선고 97후2330, 1997.4.11., 선고 96후146, 판결.
173 대법원판결 2001.8.21. 선고 98후522; 대법원 1998. 1. 23. 선고 97후2330 판결; 대법원 1987. 4. 11. 선고 96후146 판결
174 대법원판결 1991.11.12. 선고 90후960
175 대법원판결 2000.7.14. 선고 97후2194 등

구분		특허발명	침해 의심 발명	대법원 판례	비고
문언 침해	all element rule의 적용	A+B+C	A+B+C+D [이용/개량발명]	침해[167]	새로운 특허로서 특허부여 받을 수 있으나, 기존 특허의 침해가 성립함. 특허법 98조의 적용
		A+B+C	A+B+C+D D: 촉매	침해	**촉매**를 이용한 화학발명의 경우, 종래 상이한 발명으로 인정하였으나, 현재는 이용관계 인정하여, 침해인정
균등 침해		A+B+C	A+B+C'	침해[168]	과제의 해결원리의 동일성 출원금반언의 원칙 적용범위의 해석 확립 필요
	[균등물 이용 발명]	A+B+C	A+B+C'+D	침해[169]	균등관계에서 "이용발명"을 침해로 인정함
기타 침해	생략	A+B+C	A+B	비침해[170] (침해가능설) 침해인정판례 있음[171]	
	불완전 이용	A+B+C	A+B+□+D	판례[172]	
	선택	A+B+C	a+B+C	침해를 부정한 판례 존재[173]	
	우회	A+B+C	A+B1+B+C A+B1+C+D	침해[174]	균등침해와 중첩되는 부분이 있음 균등하지 않은 A' 산출+ B와 같거나 유사한 반응수단–〉 C' 생성한 후 C로 환원 (중간물질이 다르거나, 반응기전을 추가한 후 목적물질이 같아지면 우회발명)

3. 간접침해

특허권의 직접적이고 전체적인 실시는 아니지만 침해와 관련되는 일정행위를 하는 것으로 직접침해를 구성하지 않지만 직접침해를 방조 또는 야기하는 행위이다.

간접침해에 관한 특허법 규정
제127조(침해로 보는 행위) 다음 각 호의 구분에 따른 행위를 업으로서 하는 경우에는 특허권 또는 전용실시권을 침해한 것으로 본다. 1. 특허가 물건의 발명인 경우: 그 물건의 생산에만 사용하는 물건을 생산 · 양도 · 대여 또는 수입하거나 그 물건의 양도 또는 대여의 청약을 하는 행위 2. 특허가 방법의 발명인 경우: 그 방법의 실시에만 사용하는 물건을 생산 · 양도 · 대여 또는 수입하거나 그 물건의 양도 또는 대여의 청약을 하는 행위

우리 특허법은 다음과 같은 경우에 침해로 본다. (특허법 제127조)

i) 특허가 물건의 발명인 경우에 그 물건의 생산에만 사용하는 물건을 생산 · 양도 · 대여 또는 수입하거나 그 물건의 양도 또는 대여의 청약을 하는 행위 및 ii) 특허가 방법의 발명인 경우에 그 방법의 실시에만 사용하는 물건을 생산 · 양도 · 대여 또는 수입하거나 그 물건의 양도 또는 대여의 청약을 하는 행위이다.

「물건발명」의 생산에 사용되는 물건 또는 「방법발명」의 실시에 사용되는 물건이 이들 발명의 실시에만 활용되고 다른 용도가 없을 때 침해가 성립한다. 이를 전용성이라고 한다. 다른 특허발명의 실시이외에 다른 용도가 없기 때문에 해당 물건은 특허의 실시로 연결될 수밖에 없기 때문이다. 다른 용도가 있는 경우, 공용성이 있는 경우에는 특허침해가 되지 않는다.

따라서 다른 용도가 있는지 여부가 간접침해판단의 핵심이다. 다른 용도가 존재하면(공용성) "에만 사용하는" 것이라 할 수 없기 때문이다. "에만 사용하는" 것은 전용성이 있는 것이다. 법원은 타용도는 단지 가능성만으로는 부족하고 상업적 또는 경제적으로 실용성 있는 것으로 사회통념상 통용되거나 승인될 수 있는

사용에 한하여 간접침해를 인정한다. 대법원은 프린터 감광카트리지가 문제된 사건[176]에서

> 특허발명의 대상이거나 그와 관련된 물건을 사용함에 따라 마모되거나 소진되어 자주 교체해 주어야 하는 소모부품일지라도, 특허발명의 본질적인 구성요소에 해당하고 다른 용도로는 사용되지 아니하며 일반적으로 널리 쉽게 구할 수 없는 물품으로서 당해 발명에 관한 물건의 구입시에 이미 그러한 교체가 예정되어 있었고 특허권자측에 의하여 그러한 부품이 따로 제조 · 판매되고 있다면, 그러한 물건은 특허권에 대한 이른바 간접침해에서 말하는 '특허 물건의 생산에만 사용하는 물건'에 해당하고, 위 '특허 물건의 생산에만 사용하는 물건'에 해당한다는 점은 특허권자가 주장 · 입증하여야 한다.

고 판시하면서

> 특허발명을 채택한 레이저 프린터에 사용되는 소모부품인 (가)호 발명의 감광드럼카트리지가 특허발명의 본질적 구성요소이고 다른 용도로는 사용되지도 아니하며 일반적으로 널리 쉽게 구입할 수도 없는 물품일 뿐만 아니라 레이저 프린터 구입시에 그 교체가 예정되어 있었고 특허권자가 그러한 감광드럼카트리지를 따로 제조 · 판매하고 있으므로 특허발명의 물건의 생산에만 사용하는 물건에 해당하여 (가)호 발명이 특허발명의 권리범위를 벗어날 수 없다.

라고 판시하고 있다.

간접침해와 관련하여 문제되는 것이 특허물품의 수리행위이다. 어느 정도까지 수리행위로 볼 것인지가 문제된다. 수리행위는 특허권의 실시행위에 포함되지 않기 때문에 특허침해가 되지 않는다. 수리행위가 문제되는 것은 수리행위를 넘어 새로운 '생산'으로 볼 수 있는 경우가 발생하기 때문이다.

우리 법원은

176 대법원 2001. 1. 30. 선고 98후2580 판결.

> 특허발명 물건의 '생산'이란 특허발명의 구성요건을 충족하지 않은 물건을 받은 자가 이를 사용하여 특허발명의 구성요건을 충족하는 물건을 만들어 내는 모든 의식적 행위를 의미하므로, 생산은 반드시 공업적 생산만을 의미하는 것이 아니라 가공, 조립, 수리 등의 행위

도 특허발명의 생산에 포함된다고 본다.[177] 그리하여 법원은

> 특허권의 간접침해가 성립하려면 생산 · 양도 등 행위의 대상인 물건이 특허발명 물건의 생산'에만' 사용되는 것으로서 그 물건을 사용하는 한 반드시 특허발명 물건의 생산에 도달하여야 하고, 그 물건을 특허발명 물건의 생산 이외의 다른 용도로 사용할 수 있는 경우에는 그 물건을 생산하는 등의 행위를 하더라도 간접침해가 성립하지 않는다고 하면서 여기에서 '다른 용도'는, 위 규정에 취지에 비추어 볼 때 상업적 또는 경제적으로 실용성 있는 용도로서 사회 통념상 통용되거나 승인될 수 있는 경우에 한하여 인정되어야 하고, 단순히 이론적, 실험적 또는 일시적인 사용 가능성이 있는 정도에 불과한 경우에는 간접침해를 부정할 만한 '다른 용도'가 있다고 할 수 없다

고 하였다. 그러나 이러한 대법원의 판결에 따르게 되면, 예컨대, 아래 권리소진의 원칙에서 설명하는 바와 같이, 일회용 카메라의 필름을 교환하는 것을 카메라의 수리행위가 넘는 새로운 카메라의 생산행위라고 하여 특허침해행위를 인정하게 되는 결과가 된다. 즉 특허권에 의해 보호되지 않는 소모품을 '생산'하는 것도 특허의 간접침해가 될 수 있다는 결론에 이르게 된다. 이는 특허권이 없는 물품(소모품)에도 득허권을 확장하는 부낭한 것이다. 눌론 그 필름이 범용성(다른 카메라에도 사용될 수 있는 것)이 없고, 그 일회용 카메라에만 사용되어야 한다.(전용성) 그러나 실제로 이러한 전용성은 필름이 디자인만 조금 바꾸면 만들어지 수 있는 것이므로 특허를 받지 않고도 디자인만 조금 변경하여 특허를 취득하는 것과 같은 결과를 달성할 수 있게 된다. (돌기만 하나 만들어도 타용품에 못쓰게 된다.)

나아가 대법원 법리에 따르면 생산된 필름을 '교환'하는 것도 새로운 생산이라고

177 특허법원 2007.7.13. 선고 2006허3496 판결.

하고 있으므로 필름 교환행위도 특허침해행위가 된다. 정리하자면, 다른 용도가 없는 교체용 필름의 생산은 간접침해, 그 필름을 교환하는 것은 직접침해가 된다는 것이다.

제5절 특허침해에 대한 방어

1. 서론

특허권자 등 정당한 권리자로부터 실시허락을 받은 경우나 특허권이 제한되는 경우의 실시는 특허침해를 구성하지 않는다. 그 이외에 판매 등에 의하여 거래에 제공된 특허물품은 해당 거래 물품에 대한 특허권이 소멸한다. 이를 권리소진의 원칙 또는 최초판매의 원칙이라고 한다. 또한 특허권의 남용은 공정거래법이 적용되어 해당 행위를 권리남용으로서 특허권의 행사가 부정된다.

2. 권리소진원칙(exhaustion doctrine) 또는 최초판매의 원칙(first sale doctrine)

권리소진은 특허물품이 판매된 경우에 그 판매에 의하여 특허권자 등 권리자는 보상을 받게 되므로 해당물품에 대한 권리가 소진된다는 원칙이다. 예컨대, 중고 휴대폰의 판매가 특허권 침해가 되지 않는 것도 본 원칙 때문이다. 휴대폰을 최초에 구입할 때 그 휴대폰에 실시된 특허권은 소멸되었기 때문이다. 따라서 중고물품으로 재판매하더라도(판매는 특허권의 실시에 해당한다) 특허권을 침해하지 않게 된다.

권리소진의 원칙과 관련하여 문제되는 것은 앞서 본 수리나 재판매행위이다. 일본에서 일회용 카메라가 문제된 사건[178]이 있었다. 일회용카메라의 본체 구성과 관련한 특허권을 가지고 있는 원고 후지필름이 그 특허권에 의해 일회용카메라를 생

178 동경지방재판소 2000. 8. 31. 선고 2000(ワ)16782 판결.

산 · 판매하였는데, 피고가 사용이 끝난 일회용카메라의 본체와 뒷면의 커버 접착 부분을 개봉하거나 파괴하여 뒷면 커버를 본체로부터 분리한 뒤 별개의 새 필름을 갈아 끼우고, 촬영매수의 표시를 영(ZERO)으로 재조작하는 등의 방법으로 일회용 카메라를 재판매하였다.

법원은 특허제품이 그 효용을 다한 후에는 권리 소진 원칙이 적용될 여지가 없다고 하였다. 특허제품이 그 효용을 다한 경우라 함은 물리적 마모나 화학적 변화에 의해 특허제품의 사용이 더 이상 불가능하게 되는 경우는 물론 물리적으로는 사용 가능하다 할지라도 사회통념상 효용을 다한 것이라고 평가되어지는 경우를 말하고, 그 효용을 다하는 시기는 특허권자 및 특허제품의 제조자 · 판매자의 의사에 결정되는 것이 아니라 당해 제품의 기능 · 구조 · 재질 · 용도 · 사용형태 · 거래실정 등을 종합적으로 고려하여 판단하여야 한다고 했다. 효용이 다한 물품에 대하여 권리소진을 적용하지 않더라도 상품의 자유로운 유통을 저해하지 않을 뿐 아니라 특허권자에게 이중의 이득을 가져다 주는 것도 아니기 때문이라는 이유이다. 그런데 이미 최초로 판매되었을 때 권리 소진된 물품에 권리 소진의 원칙이 적용될 여지가 없다는 것은 매우 이상한 논리이다. 카메라의 필름을 다 사용했을 때 그 카메라의 효용을 다했다는 것도 이상한 논리이다. 다 쓴 필름을 교환하여 다시 사용할 수 있으면 그것은 효용을 다한 것이 아니기 때문이다.

또한 법원은 당해 특허제품 중 특허발명의 본질적 부분을 구성하고 있는 주요한 부재를 교환한 경우에는 권리소진된 특허제품과 동일한 제품이라고 말할 수 없기 때문에 소진 원칙의 적용대상이 되지 않는다고 하였다. 필름은 카메라의 본질적인 구성을 이루기는 하지만, 특허발명의 필수적 구성요소가 되었던 것은 아니므로 특허발명과 전연 관련이 없는 내용이다. 필름을 바꾸어 구매자가 처음 구매한 제품과 동일한 제품이 아니므로 권리소진의 원칙이 적용되지 않으므로 특허침해가 된다는 논리는 전연 논리적으로 타당하지 않은 것이다.

이에 반하여 미국에서는 권리소진의 원칙이 적용된다는 입장이다. 후지필름사의 일회용카메라가 문제된 사안에서 미국법원은 수명이 다된 일회용 카메라를 다시 수리하여 판매한 행위는 권리 소진된 물품을 이를 수리한 것에 불과하므로 침해가

아니라고 하였다.[179]

3. 특허권과 공정거래법

무체재산권의 행사와 공정거래법과의 관계에 관한 독점규제 및 공정거래에 관한 법률 조항
제59조(무체재산권의 행사행위) 이 법의 규정은 「저작권법」, 「특허법」, 「실용신안법」, 「디자인보호법」 또는 「상표법」에 의한 권리의 정당한 행사라고 인정되는 행위에 대하여는 적용하지 아니한다.

특허권 등 소위 지적재산권은 독점을 부여하는 법이므로 지적재산권 관련 법들이 독점을 규제하는 독점규제 및 공정거래에 관한 법률(이하 '공정거래법')과 충돌하는지 문제가 된다. 특허권 등은 법이 부여한 독점이므로 특허권의 행사는 공정거래법과 충돌되지 않는다. 그러나 특허권 등의 정당한 행사에 대해서는 공정거래법이 적용되지 않지만 부당한 행사에 대해서까지 공정거래법이 적용되지 않는 것은 아니다.

공정거래법은 독점을 규제하기 위해서 발생한 법 영역이다. 19세기 후반은 자본주의의 발달로 인하여 독점이 사회적으로 문제되던 시기였다. 그리하여 유럽에서는 독점에 대한 대응으로 특허제도를 폐지하거나 도입하지 않는 국가(네덜란드, 스위스)가 발생하였지만, 미국은 독점에 대한 규제를 시작하였다. 미국에서 발전한 독점규제법의 근거가 되는 전통적 이론은 지렛대 이론(leverage theory)이다. 즉 주어진 독점을 지렛대로 이용하여 더 많은 독점을 행사하는 것을 규제대상으로 보았다. 초기에는 큰 것은 본질적으로 나쁘다(big is intrinsically bad)는 대중주의를 바탕으로 1890년 셔먼법(Sherman Act)이 제정되었다. 그리고 대중주의를 바탕으로 하여 독점은 작은 기업을 시장에서 퇴출시키므로 나쁘다는 철학을 바탕으로

179 Jazz Photo Co. v. U.S. Fuji Photo Film Co. 439 F.3d 1344 (2006).

1914년 클레이튼 법(Clayton Act)이 제정되었다. 클레이튼 법은 시장에서 경쟁자의 보호에 중점을 두기 시작했다.

최근에는 시카고 대학 학자들을 중심으로 공정거래법의 적용에 있어서 효율성을 고려하여야 한다는 이론이 대두되었다. 예컨대, 불공정행위의 대표적인 행위인 끼워팔기(tying)는 다른 관점에서 경쟁친화적인 행위로 볼 수 있다는 것이다. 정육점에서 고깃집을 운영한다면 원가절감을 할 수 있어 좀 더 낮은 가격에 효율적으로 고기집을 운영할 수 있다는 것이다. 이를 끼워팔기(tying)가 아닌 묶어팔기(bundling)라고 한다. 효율성을 고려하여 공정거래법을 보는 이론은 미국 법무부로부터 웹브라우저인 익스플로러와 윈도우를 함께 판매한 것을 공정거래법 위반혐의로 조사하자 마이크로 소프트사가 자신들의 행위를 합리화하기 위하여 근거로 한 이론이다.

예컨대, 공정거래법이 적용되는 특허권의 부당한 행사 중의 하나는 특허권의 범위를 넘는 권리행사이다. 예컨대, 특허권의 존속기간이 3년이 남았는데, 실시권 허락을 하면서 5년동안 실시료를 납부하도록 하는 것 등이다. 즉 3년을 지렛대(leverage)로 사용하여 5년의 독점권을 행사하는 것은 특허권의 남용으로서 공정거래법 위반행위가 된다.

제6절 특허침해에 대한 구제

1. 서론

특허침해에 대하여 특허권자와 전용실시권자에게는 금지청구권과 손해배상청구권이 인정된다. 금지청구권은 형평의 원칙에 입각한 것으로서 그 권리 발생에 상대방의 고의나 과실 요구하지 않는다. 이에 반하여 손해배상청구는 상대방의 고의나 과실을 요건으로 한다.

금지명령은 민법상 물권적 청구권(민법 제213조 및 214조 참조)에 해당하는 것으로 재산권의 완전한 사용수익을 방해하는 행위로부터 자유로울 권리이다. 금지명령은 장래의 방해예방을 청구할 수 있다는 점에서 미래지향적인 권리이다. 이에 반하여 손해배상청구권은 과거의 침해에 대하여 금전배상을 청구할 수 있는 권리로서 과거지향적인 권리이다. 따라서 판결시에 특허침해가 없거나 장래에 침해우려가 없다면 금지명령을 선고해서는 안 된다. (다만, 법리상 특허침해여부를 판단할 수 있는 마지막 시기는 증거조사를 하여 침해사실을 확정할 수 있는 사실심 변론종결시이다.) 이에 반하여 손해배상은 과거의 손해에 대하여 금전으로 전보배상하는 것이다.

금지명령은 당사자가 소수일 때 효과적인 권리이고 손해배상청구권은 당사자가 많은 경우에 효과적인 권리이다. 왜냐하면 금지명령은 개별적으로 상대방과 교섭과 소송을 하여야 하므로 거래비용(transaction cost)이 많이 들기 때문이다. 예컨대, 라디오 방송국에서 하루에 방송되는 노래마다 작사자, 작곡자, 편곡자, 반주자, 가수 그리고 음반제작자에게 방송허락을 받아야 한다면 방송국은 그러한 허락을 받기 위해 엄청난 비용을 지불하여야 할 것이다. 그리하여 법은 다수 당사자가 관련된 경우에 금지명령청구를 인정하지 않고 손해배상법리에 따라 분쟁을 해결하는 경우가 많다. 특히 저작권법에서 이러한 법리를 수용하고 있다. 예컨대 노래방에서 노래를 부르는 경우, 가사, 가곡 및 편곡 그리고 반주에 대하여 저작권이나 저작인접권에 기한 금지명령대신 노래방 이용자가 일정금액의 로열티를 제공하고 자유롭게 이용하도록 하는 법리를 채용하고 있다. 이러한 목적으로 위하여 만들어진 단체가 저작물 신탁관리업체이다.

2. 금지명령

금지청구에 관한 특허법 조항

제126조(권리침해에 대한 금지청구권 등)

① 특허권자 또는 전용실시권자는 자기의 권리를 침해한 자 또는 침해할 우려가 있는 자에 대하여 그 침해의 금지 또는 예방을 청구할 수 있다.

② 특허권자 또는 전용실시권자가 제1항에 따른 청구를 할 때에는 침해행위를 조성한 물건(물건을 생산하는 방법의 발명인 경우에는 침해행위로 생긴 물건을 포함한다)의 폐기, 침해행위에 제공된 설비의 제거, 그 밖에 침해의 예방에 필요한 행위를 청구할 수 있다.

특허권자 또는 전용실시권자는 자기의 권리를 침해한 자 또는 침해할 우려가 있는 자에 대하여 그 침해의 금지 또는 예방을 청구할 수 있다. 특허권자 또는 전용실시권자가 침해의 금지 또는 예방을 청구를 할 때에는 침해행위를 조성한 물건(물건을 생산하는 방법의 발명인 경우에는 침해행위로 생긴 물건을 포함)의 폐기, 침해행위에 제공된 설비의 제거, 그 밖에 침해의 예방에 필요한 행위를 청구할 수 있다.

위와 같은 권리는 배타적인 재산권에서 근거하는 영구적인 금지명령이다. 민사집행법에 의하여 행하는 금지명령은 영구적 금지명령을 대비하여 임시로 행하는 가처분에 해당한다.

유체재산법상의 금지명령과는 달리 무체재산법상의 금지명령은 반환청구권이 없다. 왜냐하면 특허침해하는 물품의 소유는 원래 침해자의 것이므로 특허권자가 반환을 청구할 수 없기 때문이다. 다만, 해당 물품을 소유하는 것은 특허권을 계속 침해하는 것이므로 침해자도 소유할 수 없다. 따라서 침해행위를 조성한 물건이거나 물건을 생산하는 방법의 발명인 경우에는 침해행위로 생긴 물건에 해당하여 해당 물건의 폐기를 청구할 수 있도록 하고 있다.

3. 손해배상

손해배상에 관한 특허법 규정

제128조(손해배상청구권 등)

① 특허권자 또는 전용실시권자는 고의 또는 과실로 자기의 특허권 또는 전용실시권을 침해한 자에 대하여 침해로 인하여 입은 손해의 배상을 청구할 수 있다.

② 제1항에 따라 손해배상을 청구하는 경우 그 권리를 침해한 자가 그 침해행위를 하게 한 물건을 양도하였을 때에는 다음 각 호에 해당하는 금액의 합계액을 특허권자 또는 전용실시권자가 입은 손해액으로 할 수 있다.

1. 그 물건의 양도수량(특허권자 또는 전용실시권자가 그 침해행위 외의 사유로 판매할 수 없었던 사정이 있는 경우에는 그 침해행위 외의 사유로 판매할 수 없었던 수량을 뺀 수량) 중 특허권자 또는 전용실시권자가 생산할 수 있었던 물건의 수량에서 실제 판매한 물건의 수량을 뺀 수량을 넘지 않는 수량에 특허권자 또는 전용실시권자가 그 침해행위가 없었다면 판매할 수 있었던 물건의 단위수량당 이익액을 곱한 금액

2. 그 물건의 양도수량 중 특허권자 또는 전용실시권자가 생산할 수 있었던 물건의 수량에서 실제 판매한 물건의 수량을 뺀 수량을 넘는 수량 또는 그 침해행위 외의 사유로 판매할 수 없었던 수량이 있는 경우 이들 수량(특허권자 또는 전용실시권자가 그 특허권자의 특허권에 대한 전용실시권의 설정, 통상실시권의 허락 또는 그 전용실시권자의 전용실시권에 대한 통상실시권의 허락을 할 수 있었다고 인정되지 않는 경우에는 해당 수량을 뺀 수량)에 대해서는 특허발명의 실시에 대하여 합리적으로 받을 수 있는 금액

③ 삭제

④ 제1항에 따라 손해배상을 청구하는 경우 특허권 또는 전용실시권을 침해한 자가 그 침해행위로 인하여 얻은 이익액을 특허권자 또는 전용실시권자가 입은 손해액으로 추정한다.

⑤ 제1항에 따라 손해배상을 청구하는 경우 그 특허발명의 실시에 대하여 합리적으로 받을 수 있는 금액을 특허권자 또는 전용실시권자가 입은 손해액으로 하여 손해배상을 청구할 수 있다.

⑥ 제5항에도 불구하고 손해액이 같은 항에 따른 금액을 초과하는 경우에는 그 초과액에 대해서도 손해배상을 청구할 수 있다. 이 경우 특허권 또는 전용실시권을 침해한 자에게 고의 또는 중대한 과실이 없을 때에는 법원은 손해배상액을 산정할 때 그 사실을 고려할 수 있다.

⑦ 법원은 특허권 또는 전용실시권의 침해에 관한 소송에서 손해가 발생된 것은 인정되나 그 손해액을 증명하기 위하여 필요한 사실을 증명하는 것이 해당 사실의 성질상 극히 곤란한 경우에는 제2항부터 제6항까지의 규정에도 불구하고 변론 전체의 취지와 증거조사의 결과에 기초하여 상당한 손해액을 인정할 수 있다.

⑧ 법원은 타인의 특허권 또는 전용실시권을 침해한 행위가 고의적인 것으로 인정되는 경우에는 제1항에도 불구하고 제2항부터 제7항까지의 규정에 따라 손해로 인정된 금액의 3배를 넘지 아니하는 범위에서 배상액을 정할 수 있다.

⑨ 제8항에 따른 배상액을 판단할 때에는 다음 각 호의 사항을 고려하여야 한다.

1. 침해행위를 한 자의 우월적 지위 여부
2. 고의 또는 손해 발생의 우려를 인식한 정도
3. 침해행위로 인하여 특허권자 및 전용실시권자가 입은 피해규모
4. 침해행위로 인하여 침해한 자가 얻은 경제적 이익
5. 침해행위의 기간 · 횟수 등
6. 침해행위에 따른 벌금
7. 침해행위를 한 자의 재산상태
8. 침해행위를 한 자의 피해구제 노력의 정도

손해배상은 손해를 금전으로 평가하여 금전으로 전보하는 구제수단이다. 손해배상의 기본 법률은 민법 제750조 이하의 불법행위법이다. 금전적 손해배상에 관하여 특허법은 손해액 입증의 편의를 위한 몇가지 특별조항을 두고 있다. 특허권의 경우 손해에 관한 입증자료가 침해자의 수중에 있으므로 손해배상을 청구하는 원고가 손해배상액을 산정하는데 어려움이 있음을 감안하여 손해액산정에 관한 손해액 추정규정을 두고 있다. 이러한 경우 특허침해로 인한 손해가 발생하였다는 점은 손해를 청구하는 원고가 입증하여야 하고, 손해액은 특허법상의 추정규정에 따라 입증이 필요하지 않다. 손해액 추정규정에 따라 추정되는 손해액중 원고가 원하는 손해액을 청구하면 된다. 반대로 손해액이 추정되는 내용과 다르다는 것은 피고가 입증하여야 한다. 이러한 경우 추정을 복멸시키기 위해서는 반증이 아닌 본증을 하여야 한다. 본증은 요증이 필요한 사실에 대하여 법관이 확신이 들게 입증하여야 한다. 즉 추정되는 손해액이 아닌 다른 손해액이 있다는 점에 대한 확신이 들어야 한다. 만일 반증을 하는 경우라면 상대방이 입증한 사실에 대하여 법관이 의심을 품게 할 정도이면 족하다.

고의 또는 과실로 인한 위법행위로 타인에게 손해를 가한 자는 그 손해를 배상할 책임이 있다. (민법 제750조) 이러한 민법상의 원칙을 특허법에도 규정하여 특허권자 또는 전용실시권자는 고의 또는 과실로 자기의 특허권 또는 전용실시권을 침해한 자에 대하여 침해로 인하여 입은 손해의 배상을 청구할 수 있다고 하고 있다. 불

법행위가 성립하기 위해서는 i) 고의 또는 과실, ii) 위법행위, iii) 고의 또는 과실에 의한 위법행위와 손해와의 인과관계, iv) 손해의 발생이다. 타인의 특허권 또는 전용실시권을 침해한 자는 그 침해행위에 대하여 과실이 있는 것으로 추정한다.

제7절 전용실시권 및 통상실시권

1. 서론

특허권은 재산권이다. 재산권의 특징 중의 하나는 재산권자는 자신의 재산권을 처분하여 자본의 회수를 할 수 있다는 것이다. 특허권자는 자신의 특허권에 대하여 라이센스(실시계약)을 할 수 있다.

라이센스(license)는 사실 실시권 전부를 의미하는 것은 아니다. license는 통상실시권을 의미한다. license는 자유라는 의미를 가지는 것으로서, 권리의 license는 해당 권리의 침해로부터 자유를 얻는 것을 의미한다. 따라서 라이센스계약을 하는 것은 권리침해로부터 자유권을 취득하는 것이다.

전용실시권은 엄밀히 말하면 라이센스는 아니고, 양도(assign)를 의미한다. 영문계약서상으로 전용실시권 설정계약은 assignment agreement라고 한다. 우리법상 통상실시권은 non-exclusive license 와 exclusive license가 있다. 일본에서는 exclusive license를 독점적 통상실시권이라고 하여 다르게 취급하려는 시도가 있다. 특히 독점적 통상실시권은 실시료를 많이 지불한다는 이유로 제3자의 관계에서도 다르게 취급하려고 하고 있으나 이는 통상실시권의 법리에 무지한 견해라고 생각된다.

재산권은 권리의 집합(bundle of right)으로 관념화 되었다. 즉 여러 가지 권리가 모여서 하나의 재산권을 이루는 것이고 그 여러 가지 권리는 제한이 없다. 다만, 재산권은 그 자체로 추상적이어서 그 내용이 구체화 된 범위에서 적극적인 권리를 갖게 된다. 이것이 물권법정주의이다. 법에서 명시적으로 규정한 점위내에서 권리를 갖게 된다. 다만, 구체화 한 권리는 지분적인 권리(a stick)를 분할하여 양도(전용실시권)하거나 라이센스 하는 것(통상실시권)이 가능하다. 예컨대, 실시권의 존속기간을 1년 , 6월 등으로 분할하는 것도 가능하고, 실시지역을 서울, 경기도 등으로 한정하는 것도 가능할 뿐만 아니라 법에 규정된 실시권의 내용중에서 제조나 양도만으로 한정하여 실시허락을 하는 것도 가능하다.

2. 통상실시권

약정에 의한 통상실시권에 대한 특허법의 기본 규정

제102조(통상실시권)

① 특허권자는 그 특허권에 대하여 타인에게 통상실시권을 허락할 수 있다.

② 통상실시권자는 이 법에 따라 또는 설정행위로 정한 범위에서 특허발명을 업으로서 실시할 수 있는 권리를 가진다.

③ 제107조에 따른 통상실시권은 실시사업과 함께 이전하는 경우에만 이전할 수 있다.

④ 제138조, 「실용신안법」 제32조 또는 「디자인보호법」 제123조에 따른 통상실시권은 그 통상실시권자의 해당 특허권 · 실용신안권 또는 디자인권과 함께 이전되고, 해당 특허권 · 실용신안권 또는 디자인권이 소멸되면 함께 소멸된다.

⑤ 제3항 및 제4항에 따른 통상실시권 외의 통상실시권은 실시사업과 함께 이전하는 경우 또는 상속이나 그 밖의 일반승계의 경우를 제외하고는 특허권자(전용실시권에 관한 통상실시권의 경우에는 특허권자 및 전용실시권자)의 동의를 받아야만 이전할 수 있다.

⑥ 제3항 및 제4항에 따른 통상실시권 외의 통상실시권은 특허권자(전용실시권에 관한 통상실시권의 경우에는 특허권자 및 전용실시권자)의 동의를 받아야만 그 통상실시권을 목적으로 하는 질권을 설정할 수 있다.

⑦ 통상실시권에 관하여는 제99조제2항 및 제3항을 준용한다.

통상실시권은 당사자의 계약에 의하여 성립하는 약정실시권과 법이 공익을 위해 일정한 경우 강제로 인정하는 법정실시권이 있다. 계약에 의하여 통상실시권(특허법 제102조)을 설정할 수 있다. 이러한 경우, 당사자가 정한 범위내에서 실시권을 가진다. 통상실시권은 실시사업과 함께 이전하는 경우에만 이전할 수 있다.

그 외 법에 의하여 인정되는 경우는, 선사용에 의한 통상실시권(제103조), 특허권의 이전청구에 따른 이전등록 전의 실시에 의한 통상실시권(제103조의2), 무효심판청구 등록 전의 실시에 의한 통상실시권(제104조), 디자인권의 존속기간 만료후의 통상실시권(제105조), 통상실시권 설정의 재정에 의한 통상실시권(제107조), 정부 등에 의한 특허발명의 실시권 설정에 따른 통상실시권(제106조의2), 이용발명에 의한 통상실시권(제98조 및 128조) 그리고 실용신안법 제32조와 디자인보호법 제123조에 의하여도 통상실시권이 설정될 수 있다.

통상실시권자는 통상실시권설정자 (특허권자 또는 전용실시권자)와의 관계에서 계약상 침해로부터의 자유라는 소극적인 것에 불과하기 때문에 제3자에 대하여 권리침해를 이유로 권리주장을 할 수 없다. 예컨대 제3자가 특허침해를 하더라도 그 3자를 상대로 특허침해나 통상실시권 침해를 이유로 손해배상을 청구할 수 없다.

3. 전용실시권

전용실시권에 대한 특허법의 기본 규정

제100조(전용실시권) ① 특허권자는 그 특허권에 대하여 타인에게 전용실시권을 설정할 수 있다.

② 전용실시권을 설정받은 전용실시권자는 그 설정행위로 정한 범위에서 그 특허발명을 업으로서 실시할 권리를 독점한다.

③ 전용실시권자는 다음 각 호의 경우를 제외하고는 특허권자의 동의를 받아야만 전용실시권을 이전할 수 있다.

1. 전용실시권을 실시사업(實施事業)과 함께 이전하는 경우

2. 상속이나 그 밖의 일반승계의 경우

④ 전용실시권자는 특허권자의 동의를 받아야만 그 전용실시권을 목적으로 하는 질권을 설정하거나 통상실시권을 허락할 수 있다.

⑤ 전용실시권에 관하여는 제99조제2항부터 제4항까지의 규정을 준용한다.

전용실시권은 독점권을 이전(assignment)하는 것이다. 보통 전용실시권을 license라고 하는 경우가 있는데, 이는 잘못된 것이다. 전용실시권을 설정하는 영문 계약서명은 assignment agreement라고 한다. 특허권자는 업으로서 특허발명을 실시할 권리를 독점하지만 그 특허권에 관하여 전용실시권을 설정하였을 때에는 전용실시권자가 그 특허발명을 실시할 권리를 독점하는 범위에서는 특허권자의 독점권이 없게 된다.(제94조) 전용실시권자가 그 독점권을 갖게 되기 때문이다.

전용실시권을 설정 받은 전용실시권자는 계약에서 정한 범위에서 그 특허발명을 업으로서 실시할 권리를 독점한다. 전용실시권자는 특허권자의 동의없이 i) 전용실시권을 실시사업(實施事業)과 함께 이전하는 경우, ii) 상속이나 그 밖의 일반승계의 경우에 전용실시권을 타인에게 이전할 수 있다.

전용실시권자는 자신의 독점권이 있기 때문에 타인이 자신의 독점권을 침해하는 경우에는 자신의 이름으로 자신을 위하여 그 타인에게 손해배상소송과 금지명령을 청구할 수 있다. 이점이 통상실시권과 차이이다.

제4장

영업비밀: 산업재산권

제1절 영업비밀이란?

1. 서론

영업비밀은 일정한 계약관계를 가진 당사자 사이에 성립된 신뢰관계를 보호하기 위한 것으로부터 시작되었다. 영업비밀제도는 특허제도와 상반된 정책에 의하여 자국의 기술을 보호하였다. 특허가 외국의 기술을 도입하는 정책과 수단의 일환으로 시작되었음은 앞서 언급한 바와 같다. 그러나 영업비밀보호는 자국의 기술이 외국을 빠져나가는 것을 방지하는 대표적인 정책적 수단이었다.

영업비밀은 매우 오랜 역사를 가지고 있다. 영업비밀보호는 로마시대로 거슬러 올라간다. 로마시대에 다른 사람의 노예를 스카웃 하여 타인의 영업비밀을 침해하는 것을 금지했다.[180] 주인과 노예간의 관계는 로마 공화정 말기부터 시작하여 로마 제정시대 초기에 확립되었다.

특허제도가 처음 나타난 유럽에서 특허제도는 자국 기술과 산업을 발전시키기 위하여 외국의 기술자에 대한 유인책, 즉, 기술자 스카웃의 한 방책으로 사용되었다.[181] 길드가 가진 기술은 비밀로 보호되었다. 한편 외국의 기술 수입은 특허제도의 기원을 이루었다. 일정기간 특허부여를 통한 외국 기술자의 이민정책은 이미 베니스와 유럽대륙에서 시작된 정책이었다. 그뿐만 아니라 경쟁자 유럽대륙보다 기술발전에서 뒤쳐져 있던 영국에서의 특허는 기술수입을 장려하는 것에 그 목적을 두고 있었다. 따라서 영국에서도 유럽과 마찬가지로 기술의 수입은 장려되고, 반대로 기술의 수출은 엄격히 금지되었다.

중세 기술의 발전은 장인과 장인이 속한 길드에서 이루어졌다. 길드가 발달한 베니스에서 시(市)와 길드는 자신들의 전문성을 확보하기 위하여 엄격한 규제를 하였

180 이하, 나종갑, 특허제도와 신규성개념의 형성, 그리고 특허권자의 수출할 권리, 산업재산권 제55권(2018) 65면 이하에서 발췌 수정.

181 E. W. Hulme, "The History of the Patent System under the Prerogative and at Common Law", 12 L.Q.R. 141, pp.141–154(1896).

다. 예컨대 유리세공기술을 가진 베니스의 베트라이(Vetrai) 길드는 자신들의 이익을 보호하기 위하여 유리세공기술 자체와 유리세공에 관련된 정보 그리고 유리세공 기능의 외부 유출을 엄격히 금지하였다. 유리세공기술은 베니스에 이익이 되는 사회재산(communal property)으로 간주되었다.[182] 1271년에 베니스의 길드 참사회의(guild capitularies)는 유리세공기술을 외부에서 실시할 목적으로 베니스 밖으로 유출하면 벌금에 처한다고 경고하였다.[183] 1295년에 대의회(Great Council)는 트레비소(Treviso), 빈센차(Vincenza), 파두아(Padua), 만투아(Mantua), 페라라(Ferrara), 안코나(Ancona) 및 볼로냐(Bologna) 등의 경쟁도시에 용광로 기술이 유출되어 깊은 유감을 표시하였고 기술을 유출한 자가 베니스에서 일하지 못하도록 시 조례를 제정했다. 기술유출은 궁극적으로 베니스에 위협이 되었으므로 기술유출을 범죄로 인정하여 최고 사형으로 처벌하였다. 이탈리아 제노바 시의 경우에도 이와 다른 것이 없었다. 제노바 시는 그 기술자가 타 지역으로 이민을 가는 바람에 기술 경쟁력을 상실하였다. 그리하여 1529년 제노바 시는 도망간 기술자를 죽이는 경우에 200 두캇의 현상금을 주었다. 루카(Lucca) 시(市)도 1314년 이후 타지역으로 이민 간 기술자를 죽이는 경우에 포상금을 주었다. 피렌체도 타지역으로 이민 간 기술자를 참수형에 처하였다. 기술이 외부에 유출된 경우에 이를 처벌한 것은 비단 유럽에서만 시행된 것은 아니었다.

이웃 중국도 화약기술이나 나침반, 비단 직조기술들이 외부에 유출되는 것을 금하였다. 우리나라의 경우에도 군사기술이었던 편전(애기살, 片箭)이 적국에 유출되는 것을 방지하고자 국경에서는 편전을 연습하지 못하도록 하였다. 기술이 외부에 수출되는 것은 현재에도 장려되는 것은 아니다.

이와 같은 기술유출에 대한 엄격한 처벌은 기술자의 이동을 제한하여 무형의 재산을 이루는 기술과 지식을 보호하고자 한 것이다. 이러한 기술유출 방지 정책은 기술 수출에 대하여 부정적 전통을 확립하였다고 할 수 있다. 따라서 특허제도는

182 Pamela Long, supra note 16, p.873; Joanna Kostylo, supra note 16, p.33. ("anyone of the aforementioned art who will have gone out beyond Venice with the aim of practicing the said art").

183 Ids.

기술유입을 위한 정책에 따라 시행된 측면이 강하였고, 기술 수출은 곧 경쟁자의 등장을 의미하였으므로 특허권의 형성에 있어서 수출에 대한 권리는 특허권의 지분적 권리, 즉 특허 기술을 실시할 수 있는 실시권의 일부로 전연 고려가 될 수가 없었다. 문헌에 나타난 바에 의하면, 1557년 영국의 엘리자베스 여왕은 햄보로(Hamborough) 회사에게 영구적으로 3만 의복(clothes) 등의 상품을 수출할 수 있는 특허권을 부여한 적이 있었지만, 이 당시의 특허는 현재 지적재산권법에서 논하는 특허와는 다른 특허이다. 특정한 천연자원이나 상품 등을 수출할 권리를 특허에 의하여 부여한 것으로 이는 면세점 특허와 같은 행정법상의 특허에 불과하고 창작된 발명이나 기술에 관련되어 부여된 것이 아니다. 기술수출에 관한 특허를 부여하였다는 기록은 나타나지 않는다.

1474년 제정된 베니스의 특허법은 외부의 기술자에 대하여 독점을 부여하고 기술수입을 장려하였다. 특허제도를 통한 기술 이민 정책은 대륙에 비하여 기술발전이 늦었던 영국의 정책에서 뚜렷이 나타난다. 영국은 특허제도를 이용하여 유럽대륙의 경쟁국 기술자를 자국에 이민하는 정책을 시행했다. 영국 왕이 산업발전을 위해 새로운 기술을 도입한 자에게 특권(privileges)을 부여했던 기록은 1331년까지 소급된다. 1331년 영국의 에드워드 3세는 외국의 기술자를 자국에 유치하여 기술발전을 이룩하는 정책의 일환으로 벨기에 북부의 플랑드르 지방에서 영국으로 이민 온 존 켐프(John Kempe)에게 직조기술에 대한 보호명령서(letters of protection)를 발급하였다. 1336년에도 에드워드 3세는 요크 지방에 정착한 벨기에 안트워프(Antwerp)에서 이민 온 직조기술자에게 그들이 가져온 기술의 대가로 보호명령서(letters of protection)를 발급했다. 1338년에는 네덜란드 서부의 델프트(Delft)에서 이민 온 시계기술자에게 보호명령서가 발급되었다. 1449년에 헨리 6세는 벨기에의 플랑드르에서 영국으로 이민 온 어타이남의 존(John of Utynam)에게 그 당시 영국에서는 새로운 기술이었던 스테인드 글라스 제조방법에 대하여 20년의 독점을 부여했다. 이와 같이 외국의 기술이민자에게 독점을 부여한 것 단순한 특허부여가 아닌 외국기술자를 통한 낙후된 산업발전책이었다. 기술과 산업 경쟁력 확보는 특허정책의 주된 목적이었고, 특허를 통하여 경쟁국의 기술을 도입하는 것은 보편화된 정책이 되었다. 그 당시 특허제도는 현재의 관점에서 보면 경쟁국의 기술자를 빼앗는 국제불공정경쟁행위였다고 할 수 있다.

영국의 식민지였던 미국도 유럽의 기술자를 유치하기 위한 정책으로 특허제도를 이용하였다. 영국과 영국의 특허제도를 이식한 미국은 특허제도를 이용하여 유럽대륙의 기술자를 자국에 이주토록 하여 기술발전을 이룩하고자 하는 경제발전책을 사용하였다. 이러한 기술수입정책을 "strategic trade policy"[184]에 빗대어 "strategic international trade policy"이라고 부르기도 한다.[185] 기술수입을 장려하는 정책을 바탕으로 성립된 특허제도 하에서 유럽대륙 뿐만 아니라 특히 영국과 미국에서 확립된 특허제도는 외국과 경쟁국의 기술 수입에는 친할 수밖에 없었다.[186] 1817년 네덜란드 특허법은 외국에서 수입한 기술에 대하여도 특허를 부여할 수 있도록 하였지만, 외국에서 특허를 취득한 경우에 그 특허기간은 외국에서의 기간을 넘지 못했다.[187] 네덜란드에서도 외국 기술의 수입은 특허제도 발전의 한 축이었다고 할 수 있다.

2. 영업비밀의 보호의 근거이론

가. 신뢰관계이론

계약법을 근간으로 하는 신뢰관계이론은 계약 등으로 인하여 상대방의 영업비밀

184 전략적 무역정책(strategic trade policy)은 항공기, 전기통신 등의 하이테크 산업과 같이 규모경제나 연구개발 등에 의하여 외부효과가 발생하는 산업은 과점이 형성되어 초과이윤(과점이윤)이 발생하는데, 그 초과이윤을 국내로 이전시키기 위해 각종 보조금, 시장폐쇄, 덤핑방지 과세 등의 보호적 조치를 취하는 정책을 말한다.

185 Robert P. Merges et. al., 「Intellectual Property in the New Technological Age (5th ed.)」, Wolters Kluwer, 2010, p.126.

186 E. W. Hulme, supra note 11, p.152; Christine MacLeod, supra note 25, p.13; E. W. Hulme, On the History of Patent Law in the Seventeenth and Eighteenth Centuries," 18 L.O.R., pp.280-281(1902). 당시 특허법의 근본 목적은 발명자에 대한 보상이 아니라 산업발전을 위한 것에 있었다. Paul Torremans, 「Holyoak and Torremans Intellectual Property Law(7th ed)」, Oxford University Press, 2013, p.7.

187 G. Doorman, Patent Law in the Netherlands-Suspended in 1869 and Reestablished in 1910(Part I), 30 JPOS 225, p.228 (1948).

을 보호할 의무가 있는 자가 그 의무에 위반하여 영업비밀을 누설한 경우, 계약위반이나 불법행위를 구성한다고 한다. 본 이론은 신뢰관계위반이나 계약위반에 의한 불법적 행위를 금지하고 제재함으로써 합리적이고 공정한 상행위를 장려하고 보호하기 위한 것이다.

본 이론은 두 가지 입장이 있는데 i) 첫째는 순수한 신뢰관계 위반으로 보는 것이고 ii) 둘째는 취득수단 또는 방법의 부적절성(unfair)을 강조하는 이론인 점에서 양자의 차이가 있다.

나. 재산권 보호이론

재산권 이론은 영업비밀 침해에 대하여 금지명령을 인정하기 위해서 19세기에 법원이 취했던 영업비밀보호이론이다.

영업비밀을 영업비밀 소유자의 재산권으로 보는 것은 혁신에 대해서 특허법과는 별개의 발명을 장려하는(encourage invention) 동기부여(incentive)라고 한다.[188]

존 로크의 이론에서도 영업비밀을 보호할 수 있는데, 로크의 노동가치설에 의해서도 재산권 이론이 뒷받침된다. 즉 영업비밀은 노동의 결과물이라고 할 수 있는데, 이는 영업비밀인 정보를 창작한 사람의 재산이라고 할 수 있기 때문이다. 이러한 재산권 이론은 최근에 영업비밀의 수용(taking)에 대하여 보상을 하도록 하기 위한 이론적 근거로 다시 주목을 받았다. 미국 연방대법원은 Ruckelshaus v. Monsanto Co. 사건[189]에서 "영업비밀은 좀 더 유체재산의 특징을 가지고 있다. 영업비밀은 양도할 수 있다. 영업비밀은 신탁재산이 될 수 있고 파산시에 수탁인에게 이전될 수 있다([t]rade secrets have many of the characteristics of more tangible forms of property. A trade secret is assignable. A trade secret can form the res of a trust, and it passes to a trustee in bankruptcy)"라고 판시하면서, 정부가 민간의 영업비밀을 법의 규정에 따라 공개하도록 한 것은 헌법에 규

188 Kewanee Oil Co. v. Bircon Corp., 416 U.S. 470 (1974).
189 Ruckelshaus v. Monsanto Co., 467 U.S. 986 (1984).

정된 재산권의 수용에 해당하므로 이에 대하여 보상을 하도록 하였다. 본 판결에 따르면, 재산권의 수용에 있어서 영업비밀은 재산권으로 보아야 한다는 것이지만, 영업비밀은 단지 계약이나 신뢰관계로 보호되는 것 이상의 경제적 가치, 즉 재산권으로서 인정받아야 한다는 점을 의미한다.

다. head start 방지이론

소위 head start/lead time 방지이론이라는 이론이 있다. 이 이론은 우리 대법원의 판결에서 유래한 것으로 볼 수 있는데, 사실 이는 영업비밀의 법적인 본질에 관한 이론이 아니라 영업비밀 침해에 대하여 구제수단인 금지명령을 어느 범위에서 인정할 것인가 하는 이론중의 하나 일 뿐이다. 따라서 이것을 영업비밀의 법적인 본질이라고 하는 견해는 영업비밀의 법적인 본질에 대하여 잘못 이해한 것이라고 생각된다.

이러한 견해는 아래 대법원 판결을 그거로 한다. 대법원은

> 침해행위자가 그러한 [영업비밀] 침해행위에 의하여 공정한 경쟁자보다 '유리한 출발(headstart)' 내지 '시간절약(lead time)'이라는 우월한 위치에서 부당하게 이익을 취하지 못하도록 하고, 영업비밀 보유자로 하여금 그러한 침해가 없었더라면 원래 있었을 위치로 되돌아갈 수 있게 하는 데에 그 목적이 있다 할 것이므로...

라고 판시하였다.[190] 이 판결에서 영업비밀의 법적 본질을 경쟁자보다 '유리한 출발(headstart)' 내지 '시간절약(lead time)'이라는 우월한 위치에서 부당하게 이익을 취하지 못하도록 하고, 영업비밀 보유자로 하여금 그러한 침해가 없었더라면 원래 있었을 위치로 되돌아갈 수 있게 하는 견해이다.

그러나 영업비밀의 침해에 대하여 금지명령을 인정하는 것은 타인의 재산권에 대한 부당이득이 발생하고 이러한 부당이득을 해소하기 위한 것으로서 금지명령을

190 대법원 1998. 2. 13. 선고 97다24528판결 및 대법원 1996. 12. 23.선고 96다16605 판결 참조

인정하는데, 이러한 금지명령의 범위를 어느 정도로 인정할 것인가에 세 가지 입장(Shellmar, Conmar, Winston)이 있는데 head start/lead time이론은 그 중에서 미국 제9연방순회법원이 취하는 견해로서, 영업비밀을 침해함으로써 영업비밀을 침해당한 경쟁자보다 유리한 출발(head start)을 방지하는 한도 내에서 영업비밀 침해 금지명령을 인정하는 법리이다.(Winston Rule) 예컨대, 직접 영업비밀을 개발하는 경우에 6개월이 필요하다고 하면, 영업비밀을 침해하여 취득하면 6개월의 유리한 출발을 하게 되므로 6개월의 금지명령을 인정한다. 그런데 우리나라에서는 영업비밀보호의 본질론으로 이해되고 있다.

3. 영업비밀과 특허의 차이

영업비밀은 그 보호받은 대상에 대하여 독점권을 부여하는 것은 아니다. 그러나 특허는 독점권을 부여한다. 특허는 신규성이나 진보성, 산업상 이용가능성 등 특허요건이 필요하다. 그러나 영업비밀은 그 비밀이 독립된 경제적 가치를 가지고 있고, 비밀성 유지노력만 있으면 된다. 독립된 경제적 가치를 가진다는 것은 타인이 모른다는 것을 의미하므로 특허의 신규성과 유사하나 신규성과는 다른 개념이다. 특허는 동일한 아이디어에 대하여 두 사람 이상이 독립적으로 가질 수 없지만, 영업비밀은 비밀이면 다수의 사람이 보유하는 것도 가능하다. 비밀성은 타인이 알고 있어도 성립한다.

구 분	특 허	영업비밀
목 적	발명을 보호 · 장려하고 그 이용을 도모함으로써 기술의 발전을 촉진하여 산업발전에 이바지	타인의 영업비밀을 침해하는 행위를 방지하여 건전한 거래질서를 유지
법적보호	법적으로 아이디어에 대하여 독점권을 부여함	법적으로 사실상의 점유상태를 보호함. 점유상실한 경우에는 보호되지 않음

구 분	특 허	영업비밀
보호조건	신규성 진보성 산업상 이용가능성	비밀성 경제적 유용성 비밀유지
보호대상	o 기술적 발명 : 자연법칙을 이용한 기술적 사상의 창작으로서 고도한 것	o 기술정보 : 특허요건을 갖추거나 갖추지 아니한 것을 불문하고, 기술, 설계방법, 설계도면, 실험데이타, 제조기술, 제조방법, 제조공정, 연구레포트 등 o 경영정보 : 고객명부, 거래선명부, 판매계획, 입찰계획 등 – 특허를 받지 못하는 저급의 기술은 영업비밀로 보호될 수 있음 – 특허요건을 갖춘 경우, 특허출원 또는 영업비밀유지는 당사자가 선택할 수 있음 – 특허출원했다가 특허거절되는 경우에는 영업비밀유지 못하지만 특허출원의 내용이 공개되기 전에 특허출원을 철회하는 경우에는 비밀로 유지되기 때문에 영업비밀을 유지할 수 있음
등록유무 및 권리성	특허요건에 관한 심사 후, 설정등록에 의하여 독점배타적 권리가 발생 – 특허권자는 설정등록된 발명에 대하여 일정기간동안 독점배타적 권리로서 사용 – 따라서, 제3자가 특허된 기술과 동일한 기술을 독자적으로 개발하였다 하더라도 특허권자의 실시허락을 얻지 않고 사용하게 되면, 특허권 침해에 해당	등록절차가 없으며 일정한 요건이 충족되면 영업비밀로서 인정받고, 영업비밀이 침해를 받았을 경우 이에 대한 구제를 청구 – 배타적 권리를 부여하는 것이 아니며, 비밀로 유지 · 관리되고 있는 사실상태 그 자체를 보호 – 따라서, 제3자가 동일한 내용의 영업비밀을 독자적으로 개발하여 사용한다 하더라도 그것만을 이유로 침해 주장을 할 수 없음 (같은 내용의 표현을 보호하는 저작권과 비슷함)

구 분	특 허	영업비밀
보호기간	설정등록일로부터 보호되기 시작하는데, 그 종기는 출원일로 부터 20년이 되는 날	비밀로서 관리되는 한 무한 (코카콜라의 제조방법)
공 개	공개를 전제로 함 (1474년 베니스의 특허법의 경우에도 공중에게 해당 기술을 시연할 것을 요구함)	비공개
이전성	실시권 설정 가능	비밀유지를 전제로 실시계약이 가능 Arrow's Information Paradox 적용

4. Arrow's Information Paradox

영업비밀은 아이디어나 정보를 대상으로 하는데, 아이디어나 정보를 제공하거나 거래하는 경우에는 아이디어와 정보의 비대칭성으로 인하여 "Arrow's Information Paradox" 상황이 발생한다. 영업비밀에 대해서 라이센스를 하기 위해서는 그 영업비밀이 얼마의 가치가 있는지를 알아야 한다. 그러나 영업비밀은 비밀이기 때문에 라이센스를 하려고 하는 당사자는 영업비밀인 정보나 아이디어의 구체적인 내용을 알지 못한다. 따라서 영업비밀인 정보나 아이디어를 취득하기 전까지는 그 가치를 알 수 없다. 그러나 가치평가를 하기 위해서 그 내용을 알고 난 후에는 더 이상 아이디어 소유자로부터 그 아이디어를 취득할 필요가 없다. 이미 알고 있기 때문이다.

Arrow's Information Paradox는 지적재산권의 소지자가 외부의 기술을 취득하거나 그 기술을 시장화 하려는 경우에 발생한다. 정보(또는 지적 재산)에 대한 고객은 그 정보의 가치에 대하여 자신들이 지급할 대가(consideration)를 평가하거나 구입여부를 판단하기 위하여 더욱 더 구체화 된 정보를 원하게 된다. 그러나 그러한 평가나 판단을 위하여 구체적인 정보가 소비자에게 알려지면, 그 정보의 소유자는 아무런 대가없이 그 정보를 소비자에게 사실상 이전한 것과 같게 된다. 이러한 경우에 소비자는 자신이 필요로 하는 정보를 이미 알고 있기 때문에 그 정보에 대하여 라이센싱을 하지 않거나 이를 라이센싱에 대한 계약상의 대가(consideration)(로열티)에 반영하고자 한다. 따라서 비밀정보의 이전이나 라이센싱이 어려워진다. 이와 같은 현상을 Arrow's Information Paradox라고 한다.

1972년 노벨상 수상자인 Kenneth Arrow는 위와 같은 역설(paradox)을 "itsvalue for the purchaser is not known until he has the information, but then he has in effect acquired it without cost"(정보의 가치는 구입자가 정보를 취득할 때까지 알려지지 않고, 그리고 비용의 지불 없이 취득하게 된다)라고 표현하고 있다.

이러한 역설로 인해 아이디어나 정보의 제공은 쉽지 않게 되고, 아이디어를 취득하고자 하는 자는 "Arrow's Information Paradox"를 이용하게 된다. 사회적으로 보면 정보의 유통이 어려워지고 지식의 확산 및 기술발전과 산업발전이 어려워진다. 따라서 이러한 역설 상황은 법에 의한 독점으로 해결하여야 한다. Arrow's Information Paradox상황에 대한 대책 중의 하나는 그 정보에 대하여 법적인 독점(특허)을 부여하는 것이다. 다른 하나는 영업비밀보호를 포함한 불공정경쟁법에 의한 보호이다. 특허는 정보에 대하여 법적 독점을 부여하므로 라이센스를 가능케 하여 정보를 확산하게 한다. 아이디어나 정보에 대하여 법에 의한 독점을 부여 하면 권한 없는 타인의 사용은 독점권을 침해하는 것이 되므로, 라이센스를 하고자 하는 자는 타인이 해당 정보나 아이디어를 무단으로 사용하는 경우 독점권 침해를 이유로 손해배상이나 금지명령 또는 형사고발을 할 수 있으므로 해당 정보나 아이디어가 보호받을 수 있다. 그러나 영업비밀에 의한 보호는 일단 제3자에게 해당 정보나 아이디어가 공개된 이후에는 이를 보호받을 방법이 매우 제한적이다.

따라서 아이디어나 정보에 대하여 특허를 취득하는 것은 적절한 보호수단이다. 영업비밀보호법에 의하여 정보를 보호하더라도 여전히 공개에 의하여 그 정보에 대한 침해 위험성이 있으므로 이는 적절한 보호수단은 아니지만, 어느 정도 Arrow's Information Paradox에 대한 대책이 된다.

Smith v. Dravo Corp. 사건은 Arrow's Information Paradox 상황에 대하여 법

원이 법적 구제를 인정한 사례로 볼 수 있다. 본 사건은 운송용기인 컨테이너가 문제된 사건이다. 동일한 사이즈의 컨테이너는 운송을 매우 편리하게 하여 컨테이너는 혁신적인 운송용기였다. 컨테이너를 생산 · 판매하는 원고에게 피고는 컨테이너 판매를 요청했다가 후에 영업자체를 이전할 것을 요청하였다. 협상 중에 원고는 피고에게 컨테이너의 특허출원서 설계도 및 다른 비밀 정보를 제공했다. 최종적으로 컨테이너 판매에 따른 로얄티에 대한 의견 차이로 원피고간의 영업양도 협상이 결렬되었다. 그런데 얼마 지나지 않아 원고는 원고제품과 비교하여 4인치의 길이가 짧은 거의 동일한 컨테이너가 피고에 의하여 제작 판매되고 있음을 알게 되어, 피고를 상대로 영업비밀침해를 이유로 소송을 제기했다.

본 사건에서의 쟁점은 원고와 피고 사이에 영업비밀보호계약이 체결되지 않았는데도 불구하고 아이디어 침해를 이유로 한 영업비밀침해를 인정할 것인지 여부였다. 법원은 피고에게 제공된 정보는 공중의 영역에 존재하는 것이 아니라 여전히 비밀로 유지되었다는 이유로 피고의 원고에 대한 영업비밀침해를 인정하였다. 정보에 대하여 계약에 의하여 보호하거나, 비밀유지의무에 대한 신뢰위반 등 부정한 방법을 통한 정보의 취득에 대해서 부정경쟁행위로 인정하여 보호하는 것은 특허에 의한 보호보다는 강력한 보호수단은 아니지만, 특허나 영업비밀로 보호받지 못하는 아이디어와 정보의 유통을 장려할 수 있는 효과적인 보호수단이 될 수 있다. 그렇지만 불공정경쟁법에 의한 아이디어 보호는 영업비밀에 의한 보호와의 관계가 불분명하다는 점이 지적될 수 있다. 특히 영업비밀침해는 부정경쟁행위로 인정되었기 때문에 불공정경쟁법에 의한 아이디어 보호와 영업비밀에 의한 아이디어 보호가 구분될 필요가 있다. 영업비밀은 비밀성과 비밀성유지노력 및 경제적 가치가 그 보호 요건이 된다. 그렇지만 아이디어의 불공정경쟁법적 보호는 영업비밀보호보다 약한 보호를 의미한다. 특히 영업비밀은 비밀성유지노력이 그 보호요건이 되지만, 아이디어의 보호는 비밀성유지노력을 고려하지 않는다. 그뿐만 아니라 영업비밀보호를 위해서는 경제적 가치가 존재하여야 하므로 영업비밀의 가치에 중점을 두고 있지만, 불공정경쟁법에 의한 아이디어 보호는 취득행위의 불공정성에 그 중점이 있다. 물론 아이디어 제공을 보호하기 위한 요건으로 경제적 가치를 완전히 부인하는 것은 아니다. 경제적 가치는 참신성에 반영된다. 불공정경쟁법에 의한 아이디어를 보호하는 경우에는 객관적인 경제적 가치가 필요한 경우도 있지만, 계약에 의한 아이디어를 제공한 사안에서는 객관적인 경제적가치가 아닌 주관적인 경제적 가치만으로도 보호할 수 있다.

제2절 영업비밀의 요건

1. 영업비밀의 보호 대상

영업비밀의 정의에 관한 부정경쟁방지 및 영업비밀보호에 관한 법률 규정
"영업비밀"이란 공공연히 알려져 있지 아니하고 독립된 경제적 가치를 가지는 것으로서, 비밀로 관리된 생산방법, 판매방법, 그 밖에 영업활동에 유용한 기술상 또는 경영상의 정보를 말한다.

영업비밀보호는 부정경쟁방지 및 영업비밀보호에 관한 법률(이하, 영업비밀보호에 관해서는 '영업비밀보호법'이라고 함)에 규정되어 있다. 영업비밀의 보호대상은 정보이다. 우리 법은 기술상 또는 경영상의 정보라고 하고 있다. 기술상의 정보는 특허와 달리 자연법칙을 이용한 것이든 안한 것이든 모두 보호 대상이 된다. 예컨대, 자연법칙 그 자체는 발명이 아니므로 특허의 보호대상이 되지 않는다. 그러나 영업비밀보호법에서는 자연법칙 자체도 보호 대상이 된다.

정보에는 기술적인 정보 뿐만 아니라 경영상의 정보도 포함한다. 경영상의 정보로서 많이 문제가 되는 것은 고객리스트이다. 고객리스트도 경영상의 정보로서 영업비밀의 보호대상이 된다. 피용인이 스스로 개척한 고객리스트의 경우에는 원칙적으로 피용인의 것으로 보아야 할 것이다. 다만 고용주가 고객발굴을 피용인의 직무로 한 경우에는 고용주가 그에 대한 대가(봉급)을 준 것이므로 고용주의 것이라고 하여야 한다.

한편 우리 대법원은 영업비밀과 다른 개념으로 '영업자산'을 인정하고 있는데, 영업자산은 '영업비밀'의 보호 요건을 일부 충족하지 못한다고 하더라도 영업상 주요 자산에 해당하는 것으로서 이를 무단으로 반출하게 되면 업무상 배임죄로 처벌할 수 있다고 하고 있다. (대법원 2012. 6. 28. 선고 2011도3657 판결 등)

영업자산의 반출과 배임죄의 성립

회사 직원이 경쟁업체 또는 자신의 이익을 위하여 이용할 의사로 무단으로 자료를 반출한 경우에 업무상 배임죄가 성립하기 위하여는, 그 자료가 영업비밀에 해당할 필요까지는 없다고 하더라도 적어도 그 자료가 불특정 다수인에게 공개되어 있지 않아 보유자를 통하지 아니하고는 이를 통상 입수할 수 없고, 그 자료의 보유자가 자료의 취득이나 개발을 위해 상당한 시간, 노력 및 비용을 들인 것으로 그 자료의 사용을 통해 경쟁자에 대하여 경쟁상의 이익을 얻을 수 있는 정도의 영업상 주요한 자산에 해당하는 것이어야 한다(대법원 2011. 6. 30. 선고 2009도3915 판결, 대법원 2011. 7. 14. 선고 2010도3043 판결, 대법원 2012.06.28. 선고 2011도3657 판결 등).

우리나라 법원 판결에 의하여 영업비밀로 인정되었던 것들은 다음과 같다.[191]

전기 전자 분야

- 주방용 환풍기 금속팬 제조기술과 재료 구입처, 판매거래처(인천지방법원 2005가단1720 판결) 스팀청소기의 플라스틱 부품인 베이스, 스팀커버, 벨크로 등에 대한 금형제작 기술정보 및 제반 기밀사항(인천지방법원 2005가합76 판결)
- 주식회사 ㅇㅇ의 핵심기술, 인력, 거래처(울산지방법원 2005가합301 판결)
- Organic Photo Conductor드럼을 생산함에 있어 알루미늄 소관 표면의 초정밀 가공 처리, 양극 산화공정상 각종 기술상 문제점 해소, 코팅액 도공공정상 각종 문제점 해소, 기어압입공정개선 등 제품생산에 관한 기술상의 노하우(수원지방법원 2005가합482 판결)

191 특허청 등, 영업비밀 2편, 실무편(영업비밀관리실무) 22면 이하.

- 피고 주식회사와 사이에 당시 원고가 개발을 완료하였거나 개발할 예정인 DTV/MPEG2 테스트 장비, 원고가 제공한 제품에 장착된 소프트웨어, 경험의 축적으로 이루어진 인력 및 부품의 배치(서울남부지방법원 2005가합2876 판결)
- 기술, 생산, 영업, 애프터서비스 등의 중요한 정보 (의정부지방법원 2005가합3233 판결)
- 공동개발 프로젝트 'EGIP' 관련 기술문서 약 100건, 필름식 터치패널 개발실험 및 분석자료 약 130건, 플라스틱 터치패널 개발자료 약 80건, 터치스크린 작업 표준 및 생산기술 관련 문서 약 40건, 터치스크린의 품질 및 신뢰성 자료 약 80건을 저장한 CD 3장 (서울남부지방법원 2005가합7000 판결)
- 양, 음극 및 SPE 제조 기술을 포함하는 리튬플리머, 고객정보 (서울동부지방법원 2005가합13637 판결)
- MPEG(Motion Picture Expert Group) 관련 기술의 표준화 과정 (서울중앙지방법원 2005가합36248 판결)
- 마이크로 콘트롤러가 운전자의 위치정보와 도로정보를 비교하는 기술, 음성송출부가 위험지역을 음성 및 차임 등으로 경고하는 기술, 데이터 다운○○부가 사업자 서버로부터 도로 등의 변경 내용을 다운○○받는 기술, 제품의 작동상태확인을 위해 제품의 외관에 설치한 램프부분, 전원공급부, 전체회로 구성도 (서울중앙지방법원 2005가합48944 판결)
- 가맹점 현황, 원가표, 단가표 파일, 자금일보 파일, PC방 오너 매니저 운영매뉴얼, ○○동 상권조사서, 계약서 및 견적서 양식 등 (서울중앙지방법원 2005가합98215 판결)
- 자동차, 생활가전품, 의료용기기, 전동공구 등의 대, 소형 모터의 핵심부품인 아마추어의 조업용 자동화 설비라인 (대구고등법원 2005나2463 판결)
- 휴대폰 충전기 제작공정의 자동화 장비인 ○○의 조감도 파일 및 조립도 파일 (서울고등법원 2006노904 판결)
- 교육용 로봇 ○○의 회로설계도, 부품스펙, 작동원리 및 개발과정에 관련된 모든 자료, 교육용 로봇의 핵심기술인 회로부의 동작원리 알고리즘 (서울중앙지방법원 2006고단7142 판결)
- 인증방식, 요구사항, 설계도, 소스코드, 실행파일 (대전고등법원 2006나9444 판결)
- OLED 물질 관련 보고서, 제조지시서, 생산일자 (서울동부지방법원 2007가합4569 판결)
- 반도체 제조회사를 상대로 한 영업에 관련된 정보(서울중앙지방법원 2008카합3878 결정)
- 차선이탈방지기능 및 후방충돌방지기능을 이용한 R&BD 사업계획서(서울중앙지방법원 2009카합1097 결정)
- 제품과 서비스에 관한 가격 정보(의정부지방법원 2008카합456 결정)
- 1. 압흔검사 Solution 및 시스템 등 LCD의 품질을 검사하는 Machine Vision 검사 Solution 및 시스템 기술 2. ACF를 이용하여 LCD판넬에 드라이브 IC를 부착 시 1 내지 3 마이크론의 정밀도

에서 자재에 대한 정확한 위치결정으로 불량이 발생하지 않도록 하는, 이미지 프로세싱 · 위치결정 등 S W알고리즘 프로그램을 이용한 Machine Vision Solution 및 시스템 기술(서울동부지방법원 2009카합1442 결정)

- 휴대폰 칩 안테나 기술(서울중앙지방법원 2009카합2622 결정)
- 1. ○○ 프로젝트 및 ○○ 프로젝트 참여와 관련된 영업비밀 및 노하우 2. ○○ 시스템 기술 등 업무상 접한 기술, 설계, 디자인 관련 영업비밀 및 노하우 3. 전략 및 신제품 계획 관련 영업비밀 및 노하우 4. 회사 원가시스템 등 재무 관련 영업비밀 및 노하우 5. 회사 제품단가, 구매단가 등 핵심사항에 대한 영업비밀 6. ○○ 자동차 임직원, 학계 기술진 등 주요 인맥 관리와 관련된 영업비밀 및 노하우 7. 회사 유형적 자료(서류, 사진, 도면, 문서파일, 회의록, 다이어리 등)의 원본 또는 사본에 대한 영업비밀 8. 양산 관련 영업비밀 및 노하우 9. 마케팅 계획과 관련된 영업비밀 및 노하우.(서울중앙지방법원 2008카합4133 결정)
- 컬러필터 공정기술 분야에 해당하는 자료(서울중앙지방법원 2007노756 판결)
- 'Lift off Design Guide'는 Lift-off법을 사용하는 TFT 패널의 설계방법을 체계적으로 기술하고있어 활용도가 매우 높은 자료(서울중앙지방법원 2007노756 판결)
- 자체적으로 각 제조사별 장비 · 3재료를 비교 · 평가한 문건 및 '장비의 국산화'에 관하여 작성한 내부 문건(서울중앙지방법원 2007노756 판결)
- 각 장비와 재료의 기능분석, 테스트 및 시장조사 등을 하는 등 상당한 노력을 들여서 만든 것으로서, 경쟁사들이 장비를 선정함에 있어 직접적인 도움이 될 수 있는 유용한 자료들(서울중앙지방법원 2007노756 판결)
- 회사의 라인트레이서에 관한 알고리즘 구성(서울중앙지방법원 2007노3454 판결)
- 교육용 로봇의 핵심기술인 회로부의 동작원리 알고리즘(서울중앙지방법원 2007노3454 판결)
- 'DVI(Digital Visual Interface) 컨트롤러(전광판 액정을 디지털 방식으로 켤 수 있도록 만든 장치.)라는 하드웨어와, '○○', '○○'라는 소프트웨어(서울동부지방법원 2007가합4545 판결)
- 견적서, 제품원가 및 업체별 공급가격 등 거래상 영업비밀(대전지방법원 2007가합10973 판결)
- 풀칼라전광판 컨트롤러 설계도, 매직애딕터 소프트웨어(서울동부지방법원 2007노261 판결)
- 세품의 제소기술 · 설계에 관한 정보, 제품의 기획 · 개발의 실험데이터에 관한 정보, 제품의 제조원가의 가격설정 등에 관한 정보, 제조위탁의 상황에 관한 정보, 재무에 관한 정보, 인사에 관한 정보, 타사와의 사업제휴에 관한 정보, 신청인 회사의 자회사 및 관련 회사에 관한 정보, 타사와의 사업제휴에 관한 정보, 신청인 회사의 자회사 및 관련 회사에 관한 정보, 사업성과, 사업계획, 사업방법, 고객기록이나 고객명부, 기계, 생산, 구성, 기술, 연구, 공식, 아이디어, 개념, 발명, 발견, 문서, 소프트웨어 등에 들어있는 정보와 신청인 회사가 다른 사람들로부터 취득한 기밀정보, 그 밖에 신청인 회사가 비밀로서 지정한 정보 및 신청인 회사의 경영상, 기술상 유용한 정보(서울중앙지방법원 2007카합3903 결정)

- 외국상품의 실시간 재고 및 판매금액 검색 기능을 수행하는 killer 소스파일 및 관리자 게시판 · 주문내역, 회원정보, 상품, 판매현황 등의 정보를 관리하는 소스파일 등 총 200여개의 소스파일(대구지방법원 2007노3448 판결)
- 진동모터 관련 설계도면 91장(수원지방법원 성남지원 2006가합3864 판결)
- 회사의 워크스테이션 컴퓨터에 저장되어 있던 기술상의 영업비밀인EvDo_FTAOO.doc 파일 등 214개 파일(서울중앙지방법원 2006고단1169 판결)
- 휴대폰 기능모델 관련자료로서 피고인의 업무용 컴퓨터에 저장되어 있던 모델명SPH-X9700 휴대폰 회로도가 들어 있는 공정프로그램 구현 헤더파일 등 휴대폰 관련 파일 100개, 모델명 SCH-V670 휴대폰 회로도가 들어 있는 sch-v670-OOOOO.pdf 파일 등 휴대폰 관련 파일 24개, 합계 124개 파일(서울중앙지방법원 2006고단1831 판결)
- 개발 중이던 '풀칼라전광판 컨트롤러 설계도', '전광판 분야 사업계획서', '매직애딕터 소프트웨어', 풀칼라전광판 컨트롤러 및 운영 소프트웨어의 영상편집 소프트웨어인 '매직애딕터'와 '매직플레이어'(서울동부지방법원 2006고단3050 판결)
- 배전자동화단말장치의 하드웨어 관련 자료인 'FCIOO.DSN(15,360바이트)' 파일 등을 비롯하여 총 433개 파일, 50,332,474바이트(48메가바이트)(수원지방법원 2006고단3793 판결)
- 회로도 (중국수출용 지에스엠(GSM) 휴대폰인 에스알디(SRD)-2000모델, 티디지(TDG)-9920모델) 중 메인칩과 카메라 부분에 대한 회로도 6장에 대한 복사본(서울중앙지방법원 2006고단4042 판결)
- 자동차매매관리프로그램의 테이블 구조와 스키마(수원지방법원 2006고정2145 판결)
- 회사의 배합비 및 휘도 검토서, 제품 개발 계획서, BOM 등록 명세서, 자재평가 결과서, 신뢰성 시험 자료(특성 측정 및 내구성 시험자료), Mold cub 별 지향각 측정결과서, 제조공정도, 양산관리 리스트(사양서, 승인서, 요청서, Chip 종류, Mold cub구분), 사업계획서, 고객목록 및 관리대장, Sample제공관리대장, 견적서, 제조원가 계산서, 고객불만 대책보고서 등 위 회사의 영업관련 비밀자료 및 기술관련 비밀자료(전주지방법원 군산지원 2006고합67 판결)
- 중국 수출용 지에스엠(GSM) 휴대전화의 메인칩과 카메라 부분에 대한 '회로도' 6장의 복사본(서울중앙지방법원 2006노3483 판결)
- '중국어 폰트 소스'와 '프라임 코드 소스'(서울중앙지방법원 2006노3483 판결)
- 회사에서 연구개발 중인 초음파 진단기 공정 등을 담은 영업비밀 자료(서울중앙지방법원 2006노1818 판결)
- 회사가 개발한 초음파진단기와 관련한 DSC 회로도 · 개발계획서 · 기능요구사항 등 11,153개 의 파일(서울중앙지방법원 2006노1818 판결)
- 회사에서 연구개발 중인 초음파 진단기 제조계획(Product Roadmap) · AMC5c · P&I 측정 데이터 · Probe 관련 자료(서울중앙지방법원 2006노1818 판결)
- '테두리연마공정','경면가공공정'(서울중앙지방법원 2006카합2354 결정)

화학 분야

- ○○와의 국내 판매 계약과 관련된 수입단가 등 계약 내용, 계약을 갱신하기 위한 구체적 조건들, ○○제품을 판매하기 위하여 개척한 판매망에 관한 정보 (부산지방법원 2005가단 31862 판결)
- 표면처리제, 그라비아 잉크 등에 관한 기술 정보 (부산지방법원 2005가합1165 판결)
- 원고가 ○○공사로부터 수입하는 초화면의 수량 및 가격, 원고의 거래 업체 (서울중앙지방법원 2005가합13405 판결)
- 조색제 배합비율 (수원지방법원 성남지원 2005고단546 판결)
- 몰드플럭스 원료의 분석, 원료의 배합비율 등에 대한 자료 (대구고등법원 2005나2418 판결)
- 순간접착제 및 관련 제품들의 생산기술 (서울고등법원 2005나47405 판결)
- 중국산 ○○을 사용하고 있는 국내 제조업체의 명단, 원고가 ○○로부터 수입하는 ○○의 가격, 수량 및 국내 제조업체에 대한 납품단가, 거래량 등 (서울고등법원 2005나94777 판결)
- 채권자 회사의 거래처별 판매내역이 수록된 시디 1개와 접착제 제조 원료인 수지의 성분분석 및 가격변동추이 등이 기재된 서류 문건이 편철된 고분자 분석 파일 1부 (울산지방법원 2005카합770 결정)
- 한방샴푸의 생산 및 판매에 대한 노하우 (서울중앙지방법원 2006가합73466 판결)
- 의류의 원단 등 자재를 중국으로 반출하여 중국의 섬유회사에 의류의 제조를 위탁하고, 중국의 섬유회사가 다시 북한의 봉제공장으로 하여금 의류를 임가공하게 한 후 의류(완제품)를 납품받아 품질검사를 거쳐 의류를 국내에 들여오는 방법, 중국의 무역상사인 ○○진출구공사를 통해 북한의 ○○무역총회사, ○○피복합작회사 등 북한의 봉제공장과 의류생산계약을 체결하는 거래선 정보, 북한을 통한 무역거래방법 (서울중앙지방법원 2006가합83395 판결)
- ○○의 효소사양결과 등 영업기술, 효소배양방법, 각종 실험보고서 (대전지방법원 2006고당839 판결)
- 고객정보, 생산량, 사업전략, 연구분야 (대전지방법원 2006노375 판결)
- OC의 제조 공정도에 공정순서, 공정방법, 공정조건 및 제조된 OC를 분석하는 조건이나 방법(대전지방법원 2006노375 판결)
- 용융도금시 도금물질이 녹아 있는 용탕의 온도, 조성, 성분 및 피도금 물질의 용탕 통과 시간 등 용융도금의 조건에 따른 제품분석자료, 실험결과 분석자료, 아연도금 전극선의 제조와 관련한 실험결과 분석자료, 황동선을 용융아연도금의 방법으로 코팅함에 있어 용탕의 온도변화, 도금물질의 성분 및 조성비율의 변화, 용통을 통과하는 속도의 변화, 다이스직경의 변화 등에 따른 합금층, 코팅층의 두께, 코팅층 내부조직의 상태, 코팅층 표면조직의 상태 등을 기재한 결과 및 사진, 용탕의 온도를 상용가능한 온도보다 훨씬 높은 600℃이상으로 높여 순동과 단동에 용융아연도금 하였을 때의 합금층 및 전체코팅층의 두께를 기재한 결과 및 사진, 피해자회사의 제품, 샘플 및 시중에 유통되고 있는 타회사 제품의 성분분석결과와 조직분석(크랙 발생여부, 색깔, 무늬 등)결과 및 사진, 피고인이 실험한 제품 및 샘플 등에 대한 분석상황(분석방법, 분석 날

짜, 샘플 전달날짜, 완료여부 등)을 기재한 것 (수원지방법원 2006노643 판결)

- 효소 사양결과와 배양방법 등 여러 연구결과 및 사료첨가제 제조 및 판매에 관한 각종 영업비밀 (대전지방법원 2006노949 판결)
- ○○의 ○○을 원료로 사용하는 국내 페인트 업체의 명단, 위 거래업체에 대한 ○○ 납품단가 및 수량 등 거래조건 (서울중앙지방법원 2007가합65738 판결)
- LG 메탈로센 촉매 상업화 기술, 신청인 회사의 고유의 설계연구 및 양산 장비 정보, 신청인 회사의 제품개발 전략 정보, 탈로센 촉매 상업화 기술 및 중요자료 등 (대전지방법원 2009카합288 결정)
- 브로킹 업무의 특성상 가격 · 시장수급 동향에 대한 정보, 거래선에 대한 정보 등이 영업의 가장 중요한 부분으로써 신청인 회사가 보유하는 별지 기재 영업정보 (서울중앙지방법원 2009카합1120 결정)
- 거래처 목록, 담당자 현황, 연락처(전화번호, 이메일 등), 업계 네트워크, 거래업체 과거 거래내역(계약체결조건, 가격, 패턴), 업체별 특성분석(포지션 전략, 가격, 패턴), 업계동향(생산지역, 생산량, 국가별 수출입규모, 지역별 거래내역분석) (서울중앙지방법원 2009카합1120 결정)

업무를 진행하다 보면 업무에 관련된 지식(knowledge)을 쌓게 된다. 이러한 지식은 회사에서 제공한 정보와는 다르다. 지식은 신체의 일부를 형성하는 것이 되므로 회사나 고용주 또는 타인의 영업비밀이 될 수 없다.

부정적인 정보(negative information), 소극적 정보, 미완성정보는 영업비밀로 보호받을 수 있는지가 문제된다. 소극적 정보는 예컨대, 신약을 개발함에 있어서 효과가 나타나지 않는 어떤 약물의 조합을 말한다. 그러한 정보는 더 이상 사용되지 않는다. 소극적 정보나 미완성 정보는 특허를 받을 수 없다. 그러나 영업비밀로는 보호받을 수 있다. 이러한 정보가 문제되는 것은 미국의 리스테이트먼트(Restatement) 때문이다. 리스테이트먼트는 "지속적으로 자신의 영업에 사용할 것"("continuously used in one's business")을 영업비밀 요건으로 요구한다. 그런데 소극적 정보나 미완성정보는 지속적으로 사용되지 않기 때문에 영업비밀로 보호받을 수 없게 된다. 그러나 UTSA(Uniform Trade Secrets Act)상 독립적인 경제적 가치가 있는 한, 영업에 사용을 하지 않더라도 영업비밀로 보호받는 정보에 부정적인 정보(negative information)가 포함된다. 커먼로를 따르는 주(States)에서도 소극적 정보를 영업비밀로 보호하기 때문에 실질적으로는 의미가 없다.

미완성정보를 영업비밀로 인정한 판결(대법원 2008.2.15. 선고 2005도6223 판결)

정보가 '독립된 경제적 가치를 가진다'는 의미는, 그 정보의 보유자가 그 정보의 사용을 통해 경쟁자에 대하여 경쟁상의 이익을 얻을 수 있거나, 또는 그 정보의 취득이나 개발을 위해 상당한 비용이나 노력이 필요하다는 것인바, 어떠한 정보가 위와 같은 요건을 모두 갖추었다면, 위 정보가 바로 영업활동에 이용될 수 있을 정도의 완성된 단계에 이르지 못하였거나, 실제 제3자에게 아무런 도움을 준 바 없거나, 누구나 시제품만 있으면 실험을 통하여 알아 낼 수 있는 정보라고 하더라도, 위 정보를 영업비밀로 보는 데 장애가 되는 것은 아니다.

2. 영업비밀의 보호요건

영업비밀의 정의에 관한 부정경쟁방지 및 영업비밀보호에 관한 법률 규정

"영업비밀"이란 공공연히 알려져 있지 아니하고 독립된 경제적 가치를 가지는 것으로서, 비밀로 관리된 생산방법, 판매방법, 그 밖에 영업활동에 유용한 기술상 또는 경영상의 정보를 말한다.

영업비밀로 보호받기 위해서는 비밀성, 경제성 및 비밀관리성의 3가지 요건이 필요하다.

부정경쟁방지법상 아이디어 보호 규정

제2조

제1항

...

차. 사업제안, 입찰, 공모 등 거래교섭 또는 거래과정에서 경제적 가치를 가지는 타인의 기술적 또는 영업상의 아이디어가 포함된 정보를 그 제공목적에 위반하여 자신 또는 제3자의 영업상 이익을 위하여 부정하게 사용하거나 타인에게 제공하여 사용하게 하는 행위. 다만, 아이디어를 제공받은 자가 제공받을 당시 이미 그 아이디어를 알고 있었거나 그 아이디어가 동종 업계에서 널리 알려진 경우에는 그러하지 아니하다.

부정경쟁방지 및 영업비밀보호에 관한 법률(이하 부정경쟁행위에 관해서는 '부정경쟁방지법'이라고 함)상 아이디어 제공의 경우에는 경제적 가치만 존재하면 부정경쟁행위로부터 보호받도록 규정되어 있다. 이는 아이디어 제공의 계약관계를 전제로 제공되는 것이므로 비밀성이나 비밀관리성이 필요하지 않기 때문이다. 경제적 가치의 경우에도 해당 아이디어를 제공받는 사람에게 존재하면 충분하다. 왜냐하면, 그 아이디어를 받음으로서 그에게는 경제적 이익이 발생하기 때문이다.

가. 비밀성

영업비밀의 기본은 비밀성에 있다. 공개된 아이디어나 정보는 아무런 경제적 가치를 생산할 수 없다. 어떤 정보나 아이디어가 비밀인 경우에, 비밀이기 때문에 그것을 모르는 사람보다 경쟁에서 우위에 설 수 있고, 그와 같이 발생한 경쟁력이 경제적 가치를 발생하게 할 수 있는 것이다.

영업비밀의 novelty에 관하여 Kewanee Oil Co. v. Bicron Corp. 사건에서 미국 연방대법원은

> Novelty, in the patent law sense, is not required for a trade secret, W. R. Grace & Co. v. Hargadine, 392 F.2d at 14. "Quite clearly, discovery is something less than invention." A. O. Smith Corp. v. Petroleum Iron Works Co., 73 F.2d 531, 538 (CA6 1934), modified to increase scope of injunction, 74 F.2d 934 (1935). However, some novelty will be required, if merely because that which does not possess novelty is usually known; secrecy, in the context of trade secrets, thus implies at least minimal novelty.[192]

라고 판시했다. 즉 영업비밀은 특허와 같은 새로움(신규성)은 요구하지 않지만 일정한 의미의 새로움은 요구된다는 것이다. 왜냐하면 새로움을 갖지 않은 것은 이

192 Kewanee Oil Co. v. Bicron Corp., 416 U.S. 470, 476 (1974).

미 알려진 것이므로 이러한 의미에서 최소한의 새로움은 요구된다는 것이다. 이러한 의미에서 영업비밀에서의 새로움(novelty)은 참신성이라고 할 수 있다.

비밀성은 어떤 정보나 아이디어를 혼자 알고 있다는 것을 의미하는 것은 아니다. 다수의 사람이 알고 있더라도 비밀성을 지키는 한 비밀성이 존재한다. 그뿐만 아니라 회사 취직할 때 사용되는 비밀유지계약과 같이 계약에 의해서도 발생한다. 반드시 명시적인 계약이 필요한 것이 아니라 묵시적으로도 비밀유지 계약이 성립한다. 예컨대, 어떤 연구를 진행하는 회사에 취업하거나 교수 연구실에 연구원으로 일하게 되었을 때 그 연구는 외부에 공개되어 진행되는 것이 아니라 통제되어 진행된다는 것을 알 수 있다면 명시적인 비밀유지 계약서를 작성하지 않더라도 비밀유지의무가 발생한다고 보아야 할 것이다. 그 연구에 많은 연구비가 투입된다든지 첨단기업이라든지 하는 경우라면 그러한 묵시적인 비밀유지의무가 존재한다는 것은 좀 더 쉽게 인정할 수 있다.

또한 회사에 재직 중에는 물론 재직후에도 부담한다고 할 수 있다. 그러나 과도한 영업비밀유지의무를 부과하는 것은 헌법에서 보장하고 있는 직업의 자유를 침해할 수 있고, 만일 직업의 자유를 침해한다면 그 부분에서는 그러한 영업비밀유지의무는 효력이 없다.

묵시적으로 비밀유지의무를 인정한 판결(대법원 1996. 12. 23. 선고 96다16605 판결)
부정경쟁방지법 제2조 제3호 (라)목에서 말하는 '계약관계 등에 의하여 영업비밀을 비밀로서 유지할 의무'라 함은 계약관계 존속 중은 물론 종료 후라도 또한 반드시 명시적으로 계약에 의하여 비밀유지의무를 부담하기로 약정한 경우 뿐만 아니라 인적 신뢰관계의 특성 등에 비추어 신의칙상 또는 묵시적으로 그러한 의무를 부담하기로 약정하였다고 보아야 할 경우를 포함한다.

동종 업계에 널리 알려진 사실은 영업비밀이라고 보기 어렵다. 그러나 일부 동종업계에서는 알지만, 나머지 동종업계에서는 알지 못한다면 이는 비밀인 정보라고 할 수 있을 것이다.

동종업계에 알려진 경우, 영업비밀이 아니라는 판결(대법원 2008.7.10. 선고 2006도8278 판결)

피고용인이 퇴사 후에 고용기간 중에 습득한 기술상 또는 경영상의 정보 등을 사용하여 영업을 하였다고 하더라도 피고용인이 고용되지 않았더라면 그와 같은 정보를 습득할 수 없었다는 사정만으로 곧바로 위 정보가 영업비밀에 해당한다고 볼 수는 없고, 그러한 정보가 동종 업계 등에 널리 알려져 있지 않고, 독립된 경제적 가치를 가지며, 상당한 노력에 의하여 비밀로 유지되고 있는 경우에만 영업비밀에 해당한다고 보아야 한다.

...

"미국 배셋사의 바이어 명단"에 관하여 보건대, 피고인이 벨금속을 퇴직한 후 그 재직 당시 알고 있던 배셋사의 바이어 중 빌(Bill)과 접촉하여 배셋사와 거래를 한 사실은 인정된다. 그러나 기록에 의하면, 배셋사는 바이어를 통하여 국내외 경쟁업체들에게 원하는 제품의 사양과 그림 또는 도면 등을 보낸 다음 납품가격 등을 제시하도록 경쟁을 붙여 적합한 업체를 납품회사로 선정하여 왔으며, 벨금속은 배셋사에 대하여 손톱깎이 등 제품을 독점적으로 공급하는 회사가 아니라 여러 납품업체들 중의 하나이고, 배셋사의 바이어들은 벨금속을 통하여 국내 동종업체를 소개받기도 하였고 소개받은 업체들과 명함을 주고받고 품질에 대한 상담을 한 사실을 알 수 있는바, 그렇다면 배셋사의 바이어 명단은 상당 부분 동종 업계에 알려져 있을 뿐만 아니라, 관련 업체들이 별다른 노력을 하지 않고도 그 명단을 확보할 수 있었을 것으로 보이므로 영업비밀에 해당한다고 볼 수 없다.

나. 경제적 가치

아이디어나 정보의 참신성은 경제적 가치를 발생시키지만 참신한 정보나 아이디어라도 경제적 가치가 항상 존재하는 것은 아니다. 비밀인 정보나 아이디어라도 경제적 가치가 존재하지 않는 것은 영업비밀보호법으로 보호받지 못한다.

참신성과 경제적 가치에 관한 판결(대법원 2009.4.9. 선고 2006도9022 판결)

기록에 비추어 살펴보면, 원심판결 별지 범죄일람표 순번 9 문서는 공소외 2 주식회사가 개발한 휴대전화기용 미들웨어인 '임베디드 게임 기어(Embedded Game Gear)'의 설명문으로서 위 회사가 그 해외마케팅 대행사인 피해 회사에 거래처 배포용 등으로 제공한 것으로 보이는바, 위 문서는 그 내용 중 일부가 피해 회사의 웹사이트에 공개되어 있었고, 위 문서의 내용은 미들웨어에 관하여 기술적으로 중요한 정보가 기재되어 있거나 그 보유자가 경쟁상의 이익을 얻을 수 있는 정보를 담고 있다기보다는 미들웨어의 구성과 기능상의 특징에 관하여 간략히 개괄하고 있는 것에 불과하므로, 위 법리에 비추어 볼 때 위 문서는 공연히 알려져 있는 것이거나 독립된 경제적 가치를 가진다고 할 수 없는 것이어서 영업비밀에 해당하지 아니한다.

영업비밀보호법의 목적은 경제적 거래관계에서 공정성을 보호하는 것이기 때문이다. 경제적 가치가 없는 정보나 아이디어는 예컨대, 개인정보보호법 등으로 보호받을 수 있다.

경제적 가치가 없는 정보나 아이디어는 상거래에서는 필요하지 않을 것이다. 뿐만 아니라 경제적 손해를 산정할 수 없으므로 손해배상을 할 수도 없다고 하여야 한다.

참신하지 않은 아이디어에 관한 판결(서울고등법원 1998. 4. 28. 선고 97나15229 판결)

원고의 아이디어와 같이 열감지테이프나 열감지잉크 등의 온도감응수단을 부착하여 가장 맛있는 온도에서 맥주나 음료수를 마실 수 있도록 한 고안에 대하여는 그 광고나 설명에서도 맛있는 온도를 시각적으로 확인할 수 있다는 내용이 필수적으로 포함되게 되어 있다 할 것인데, 원고가 제안한 광고문구와 피고가 사용한 위 광고문구 사이에의 각 뒷부분 “눈으로 확인하세요”와 “눈으로 확인하십시오” 부분은 그 표현에 있어 유사하기는 하나 이러한 문구는 위 삿뽀로 맥주의 광고에서도”눈으로 알 수 있습니다”라는 문구와도 역시 유사하고, 또한 원고가 제안한 문구의 앞부분인 “최상의 맛을 유지하는 온도”와 피고가 사용한 “가장 맛있는 온도가 되면(암반천연수 마크가 나타나는 하이트)”의 부분도 위 발명협회공개기보에 표시된 “최적온도를 눈으로 볼 수 있는” 등의 표현과 유사한 것일 뿐만 아니라, 원고가 위 제안서에 예시한 광고문구와 피고가 사용한 광고문구는 모두 “맛있는 온도”를 “눈으로 알 수 있다”는 단순한 내용을 표현한 것으로 서 그 문구가 짧고, 의미도 단순하여 그 표현형식에 위 내용 외에 어떤 보호할 만한 독창적인 표현형식이 포함되어 있다고 볼여지도 없다 할 것이어서 위 광고문구에 저작권을 인정할 수 있는 전제로서의 창작성이나 아이디어로서의 참신성을 인정할 수 없다 할 것이다.

다. 비밀성유지노력

영업비밀로 보호받기 위해서는 비밀성유지노력이 필요하다. 비밀성유지노력은 부동산(주택, 토지)에서의 등기와 같고 동산(시계, 노트북, 반지 등)의 점유와 같다. 비밀인 정보를 자신의 것을 보호받기 위해 필수적인 명인방법(明認方法)과 같은 것이다. 비밀정보는 그것을 보유하고 있음을 외부에서 알 수 있는 방법이 없는데, 비밀로 관리하는 것을 외부에 보여줌으로써 그 정보나 아이디어가 가치가 있다는 점과 타인에게 접근을 허용하지 않는다는 것과 그럼에도 불구하고 접근을 한다면 침해가 될 수 있다는 점을 대외적으로 알리는 것이다.

명인방법[192]

비밀로 관리하지 않는다면 비밀성을 상실 할 수 있고, 비밀성이 존재하지 않으면 독립된 경제적 가치를 가질 수 없다. 그뿐만 아니라 비밀관리를 하지 않는 경우 타인이 그 정보나 아이디어를 취득한 경우에 그 타인의 책임을 물을 수 없게 된다. 누구든지 자신의 노력으로 모르는 정보를 합법적으로 알아낼 자유가 있기 때문이다.

Rockwell Graphic Systems, Inc. v. DEV Industries, Inc. 사건[194]에서 제7순회법원은

> The greater the precautions that Rockwell took to maintain the secrecy of the piece part drawings, the lower the probability that DEV obtained

193 https://t1.daumcdn.net/cfile/blog/21159E3E58189B8515

194 Rockwell Graphic Systems, Inc. v. DEV Industries, Inc., 925 F.2d 174 (7th Cir. 1991).

them properly and the higher the probability that it obtained them through a wrongful act;....

라고 판시했다. 영업비밀의 비밀성을 유지하기 위한 노력(비밀관리성)을 많이 했다면, 타인의 영업비밀을 취득한 상대방은 위법적이거나 부적절한 방법(improper means)에 의해서 영업비밀을 취득할 가능성이 높고, 비밀성을 유지하기 위한 노력이 적다면, 상대방은 합법적이거나 적절한 방법(proper means)에 의하여 취득할 가능성이 높다는 것이다. 따라서 해당 영업비밀인 정보나 아이디어에 맞는 상당한 정도의 비밀관리노력이 필요한 것이다.

비밀로 유지관리 되는 것의 의미(대법원 2008.7.10. 선고 2008도3435 판결)

상당한 노력에 의하여 비밀로 유지된다'는 것은 그 정보가 비밀이라고 인식될 수 있는 표시를 하거나 고지를 하고, 그 정보에 접근할 수 있는 대상자나 접근 방법을 제한하거나 그 정보에 접근한 자에게 비밀준수의무를 부과하는 등 객관적으로 그 정보가 비밀로 유지 · 관리되고 있다는 사실이 인식 가능한 상태인 것을 말한다.

...

④ 피고인들 중 일부가 피피아이에 입사할 때 '업무상 기밀사항 및 기타 중요한 사항은 재직 중은 물론, 퇴사 후에도 누설하지 않는다'는 내용의 일반적인 영업비밀준수 서약서를 작성한 사실은 있으나, 피피아이에서 업무와 관련하여 작성한 파일에 관하여 보관책임자가 지정되어 있거나 별다른 보안장치 또는 보안관리규정이 없었고, 업무파일에 관하여 중요도에 따라 분류를 하거나 대외비 또는 기밀자료라는 특별한 표시를 하지도 않았으며, 연구원뿐만 아니라 생산직 사원들도 자유롭게 접근할 수 있어 파일서버 내에 저장된 정보를 열람 · 복사할 수 있었고, 방화벽이 설치되지 않아 개개인의 컴퓨터에서도 내부 네트워크망을 통한 접근할 수 있는 등 이 사건 파일들이 상당한 노력에 의하여 비밀로 유지되었다고 보기 어려운 점을 종합하여 보면, 이 사건 파일은 영업비밀에 해당하지 않는다고 판단하였다.

앞서 본 법리와 기록에 비추어 살펴보면, 원심의 위와 같은 사실인정 및 판단은 정당하고, ...

영업비밀유지노력은 하드웨어적 방법과 소프트웨어적 방법으로 나눌 수 있는데, 전자의 경우에는 물리적인 노력, 담장을 설치하고, 물리적으로 격리된 장소, 금고,

비밀임의 표시, 접근 금지표시, 경비원의 관리 등에 의하여 관리하는 것이고, 후자는 비밀교육, 암호화, 비밀유지 계약 등을 체결하는 방법으로 관리하는 것이다.

비밀관리성이 결여된 경우(서울중앙지방법원 2010.6. 16. 선고 2009가합41286 판결)

원고는 보안관리 규정을 제정하여 직원들에게 보안 및 비밀유지를 위한 교육을 주기적으로 실시하였고, 원고는 원고 소속 직원들인 피고들에게 '보안규정 서약서'에 서명토록 하여 이를 제출 받은 사실, 원고는 연구개발 전담부서를 두고 여기에서 개발된 기술정보 등을 관리하기 위하여 USB 사용제한 등의 외부저장장치 제한정책, 영업비밀의 분류 · 관리를 위하여 개발이력 관리시스템, 문서보안 시스템을 적용하고 있고, 보안인증서에 의하여 접속하는 사내 인트라넷 시스템을 확보하고 있는 사실, 원고는 프린터출력물 제어시스템을 적용하고 있고, 원고의 연구소에서는 연구원이 노트북을 반출할 경우 엄격하게 사전 승인이 요청되고 있으며, 원고의 영업기밀 문서는 별도의 문서보관실 캐비닛에 보관 후 시정장치를 통해 개폐하고 있는 사실, 원고는 주식회사 에스텍시스템에게 원고의 보안 인력경비를 맡긴 사실을 각각 인정할 수 있다.
그러나 원고가 위와 같이 보안관리를 하여 왔다고 하더라도, 구체적으로 이 사건 영업자료가 비밀로 분류되었다거나 이 사건 영업자료에 그와 같은 표시가 되었다고 볼 만한 자료가 없는 점, 원고는 문서를 자료, 문서, 도면, 사진으로 구분하여 대외비로 관리하였다고 주장하면서도 이 사건 영업자료에 관하여는 어떻게 분류 및 관리하였는지를 밝히지 못하고 있는 점, 이 사건 서약서상의 기밀유지조항은 원고가 그 직원들에게 일반적 · 추상적인 기밀유지의무를 부과한 것에 불과한 것으로 보여지는 점 등에 비추어 보면, 위와 같은 인정사실만으로는 원고가 이 사건 영업자료를 상당한 노력에 의해 비밀로서 관리하였다고 보기 어렵고, 달리 이를 인정할만한 증거가 없다.

제3절 영업비밀의 침해

1. 부정한 수단으로 인한 침해

영업비밀보호법상 영업비밀침해행위에 관한 규정

---

3. "영업비밀 침해행위"란 다음 각 목의 어느 하나에 해당하는 행위를 말한다.

가. 절취(竊取), 기망(欺罔), 협박, 그 밖의 부정한 수단으로 영업비밀을 취득하는 행위(이하 "부정취득행위"라 한다) 또는 그 취득한 영업비밀을 사용하거나 공개(비밀을 유지하면서 특정인에게 알리는 것을 포함한다. 이하 같다)하는 행위

나. 영업비밀에 대하여 부정취득행위가 개입된 사실을 알거나 중대한 과실로 알지 못하고 그 영업비밀을 취득하는 행위 또는 그 취득한 영업비밀을 사용하거나 공개하는 행위

다. 영업비밀을 취득한 후에 그 영업비밀에 대하여 부정취득행위가 개입된 사실을 알거나 중대한 과실로 알지 못하고 그 영업비밀을 사용하거나 공개하는 행위

가. 절취(竊取), 기망(欺罔), 협박, 그 밖의 부정한 수단으로 영업비밀을 취득하는 행위

영업비밀의 침해함에 있어 절취(竊取), 기망(欺罔), 협박이 있는 경우이다. 그리고 '그 밖의 부정한 수단'은 절취, 기망, 협박과 동등한 행위로서 선량한 풍속 기타 사회질서에 반하는 일체의 행위나 수단을 말한다.

영업비밀의 '취득'은 문서, 도면, 사진, 녹음테이프, 필름, 전산정보처리조직에 의하여 처리할 수 있는 형태로 작성된 파일 등 유체물의 점유를 취득하는 형태로 이루어질 수도 있고, 유체물의 점유를 취득함이 없이 영업비밀 자체를 직접 인식하고 기억하는 형태로 이루어질 수도 있고, 또한 영업비밀을 알고 있는 사람을 고용하는 형태로 이루어질 수도 있다.[195] 예컨대, 퇴사 전에 출근하여 영업비밀을 기억하여 두었다가 집에 와서 이를 기록하는 것은 영업비밀의 취득행위가 된다.(취득자의 지식으로 인정되지 않는다.)

영업비밀의 '사용'은 영업비밀 본래의 사용 목적에 따라 이를 상품의 생산 · 판매 등의 영업활동에 이용하거나 연구 · 개발사업 등에 활용하는 등으로 기업활동에 직접 또는 간접적으로 사용하는 행위로서 구체적으로 특정이 가능한 행위를 가리킨다고 할 수 있다.[196]

'부정한 수단'은 절취 · 기망 · 협박 등 형법상의 범죄를 구성하는 행위뿐만 아니라

195 대법원 1998. 6. 9. 선고 98다1928 판결.
196 대법원 1998. 6. 9. 선고 98다1928 판결.

비밀유지의무의 위반 또는 그 위반의 유인(solicitation) 등 건전한 거래질서의 유지 내지 공정한 경쟁의 이념에 비추어 위에 열거된 행위에 준하는 선량한 풍속 기타 사회질서에 반하는 일체의 행위나 수단을 말한다.[197] 따라서 헤드헌터에 의하거나 기타 방법으로 스카우트를 하면서 영업비밀을 가져오도록 하거나 그 직원이 가져오는 영업비밀을 취득하는 것은 부정한 행위로서 영업비밀 침해행위가 된다.[198]

E. I. DuPont deNemours & Co. v. Rolfe Christohpher 사건에서 비행기를 타고 피해자의 공장사진을 찍는 행위는 부정한 행위로 인정되었다.[199] 미국 듀퐁사는 텍사스에 공장을 짓고 있었다. 공장 주위에는 펜스를 쳐서 외부에서 볼 수 없게 비밀조치를 취했다. 어느날 공장관리인이 비행기가 공장주위를 비행하는 것을 보았다. 해당 공장이 있는 장소는 경비행기가 운항하지 않는 지역으로서 운항할 이유도 없었기 때문에 산업스파이 활동같은 행위라고 생각하고 경찰에 신고했다. 경찰이 주위의 비행장의 비행기 운항기록을 조사하여 크리스토퍼라는 전문산업스파이를 체포했다. 그는 의뢰인이 누구인지는 밝히지 않았다. 듀퐁사가 공장건설 부지 주위로 담장을 설치한 것만으로 적절한 영업비밀관리행위(reasonable effort)를 하였는지 또는 피고가 부적절한 행위(improper means)를 하였는지가 문제가 되었다. 법원은 그의 활동은 부적절하다고 하였다. 법원은 공장건설하는 곳을 천정으로 덮는 등과 같은 영업비밀에 대하여 완전한 관리를 하여야 하는 것은 아니라고 하면서 영업비밀에 부합하는 합리적인 노력이면 충분하다고 판시했다. 비행기를 타고 공장부지 주위를 비행하면서 사진을 찍는 행위는 그 밖의 부정한 수단으로 영업비밀을 취득하는 행위가 된다고 할 수 있다.

나. 부정취득된 영업비밀의 취득 사용행위

위에서 본 바와 같이 부정취득된 영업비밀을 그와 같이 부정취득되었다는 사실

197 대법원 1996. 12. 23. 선고 96다16605 판결

198 최근 엘지화학과 SK 이노베이션간의 배터리 영업비밀 침해행위는 영업비밀을 가진 직원의 스카우트가 문제되었다.

199 E. I. DuPont deNemours & Co. v. Rolfe Christohpher, 431 F.2d 1012 (5th Cir. 1970)

을 알거나 중과실로 알지 못하고 이를 취득, 사용하거나, 영업비밀을 취득한 이후에 부정취득되었다는 사실을 알거나 중과실로 알지 못하고 이를 사용하는 경우에 영업비밀 침해행위가 성립한다.

2. 계약위반에 의한 침해

영업비밀보호법상 영업비밀침해행위에 관한 규정

3. "영업비밀 침해행위"란 다음 각 목의 어느 하나에 해당하는 행위를 말한다.

라. 계약관계 등에 따라 영업비밀을 비밀로서 유지하여야 할 의무가 있는 자가 부정한 이익을 얻거나 그 영업비밀의 보유자에게 손해를 입힐 목적으로 그 영업비밀을 사용하거나 공개하는 행위

마. 영업비밀이 라목에 따라 공개된 사실 또는 그러한 공개행위가 개입된 사실을 알거나 중대한 과실로 알지 못하고 그 영업비밀을 취득하는 행위 또는 그 취득한 영업비밀을 사용하거나 공개하는 행위

바. 영업비밀을 취득한 후에 그 영업비밀이 라목에 따라 공개된 사실 또는 그러한 공개행위가 개입된 사실을 알거나 중대한 과실로 알지 못하고 그 영업비밀을 사용하거나 공개하는 행위

가. 비밀유지의무 위반에 의한 취득 사용

계약관계 등에 따라 영업비밀을 비밀로서 유지하여야 할 의무가 있는 자가 부정한 이익을 얻거나 그 영업비밀의 보유자에게 손해를 입힐 목적으로 그 영업비밀을 '사용'하거나 '공개'하는 행위는 영업비밀침해행위가 된다. 이때에는 계약에 의해서 이미 영업비밀을 취득하고 있는 상태를 전제로 하는 것이므로 '취득'은 영업비밀의 침해가 되지 않는다.

계약관계의 의미(대법원 1996. 12. 23. 선고 96다16605 판결)

'계약관계 등에 의하여 영업비밀을 비밀로서 유지할 의무'라 함은 계약관계 존속 중은 물론 종료 후라도 또한 반드시 명시적으로 계약에 의하여 비밀유지의무를 부담하기로 약정한 경우뿐만 아니

라 인적 신뢰관계의 특성 등에 비추어 신의칙상 또는 묵시적으로 그러한 의무를 부담하기로 약정하였다고 보아야 할 경우를 포함한다.

영업비밀을 공개금지하는 계약 또는 영업비밀을 보호할 의무가 발생하는 신뢰관계 등을 위반한 경우 영업비밀침해행위가 된다. 예컨대, 외부에 공개되지 않은 연구프로젝트를 연구하는 교수 연구실에 학생 연구원으로 일하게 된 대학생이나 대학원생은 비밀유지계약서를 작성하지 않더라도 연구원으로 일하게 되었다는 사실 자체만으로 영업비밀을 보호할 의무가 발생하는 교수와의 신뢰관계가 발생한다고 할 것이다. 따라서 명시적인 비밀유지계약을 체결하지 않았다고 하더라도 연구실에서의 실험결과를 외부에 유출하는 경우에는 영업비밀 침해에 대한 책임이 발생한다고 할 수 있다.

계약관계나 신뢰관계는 명시적인 영업비밀보호의무를 설정한 계약에 의해서 발생하지만, 정황상 비밀유지의무를 전제로 하는 경우에는 명시적인 계약상의 의무가 없더라도 영업비밀유지의무가 발생한다.

묵시적 영업비밀보호의무의 발생(대법원 2005. 2. 18. 선고 2003후2218 판결)

원심은, '선로접속자재 개량기술개발'이라는 명칭의 자료(갑 제8호증의 1, 2)는 원고가 기술이전계약을 체결하게 될 접속관 시작품(始作品) 제작업체를 상대로 '조립식 접속관'에 관한 기술이전을 교육하기 위하여 1992. 12.경 작성한 교육용 자료로서 1994. 1. 26.~27. 2일간 원고에 의하여 실시된 기술이전교육에서 원고와 사이에 이미 기술이전계약을 체결한 금성전선 주식회사, 대한전선 주식회사, 주식회사 럭키, 유신전자공업 주식회사, 제일엔지니어링에게 배포된 것인 사실, 한편 원고는 1993. 12. 27.경 금성전선 주식회사와 사이에 조립식 접속관 기술전수계약을 체결하면서 위 회사는 기술이전과 관련된 모든 기술 및 노하우에 대하여 원고의 사전 서면동의 없이 제3자에게 유출하지 아니하기로 약정하였는데, 다른 참가업체인 제일엔지니어링 등도 그 무렵 원고와 사이에 위 조립식 접속함 제작기술과 관련하여 위와 동일한 취지의 비밀유지의무를 약정한 것으로 보이는 사실, 피고는 제일엔지니어링으로부터 위 조립식 접속함을 제작 · 납품할 것을 하청받았는데 당시 금형 제작기술을 보유하고 있지 않았으므로 태백정밀이란 상호의 업체에게 위 조립식 접속함에 대한 금형제작 의뢰를 하였고, 피고를 포함한 위 제일엔지니어링, 태백정밀은 일의 진행 결과를 팩스 등을 통해서 서로 주고받은 사실을 인정한 다음, 피고와 태백

정밀은 제일엔지니어링으로부터 이 사건 조립식 접속함 제작과 관련하여 지정된 하청업체들로서 제일엔지니어링의 필요한 지시에 따라야 할 위치에 있었을 뿐만 아니라, 위 제일엔지니어링이 시작품 제작에 관여하게 된 경위 등에 관하여 잘 알고 있었거나 알 수 있었던 상태에 있었다고 추정함이 상당하므로 적어도 위 제일엔지니어링이 비밀유지의무를 지고 있음을 잘 알고 있었다고 보이고, 피고나 태백정밀 또한 위 제일엔지니어링이나 피고에 대하여 상관습상 이러한 비밀유지의무를 부담한다 할 것이므로, 위 기술개발자료는 비밀유지의무를 지고 있는 특정인에게만 배포된 것으로서 결국 명칭을 '통신케이블 접속용 접속관 외함'으로 하는 피고의 이 사건 특허발명(특허번호 제148093호)이 출원되기 전에 공지된 것이라 할 수 없다는 취지로 판단하였다.

원심판결 이유를 기록에 비추어 살펴보면, 원심의 위와 같은 판단은 정당하고 거기에 상고이유에서 지적하는 바와 같은 간행물의 공지에 관한 법리오해나 채증법칙 위반 등의 위법이 있다고 할 수 없다.

영업비밀의 '취득'이란 영업비밀을 자신의 것으로 만들어 사용할 수 있는 상태에 이른 것을 말한다. 즉 스스로 영업비밀을 '통제'할 수 있는 상태가 존재하면 영업비밀의 취득이 되는 것이다.

영업비밀의 취득의 의미(대법원 2008.4.10. 선고 2008도679 판결)

여기서 영업비밀의 취득이란 사회 통념상 영업비밀을 자신의 것으로 만들어 이를 사용할 수 있는 상태에 이른 경우를 말하는바(대법원 1998. 6. 9. 선고 98다1928 판결 참조), 기업의 직원으로서 영업비밀을 인지하여 이를 사용할 수 있는 자는 이미 당해 영업비밀을 취득하였다고 보아야 하므로 그러한 자가 당해 영업비밀을 단순히 기업의 외부로 무단 반출한 행위는 업무상 배임죄에 해당할 수 있음은 별론으로 하고, 위 조항 소정의 영업비밀의 취득에는 해당하지 않는다고 봄이 상당하다. ... 영업비밀을 피해자 회사에서 사용하던 피고인의 이메일 계정에서 피고인이 개인적으로 사용하던 이메일 계정으로 송부한 피고인의 행위가 영업비밀의 취득에 해당하지 않는다는 이유로 이 부분 공소사실에 대하여 무죄를 선고한 원심의 조치는 정당하고, 상고이유의 주장과 같이 채증법칙을 위반하거나 영업비밀의 취득에 관한 법리를 오해한 위법 등이 없다.

위 대법원 판결이 된 사안에서 대법원은 기업의 직원으로서 영업비밀을 인지하여 이를 사용할 수 있는 자는 이미 당해 영업비밀을 취득하였다는 것이므로 취득한

것을 외부에 공개한 것은 취득이 아니라는 의미이다. 이 경우에는 영업비밀의 사용이나 공개를 영업비밀 침해행위로 인정해야 한다.

영업비밀의 취득과 사용의 의미(대법원 1998. 6. 9. 선고 98다1928 판결)

영업비밀의 취득은 문서, 도면, 사진, 녹음테이프, 필름, 전산정보처리조직에 의하여 처리할 수 있는 형태로 작성된 파일 등 유체물의 점유를 취득하는 형태로 이루어질 수도 있고, 유체물의 점유를 취득함이 없이 영업비밀 자체를 직접 인식하고 기억하는 형태로 이루어질 수도 있고, 또한 영업비밀을 알고 있는 사람을 고용하는 형태로 이루어질 수도 있는바, 어느 경우에나 사회통념상 영업비밀을 자신의 것으로 만들어 이를 사용할 수 있는 상태가 되었다면 영업비밀을 취득하였다고 보아야 할 것이다. 따라서 회사가 다른 업체의 영업비밀에 해당하는 기술정보를 습득한 자를 스카우트하였다면 특별한 사정이 없는 한 그 회사는 그 영업비밀을 취득하였다고 보아야 할 것이다(당원 1996. 12. 23. 선고 96다16605 판결 참조). 한편 영업비밀의 사용은 영업비밀 본래의 사용 목적에 따라 이를 상품의 생산 · 판매 등의 영업활동에 이용하거나 연구 · 개발사업 등에 활용하는 등으로 기업활동에 직접 또는 간접적으로 사용하는 행위로서 구체적으로 특정이 가능한 행위를 가리킨다고 할 수 있다.

그런데 이 사건에서는 원심이 인정한 바에 의하더라도 류광희가 신청인 회사의 대표이사로 재직하다가 개정 부정경쟁방지법의 시행 전인 1992. 8. 31. 피신청인 회사를 설립하여 대표이사에 취임하였고, 역시 위 법이 시행되기 전에 피신청인 회사의 사업으로 위 스핀 팩 필터를 제작 · 판매할 목적으로 신청인 회사에 재직하면서 그에 관한 자료에 접근할 수 있었거나 핵심기술을 알고 있었던 노대일, 박종국, 김길주를 신청인 회사에서 퇴직시키고 피신청인 회사에 입사하도록 하였으며, 이어서 피신청인 회사가 그 대표이사 또는 직원인 위 신청외인들이 가지고 있었던 스핀 팩 필터 제조기술에 대한 자료와 지식 등을 기초로 하여 스핀 팩 필터 제조에 관한 제조설비를 갖추었다는 것이므로 피신청인 회사는 늦어도 그 무렵에는 이 사건 영업비밀을 취득하였다고 보아야 할 것이다.

나. 계약을 위반하여 공개되는 영업비밀의 취득행위

위와 같이 계약 또는 신뢰관계상 비밀보호의무 있는 자가 그 의무을 위반하여 공개하는 영업비밀을 그와 같은 사정을 알면서 또는 중과실로 알지 못하면서 취득, 사용 또는 공개하는 경우에는 영업비밀 침해행위가 된다. 이 경우에는 취득, 사용 또는 공개가 침해행위가 된다.

영업비밀 취득당시에는 계약 등을 위반하여 공개된 영업비밀이라는 점을 몰랐지만, 그 이후에 그와 같은 사실을 알거나 중과실로 알지 못하고 사용 또는 공개하는 행위는 영업비밀 침해행위가 된다. 이 경우에는 취득행위는 영업비밀침해가 되지 않는다. 취득당시에는 영업비밀이거나 계약 등을 위반하여 공개된 영업비밀이라는 사실을 모르기 때문이다. 그러나 자신이 취득한 이후에 타인의 영업비밀이라는 사실을 알거나 중과실로 모른 경우라도 그 영업비밀을 사용하거나 공개하는 행위는 영업비밀침해행위가 된다.

제4절 고용관계에서의 영업비밀의 보호

1. 발명귀속계약

특정한 발명을 위해 고용관계에 이르는 경우가 많다. 특히 특정한 분야의 연구를 위해 이공계를 전공한 사람을 고용하는 경우가 많다. 이러한 경우에 그 기업과 해당 분야의 전문가는 발명귀속계약을 규정하여야 한다.

발명진흥법은 일정한 발명귀속계약에 대하여 규정하고 있다. 이러한 경우에 있어서 발명은 3가지로 나눌 수 있는데, 그 전문가의 업무로서 발명을 하는 경우가 있다. 이는 직무발명이라고 하는데 해당 발명을 하는 것 자체가 그의 직무인 경우이다. 이때에는 취업규칙이나 고용계약에서 그가 근로중에 할 발명의 귀속에 대하여 미리 규정하는 것이 필요하다.

그의 직무범위는 아니지만 고용주나 기업의 업무범위내인 경우가 있다. 이러한 경우를 업무발명이라고 하는데, 이러한 발명에 대해서 미리 그 귀속관계를 정하는 것은 발명진흥법이 금지하고 있다. 발명후에 그 귀속에 대하여 정하는 계약을 체결하는 것은 합법이다. 다만 그러한 귀속관계가 정해지지 않더라도 고용주에게는 통상실시권이 인정된다. 이는 형평의 원칙에서 기원하는데, 그것을 발명한 직원이 고용주의 시설등을 이용했기 때문에 이에 대하여 고용주의 기여를 인정하는 것이 타당하다는 법사상에서 기원한다.

고용주의 업무와 관련이 없는 분야에 대한 발명은 자유발명이라고 한다. 이는 고용주와 아무런 관계가 없으므로 발명을 한 사람에게 귀속된다. 물론 발명후에 그 발명에 대하여 고용주에게 양도 등을 하는 것은 문제가 없다.

고용기간 중에는 발명을 하지 못했는데, 고용관계가 종료된 후에 그 이전 직무에 관련된 발명을 하는 경우가 있다. 이러한 경우, 고용기간 종료후 일정한 기간 내에 발명을 한 것은 고용주에게 귀속되는 것이 타당하다는 법원의 판결이 있다. 미리 이런 상황에 대비하여 고용계약시에 발명귀속조항(trailer clause)을 마련하는 것이 필요하다. 고용관계 종료후에 일정한 기간 내에 발명을 한 것은 고용주에게 귀속된다는 내용의 계약을 체결하는 것이 바람직하다.

2. 비밀유지계약

비밀유지계약(confidentiality agreement; non disclosure agreement)을 체결하여야 한다. 물론 그러한 계약이 없더라도 묵시적으로 비밀유지의무를 인정받을 수 있으나 이는 매우 제한적이다. 따라서 명시적으로 비밀유지계약을 체결하여야 한다. 비밀유지계약은 고용계약중 및 고용계약 이후에도 효력이 발생하도록 규정해야 한다.

3. 경업금지계약

경업금지계약은 고용관계 종료후 이전 고용주와 경업을 하는 것을 금지하는 조항이다. 다만 본 조항은 직업의 자유를 제한하는 것이므로 합리적인 범위내에서만 인정된다. 우리나라에서는 일반적으로 최장 3년 이내에서 인정된다.

경업금지약정에 관한 판결(대법원 2016. 10. 27. 선고 2015다221903(본소), 2015다221910(반소)

직업선택의 자유와 근로의 권리는 국민의 기본권에 속하므로, 근로자가 사용자와 사이의 근로관계 종료 후 사용자의 영업부류에 속한 거래를 하거나 동종의 업무에 종사하지 아니하기로 하는 등 경업금지약정을 한 경우에, 그 약정은 사용자의 영업비밀이나 노하우, 고객관계 등 경업금지에 의하여 보호할 가치 있는 사용자의 이익이 존재하고, 경업 제한의 기간과 지역 및 대상 직종, 근로자에 대한 대가의 제공 여부, 근로자의 퇴직 전 지위 및 퇴직 경위, 그 밖에 공공의 이익 등 관련 사정을 종합하여 근로자의 자유와 권리에 대한 합리적인 제한으로 인정되는 범위 내에서만 유효한 것으로 인정된다(대법원 2010. 3. 11. 선고 2009다82244 판결 등 참조). 그리고 경업금지약정의 유효성을 인정할 수 있는 위와 같은 제반 사정은 사용자가 주장 · 증명할 책임이 있다.

제5절 영업비밀침해에 대한 구제와 침해주장에 대한 방어

1. 영업비밀침해에 대한 구제

영업비밀침해에 대해서는 민사구제와 형사구제 두가지가 있다. 민사구제에는 손해배상과 침해행위의 금지명령이 있다. 형사구제는 국내에서의 사용과 해외로의 반출을 구별하여 해외로 반출하여 사용할 목적이 있는 경우에는 중하게 처벌한다.

가. 손해배상 및 손해액의 추정

고의 또는 과실에 의한 영업비밀 침해행위로 영업비밀 보유자의 영업상 이익을 침해하여 손해를 입힌 자는 그 손해를 배상할 책임을 진다.

영업비밀침해에 의한 손해배상액은 입증하기 쉽지 않기 때문에 법은 손해배상액을 추정하고 있다.

손해배상액의 추정에 관한 규정

제14조의2(손해액의 추정 등) ① 부정경쟁행위, 제3조의2제1항이나 제2항을 위반한 행위 또는 영업비밀

침해행위로 영업상의 이익을 침해당한 자가 제5조 또는 제11조에 따른 손해배상을 청구하는 경우 영업상의 이익을 침해한 자가 그 부정경쟁행위, 제3조의2제1항이나 제2항을 위반한 행위 또는 영업비밀 침해행위(이하 이 항에서 "부정경쟁행위등침해행위"라 한다)를 하게 한 물건을 양도하였을 때에는 다음 각 호에 해당하는 금액의 합계액을 손해액으로 할 수 있다.

1. 그 물건의 양도수량(영업상의 이익을 침해당한 자가 그 부정경쟁행위등침해행위 외의 사유로 판매할 수 없었던 사정이 있는 경우에는 그 부정경쟁행위등침해행위 외의 사유로 판매할 수 없었던 수량을 뺀 수량) 중 영업상의 이익을 침해당한 자가 생산할 수 있었던 물건의 수량에서 실제 판매한 물건의 수량을 뺀 수량을 넘지 아니하는 수량에 영업상의 이익을 침해당한 자가 그 부정경쟁행위등침해행위가 없었다면 판매할 수 있었던 물건의 단위수량당 이익액을 곱한 금액

2. 그 물건의 양도수량 중 영업상의 이익을 침해당한 자가 생산할 수 있었던 물건의 수량에서 실제 판매한 물건의 수량을 뺀 수량을 넘는 수량 또는 그 부정경쟁행위등 침해행위 외의 사유로 판매할 수 없었던 수량이 있는 경우 이들 수량에 대해서는 영업상의 이익을 침해당한 자가 부정경쟁행위등 침해행위가 없었으면 합리적으로 받을 수 있는 금액

1호의 사유는 침해자가 판매한 수량을 최대한도로 침해당한 자가 판매하지 못한 수량에 침해당한 자의 단위당 이익액을 곱한 금액을 손해배상으로 한다.

침해자	판매수량:1000개	
침해당한 자	생산가능수량: 900개 침해로 인해 판매하지 못한 수량: 500개	단위수량(1)당 이익액: 1원
손해	500개X1원	=500원

2호의 사유는 침해자가 얻은 부당이득의 반환이라고 볼 수 있는데, 위의 사례에서 침해자가 판매한 수량에서 500개×1원의 수량은 2호의 수량에 해당한다. 2호 후단의 '부정경쟁행위등 침해행위 외의 사유로 판매할 수 없었던 수량이 있는 경우 이들 수량'이란 매우 다양한데, 예컨대 부정경쟁행위와 관계없이 운송중인 수량이

교통사고로 멸실된 경우가 이에 해당한다고 할 수 있다.

또한 영업상의 이익을 침해한 자가 그 침해행위에 의하여 이익을 받은 것이 있으면 그 이익액을 영업상의 이익을 침해당한 자의 손해액으로 추정한다.

영업비밀의 사용료(Royalties)를 영업비밀 침해행위의 대상이 된 영업비밀의 사용에 대하여 통상 받을 수 있는 금액에 상당하는 금액을 자기의 손해액으로 하여 손해배상을 청구할 수 있다. 이 경우는 영업비밀이 공중으로 공개되어 영업비밀로 사용할 수 없는 경우에 청구할 수 있는 방법이다. 이때에는 생산하는 물건이 없기 때문이다.

나. 금지명령

영업비밀 침해에는 침해금지청구를 할 수 있다. 침해금지에는 현재의 침해중단과 장래의 침해예방 두가지가 있다. 과거의 침해에 대해서는 손해배상을 청구할 수 있다. 그래서 침해금지는 미래의 침해에 대한 구제방법, 손해배상청구는 과거의 침해에 대한 구제방법이라고 한다.

다. 형사처벌

영업비밀침해에 대하여는 형사처벌된다. 영업비밀침해에 대해서는 10년 이하의 징역 또는 5억원 이하의 벌금에 처한다. 다만, 벌금형에 처하는 경우 위반행위로 인한 재산상 이득액의 10배에 해당하는 금액이 5억원을 초과하면 그 재산상 이득액의 2배 이상 10배 이하의 벌금에 처한다.

외국으로 유출하는 경우에는 가중처벌 한다. 즉 영업비밀을 외국에서 사용하거나 외국에서 사용될 것임을 알면서도 영업비밀 침해행위를 한 자는 15년 이하의 징역 또는 15억원 이하의 벌금에 처한다. 다만, 벌금형에 처하는 경우 위반행위로 인한 재산상 이득액의 10배에 해당하는 금액이 15억원을 초과하면 그 재산상 이득액의 2배 이상 10배 이하의 벌금에 처한다.

2. 침해주장에 대한 방어

가. 역설계(reverse engineering)

소위 역설계는 영업비밀에 대한 합법적인 취득방법이다. 역설계는 자연에 존재하는 것을 관찰하여 얻는 지식이므로 국민의 알권리와 학문의 자유의 범위에 속한다. 따라서 영업비밀보호법으로 규제할 수 없다.

역설계란 영업비밀을 관찰하여 취득하는 방법으로, 영업비밀이 있는 물품을 분해, 분석 등을 통하여 그에 관한 내용을 알아내는 것을 말한다. 영업비밀의 보유자인 회사가 직원들에게 비밀유지의 의무를 부과하는 등 기술정보를 엄격하게 관리하는 이상, 역설계가 가능하고 그에 의하여 기술정보의 획득이 가능하더라도, 영업비밀로서 인정받는다.[200] 물론 역설계를 통하여 그 기술정보를 취득하는 것은 합법적이다.

나. 지식

앞서 언급한 바와 같이 고용중에 업무나 훈련, 교육 등을 통하여 얻게 되는 지식은 신체의 일부에 해당하므로 그 지식의 소유자의 것이다. 예컨대, 업무중에 발생한 고객과의 goodwill 등은 지식의 일부와 같은 것으로 볼 수 있다. 다만, 고용주가 제공한 고객리스트나 고객 발굴이 업무인 경우에는 그 고객은 고용주의 것이 될 수 있어 어느 범위에서 고용주의 것인지 또는 피용인의 것인지 분쟁이 많다.

고객과 형성된 goodwill과 영업비밀(대법원 2010. 3. 11. 선고 2009다82244 판결)

근로자 甲이 乙 회사를 퇴사한 후 그와 경쟁관계에 있는 중개무역회사를 설립 · 운영하자 乙 회사 측이 경업금지약정 위반을 이유로 하여 甲을 상대로 손해배상을 청구한 사안에서, 甲이 고용기간 중에 습득한 기술상 또는 경영상의 정보 등을 사용하여 영업을 하였다고 하더라도 그 정보는 이미

200 대법원 1999. 3. 12. 선고 98도4704 판결.

동종업계 전반에 어느 정도 알려져 있었던 것으로, 설령 일부 구체적인 내용이 알려지지 않은 정보가 있었다고 하더라도 이를 입수하는데 그다지 많은 비용과 노력을 요하지는 않았던 것으로 보이고, 乙 회사가 다른 업체의 진입을 막고 거래를 독점할 권리가 있었던 것은 아니며 그러한 거래처와의 신뢰관계는 무역 업무를 수행하는 과정에서 자연스럽게 습득되는 측면이 강하므로 경업금지약정에 의해 보호할 가치가 있는 이익에 해당한다고 보기 어렵거나 그 보호가치가 상대적으로 적은 경우에 해당한다고 할 것이고, 경업금지약정이 甲의 이러한 영업행위까지 금지하는 것으로 해석된다면 근로자인 甲의 직업선택의 자유와 근로권 등을 과도하게 제한하거나 자유로운 경쟁을 지나치게 제한하는 경우에 해당되어 민법 제103조에 정한 선량한 풍속 기타 사회질서에 반하는 법률행위로서 무효라고 할 것인바....

그러나 암기하는 것[201]은 영업비밀 침해가 된다.

다. 독립적인 개발 및 라이센스

영업비밀은 복수가 존재하는 것이 가능하다. 이것은 특허와 다른 점이다. 따라서 독자적으로 같은 영업비밀을 개발하여 보유하는 것은 가능하다.

라이센스 하는 방법도 영업비밀을 합법적으로 취득하는 것이지만, 앞서 언급한 바와 같이 영업비밀은 법적인 독점이 인정되지 않기 때문에 라이센스가 잘 이루어지지 않는다.

201 대법원 1998. 6. 9. 선고 98다1928 판결.

제5장

상표: 산업재산권

제1절 상표의 의의

1. 상표의 기능

상표는 자기 상품과 타인 상품을 식별하게 하는 것이다. 상표는 상표가 사용된 상품을 누가 만들었는지 알 수 있게 한다. 전통적인 상표의 기능은 상품의 출처를 알 수 있게 하여 준다. 이를 출처표시기능이라고 한다.

상표가 사용됨으로써 상표에 발생하는 goodwill은 출처 표시이외에 상품 자체의 정보를 제공한다. 예컨대, 품질 좋은 상품에 대한 정보는 상표가 사용되어 수요자에게 goodwill이 형성된 경우에 발생한다. 상표가 가지는 상품의 품질보증 기능이 법제도로서 수용되어 그 의의를 가지는 것은 19세기 후반이었다.

이와 같이 상표는 상품에 대한 정보를 전달해 줌으로써 상품거래를 안전하게 하고 활발하게 한다. 상표가 가지는 정보전달 기능은 상품의 탐색비용을 감소시켜 준다는 것이다. 상표가 가져다주는 경제적 측면을 3가지로 살펴볼 수 있다. 첫째, 수요자가 가장 빠르고 경제적인 방법으로 상품의 품질을 평가할 수 있는 방법은 상표에 의하여 상품의 가치를 평가하는 것이다. 수요자는 상품의 제조업자가 누구인지, 상품에 하자가 있다든지 또는 상품에 의하여 손해를 입었을 경우 누구에게 책임을 물어야 할지에 대하여 탐색할 필요 없이 해당 상품의 상표에서 알 수 있기 때문이다. 따라서 상표는 상품의 대량생산 및 소비 시대를 가져온 도구와 같은 존재라고 할 수 있다. 수 많은 상품의 홍수 속에서 특정 상품의 평가는 상표에 축적되어 가기 때문에 상표만으로도 상품을 평가할 수 있게 해 준다.

둘째, 상표로 사용될 수 있는 자격이 있는지에 관한 상표적격성을 판단할 수 있게 하여 준다. 상표가 될 수 있는 표장은 식별력이 존재하여야 한다. 그런데 상표의 식별력은 그 노력에 따라 부여되는데 상표법은 그 노력이 많은 경우에는 강한 식별력을 부여하고 그 노력이 적은 때에는 약한 식별력을 부여한다. 예컨대 창작/조어표장(fanciful/coined marks)은 이전에 전혀 존재하지 않았던 것이다. 따라서 창작/조어상표를 선택함에는 많은 노력과 비용이 투입된다. 창작/조어표장으로 된 상표는 새로 창조한 것이므로, 경제적인 관점에서 본다면 다른 상품의 생산자나 판매자가 자신의 상품의 판매 및 식별을 위하여 필요한 단어를 찾는 비용이 감소할 것이다.

그러나 이와 반대로 해당 상품의 일반명칭이나 기술명칭으로 된 상표를 어떤 생산자나 판매자가 선점한다면 그의 경쟁자는 자신의 상품의 성질을 나타낼 방법이 없어진다. 해당 상품의 일반명칭을 선점한 생산자나 판매자는 비용을 투입하지 않고 쉽게 자신의 상품을 표시할 수 있는 반면 경쟁자는 그의 상품을 표시하기 위해 상대적으로 많은 비용을 투입하여야 할 것이다. 예컨대, 과수원을 하는 농부가 사과에 대하여 그 일반명칭인 '사과'라는 상표를 선점한다면, 경쟁을 하는 농부는 자신의 상품인 사과를 표시할 방법이 없어진다. 과수원을 경영하면서 경쟁을 하는 농부가 자신이 생산한 사과에 사과라는 상표를 사용한다면 사과 상표를 선점한 자의 상표권을 침해하기 때문이다. 이러한 결과는 로크나 헤겔의 이론적 관점에서 볼 때 자연적 정의에 어긋날뿐더러 실용주의적인 관점에서 볼 때 사회경제적으로도 비효율적이다. 따라서 일반명칭이나 기술명칭으로 된 상표는 그 식별력을 인정하기 어렵고 따라서 상표적격성을 인정하기 어렵다. 이러한 점에서 보면 일반명칭이나 기술적 명칭에 대하여 원칙적으로 상표적격성을 부인하는 것은 특히 로크의 노동가치설을 반영하고 있는 결과이다. 충분하고 동등하게 남겨둘수 없고 상표선택을 위해 많은 노력을 투입하여 창작한 식별력이 큰 상표는 상표로서 적합하기 때문이다. 실용주의적 관점에서도 일반명칭은 특정인의 상표로 독점하기 보다는 다수가 공유로 사용하는 것이 그 효용이 극대화 된다고 설명한다.

셋째, 상표권은 특허권이나 저작권과는 달리 그 존속기간은 갱신을 통하여 무한정으로 할 수 있다. 즉 상표권은 한정된 기간 존속하는 특허권이나 저작권과는 달리 무기한으로 존속할 수 있다. 상표권이 갱신을 통하여 무한정 존속할 수 있도록 하는 경제적 이유는 상표권자가 일정기간이 종료된 후 다시 새로운 상표를 등록하여야 한다면 사회적 비용이 크기 때문이라고 할 수 있다. 그뿐만 아니라 수요자의 입장에서도 자신이 구입하던 상품에 대한 상표가 사라진다면 동일한 상품을 구입하기 위하여 기존의 상표를 추적해야 하는 불편함이 있고 경제적 비용이 들어갈 수밖에 없다.

2. 상표(trade mark)와 상호(trade name)

상표는 자신의 상품을 타인의 상품과 구별하기 위한 표지(mark)로서 상표법이 적용되고, 상호는 상인을 특정하여 인적동일성을 나타내는 이름(name)으로 상법이 적용된다. 상호를 가진 상인이 상표가 사용된 상품을 판매하는 것이라고 할 수 있다.

상표의 정의는 자기의 상품과 타인의 상품을 식별하기 위하여 사용하는 표장(標章)이라고 할 수 있다. 표장은 기호, 문자, 도형, 소리, 냄새, 입체적 형상, 홀로그램 · 동작 또는 색채 등으로서 그 구성이나 표현방식에 상관없이 상품의 출처(出處)를 나타내기 위하여 사용하는 모든 표시라고 정의된다.

상호는 상인이 경제적 주체로서 자기의 동일성을 지칭하기 위해 사용하는 것이라고 할 수 있다. 상호는 성명이나 기타 명칭을 문자로 나타내는 것이지만 상표는 문자 뿐만 아니라 도형, 색채, 소리, 냄새, 도안, 맛 등으로 구성될 수 있다. 상호도 다른 상인과 구별되기 위해 사용하는 명칭이므로 다른 상인의 명칭과 식별되어야 한다. 상호도 타인이 등기한 상호는 동일한 특별시 · 광역시 · 시 · 군에서 동종영업의 상호로 등기하지 못하도록 하여 상호로서 상인이 식별되도록 하고 있으나, 상표에 비교할 만큼은 되지 못한다.

상거래 현실에서는 상호와 상표가 구별되지 않고 사용되는 경우가 많다. 일정 부분 중복되고 있고, 중복되는 부분에서는 '상호상표'라고 부르기도 한다. 그러나 상호와 상표가 각 기능에서는 차이가 발생하고 있고, 그 기능에서 상호와 상표를 구별하여야 한다.

3. 상표의 개념

상표는 상품을 생산 · 가공 또는 판매하는 것을 업으로 영위하는 자가 자신의 상품을 타인의 상품과 식별하기 위해 사용하는 것이다. 상표를 사용하기 위해서 반드시 영리행위를 할 것을 요건으로 하지는 않는다. 일반인이나 비영리법인인 경우에도 상표를 등록할 수 있다. 또한 대학의 학교법인과 같이 비영리인 경우에는 업무표장 등록도 가능하다.

업무에 관련된 상품을 타인의 상품과 식별한다는 것은 상표적 사용을 의미한다. 상표적 사용이란 상표를 상품의 출처표시로 사용하는 것이다. 이에 반하여 비상표적 사용은 표장을 보통으로 사용하는 방법으로 사용하는 것을 말한다. 예컨대 새우깡이라는 상표를 새우로 만든 과자에 사용하는 경우에 새우는 상품의 원재료를 나타내는 것이고, 깡은 과자에 대한 관용적으로 사용하는 명칭이므로 결국 상표 새우깡은 새우로 만든 상품이라고 상품을 기술하는 것이다. 이와 같은 상표의 사용을 비상표적 사용이라고 한다. 이와 다르게 새우깡이라는 상품을 생산한 특정한 생산자를 나타내기 위해서 새우깡이라고 표시한다면 이는 상표의 출처표시로서 사용하는 것이므로 상표적 사용이라고 한다.

상표는 특정한 영업주체의 상품을 표창하는 것으로서 그 출처의 동일성을 식별하게 함으로써 그 상품의 품위 및 성질을 보증하는 작용을 한다. 당해 상표의 사용에 의하여 축적된 상표권자의 goodwill을 보호하고 유통질서를 유지하며 수요자의 이익도 보호한다.

상표는 상품에 '사용'하는 것이고, 상표권은 상품에 상표를 사용할 권리를 독점하는 권리이다. 따라서 상표의 '사용'은 상표권자가 자신의 상표를 어느 범위에서 사용할지에 대한 상표권의 범위를 나타내는 것이므로 상표법에 명확히 규정되어 있다. 이는 물권법정주의의 법원리를 반영한 것이다.

상표의 사용에 관한 상표법 규정

제2조(정의)

① 이 법에서 사용하는 용어의 뜻은 다음과 같다.

....

11. "상표의 사용"이란 다음 각 목의 어느 하나에 해당하는 행위를 말한다.

가. 상품 또는 상품의 포장에 상표를 표시하는 행위

나. 상품 또는 상품의 포장에 상표를 표시한 것을 양도 또는 인도하거나 양도 또는 인도할 목적으로 전시 · 수출 또는 수입하는 행위

다. 상품에 관한 광고 · 정가표(定價表) · 거래서류, 그 밖의 수단에 상표를 표시하고 전시하거나 널리 알리는 행위

② 제1항 제11호 각 목에 따른 상표를 표시하는 행위에는 다음 각 호의 어느 하나의 방법으로 표시하는 행위가 포함된다.

1. 표장의 형상이나 소리 또는 냄새로 상표를 표시하는 행위
2. 전기통신회선을 통하여 제공되는 정보에 전자적 방법으로 표시하는 행위

4. 상표의 종류

상표는 제조자나 판매자 등이 자신의 상품의 출처표시나 다른 제조자나 판매자 등의 상품과 구별하기 위해서 사용하는 문자나 기호 등의 표지나 그 조합을 말한다.

가. 상표

상품을 특정하기 위해서 사용하는 좁은 의미의 상표를 말한다. 거래계에서는 브랜드 네임(brand names)이라는 용어를 사용하고 있는데, 이는 상표법상으로 통용되는 명칭은 아니다. 화인(火印), 즉 낙인(烙印)의 의미를 나타내는 브랜드(brand)는 표장을 나타내는 마킹(marking)의 일부 방법일 뿐이다. 연혁적으로 생선이나 맥주를 담던 나무통(barrel)에 그 내용물을 브랜딩할 것을 요구하였던 것에 기원한다. 따라서 브랜드(brand)라는 용어보다는 상표(trademark)가 적절한 용어이다.

2016년 개정으로 상표는 서비스를 포함하는 개념으로 바뀌어 서비스표라는 용어는 상표에 포함되었다. 서비스 제공에는 상품판매가 수반되는 경우가 많다. 따라서 그러한 업종에는 상표에 그 상표가 사용될 상품과 서비스를 같이 등록하는 것이 타당하다.

나. 단체표장(collective marks)

상품을 생산 · 제조 · 가공 · 판매하거나 서비스를 제공하는 자가 공동으로 설립한 법인이 직접 사용하거나 그 소속 단체원에게 사용하게 하기 위한 표장이다. 단체표장은 영리적인 점에서 비영리적인 업무표장과 구별된다. 중세에 사용된 Guild marks(길드표장)는 단체표장의 한 형태라고 할 수 있다.

[미국 오렌지 생산자 단체가 등록한 SUNKIST 마크]

다. 업무표장(non-business marks)

영리를 목적으로 하지 아니하는 업무를 하는 자가 그 업무를 나타내기 위하여 사용하는 표장이다. 지방자치단체, 국회, 법원, 검찰청, 교육청 등 정부기관, YMCA, 적십자사, 청년회의소, 보이스카웃연맹, 로터리클럽 기타 비영리 공익법인이 등록할 수 있다.

라. 지리적표시(geographical indications) 및 단체표장(collective marks)

상품의 특정 품질 · 명성 또는 그 밖의 특성의 지리적 근원을 특정하기 위해서 사용하는 표장이다. 지리적표시의 경우, 해당 단체의 회원들에게 사용하게 하는 성질상 단체표장 등록을 하게 된다.

마. 증명표장(certification marks)

상품이나 서비스업의 품질, 원산지, 생산방법이나 그 밖의 특성의 증명을 업으로 하는 자가 상품의 생산 · 제조 · 가공 또는 판매를 업으로 하는 자의 상품이나 서비스업을 영위하는 자의 서비스업이 정하여진 품질, 원산지, 생산방법이나 그 밖의 특성을 충족하는 것을 증명하는 데 사용하게 하기 위한 표장이다. 증명표장은 단체표장적 성질을 가지고 있다. 지리적 표시는 품질기준을 포함하기 때문에 증명표장을 겸한다고 할 수 있다.

바. 지리적표시증명표장

부안쌀

[지리적표시 증명표장]

상품의 품질, 원산지, 생산방법이나 그 밖의 특성의 증명을 업으로 하는 자가 상품의 생산 · 제조 또는 가공을 업으로 하는 자의 상품이 정하여진 지리적 특성과 품질을 충족하는 것을 증명하기 위한 지리적표시로 된 증명표장을 말한다.

사. 지리적표시(geographical indications)

상표법 이외에 농수산물품질관리법에 지리적 표시제도가 규정되어 있다. 농수산물품질관리법상 지리적 표시란 농수산물 또는 농수산가공품의 명성 · 품질, 그 밖의 특징이 본질적으로 특정 지역의 지리적 특성에 기인하는 경우 해당 농수산물 또는 농수산가공품이 그 특정 지역에서 생산 · 제조 및 가공되었음을 나타내는 표시를 말한다.

미국은 역사가 짧아서 전통적인 상품을 만들 기회가 없었고 전통적인 상품이 유럽에서 수입된 관계로 지리적표시에는 관심이 없고, 대신 증명표장(certification marks)제도를 운용하고 있는데 반해 전통제조기술이 발전한 유럽은 지리적표시

보호에 많은 관심을 가지고 있다.

농수산물품질관리법상 지리적 표시개념은 TRIPs 협정을 따른 것이다. TRIPs 협정 제22조 제1항 "상품의 특정 품질, 명성 또는 그 밖의 특성이 본질적으로 지리적 근원(geographical origin)에서 비롯되는 경우, 회원국의 영토 또는 회원국의 지역 또는 지방을 원산지로 하는 상품임을 명시하는 표시(indication)"라고 정의 하고 있다. 다만 농수산가공품이 그 특정 지역에서 생산 · 제조 및 가공되었음을 나타내는 표시는 지리적표시가 아닌 원산지명칭과 유사한 개념으로 규정되어 있다.

TRIPs 협정상의 지리적 표시는 대외무역법상의 원산지표시(Indication of Source; 산지표시), 리스본 협정상[202]의 원산지명칭(Appellations of Origin; Protected Designation of Origin)과 구별된다.

[넓은 의미의 지리적 표시]

구분	지리적표시 (GI)	원산지명칭(AO)	원산지표시(IO)
근거	– TRIPs 협정	– 리스본 협정	– 대외무역법상 원산지 표시
	– 품질, 명성 또는 그 밖의 특성이 본질적으로 지리적 근원에서 비롯되는 경우 – 기후, 토양, 환경 지형 등 자연적 조건, 또는 전통적인 생산방법 등의 인적조건	– 품질 및 특성이 자연적/인간적인 요소를 포함한 지리적 환경에 배타적 또는 본질적으로 기인될 것을 요구 – 지역과 강한 연대성/관련성	– 생산지/원산지 표시 – 품질중립적(품질을 나타내는 것이 아님)
표기 방법	– 지리적 명칭 Plus (oo 갯벌 쌀)	– 원산지만 기재 (부안쌀) – 지역을 명명(designate)	– 원산지만 기재(한국)

202 원산지명칭 보호와 국제등록에 관한 리스본 협정(Lisbon Agreement for the Protection of Appellations of Origin and their International Registration).

구분	지리적표시 (GI)	원산지명칭(AO)	원산지표시(IO)
품질관련성	– 품질, 특성 (명성을 포함)	– 품질 및 특성에 한정 (명성제외)	– 원산지표시는 출처표시 – 품질과는 관련없음

[유럽의 지리적 표시의 보호]

	대상	내용	라벨표시 의무	예시
PDO	음식물과 와인, 농산물	– 생산, 제조, 가공 과정이 특정 지역에서 모두 행해져야 함 – (예컨대, 해당지역에서 생산된 생산물을 해당지역에서 제조해야 함)	– 음식과 농산물은 의무 – 와인은 임의	– 칼라마티올리브오일(Kalamata olive oil)은 칼라마티에서 생산된 올리브로 칼라마티 지역에서 가공하여야 함
PGI	음식물과 와인	– 상품의 특정 품질, 명성 또는 그 밖에 특성이 해당지역에서 기인할 때 특정지역과 상품의 이름과의 관계를 강조함 – 대부분의 경우, 생산, 제조, 가공 중의 최소한의 하나가 해당지역에서 발생할 것 – 와인의 경우, 와인이 생산되는 지역에서 생산된 포도를 85% 사용될 것을 요구	– 음식물, 농산물의무 – 와인은 임의적	– 베스트팔렌 뒷다리 햄(Westfälischer Knochenschinken)의 경우, 제조는 베스트팔렌 지역에서 행해질 것을 요구, 돼지고기 원료는 독일의 특정지역에서 키워진 것을 요구하지 않음
GI	위스키, 브랜디, 리큐, 럼 등의 증류주와 자연향이 가미된 와인 (spirit drinks and aromatised wines)	– a spirit drink or aromatised wine에 대한 것으로, PGI와 같이, 상품이 특정 품질, 명성 또는 그 밖에 특성이 해당지역에서 기인, 특정지역과 상품의 이름과의 관계를 강조 – 대부분의 경우, 최소한 증류나 가공 중의 하나가 해당 지역에서 행해질 것을 요구하나, 원료는 해당 지역의 것을 요구하지 않음	– 라벨은 임의적	– 아이리쉬 위스키(Irish Whiskey)는 증류와 숙성이 아일랜드에서 행해지지만, 원료는 아일랜드에서 생산된 것이 아님.

	대상	내용	라벨표시 의무	예시
TSG (Traditional speciality guaranteed) (전통식품)	식품이나 농산물	– 전통방식으로 생산된 것임을 인증함	– 라벨표시는 모든 대상에 의무	– 대부분 벨기에의 부뤼셀 지역에서 생산된 것에 대한 것이지만, 다른 지역에서 생산될 수는 있음

[각국의 지리적표시 등록 예시]

이탈리아	파르마 햄(PARMA HAM) 그라나 빠다노 치즈(GRANA PADANO CHEESE)[202] 모르타델라 볼로냐(소세지) 
영국	스카치 위스키 (SCOTCH WHISKY) 스틸튼 치즈(STILTON CHEESE)[203] 

203 http://emart.ssg.com/item/itemView.ssg?itemId=2097000865218&siteNo=6001&salestrNo=2449

204 https://assets.sainsburys-groceries.co.uk/gol/7756946/1/640x640.jpg

독일	졸링겐 칼 (SOLINGEN)[204] 
프랑스	보르도 포도주 샴페인 (샹파뉴) 카망베르 드 노르망디(치즈)[205] 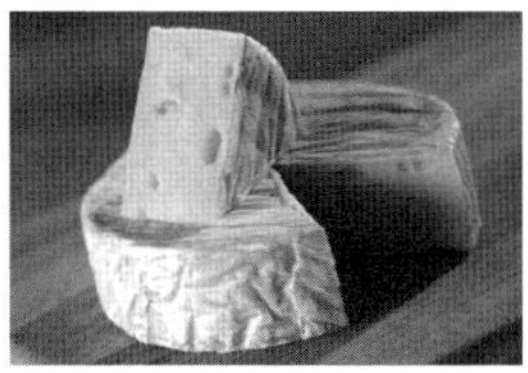
우리나라	횡성한우 함평천지한우 무주머루 가평잣 예산사과 군산찰보리

제2절 상표

1. 상표가 될 수 있는 것

상표는 표장으로 구성되고, 그 표장이 식별력을 발생시킬 수 있으면 모든 표시가

205 https://cf.shopee.com.my/file/ff780cf197c17e59e94d9e26798ae3b5

206 https://img.wine21.com/B0104/20170415163311814402E01.jpg; https://www.ifa.co.kr/StarTour/Paris/mart16.html

가능하다. 상표법은 ""표장"이란 기호, 문자, 도형, 소리, 냄새, 입체적 형상, 홀로그램 · 동작 또는 색채 등으로서 그 구성이나 표현방식에 상관없이 상품의 출처(出處)를 나타내기 위하여 사용하는 모든 표시를 말한다."고 규정하고 있는데, 출처를 나타낸다고 함은 식별력이 존재하는 것을 말한다. 표장이 될 수 있는 것을 구체적으로 보면 아래의 것들이다.

가. 시각적 상표

시각으로 인지될 수 있는 것을 말하는데, 전통적인 표장은 시각적 인지가능성에 의존했다. 비시각적 표장이 상표로 인정된 것은 최근의 일이다.

1) 기호 · 문자 · 도형, 입체적 형상 또는 이들을 결합하거나 이들에 색채를 결합한 것

가) 기호 · 문자 · 도형

기호 · 문자 · 도형은 전통적으로 상표로 사용되는 것이다. 많은 상표가 기호 · 문자 · 도형으로 구성되어 있다. 대한민국 건국 후의 최초인 상표법인 1949년 상표법 제1조는 "기호, 문자, 도형 또는 그 결합"을 상표가 될 수 있는 표장으로 인정했다.

문자상표는 한글, 한자, 로마자, 외국어, 숫자 등이 문자로 구성된 경우이다. 외국어의 경우에도 원칙적으로 한글과 동등하게 취급한다. 다만 외국에서 상표등록 되었다고 하여 우리나라에서도 반드시 등록될 수는 있는 것은 아니다. 문자상표의 경우에는 상품과의 관계상 상품을 기술(記述)하는 것일 수 있는데 이러한 경우에는 원칙적으로 상표등록을 할 수 없다. 상품을 기술하는 것은 모든 사람에게 허용되어야 하기 때문에 특정인이 상표로 독점할 수 없다.

나) 표현 및 구호(slogan)

문구나 구호(slogan)는 최근까지 기술적이라는 이유로 표장적격성을 인정하지 않았다. 그러나 상품의 출처로 사용될 수 있으면, 즉 식별력이 있으면 구호나 슬로건이 상표로 부인되어야 할 이유가 없어 최근에는 상표로서 그 등록을 허용하고 있다.

표어 및 슬로건으로 된 상표의 예	
"인류를 아름답게, 사회를 아름답게" 대법원 1987. 1. 20. 선고 86후85 판결	그 문장의 내용이나 방식 그 밖에 일반수요자의 인식으로 미루어 일반적으로 보이는 구호나 표어로 구성된 것으로 밖에 볼 수 없다.
"It's Magic: 잇스매직" 대법원 1994. 9. 27. 선고 94후906 판결	모든 사람에게 그 사용이 개방되어야 하는 표현이므로 공익상 어느 한 사람에게 독점시키는 것은 적절하지 않을뿐더러 지정상품인 가스레인지, 가스오븐레인지, 가스그릴 등과의 관계에서 볼 때도 위 문구는 상품의 품질, 효능 등의 특성을 과시하는 의미가 있다.
"Believe It or Not" 대법원 1994. 11. 18. 선고 .94후173 판결	사실임을 강조하기 위하여 흔히 쓰이는 표현이므로 이와 같은 표장을 그 지정서비스업인 박물관, 미술관 등의 경영업, 특히 세계 각지의 신기한 동 · 식물, 지리, 풍습, 전통 등을 전시하는 곳에 사용하는 경우에 일반수요자에게 식별력이 없다
"이게 웬떡이냐" 대법원 1998. 2. 27. 선고 97후945 판결	예상하지 않았던 일에 불로소득 등의 이익이 있을 경우에 표현되는 구어체 서술형의 짧은 문장으로서 그 지정상품인 건과자, 비스킷, 호떡 등과의 관계에서 자기의 상표와 타인의 상표를 식별할 수 없다.
"우린소중하잖아요" 대법원 2006. 5. 25. 선고 2004후912 판결	주어와 술어로 구성된 짧은 문장의 형식으로서 그 문장 끝에 존대의 뜻을 가진 보조사 '요'가 붙어 있는바, 그 구성의 형식과 의미내용을 고려할 때 일반수요자나 거래자로서는 이를 거래사회에서 흔히 쓰일 수 있는 광고문안 또는 구호 정도로 인식하기 쉽고, 위 부분들은 상품의 출처보다는 상품구매를 권유하는 압축된 설명문으로 인식될 가능성이 높고, 국내 잡지광고 등에 나타난 피고 상품의 선전광고 문안을 살펴보더라도, 그 광고문안 속에 기재되어 있는 "당신은 소중하니까요"라는 문구는 다른 광고문안의 기재 내용과 함께 '광고카피'로서 기능하고 있을 뿐이고, 피고 상품의 출처표시로서 기능하고 있다고는 보이지 않을뿐더러 이와 같은 문구는 모든 사람에게 그 사용이 개방되어야 하는 표현이므로 공익상 어느 한 사람에게 독점시킬 수 없다.

표어 및 슬로건으로 된 상표의 예	
"engineering your competitive edge" 대법원 2007. 11. 29. 선고 2005후2793 판결 (긍정)	출원상표나 출원서비스표가 여러 개의 단어로 이루어진 문구 혹은 문장으로 구성되었다는 이유만으로 식별력이 없게 되어 제7호에 해당한다고 할 수는 없을 것이고, 나아가 지정상품이나 지정서비스업과 관련하여 볼 때에 그 출처를 표시한다고 하기보다는 거래사회에서 흔히 사용되는 구호나 광고문안으로 인식되는 등의 사정이 있어 이를 특정인이 독점적으로 사용하도록 하는 것이 부적절하게 되는 경우에 상표법 제6조 제1항 제7호에 의하여 그 등록이 거절되어야 할 것이다. 이 사건 출원상표/서비스표는 "engineering your competitive edge"와 같이 4개의 영어단어가 한 데 어우러진 영어 문구로 구성된 것으로서 우리나라의 영어보급 수준에 비추어 볼 때 일반 수요자나 거래자가 그 의미를 직감할 수 있다고 하기 어려워 그 의미에 기하여 식별력을 부정하기 어렵고, 나아가 설령 일반 수요자나 거래자가 그 의미를 쉽게 인식할 수 있다고 하더라도 '당신의 경쟁력을 가공하여 (높여)준다'는 정도로 인식할 것으로 보이므로, 그 문구 내에 '날'이나 '모서리'를 의미하는 영어 단어 'edge'가 포함되어 있다고 하더라도 그 지정상품 중 '금속절단공구, 절단공구'나 지정서비스업 중 '도구 및 절단장치의 형상화와 관련한 기술 상담업' 등과 관련하여 지정상품이나 지정서비스업의 품질, 용도, 형상 등을 나타내는 기술적인 표장이라거나 혹은 거래계에서 흔히 쓰일 수 있는 구호나 광고문안 정도로 인식될 것이라고 단정하기 어려워 지정상품이나 지정서비스업 등의 출처를 표시하지 못하는 사정이 있다고 하기는 어렵다고 할 것이다.

다) 기호 및 도형

기호나 도형도 상표가 될 수 있다. 기호는 수학적 기호나 공학적 기호를 포함하고, 도형은 동식물이나 자연물 등을 형상화한 것을 말한다. 사실 기호와 도형을 개념적으로 구별하기 어려운 바, 양자를 구별할 실익은 없다.

모든 도형이나 기호가 상표가 될 수 있는 것은 아니다. 상표법은 "간단하고 흔히 있는 표장만으로 된 상표"와 제7호에 "제1호 내지 제6호 외에 수요자가 누구의 업무에 관련된 상품을 표시하는 것인가를 식별할 수 없는 상표"는 상표로 등록할 수 없다고 규정하고 있다. 간단한 기호나 도형은 표장적격성은 있으나 식별력이 없다는 이유로 상표등록이 거절되는 경우가 많다고 할 수 있다.

라) 입체적 형상

입체적 형상이 상표로 인정되기 시작한 것은 최근이다. 입체적 형상의 표장적격성이 인정되기 이전에는 2차원의 평면적인 것만 표장으로 인정하였다. 우리나라에서 입체적 형상의 표장적격성은 1997년 상표법 개정시에 인정되었다. 입체적 형상은 미국 랜햄법, EU의 지침[207] 및 일본 등 선진국에서도 상표로 보호된다.

입체적 형상은 식별력(inherently distinctive)이 있거나 혹은 사용에 의한 식별력(secondary meaning)을 취득하게 되면 상표등록을 할 수 있다. 일반적으로 상품과 관련 있는 형상은 상품의 기능을 효과적으로 발휘시키거나 또는 심미감을 일으켜 소비자의 구매의욕을 돋구기 위한 의도 등으로 창안되는 것이며, 자타상품을 식별하기 위한 기능을 하기 위한 것은 아니다.

입체적 형상으로 된 상표는 코카콜라병과 바나나맛 우유병을 그 예로 들 수 있다.

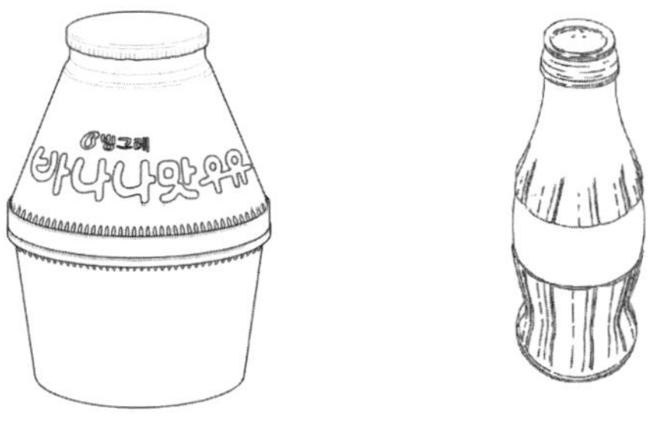

[콜라병과 우유병의 입체적 형상으로 된 상표]

207 First Directive 89/104/EEC of the Council, of 21 December 1988, to Approximate the Laws of the Member States Relating to Trade Marks, Article 2 – Signs of which a trade mark may consist

마) 결합상표

결합상표는 기호 · 문자 · 도형 · 입체적 형상 · 색채 · 홀로그램 · 동작이 2개 이상 결합된 경우를 결합상표라고 한다. 결합상표는 문자+문자, 문자+색채, 문자+도형, 도형+입체적 형상, 도형+색채, 관념이 다른 문자+문자, 도형+도형, 색채+색채 등으로 구성되는 경우를 말한다.

결합상표의 경우에는 결합상표를 구성하는 한 요소만 식별력이 있더라도 식별력이 존재한다.

SAMSUNG 삼성전자 LG전자

[도형+한글+영문자로 결합된 결합상표]

2) 홀로그램 · 동작

2007년 개정시에 홀로그램과 동작상표가 추가되었다. 홀로그램 상표는 3차원의 이미지를 광학적으로 저장하여 재현하는 것이 가능한 홀로그램으로 된 상표이다. 홀로그램은 보는 각도에 따라 그 형상이 달라지므로 인쇄된 종이에 그 표장을 특정하는 것이 쉽지 않다.

동작상표는 이미지의 움직임을 통하여 상품이나 서비스를 식별하는 표장이다. 실례로 영화, TV 또는 컴퓨터 스크린 상에서 연속 동작은 식별력이 있는 경우에 상표로 사용이 가능하다. 동작상표의 경우에는 상표등록하기 위해서는 동작의 특징을 나타내는 영상을 수록한 전자적 기록매체를 제출해야 한다.

[동작상표의 예]

3) 색채

색채는 단일색채로 이루어진 상표, 다수의 색채로 결합된 상표, 색채와 문자와 기호, 도형 등과 결합되어 있는 상표로 구성될 수 있다. 그런데 단일 색채는 얼마전까지 표장적격성을 부인하였다. 그 이유는 대체로 두 가지인데, 색채고갈론과 색조혼동론이다.

색채 고갈론은 로크의 재산권 이론을 바탕으로 하는데 색채는 몇 종류가 되지 않아 몇몇에 의해서 상표등록이 되는 경우에는 대부분의 공중은 더 이상 자유롭게 그 색채를 사용할 수 없다는 것을 근거로 한다. Campbell Soup Co. v. Armour & Co 사건에서 미국 법원은 문제가 된 원고가 제조하는 유명한 수프 캔 라벨의 붉은 색과 흰색의 상표성에 대하여 색채의 고갈을 이유로 색채만의 상표는 도형이나 기하학적인 모양 등의 디자인과의 조합에 의하여 현저하게 식별되지 않는 한 상표로서 인정되지 않는다고 하였다.

색조 혼동론은 색채 사이의 구분이 명확하지 않다는 것을 근거로 한다. 예컨대 노란색은 각자가 생각하는 것이 다르다. 즉 노란색을 생각하는 사람의 절대적 기준이 존재할 수 없다. Nutra-Sweet Co. v. Stadt Corp. 사건에서 미국 법원은 인공감미료인 Nutra-Sweet의 파란색 포장은 Equal(Nutra-Sweet가 출시한 설탕대체재의 상표)의 파란색 표장과 구별할 수 없고, 파란색을 상표로 사용하고자 하는 경쟁자는 Nutra-Sweet가 상표로 사용하는 파란색이 자신의 파란색과 구별되지 않으므로 결국 경쟁자는 자신의 상품을 시장에 인식시키기 어렵게 될 것이라는 이유로 색채의 상표적격성을 부인하였다.

그러나 색채의 상표적격성을 부인하는 법리는 색채에 대하여도 표장적격성을 인정하는 것으로 변화한다. Owens-Corning Fiberglass Corp. 사건에서 미국 연방순회법원(CAFC)은 단열을 위하여 핑크색을 쓰는 것은 식별력이 있다고 하여 색채를 상표로서 인정하였다.

1995년 Qualitex Co. v. Jacobson Prods. Co. 사건에서 미국 연방대법원은 단일색채도 이차적 의미(secondary meaning)를 취득한 경우에 상표가 될 수 있다고 판시했다. 이 사건의 원고는 녹금색의 다림질판을 오랜 기간 제조, 판매하였다. 경쟁자인 피고가 비슷한 색채의 다림질 판을 생산판매하기 시작하자 원고가 소를 제기했다. 연방대법원은 단일색채만을 상표로 인정하는 것에 대하여 랜햄법상 어떠한 제한이 없다고 판시했다.

연방대법원은 기존의 색조혼동론에 대하여 "우리는 색채라는 것은, 이러한 점에서, 특별하다고 믿지 않는다. 법원은 전통적으로 두 가지 단어들, 문구(slogan)들 또는 심벌들이 소비자들을 혼동시킬 만큼 유사한지 여부에 관한 질문들에 대하여 전혀 다른 결정을 하였다."("We do not believe, however, that color, in this respect, is special. Courts traditionally decide quite difficult questions about whether two words or phrases or symbols are sufficiently similar, in context, to confuse buyers.")고 판시했다. 즉 단어, 문구가 상표가 된다면, 색채도 상표로 사용하지 못할 이유가 없다는 것이다.

색채고갈론에 대하여 연방대법원은 그러한 경우에는 상표가 기능적이라고 할 수 있으므로 색채의 고갈문제는 기능성이론에 의하여 상표의 독점을 방지할 수 있다고 하였다. 기능적인 상표는 상표로 인정하지 않으므로 색채가 고갈된다는 것은 그 색채가 기능적인 것이라고 할 수 있고, 그러한 경우에는 기능성 이론에 의하여 상표로 인정하지 않을 수 있다는 것이다. 예컨대, 수술복에 사용되는 녹색은 빨간색의 보색이므로 수술복에 대해서는 기능적인 색채라고 할 수 있다. 그러나 녹색이 수술복 이외에 다른 상품에 대해서는 기능적인 것이라고 할 수 없다.

표장이 기능적(functional)인 경우 상표부등록 사유이다. (상표법 제34조 제1항 제15호) 따라서 우리법상 색채가 그 사용되는 상품에 대하여 기능적인 경우에는 상표로 등록할 수 없다. 예컨대 색채가 심미적(aesthetic)이거나 그 색채의 본질적 또는 기능적 목적으로 이용되는 경우(utilitarian)에는 상표등록을 할 수 없다. 이러한 경우에 색채가 상품을 식별(distinctive)하기 위하여 이용되는 것은 아니라고 할 수 있다.

단일 색채도 이차적 의미가 있는 경우에 상표로서 보호받을 수 있지만 그 색채는 기능적이지 않아야 한다고 할 수 있다. 우리나라 상표법도 단일색채를 포함하여 상표적격성을 인정하고 있다.

나. 비시각적 표장(Non-visible Marks)

2011년 12월 상표법 개정으로 비시각적 표장도 상표로 등록할 수 있도록 하였다. TRIPs 협정 제15조 제1항은 "회원국은 등록요건으로 표지가 시각적으로 인식 가능할 것을 요구할 수 있다"고 비시각적 상표를 도입하지 않을 수 있음을 규정하고 있다. 그러나 한미 FTA 제18.2조 제1항은 "어떠한 당사국도 등록의 요건으로 표지가 시각적으로 인식 가능할 것을 요구할 수 없으며, 어떠한 당사국도 상표를 구성하는 표지가 소리 또는 냄새라는 이유만으로 상표의 등록을 거부할 수 없다."고 규정하여 시각적 표지가 아닌 것도 상표로 등록하도록 하였다.

다만 냄새나 소리, 맛 등을 실제로 등록할 수 있는 방법이 용이하지 않다. 따라서 사실상 등록을 할 수 있는 경우에만 등록하여 보호받을 수 있다고 할 수 있다. 상표법 시행규칙은 소리 · 냄새 등 시각적으로 인식할 수 없는 것은 해당 표장을 문자 · 숫자 · 기호 · 도형 또는 그 밖의 방법을 통하여 시각적으로 인식하고 특정할 수 있도록 구체적으로 표현한 시각적 표현을 상표등록출원서에 첨부하도록 하고 있다.

1) 소리

미국은 소리상표등록이 가장 활발한 나라이다. 미국상표법상 소리(sound)는 명시되지 않았지만 미국 상표법이 그 등록을 허용하는 symbol이나 device의 개념에 포함된다.

1950년 NBC 방송국은 3 화음의 차임벨을 상표등록 하였고, MGM/UA 영화사는 사자울음소리(the Mark Comprise a Lion Roaring)를 상표등록했다.

우리나라 상표법 시행규칙은 소리상표의 경우에는 시각적 표현에 합치하는 소리파일을 첨부하도록 하고 있다. 시각적 표현이란 악보를 의미하고 이에 합치하는 소리파일(MP3 등)을 첨부해야 한다.

2) 향기(냄새)

[크로마토 그래피][207]

상표법 시행규칙에 따라 냄새상표는 시각적 표현에 합치하는 i) 냄새를 담은 밀폐용기(이하 "밀폐용기"라 한다) 3통 또는 ii) 냄새가 첨가된 패치(이하 "향 패치"라 한다) 30장을 첨부해야 한다. 여기서 시각적 표현이란 냄새를 화학적으로 분석하여 시각적으로 표현한 크로마토 그래피를 의미하는 것으로 보인다.

향기에 대한 화학공식이나 크로마토그래피에 의해 향기를 사실적으로(graphically) 표현하는 것은 가능하다는 견해가 있다. 그러나 상표를 사실적으로 표현하는 것은 표장 그 자체에서 상표의 정확한 범위를 명확히 하여야 할 뿐만 아니라 통상적인 사람이 화학공식이나 크로마토그래피를 보는 것만으로 해당 상표(냄새)를 합리적으로 인식할 수 없으므로 향기는 사실적으로 표현할 수 없다는 견해가 있다.

미국은 1990년대 이후 냄새를 상표로 등록하는 것을 허용하고 있다. In re Clarke 사건에서 미국 상표심판원(TTAB)은 맹인이 냄새에 의하여 필요한 실을 구별할 수 있도록 한 바느질용 및 자수용 실(sewing thread and embroidery yarn)의 향기에 대하여 상표등록을 허용하였다.

다. 위치 상표

상표의 위치도 상표로 사용될 수 있다. 즉 타인의 상품과 식별할 수 있는 기능이 존재한다면 그 어느 것도 상표로 사용될 수 있다. 상표의 위치를 상표로 보호한 것은 미국이었다. 그러나 1960년대까지만 하여도 미국 특허청은 위치와 관계없이 모든 표장을 상표로 등록하는 것을 허용하지는 않았다. 연방관세 및 특허항소법원(CCPA)은 상표의 위치는 상품의 출처를 표시하지 않는다고 하여 상표등록을 인정하지 않았다.

208 위키백과.

그러나 상표의 위치가 상표성과 아무런 관련이 없는 것은 아니다. 즉 이차적 의미를 취득하거나 표장의 위치가 특정한 상품과 관련이 되어 그 상품의 출처표시기능을 한다면 상표의 위치도 상표 침해여부가 문제가 되었을 때 상표로서 보호되어야 한다. 미국의 Levi Strauss & Co. v. Blue Bell, Inc. 사건[209]에서 상표의 위치도 고려되었다. 제9순회법원은 피고회사인 Blue Bell, Inc. 사가 비슷한 탭(tab)을 바지 뒷편 오른쪽 포켓 아래에 위치하도록 하여 원고 Levi Strauss & Co. 사의 상표와 혼동을 가져온 것은 상표 침해에 해당한다고 하였다.

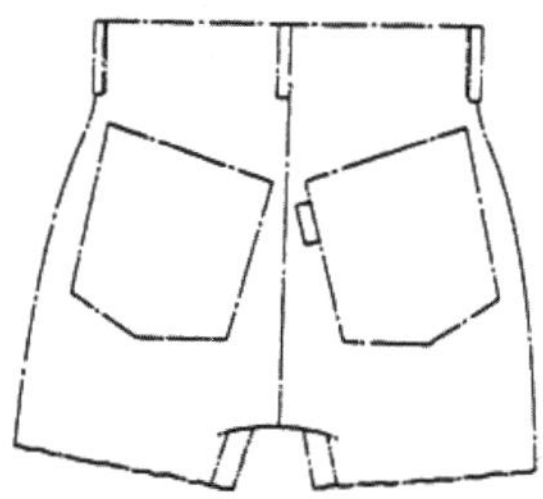

[Levi Strauss & Co. 사의 포켓 위치상표]

우리 대법원도 상표의 위치에 대하여 상표등록을 허용하는 판결을 하였다. 우리 대법원은 두 가지의 상표등록 방법을 인정했는데, 하나는 상표출원시에 출원서에 위치상표에 대한 설명을 함으로서 상품의 디자인과 구별을 하여 출원을 할 수 있고, 둘째 위치상표는 비록 일정한 형상이나 모양 등이 그 자체로는 식별력을 가지지 아니하더라도 지정상품의 특정 위치에 부착되어 사용됨으로써 당해 상품에 대한 거래자 및 수요자 대다수에게 특정인의 상품을 표시하는 것으로 인식되기에 이르렀다면, 사용에 의한 식별력을 취득한 것으로 인정받아 상표로서 등록될 수 있다고 판시하였다. 즉 상품의 특정한 디자인의 위치가 특정한 출처의 물품으로 인식된다면, 즉 이차적 의미가 발생한다면 상표로 사용될 수 있다고 판시했다.[210]

209 Levi Strauss & Co. v. Blue Bell, Inc., 632 F.2d 817 (9th Cir. 1980). 부인된 경우로는 Bachellerie v. Z. Cavaricci, Inc., 762 F. Supp. 1070 (S.D.N.Y. 1991) 참조.

210 대법원 2012. 12. 20. 선고 2010후2339 전원합의체 판결.

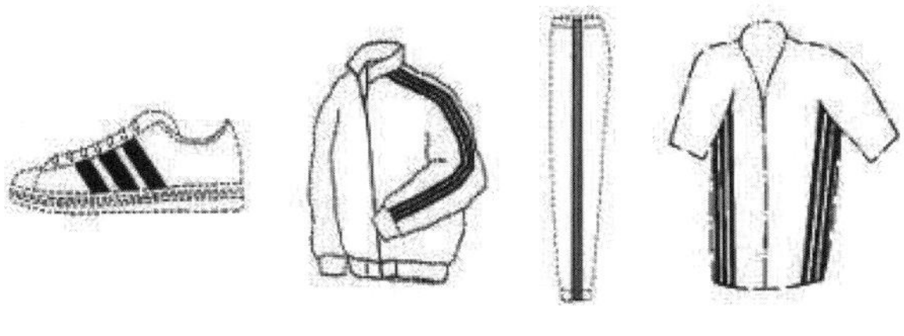

[아디다스사의 삼색실선 위치상표]

2. 식별력

가. 식별력의 의의

상표로 등록되기 위해서는 그 상표를 사용함으로써 다른 상품과 구별되게 하는 식별력을 발생시켜야 한다. 상표를 사용하는 목적은 자기 상품과 타인상품과의 식별에 있다. 따라서 상표가 되기 위해서는 식별력이 있어야 한다.

상표는 상품에 대하여 상표를 '선택'함으로서 식별력이 발생한다. 예컨대, 별이란 상표의 아이스크림을 가정하면, 그 아이스크림이란 상품에 대하여 '별'이라는 표장을 상표로 선택할 때 식별력이 결정된다. 아이스크림에 대해서 '별'은 임의선택이 되기 때문에 본질적으로 식별력이 발생한다. 그러나 아이스크림에 '아이스크림'이라는 표장은 그 상품(아이스크림)의 일반명칭(아이스크림)을 상표로 선택한 것으로서 식별력이 없다. 즉 식별력은 '상품과 상표와의 관계'에서 발생한다.

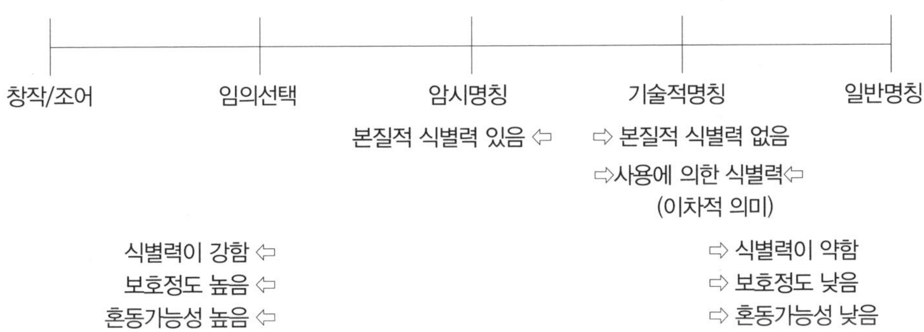

[상품과 상표와의 관계]

기술명칭에서 혼동가능성이 높고 낮음은 비교되는 두 상표/상품의 동일성내지 유사성의 정도로 판단하는 것이다. 비교되는 기술명칭이 동일하거나 유사한 정도가 높으면 두 상표는 혼동가능성이 높다. 조어/창작인 경우에도 동일하거나 유사한 정도가 높으면 두 상표의 혼동가능성이 높다. 다만 위 표에서 창작/조어가 기술명칭에 비교하여 혼동가능성이 높다고 할 때는 창작/조어상표의 보호의 범위가 넓기 때문에 비교되는 상표에 의한 침해될 영역이 넓다는 의미이다.

상표법상 표장의 식별력에 관한 규정
제33조(상표등록의 요건) ① 다음 각 호의 어느 하나에 해당하는 상표를 제외하고는 상표등록을 받을 수 있다. 1. 그 상품의 보통명칭을 보통으로 사용하는 방법으로 표시한 표장만으로 된 상표 2. 그 상품에 대하여 관용(慣用)하는 상표 3. 그 상품의 산지(産地) · 품질 · 원재료 · 효능 · 용도 · 수량 · 형상 · 가격 · 생산방법 · 가공방법 · 사용방법 또는 시기를 보통으로 사용하는 방법으로 표시한 표장만으로 된 상표 4. 현저한 지리적 명칭이나 그 약어(略語) 또는 지도만으로 된 상표 5. 흔히 있는 성(姓) 또는 명칭을 보통으로 사용하는 방법으로 표시한 표장만으로 된 상표 6. 간단하고 흔히 있는 표장만으로 된 상표 7. 제1호부터 제6호까지에 해당하는 상표 외에 수요자가 누구의 업무에 관련된 상품을 표시하는 것인가를 식별할 수 없는 상표

나. 본질적인 식별력이 없는 상표(non technical trademark)

1) 일반명칭/관용명칭상표(generic mark) 및 일반명칭화

"그 상품의 보통명칭을 보통으로 사용하는 방법으로 표시한 표장만으로 된 상표"는 그 상품의 일반명칭으로 된 상표이다. 예컨대, 상품 사과에 대하여 '사과'를 상표로 사용하는 것이다. 이러한 상표는 허용되지 않는다. 이는 로크의 이론에 의하면 자연 상태 그대로 아무런 노동이 가미되지 않았을 뿐더러 타인에게 충분하고 동등하게 남겨둘 수 없기 때문이다. 실용주의적 견해에서는 일반명칭은 유일하거나 기본적인 자원 및 매우 소수의 자원이기 때문에 특정인에게 독점을 허용하는 것은 다수의 사람들의 기회를 박탈하여 사회적으로 부(負)의 가치증가가 발생하기 때문에 상표로서 허용할 수 없다고 한다. 즉 공유하여야 사회적 효용이 극대화 된다.

우리 대법원 판결이나 일부 견해는 일반명칭에 대하여 사용에 의하여 식별력을 인정하여 상표등록을 허용하자는 입장에 있으나, 이러한 견해는 상표법의 기본적 철학에도 어긋나는 견해이다.

관용명칭은 일반명칭의 한 종류이나 우리 대법원은 일반명칭화 된 상표의 경우라고 한다. 상표가 일반명칭화 되는 것은 상표의 관리를 제대로 하지 못했을 때 발생하는 것인데, 이를 일반명칭화(genericism)라고 한다. 일반명칭화 된 것은 대표적으로 아스피린, 초코파이, 디스켓, 작크 등을 들 수 있다.

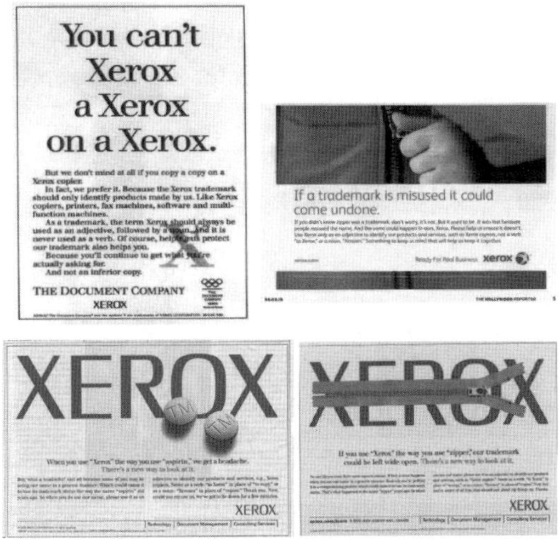

[일반명칭화 방지를 위한 제록스 회사의 광고][211]

211 https://qph.fs.quoracdn.net/main-qimg-055afa3d5d399678b603f6621c9955d8.webp; https://tushnet.files.wordpress.com/2014/09/d469f-xerox.png; http://www.hfgip.com/sites/default/files/media/Images/xerox.png; https://3.bp.blogspot.com/-iO5f1Mst_x4/UHyu0wd3KyI/AAAAAAAAB9Y/kZOkDp0vm5o/s1600/Xerox-zipper-ad.jpg

[리바이스 사의 청바지 호주머니 디자인이 일반표장화가 되는 것을 방지하기 위한 광고][211]

제록스 회사는 최초로 복사기를 발명했는데, 그 특허기간이 종료하자 복사라는 말을 Xerox라는 용어로 사용하기 시작했다. Xerox 사는 자신들의 상표가 일반명칭이 되는 것을 방지하고자 다양한 방법으로 광고를 하여 자신들의 상표는 동사가 아니라 고유명사로서 상표라는 점을 강조했다. 이미 일반명칭화가 된 지퍼(Zipper)나 아스피린(Aspirin)의 예를 사용하여 일반명칭화를 방지하고자 했다.

2) 기술명칭(descriptive mark)

"그 상품의 산지(産地)ㆍ품질ㆍ원재료ㆍ효능ㆍ용도ㆍ수량ㆍ형상ㆍ가격ㆍ생산방법ㆍ가공방법ㆍ사용방법 또는 시기를 보통으로 사용하는 방법으로 표시한 표장만으로 된 상표"는 기술적 상표로서 본질적으로 식별력이 없으므로 그 상태로서는 상표등록 할 수 없다. 기술명칭으로 된 상표는 상품에 대한 형용사로서 사용하는 것이다. 즉 상품을 기술하기 위한 명칭을 상표로 사용하는 것으로서, 이는 일반명칭/관용명칭 상표와 같이 본질적으로 식별력이 없는 상표이다. 예컨대, 사과에 대한 상표로서 '빨간 사과' 중에서 '빨간'은 형용사적으로 사용한 것으로 사과의 색깔을 나타내는 기술적(설명적)인 의미를 가지고 있다. 사과는 사과에 대한 일반명칭이다. 따라서 등록을 할 수 없으나, 해당 상표의 사용으로 인하여 식별력이 발생하면 상표를 등록할 수 있다. 다만, 이때 등록하는 것은 특정한 출처로서의 의미(이차적 의미, secondary meaning)를 상표로 등록하는 것이므로 원래의 의미(original meaning, primary meaning)는 여전히 기술적 의미로 존재한다. 예컨대 '새우깡'은 두 가지

212 https://i.ebayimg.com/images/g/socAAOSwxH1ULW-N/s-l1600.jpg

의미가 있는데, 원래의 의미는 새우를 원재료로 만든 과자라는 의미와 이차적 의미, 즉 출처표시로의 의미는 특정한 회사에서 만든 과자라는 의미가 있다.

본래 의미와 이차적 의미에 관한 미국 판결 : Skinner v. Kellogg 143 F.2d 895(8th Cir.), cert. denied, 323 U.S. 766, 65 S.Ct. 119, 89 L.Ed. 613 (1944)

The name "Raisin-BRAN" could not be appropriated as a trade-mark, because: "A name which is merely descriptive of the ingredients, qualities or characteristics of an article of trade cannot be appropriated as a trademark and the exclusive use of it afforded legal protection. The use of a similar name by another to truthfully describe his own product does not constitute a legal or moral wrong, even if its effect be to cause the public to mistake the origin or ownership of the product.

다. 본질적인 식별력이 있는 상표(technical trademark)

1) 암시명칭상표(suggestive mark)

암시명칭은 사전적 의미가 상품의 성질이나 특성을 간접적으로 또는 암시적, 상징적으로 나타내는 상표를 말한다. 암시명칭은 그 자체로서 본질적인 식별력을 발생시키므로 상표등록을 할 수 있다.

암시명칭은 기술명칭과 경계영역을 이루고 있어 두 명칭의 구별이 쉽지 않다. 견해가 다를 수 있지만, MicroSoft는 암시명칭상표라고 할 수 있다. 상표 'MicroSoft'는 상표가 사용되는 상품을 추측하게 할 수 있어도 직접적으로 설명하거나 지칭하지는 않는다.

Microsoft

[암시표장인 Microsoft]

2) 임의선택상표(Arbitrary Mark)

임의선택은 일반명칭 중에서 자신의 상표를 선택한 것인데 앞서의 일반명칭, 관용명칭, 기술명칭, 암시명칭이 아닌 경우이다. 대표적인 임의선택명칭은 애플(apple)상표이다. 애플 상표는 사과에 대해서는 일반명칭상표이지만 휴대폰이나 전자기기에 대해서는 어떤 관계가 성립하지 않는 임의선택상표가 된다.

[임의선택상표인 애플(apple)]

3) 조어/창작상표(Coined/Fanciful Mark)

조어/창작상표는 새롭게 상표를 창작하는 것이다. 상표의 가치는 조어/창작상표가 가장 많고 높다. 우리나라는 한자 문화권으로서 조어나 창작에 어떤 의미가 발생하는 경우가 있다. 이러한 경우에는 조어/창작표장이 될 수 있어도 조어/창작상표는 될 수 없다. 예컨대 삼성(三星)은 조어이지만 별셋의 뜻이 발생하므로 결국 삼성전자에 대해서는 임의선택표장이 되는 것이다.

상표법에서 조어/창작상표라고 할 때의 조어/창작상표는 어떤 의미도 발생하지 않는 경우이다. Exxon, Izod, Sony, LG 등이 창작/조어상표라고 할 수 있다.

[조어창작표장인 EXXON]

[조어창작표장인 LG(Lucky-Goldstar가 아닌 LG)]

라. 사용에 의한 식별력

상표법상 사용에 의한 식별력에 관한 규정
제33조 (상표등록의 요건) ② 제1항 제3호부터 제6호까지에 해당하는 상표라도 상표등록출원 전부터 그 상표를 사용한 결과 수요자 간에 특정인의 상품에 관한 출처를 표시하는 것으로 식별할 수 있게 된 경우에는 그 상표를 사용한 상품에 한정하여 상표등록을 받을 수 있다.

상표법 제33조 제2항은 식별력이 없는 상표라도 사용을 하여 식별력이 발생하면 상표등록을 할 수 있도록 하고 있다. 이는 사용주의 요소를 도입한 것이다. 그와 같은 사유는

3. 그 상품의 산지(産地) · 품질 · 원재료 · 효능 · 용도 · 수량 · 형상 · 가격 · 생산방법 · 가공방법 · 사용방법 또는 시기를 보통으로 사용하는 방법으로 표시한 표장만으로 된 상표
4. 현저한 지리적 명칭이나 그 약어(略語) 또는 지도만으로 된 상표
5. 흔히 있는 성(姓) 또는 명칭을 보통으로 사용하는 방법으로 표시한 표장만으로 된 상표
6. 간단하고 흔히 있는 표장만으로 된 상표

이다. '3.호'에 규정된 "그 상품의 산지(産地) · 품질 · 원재료 · 효능 · 용도 · 수량 · 형상 · 가격 · 생산방법 · 가공방법 · 사용방법 또는 시기를 보통으로 사용하는 방법으로 표시한 표장만으로 된 상표"는 기술적 명칭에 해당하는데 본질적인 식별력이 없지만 사용에 의한 식별력이 발생하면 상표등록을 할 수 있다.

[사용에 의한 식별력이 발생한 상표]

현저한 지리적 명칭 · 그 약어 또는 지도만으로 된 상표는 상품과 관련없이, 해당 표장 자체만으로 식별력 불인정한다. 널리 알려진 관광지는 현저한 지리적 명칭에 해당한다. 상품이 생산되지 않는 장소인 달, 화성 등은 여기에 해당하지 않는다고 판단된다. 다만 사용에 의한 식별력이 발생하면 상표등록을 할 수 있다.

흔히 있는 성 또는 명칭도 상품에 관계없이 상표등록을 할 수 없지만, 사용에 의한 식별력이 발생하면 상표등록을 할 수 있다.

성 또는 명칭을 보통으로 사용하는 방법이란 한글, 한자 또는 로마자 등으로 표시하거나 병기하는 것을 의미한다. 대법원은 "특히 일반의 주의를 끌만한 서체나 도안으로 표시하는 방법이 아니라 단지 자기의 명칭 등을 기재하는 방법" 이라고 하고 있다. "표장만으로..." 는 다른 특이성이 있는 것이 부가되지 않은 것을 의미한다.

윤, 김, 회장, 회사, 국내에서 흔히 있는 성이라고 할 수 있다. 법원은 윤씨농방, LEE 등에서 윤, Lee는 국내에 흔히 있는 성이라고 하였지만 Johnson은 우리나라에서 흔히 있는 성이 아니라고 하였다.

간단하고 흔히 있는 표장만으로 된 상표는 1자의 한글, 한자, 2자의 영문, 두 자리 이하의 숫자, 사각형, 삼각형, 원형 등을 말한다. 너무 간단하여 식별력을 발생시킬 수 있는 특이성이 없다고 보는 것이다. 그러나 계속적으로 사용하여 식별력이 발생하면 상표 등록 할 수 있다.

[간단한 도형으로 본질적인 식별력이 없다고 판단된 루슨트 테크날러지의 상표]

3. 상표부등록사유

가. 의의

상표법 제34조는 상표의 부등록사유에 관하여 규정하고 있다. 즉 식별력이 있다고 하더라도 제34조 제1항의 사유에 해당하면 상표등록을 받을 수 없다. 그러한 상표가 사용되면 수요자를 기망하는 사유가 대부분이다.

나. 부등록 사유

상표의 부등록사유에 관한 규정
제34조(상표등록을 받을 수 없는 상표) ① 제33조에도 불구하고 다음 각 호의 어느 하나에 해당하는 상표에 대해서는 상표등록을 받을 수 없다. 1. 국가의 국기(國旗) 및 국제기구의 기장(記章) 등으로서 다음 각 목의 어느 하나에 해당하는 상표 가. 대한민국의 국기, 국장(國章), 군기(軍旗), 훈장, 포장(褒章), 기장, 대한민국이나 공공기관의 감독용 또는 증명용 인장(印章) · 기호와 동일 · 유사한 상표 나. 「공업소유권의 보호를 위한 파리 협약」(이하 "파리협약"이라 한다) 동맹국, 세계무역기구 회원국 또는 「상표법조약」 체약국(이하 이 항에서 "동맹국등"이라 한다)의 국기와 동일 · 유사한 상표 다. 국제적십자, 국제올림픽위원회 또는 저명(著名)한 국제기관의 명칭, 약칭, 표장과 동일 · 유사한 상표. 다만, 그 기관이 자기의 명칭, 약칭 또는 표장을 상표등록출원한 경우에는 상표등록을 받을 수 있다. 라. 파리협약 제6조의3에 따라 세계지식재산기구로부터 통지받아 특허청장이 지정한 동맹국등의 문장(紋章), 기(旗), 훈장, 포장 또는 기장이나 동맹국등이 가입한 정부 간 국제기구의 명칭, 약칭, 문장, 기, 훈장, 포장 또는 기장과 동일 · 유사한 상표. 다만, 그 동맹국등이 가입한 정부 간 국제기구가 자기의 명칭 · 약칭, 표장을 상표등록출원한 경우에는 상표등록을 받을 수 있다.

마. 파리협약 제6조의3에 따라 세계지식재산기구로부터 통지받아 특허청장이 지정한 동맹국등이나 그 공공기관의 감독용 또는 증명용 인장 · 기호와 동일 · 유사한 상표로서 그 인장 또는 기호가 사용되고 있는 상품과 동일 · 유사한 상품에 대하여 사용하는 상표

2. 국가 · 인종 · 민족 · 공공단체 · 종교 또는 저명한 고인(故人)과의 관계를 거짓으로 표시하거나 이들을 비방 또는 모욕하거나 이들에 대한 평판을 나쁘게 할 우려가 있는 상표

3. 국가 · 공공단체 또는 이들의 기관과 공익법인의 비영리 업무나 공익사업을 표시하는 표장으로서 저명한 것과 동일 · 유사한 상표. 다만, 그 국가 등이 자기의 표장을 상표등록출원한 경우에는 상표등록을 받을 수 있다.

4. 상표 그 자체 또는 상표가 상품에 사용되는 경우 수요자에게 주는 의미와 내용 등이 일반인의 통상적인 도덕관념인 선량한 풍속에 어긋나는 등 공공의 질서를 해칠 우려가 있는 상표

5. 정부가 개최하거나 정부의 승인을 받아 개최하는 박람회 또는 외국정부가 개최하거나 외국정부의 승인을 받아 개최하는 박람회의 상패 · 상장 또는 포장과 동일 · 유사한 표장이 있는 상표. 다만, 그 박람회에서 수상한 자가 그 수상한 상품에 관하여 상표의 일부로서 그 표장을 사용하는 경우에는 상표등록을 받을 수 있다.

6. 저명한 타인의 성명 · 명칭 또는 상호 · 초상 · 서명 · 인장 · 아호(雅號) · 예명(藝名) · 필명(筆名) 또는 이들의 약칭을 포함하는 상표. 다만, 그 타인의 승낙을 받은 경우에는 상표등록을 받을 수 있다.

7. 선출원(先出願)에 의한 타인의 등록상표(등록된 지리적 표시 단체표장은 제외한다)와 동일 · 유사한 상표로서 그 지정상품과 동일 · 유사한 상품에 사용하는 상표

8. 선출원에 의한 타인의 등록된 지리적 표시 단체표장과 동일 · 유사한 상표로서 그 지정상품과 동일하다고 인식되어 있는 상품에 사용하는 상표

9. 타인의 상품을 표시하는 것이라고 수요자들에게 널리 인식되어 있는 상표(지리적 표시는 제외한다)와 동일 · 유사한 상표로서 그 타인의 상품과 동일 · 유사한 상품에 사용하는 상표

10. 특정 지역의 상품을 표시하는 것이라고 수요자들에게 널리 인식되어 있는 타인의 지리적 표시와 동일 · 유사한 상표로서 그 지리적 표시를 사용하는 상품과 동일하다고 인정되어 있는 상품에 사용하는 상표

11. 수요자들에게 현저하게 인식되어 있는 타인의 상품이나 영업과 혼동을 일으키게 하거나 그 식별력 또는 명성을 손상시킬 염려가 있는 상표

12. 상품의 품질을 오인하게 하거나 수요자를 기만할 염려가 있는 상표

13. 국내 또는 외국의 수요자들에게 특정인의 상품을 표시하는 것이라고 인식되어 있는 상표(지리적 표시는 제외한다)와 동일 · 유사한 상표로서 부당한 이익을 얻으려 하거나 그 특정인에게 손해를 입히려고 하는 등 부정한 목적으로 사용하는 상표

14. 국내 또는 외국의 수요자들에게 특정 지역의 상품을 표시하는 것이라고 인식되어 있는 지리적 표시와 동일 · 유사한 상표로서 부당한 이익을 얻으려 하거나 그 지리적 표시의 정당한 사용자에게 손해를 입히려고 하는 등 부정한 목적으로 사용하는 상표

15. 상표등록을 받으려는 상품 또는 그 상품의 포장의 기능을 확보하는 데 꼭 필요한(서비스의 경우에는 그 이용과 목적에 꼭 필요한 경우를 말한다) 입체적 형상, 색채, 색채의 조합, 소리 또는 냄새만으로 된 상표

16. 세계무역기구 회원국 내의 포도주 또는 증류주의 산지에 관한 지리적 표시로서 구성되거나 그 지리적 표시를 포함하는 상표로서 포도주 또는 증류주에 사용하려는 상표. 다만, 지리적 표시의 정당한 사용자가 해당 상품을 지정상품으로 하여 제36조제5항에 따른 지리적 표시 단체표장등록출원을 한 경우에는 상표등록을 받을 수 있다.

17. 「식물신품종 보호법」 제109조에 따라 등록된 품종명칭과 동일 · 유사한 상표로서 그 품종명칭과 동일 · 유사한 상품에 대하여 사용하는 상표

18. 「농수산물 품질관리법」 제32조에 따라 등록된 타인의 지리적 표시와 동일 · 유사한 상표로서 그 지리적 표시를 사용하는 상품과 동일하다고 인정되는 상품에 사용하는 상표

19. 대한민국이 외국과 양자간(兩者間) 또는 다자간(多者間)으로 체결하여 발효된 자유무역협정에 따라 보호하는 타인의 지리적 표시와 동일 · 유사한 상표 또는 그 지리적 표시로 구성되거나 그 지리적 표시를 포함하는 상표로서 지리적 표시를 사용하는 상품과 동일하다고 인정되는 상품에 사용하는 상표

20. 동업 · 고용 등 계약관계나 업무상 거래관계 또는 그 밖의 관계를 통하여 타인이 사용하거나 사용을 준비 중인 상표임을 알면서 그 상표와 동일 · 유사한 상표를 동일 · 유사한 상품에 등록출원한 상표

21. 조약당사국에 등록된 상표와 동일 · 유사한 상표로서 그 등록된 상표에 관한 권리를 가진 자와의 동업 · 고용 등 계약관계나 업무상 거래관계 또는 그 밖의 관계에 있거나 있었던 자가 그 상표에 관한 권리를 가진 자의 동의를 받지 아니하고 그 상표의 지정상품과 동일 · 유사한 상품을 지정상품으로 하여 등록출원한 상표

---

1) 국가의 국기(國旗) 및 국제기구의 기장(記章) 등으로서 다음 각 목의 어느 하나에 해당하는 상표

가. 대한민국의 국기, 국장(國章), 군기(軍旗), 훈장, 포장(褒章), 기장, 대한민국이나 공공기관의 감독용 또는 증명용 인장(印章) · 기호와 동일 · 유사한 상표

나. 「공업소유권의 보호를 위한 파리 협약」(이하 "파리협약"이라 한다) 동맹국, 세계무역기구 회원국 또는 「상표법조약」 체약국(이하 이 항에서 "동맹국등"이라 한다)의 국기와 동일 · 유사한 상표

다. 국제적십자, 국제올림픽위원회 또는 저명(著名)한 국제기관의 명칭, 약칭, 표장과 동일 · 유사한 상표. 다만, 그 기관이 자기의 명칭, 약칭 또는 표장을 상표등록출원한 경우에는 상표등록을 받을 수 있다.

라. 파리협약 제6조의3에 따라 세계지식재산기구로부터 통지받아 특허청장이 지정한 동맹국등의 문장(紋章), 기(旗), 훈장, 포장 또는 기장이나 동맹국등이 가입한 정부 간 국제기구의 명칭, 약칭, 문장, 기, 훈장, 포장 또는 기장과 동

일 · 유사한 상표. 다만, 그 동맹국등이 가입한 정부 간 국제기구가 자기의 명칭 · 약칭, 표장을 상표등록출원한 경우에는 상표등록을 받을 수 있다.

마. 파리협약 제6조의3에 따라 세계지식재산기구로부터 통지받아 특허청장이 지정한 동맹국등이나 그 공공기관의 감독용 또는 증명용 인장 · 기호와 동일 · 유사한 상표로서 그 인장 또는 기호가 사용되고 있는 상품과 동일 · 유사한 상품에 대하여 사용하는 상표

위와 같은 표장을 사인이 상표로 등록 사용하는 경우에는 마치 국가나 국제기구, 단체 등의 보증이 있는 것처럼 수요자를 기망하게 된다. 따라서 그러한 기망이 발생하지 않는 경우에는 상표로 등록 사용할 수 있다. 예컨대, 다목의 국제적십자, 국제올림픽위원회 또는 저명(著名)한 국제기관이 자기의 명칭, 약칭 또는 표장을 상표등록출원한 경우에는 상표등록을 받을 수 있다. 이러한 경우에는 수요자 기망이 발생하지 않기 때문이다.

2) 국가 · 인종 · 민족 · 공공단체 · 종교 또는 저명한 고인(故人)과의 관계를 거짓으로 표시하거나 이들을 비방 또는 모욕하거나 이들에 대한 평판을 나쁘게 할 우려가 있는 상표

상표는 goodwill 형성을 위하여 사용하거나 goodwill이 형성된 상표를 등록하는 것이다. 그런데 국가 · 인종 · 민족 · 공공단체 · 종교 또는 저명한 고인(故人)과의 관계를 허위로 형성케 하여 수요자를 기망하거나 goodwill이 아닌 badwill이 형성되는 경우에는 상표의 본질 및 기능과 배치된다. 따라서 상표부등록 사유로 한 것이다. 다만, 저명한 고인은 생존하는 사람은 제외된다.

대법원은 국가, 민족 등의 권위와 존엄을 인정하여 국제신의를 인정할 필요가 있으며, 한편 그와 같은 표장은 누구나가 사용하기를 원하는 것이기 때문에 특정인에게 독점 배타적으로 행사할 수 있도록 권리로서 등록을 인정하는 것은 공익적 요청에 반하므로 등록을 받지 못하도록 규정하였다고 판시하였다.

평판을 나쁘게 할 우려가 없는 상표(인디언)(대법원 1989. 7. 11. 선고 89후346 판결)

'국가, 민족, 공익단체, 종교 또는 저명한 고인과의 관계를 허위로 표시하거나 이를 비방 또는 모욕하거나 악평을 받게할 염려가 있는 상표'는 등록을 받을 수 없다고 규정한 위 법조의 취지는 국가, 민족 등의 권위와 존엄을 인정하여 국제신의를 인정할 필요가 있으며, 한편 그와 같은 표장은 누구나가 사용하기를 원하는 것이기 때문에 특정인에게 독점 배타적으로 행사할 수 있도록 권리로서 등록을 인정하는 것은 공익적 요청에 반하므로 등록을 받지 못하도록 규정하였다고 하여야 할 것이다. 이러한 취지에서 볼 때, 국가, 민족 등을 표시하는 명칭이나 외국의 국기, 국장과 동일 또는 유사한 표장을 상표의 표장으로 사용하는 것은 바람직하지 않으며, 또한 이러한 표장은 비록 표장자체는 특정민족, 국가와의 관계를 허위로 표시하거나 비방, 모욕 또는 악평하는 것이 아니라 할지라도 지정상품과의 관계에서 볼 때 지정상품의 품질에 하자가 있다든지 상품의 맛이 없거나 내구연한이 다하여 쓰레기통 등에 버려지는 경우에는 표장에 나타난 국가, 민족의 이름을 중히 여긴다고는 생각되지 아니하며 결과적으로는 비방, 모욕 또는 악평할 우려가 생기게 된다. 나아가서 특정국가, 민족과의 관계가 없으면서 국가나 민족의 명칭을 사용하는 것은 허위표시가 된다고 판시하여 본건 등록상표 '인디안'은 '인도사람, 아메리카 인디안'을 지칭하는 것이고, 지정상품인 건과자, 아이스크림, 식빵 등과의 관계에서 볼 때 특정국가, 민족을 비방, 모욕 또는 악평을 받게할 염려가 있는 상표이므로 상표법 제9조 제1항 제2호의 규정에 해당되어 무효를 면치 못한다고 판시하였다. 그러나 상표법은 공익적 견지에서 우리나라 또는 외국의 국기, 국가, 민족, 국제기관 등의 권위와 존엄을 유지하고 국제적 신용을 보호하기 위하여 제9조 제1항 제1호를 두어 국기, 국장, 군기,…… 저명한 국제기관의 칭호나 표장과 동일 또는 유사한 상표를 등록받을 수 없는 것으로 하는 한편, 국가, 민족,……저명한 고인을 표시하는 상표에 대하여는 동조 동항 제2호에 의하여 위 제1호와는 달리 그 관계를 허위로 표시하거나 이를 비방 또는 모욕하거나 악평을 받게할 염려가 있는 것에 한하여 등록을 불허하고 있는 바, 위와 같은 염려가 있는지의 여부는 당해 표장자체가 가지고 있는 외관, 칭호, 관념과 지정상품 및 일반거래의 실정 등을 종합적으로 관찰하여 객관적으로 판단하여야 할 것이다.

기록에 비추어 볼때, 상품구분 제3류를 지정상푼으로 하는 본건 등록상표인 '인디안'이라는 표장은 인도사람 또는 아메리카 인디안종족의 약칭을 통상적인 방법으로 호칭하는 것으로 보여지고, 위와 같은 기준에서 관찰할 때 그것이 귀 종족과의 관계를 허위로 표시하거나 이를 비방, 모욕 또는 악평을 받게할 염려가 있는 상표라고 볼 사정은 엿보이지 아니한다. 그럼에도 불구하고 원심은 비록 위 표장자체가 특정민족, 국가와의 관계를 허위로 표시하거나 비방, 모욕 또는 악평하는 것이 아니라 할지라도 그 지정상품에 관한 그 설시와 같은 이유를 들어 상표법 제9조 제1항 제2호의 규정에 해당하는 것이어서 무효의 상표라고 판단하였음은 같은 법조의 법리를 오해하여 판결에 영향을 미친 위법을 저질렀다할 것이니 이 점을 지적하는 논지는 이유있다.

3) 국가 · 공공단체 또는 이들의 기관과 공익법인의 비영리 업무나 공익사업을 표시하는 표장으로서 저명한 것과 동일 · 유사한 상표

이러한 표장은 국가나 공공단체 등과 허위의 관계를 나타나게 되어 국가나 공공기관의 공적 신용을 침해하고 수요자를 기망하게 된다. 따라서 상표부등록 사유로 규정한 것이다. 다만 수요자 기망이 발생하지 않는 경우에는 상표로 사용할 수 있으므로 그 국가 등이 자기의 표장을 상표등록출원한 경우에는 상표등록을 받을 수 있도록 하였다.

4) 공서양속에 반하는 상표

[부적][213]

본 조항은 추상적 일반조항으로서 구체적 적용범위가 문제가 된다. 부적을 상표로 사용하는 것[213]과 같이 상표 그 자체 또는 상표가 상품에 사용되는 경우 수요자에게 주는 의미와 내용 등이 일반인의 통상적인 도덕관념인 선량한 풍속에 어긋나는 등 공공의 질서를 해칠 우려가 있는 상표 뿐만 아니라 저명상표를 모방한 상표와 같이 그 상표를 등록하여 사용하는 행위가 공정한 상품유통질서나 국제적 신의와 상도덕 등 선량한 풍속에 위배되는 경우도 포함된다.

대법원은 '우리은행' 상표를 예를 들어 그 상표의 사용이 사회 공공의 이익을 침해하는 것이라면 이는 공공의 질서에 위반되는 것으로서 허용될 수 없다고 보아야 한다고 한다.[215] 그러나 그 상표의 사용이 사회 공공의 이익을 침해하는 것이라면 이는 공공의 질서에 위반되는 것으로서 허용될 수 없다고 하더라도 '우리은행' 상표를 이에 적용한 것은 잘못이다. '우리은행'은 이차적 의미가 발생한 상표이므로 '우리은행' 상표를 사용한다고 하더라도 사회 공공의 이익을 침해하는 것이 아니다. 왜냐하면

213 대법원 1992. 4. 24. 선고 91후1878 판결 (신사복, 아동복, 속내의, 양발 등을 지정상품으로 하고 부적을 표시한 표장임이 분명한 출원상표가 공서양속을 해하는 상표이다).

214 http://m.buddhabook.co.kr/web/product/big/sum_170210_01.jpg

215 대법원 2009.5.28. 선고 2007후3301 판결.

이차적 의미가 발생한 '우리은행(Woori Bank)'과 원래의 의미인 '우리은행'(our bank)은 상호 병존이 가능하기 때문이다.

고인과의 관계를 허위로 표시하는 상표(피카소 서명)(대법원 2000. 4. 21. 선고 97후860 판결)

화가가 그의 미술저작물에 표시한 서명은 그 저작물이 자신의 작품임을 표시하는 수단에 불과하여 특별한 사정이 없는 한 그 자체가 예술적 감정이나 사상의 표현을 위한 것이라고는 할 수 없어 저작권법상의 독립된 저작물이라고 보기 어려우나, 이러한 서명은 저작자인 화가가 저작권법 제12조 제1항에 의한 성명표시권에 의하여 자기 저작물의 내용에 대한 책임의 귀속을 명백히 함과 동시에 저작물에 대하여 주어지는 사회적 평가를 저작자 자신에게 귀속시키려는 의도로 표시하는 것이므로, 그 서명이 세계적으로 주지·저명한 화가의 것으로서 그의 미술저작물에 주로 사용해 왔던 관계로 널리 알려진 경우라면, 그 서명과 동일·유사한 상표를 무단으로 출원등록하여 사용하는 행위는 저명한 화가로서의 명성을 떨어뜨려 그 화가의 저작물들에 대한 평가는 물론 그 화가의 명예를 훼손하는 것으로서, 그 유족의 고인에 대한 추모경애의 마음을 손상하는 행위에 해당하여 사회 일반의 도덕관념인 선량한 풍속에 반할 뿐만 아니라, 이러한 상표는 저명한 고인의 명성에 편승하여 수요자의 구매를 불공정하게 흡인하고자 하는 것으로서 공정하고 신용있는 상품의 유통질서를 침해할 염려가 있다 할 것이므로 이러한 상표는 상표법 제7조 제1항 제4호에 해당한다고 봄이 상당하고, 이러한 경우에 그 저명한 화가가 생존해 있었더라면 자신의 저작물임을 나타내기 위하여 표시해 오던 서명을 타인이 자신과 전혀 무관한 상품의 상표로 무단 등록하여 공표하고 사용하는 것은 저명한 미술저작자로서의 인격권을 침해하는 불법행위에 해당한다 할 것이고, 저작권법 제96조, 제14조 제2항에 의하면 사망한 저작자의 저작인격권을 침해하는 행위에 대하여 그 저작자의 유족이 그 침해행위의 금지를 청구하는 등의 조치를 취할 수 있음에 비추어, 그 저명한 화가의 유족으로서는 고인의 인격권과 유족 자신의 고인에 대한 추모경애의 마음을 침해하는 상표의 사용금지를 청구할 수 있음은 물론 그 등록무효심판을 청구할 이해관계가 있다고 봄이 상당하다.

5) 박람회 등의 박람회의 상패·상장 또는 포장과 동일·유사한 표장

정부가 개최하거나 정부의 승인을 받아 개최하는 박람회(博覽會) 또는 외국정부가 개최하거나 외국정부의 승인을 받아 개최하는 박람회의 상패·상장 또는 포장과 동일·유사한 표장이 있는 상표는 상표등록을 받을 수 없다. 이와 같은 표장을 상표로 사용하면 마치 해당 박람회에서 수상을 한 것처럼 수요자를 오인시켜 기망을 하기 때문이다.

다만, 그 박람회에서 수상한 자가 그 수상한 상품에 관하여 상표의 일부로서 그 표장을 사용하는 경우에는 상표등록을 받을 수 있다. 이러한 경우에는 진실을 말하는 것이기 때문에 수요자를 오인 기망하지 않는다. 그러나 상표의 일부로서 그 표장을 사용하더라도 수요자를 오인 기망하는 경우에는 상표로 사용할 수 없다고 할 것이다.

박람회는 전시회, 전람회, 품평회, 경진대회 등을 포함한다고 해석하고 박람회의 상패 · 상장 또는 포장에는 공로패, 표창장, 감사장 등 용어를 불문하고 일체의 증서 또는 기념패를 포함한다고 해석한다.

6) 저명한 타인의 성명 등

저명한 타인의 성명 · 명칭 또는 상호 · 초상 · 서명 · 인장 · 아호(雅號) · 예명(藝名) · 필명(筆名) 또는 이들의 약칭을 포함하는 상표는 상표등록을 받을 수 없다. 왜냐하면 그러한 성명 등을 상표로 사용한다면 그 저명한 타인과 어떤 관계가 있는 것처럼 오인 기망을 하기 때문이다. 그러나 그 타인의 승낙을 받은 경우에는 그러한 위험이 없으므로 상표등록을 받을 수 있다.

저명한 타인은 살아 있는 사람을 말하고 사망한 사람은 본 호가 아닌 2호의 저명한 고인(故人)에 관한 규정이 적용된다. 저명하지 않은 타인은 오인 기망의 위험이 없으므로 본 호의 부등록 사유가 되지 않는다.

저명한 타인의 명칭 (**2NE1**)(대법원 2013. 10. 31. 선고 2012후1033 판결)

지정상품을 '눈썹용 연필, 립스틱, 매니큐어, 아이섀도, 마스카라' 등으로 하는 甲 외국회사의 출원상표 "**2NE1**"에 대하여 상표법 제7조 제1항 제6호에 해당한다는 이유로 특허청장이 거절결정을 한 사안에서, 출원상표인 "2NE1"은 음반업계에서 유명한 연예기획사인 乙 주식회사 소속 여성 아이돌 그룹 가수의 명칭으로, 그와 동일한 표장을 갖는 출원상표의 등록을 허용할 경우에는 지정상품과 관련하여 그 수요자나 거래자들이 위 여성 그룹 가수와 관련 있는 것으로 오인 · 혼동할 우려가 상당하여 타인의 인격권을 침해할 염려가 있는 점 등의 사정을 종합해 보면, 출원상표는 출원일 무렵에 저명한 타인의 명칭에 해당하고, 여러 사정에 비추어 위 여성 그룹 가수는 국내의 유명한 여성 4인조 아이돌 그룹으로서 출원상표의 출원일 무렵 국내의 수요자 사이에 널리 알려져 저명성을 획득하였다.

7) 선출원(先出願) 등록상표

선출원에 의한 타인의 등록상표(등록된 지리적 표시 단체표장은 제외한다)와 동일 · 유사한 상표로서 그 지정상품과 동일 · 유사한 상품에 사용하는 상표는 선출원주의의 따르는 우리 상표법의 당연한 결과이다. 본 호에서 부등록 사유로 규정하는 범위는 상표권의 효력범위이다. 선등록 상표의 효력과 저촉되는 범위내에서는 등록할 수 없기 때문에 본 호의 부등록 사유로 규정한 것이다.

8) 주지상표

타인의 상품을 표시하는 것이라고 수요자들에게 널리 인식되어 있는 상표와 동일 · 유사한 상표로서 그 타인의 상품과 동일 · 유사한 상품에 사용하는 상표는 상표등록을 받을 수 없다.

본 호는 소위 주지상표를 모방한 상표를 부등록사유로 규정한 것이다. 주지상표는 보통 해당 상품의 '수요자'에게 널리 알려진 상표를 말한다. **2NE1**상표는 그 수요자나 거래자들에게 널리 알려진 것[216]이므로 주지상표에 해당한다. 그러나 대법원의 판결은 주지성의 의미에 대하여 정리되지 않고 있다. 대법원은 때에 따라서는 수요자나 거래자에게 널리 알려진 것도 저명상표라고 하고, 일반공중에게 알려진 것도 저명상표라고 하는 등 주지상표와 저명상표의 의미가 불분명하게 하고 있다.

구분	주지상표	저명상표
입법취지	사용사실상태의 보호	출처혼동방지 또는 희석화 방지
인식도	당해 상표가 사용된 상품에 관한 거래자 및 관련 수요자층	이종상품 · 이종영업에까지 걸친 일반 수요자층
범위	상품의 동일 · 유사범위 내	이종상품 · 이종영업까지 확대
적용제척기간	5년	없음

216 대법원 2013. 10. 31. 선고 2012후1033 판결.

9) 저명상표

수요자들에게 현저하게 인식되어 있는 타인의 상품이나 영업과 혼동을 일으키게 하거나 그 식별력 또는 명성을 손상시킬 염려가 있는 상표는 상표등록 할 수 없다. 주지상표와 달리 저명상표는 그 상표가 사용되는 상품과 다른 종류의 상품(이종상품)이라고 할지라도 상품의 용도 및 판매거래의 상황 등에 따라 저명상표권자나 그와 특수한 관계에 있는 자에 의하여 생산 또는 판매되는 것으로 인식되어, 기망할 수 있기 때문에 그 부등록 되는 상품의 범위에 동일 유사한 상품임을 요구하지 않는다.

저명한 타인의 명칭 (**소녀시대**)(대법원 2015. 10. 15. 선고 2013후1207 판결)

선사용상표가 사용상품에 대한 관계거래자 이외에 일반공중의 대부분에까지 널리 알려지게 됨으로써 저명성을 획득하게 되면, 그 상표를 주지시킨 상품 또는 그와 유사한 상품 뿐만 아니라 이와 다른 종류의 상품이라고 할지라도 상품의 용도 및 판매거래의 상황 등에 따라 저명상표권자나 그와 특수한 관계에 있는 자에 의하여 생산 또는 판매되는 것으로 인식될 수 있고 그 경우에는 어떤 상표가 선사용상표의 사용상품과 다른 상품에 사용되더라도 수요자로 하여금 상품의 출처를 오인 · 혼동하게 하여 수요자를 기만할 염려가 있다. 여기서 선사용상표가 저명상표인가는 상표의 사용, 공급, 영업활동의 기간 · 방법 · 태양 및 거래범위 등을 고려하여 거래실정 또는 사회통념상 객관적으로 널리 알려졌느냐를 기준으로 판단하여야 한다.

... 갑 회사 소속 9인조 여성그룹 가수의 명칭 '소녀시대'와 같은 구성의 선사용상표 및 선사용서비스표는 갑 회사의 '음반, 음원' 등의 사용상품 및 '가수공연업, 음악공연업, 방송출연업, 광고모델업' 등의 사용서비스업에 대하여 관계거래자 이외에 일반공중의 대부분에까지 널리 알려지게 됨으로써 저명성을 획득하였으므로, 그와 유사한 등록상표서비스표가 위 사용상품 · 서비스업과 다른 '면제 코트' 등의 지정상품이나 '화장서비스업' 등의 지정서비스업에 사용되더라도 그러한 상품이나 서비스업이 갑 회사나 그와 특수한 관계에 있는 자에 의하여 생산 · 판매되거나 제공되는 것으로 인식됨으로써 상품 · 서비스업의 출처를 오인 · 혼동하게 하여 수요자를 기만할 염려가 있다.

---

10) 상품의 품질을 오인하게 하거나 수요자를 기만할 염려가 있는 상표

상표는 상품의 진실성에 관한 정보를 수요자에게 전달하는 것이다. 그런데 상표가 상품에 관하여 허위의 정보를 전달하여 수요자를 기망한다면 이는 상표의 본질에 위반되는 것이다. 대법원은 이미 특정인의 상표라고 인식된 상표를 사용하는 상품의 품질, 출처 등에 관한 일반 수요자의 오인 · 혼동을 방지하여 이에 대한 신뢰를 보호하고자 함에 그 목적이 있고, 그 상품이나 상표가 반드시 주지 · 저명하여야 하는 것은 아니고, 적어도 국내의 일반 거래에 있어서 수요자나 거래자에게 그 상품이나 상표라고 하면 특정인의 상품이나 상표라고 인식될 수 있을 정도로 알려져 있다면 그 적용대상이 된다고 한다.[217]

품질오인 상표(모시메리)(대법원 1987.02.10. 선고 83후100 판결)[217]

등록상표 "모시메리 MOSIMERI"는 형식상으로는 "모시" 와 "메리"라는 문자의 결합으로 구성된 조어로 보여지나 결합된 상태에서의 호칭이나 구성이 전혀 분리할 수 없을 정도로 융합된 것이라고 보기 어렵고 섬유제품에서의 "메리"라는 문자는 소비자들에게 "메리야스"라고 하는 말의 약칭 이외의 다른 뜻이 있다고 인식될 가능성은 기대하기 어려워 "메리"라는 문자는 거의 존재가치가 없는 상태로 관찰되어져 식별력을 가진다고 볼 수 없으므로 등록상표는 상품의 품질표시만으로 구성된 것으로 볼 수밖에 없고 또 지정상품과의 관계에서 "모시"로 만든 각종 의류(피복류) 또는 "모시"를 함유하는 각종 의류 등으로 해석되어져 모시를 함유하지 아니한 의류 등에 등록상표를 사용할 경우에는 일반수요자들이 "모시"가 함유된 의류(피복류)로 상품의 품질을 오인할 여지가 있다.

품질오인 상표 (CROCO와 KIDS)(대법원 1999. 11. 12. 선고 98후300 판결)

[2] 'CROCO'와 'KIDS'의 영문자 부분과 악어를 의인화한 형태의 도형 부분이 결합하여 구성된 출원상표를 지정상품인 피혁과 피혁 모조품(최종 제품은 제외)에 사용할 경우, 먼저 영문자 'CROCO'는 영한사전에는 나오지 아니하는 단어이나, 출원상표의 지정상품들이 후에 가공해야만 하는 피혁과 피혁 모조품(최종 제품은 제외)인 사정에 비추어 볼 때 그 품질 오인의 판단 주체는 완제품의 최종 소비자가 아니라 그와 같이 원재료인 지정상품들을 가공, 판매하거나 또는 이를 매수하는 등의 거래자들이고, 이러한 거래자들은 피혁류 제품의 원재료 명칭에 대한 전문적인 지식을 가지고 있어 피혁제품에 'CROCO'표장이 사용될 경우 'CROCODILE'의 약자로 인식할 가능성이 크며, 또 출원상표의 구성상으로도 'CROCO'의 영문자 우측에 악어를 의인화한 형태의 도형이 배치되어 있어 'CROCO'가 'CROCODILE'의 약자로 인식될 수 있으며, 여기에 우리 나라의 영어 보급수준 등을 감안하여 보면, 출원상표의 지정상품의 거래자들은 'CROCO'를 'CROCODILE'의 약자로 인식하여

217 대법원 1995.10.12. 선고 95후477 판결.

218 모시메리 관련 판결로 대법원 1994.3.11. 선고 93후527 판결 및 대법원 1992.01.21. 선고 91후882 판결 참조.

'악어, 악어의 가죽' 등의 의미로 직감할 것으로 보이고, 다음 영문자 'KIDS'는 사전적으로 '새끼염소들', '새끼염소(키드)가죽', '키드가죽장갑(구두)' 또는 '아이들' 등 여러 가지의 의미가 있으나 피혁류 제품의 거래계에 종사하는 거래자들에게는 '새끼염소가죽'이라는 의미로도 쉽게 인식되고, 도형 부분으로는 '악어'의 관념이 도출될 것으로 보이는 점에 비추어, 전체적으로 볼 때 '악어가죽' 및 '새끼염소가죽'의 의미가 있는 출원상표를 그 지정상품에 사용할 경우 거래자들은 인조모피 등을 천연의 새끼염소가죽으로 만든 모피 등으로 인식할 가능성이 있으므로, 결국 출원상표는 상품의 품질을 오인하게 할 염려가 있는 상표라고 보아야 한다.

---

11) 부정목적 출원상표

국내 또는 외국의 수요자들에게 특정인의 상품을 표시하는 것이라고 인식되어 있는 상표와 동일 · 유사한 상표로서 부당한 이익을 얻으려 하거나 그 특정인에게 손해를 입히려고 하는 등 부정한 목적으로 사용하는 상표는 상표등록을 받을 수 없다.

특허청은 외국의 정당한 상표권자가 국내시장에 진입하는 것을 저지하거나 또는 대리점 계약체결을 강제할 목적으로 상표권자가 미처 등록하지 않은 상표와 동일 또는 유사한 상표를 출원한 경우, 저명상표와 동일 또는 유사한 상표로서 타인의 상품이나 영업과 혼동을 일으킬 염려는 없다 하더라도 저명상표의 출처표시기능을 희석화시키기 위한 목적으로 출원한 경우, 창작성이 인정되는 타인의 상표를 동일 또는 극히 유사하게 모방하여 출원한 경우, 그 밖에 타인의 선사용상표의 영업상의 신용이나 고객흡인력 등에 편승하여 부당한 이득을 얻을 목적으로 출원한 경우가 본 호에 해당하는 것으로 보고 있다. 다만, 2007년 '현저하게'라는 수식어를 삭제하여 저명상표에 관한 부분은 더 이상 관련이 없다.

희석화 목적의 출원상표(스타크래프트)(대법원 2005. 6. 9. 선고 2003후649 판결)

건과자, 캔디 등에 사용하는 상표로 출원등록한 상표"오리온 스타크래프트 ORION STARCRAFT"는 "STARCRAFT"는 조어로 그 사용례를 쉽게 찾아볼 수 없어 등록상표는 이를 모방한 것으로 추정되고, 선사용상표의 양질의 이미지나 고객흡인력에 편승하여 부당한 이익을 얻거나 선사용상표의 가치를 희석화 할 목적으로 출원하여 등록받은 상표이다.

---

12) 기능적 상표

상표등록을 받으려는 상품 또는 그 상품의 포장의 기능을 확보하는 데 꼭 필요한 (서비스의 경우에는 그 이용과 목적에 꼭 필요한 경우) 입체적 형상, 색채, 색채의 조합, 소리 또는 냄새만으로 된 상표는 등록 받을 수 없다.

상표는 식별력을 보호하는 것으로 기능은 보호하지 않는다. 기능에 관련된 것은 특허나 실용신안을 보호받을 수 있다. 만일 상표로 기능을 보호하게 되면 상표는 갱신제도에 의해 무한정 보호받을 수 있게 되는데, 기능적 특성에 대한 엄격한 심사를 통하여 특허나 실용신안을 받으면 출원일로부터 최대 20년의 보호를 받게 될 뿐이다. 그러나 상표는 그러한 기능적 특성에 대한 심사를 받지 않음에도 불구하고 상표의 기능을 보호하게 되면 상표에 의하여 다른 특허제도를 운영하게 되는 결과를 가져온다. 따라서 상표는 기능을 보호하지 않는다. 다만, 상표는 기능적인 특성을 가질 수 있음을 부인하지 않는다. 예컨대, 흑백의 상표보다는 칼라 상표가 수요자에게 인지가 더 잘 된다. 만일 이러한 효과도 기능적 상표라고 한다면, 많은 상표가 기능적 특성이 있음을 이유로 등록거절이 될 것이다. 따라서 상표법은 기능을 확보하는 데 꼭 필요한 경우로 한정을 하고 있다.

기능성이 문제된 trade dress 상표(In re Weber–Stephen Prods. Co., 184 U.S.P.Q. 509)

기능성이 문제된 trade dress 상표(In re Morton–Norwich Prods., Inc., 671 F.2d 1332 (C.C.P.A. 1982))

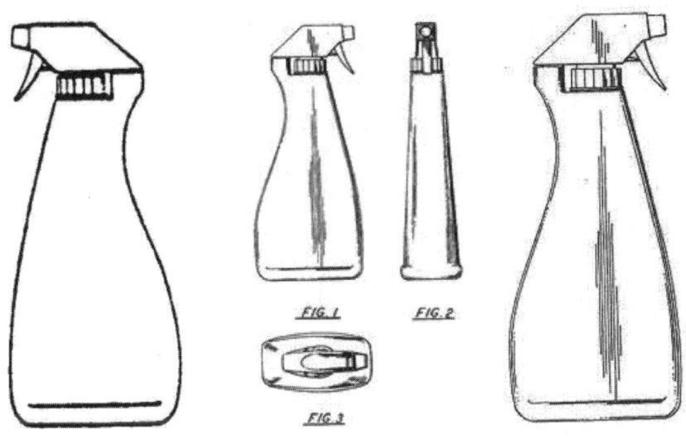

제3절 상표권의 효력

상표권의 효력에 관한 상표법 규정

제89조(상표권의 효력) 상표권자는 지정상품에 관하여 그 등록상표를 사용할 권리를 독점한다. 다만, 그 상표권에 관하여 전용사용권을 설정한 때에는 제95조 제3항에 따라 전용사용권자가 등록상표를 사용할 권리를 독점하는 범위에서는 그러하지 아니하다.

1. 상표권의 의의

상표권은 지정상품에 관하여 그 등록상표를 사용할 권리를 독점하는 권리이다. 다시 말하면, i) 지정상품에 ii) 등록상표를 iii) 독점 사용할 권리이다. 이는 상표권의 적극적인 범위이다.

지정상품은 상표등록 출원시에 상표를 사용할 상품을 지정하도록 하고 있고, 이 상품에 대해서만 독점적으로 상표를 사용할 수 있다. 상표권은 등록상표만을 사용할 권리이다. 상표의 사용범위는 상표권의 효력범위를 의미한다. 상표권은 배타적인 권리이므로 그 권리범위가 명확하지 않으면 분쟁이 발생할 수밖에 없다. 그러한 이유로 사용의 개념과 그 범위는 법에 명확히 규정되어 있다. 민법상의 물권법정주의 원칙이 적용된 결과이다.

다만 상표권은 부동산이나 동산과 같은 유체물과는 달리 그 경계영역이 불분명하므로 경계영역을 설정하였다. 마치 비무장지대(DMZ)와 같은 영역이다. 이 영역은 상표권자도 상표를 사용하지 못하고, 비상표권자도 사용하지 못하는 영역이다. 상표법에서는 비상표권자가 이 영역에서 상표를 사용하면 침해로 의제하고 있다.(상표법 제108조) 이를 상표권의 소극적 범위라고 한다.

2. 적극적 범위

가. 상표의 사용

‘상표의 사용’의 정의에 관한 상표법 규정

제2조(정의)

① 이 법에서 사용하는 용어의 뜻은 다음과 같다.

...

11. “상표의 사용”이란 다음 각 목의 어느 하나에 해당하는 행위를 말한다.
   가. 상품 또는 상품의 포장에 상표를 표시하는 행위
   나. 상품 또는 상품의 포장에 상표를 표시한 것을 양도 또는 인도하거나 양도 또는 인도할 목적으로 전시 · 수출 또는 수입하는 행위
   다. 상품에 관한 광고 · 정가표(定價表) · 거래서류, 그 밖의 수단에 상표를 표시하고 전시하거나 널리 알리는 행위

② 제1항제11호 각 목에 따른 상표를 표시하는 행위에는 다음 각 호의 어느 하나의 방법으로 표시하는 행위가 포함된다.
   1. 표장의 형상이나 소리 또는 냄새로 상표를 표시하는 행위
   2. 전기통신회선을 통하여 제공되는 정보에 전자적 방법으로 표시하는 행위

1) 사용의 범위

상표권은 상표를 상품에 사용하는 권리이다. 상표권은 사용으로 정해진 범위 이외에는 미치지 않는다. 따라서 제3자가 사용의 범위 이외에서 상표를 사용하는 것은 상표권의 침해가 아니다.

상표를 광고나 정가표, 거래서류, 그 밖의 수단에 사용하고 표시하고 전시하는 것은 상표권의 범위이다. 거래서류에는 거래에 제공되는 서류로서 주문서, 납품서, 송장, 출하안내서, 물품영수증, 카탈로그를 포함한다.

2) 사용이 문제되는 경우

가) 무상으로 배포, 교부되는 물품에 사용되는 경우

우리 대법원은 무상으로 교부되는 판촉물, 책자의 부록 등에 상표를 사용하더라

도 그러한 것은 거래를 예정하여 교부되는 것이 아니므로 상표의 사용이 아니라고 한다. 그러나 상표가 부착된 상품의 양도는 사용의 범위이므로 유상으로 교부되건 무상으로 교부되건 상표의 사용의 개념에 포함된다. 따라서 상표권의 범위라고 하여야 한다.

대법원의 실제 사례를 보면,

> 상표법상 '상표의 사용'이라고 함은 상품 또는 상품의 포장에 상표를 표시하는 행위 등을 의미하고(상표법 제2조 제6호 각 목 참조), 여기에서 말하는 '상품'은 그 자체가 교환가치를 가지고 독립된 상거래의 목적물이 되는 물품을 의미한다 할 것이므로, 상품의 선전광고나 판매촉진 또는 고객에 대한 서비스 제공 등의 목적으로 그 상품과 함께 또는 이와 별도로 고객에게 무상으로 배부되어 거래시장에서 유통될 가능성이 없는 이른바 '광고매체가 되는 물품'은, 비록 그 물품에 상표가 표시되어 있다고 하더라도, 물품에 표시된 상표 이외의 다른 문자나 도형 등에 의하여 광고하고자 하는 상품의 출처표시로 사용된 것으로 인식할 수 있는 등의 특별한 사정이 없는 한, 그 자체가 교환가치를 가지고 독립된 상거래의 목적물이 되는 물품이라고 볼 수 없고, 따라서 이러한 물품에 상표를 표시한 것은 상표의 사용이라고 할 수 없다

고 하면서,

> 종전부터 자신이 발행하여 오던, 영화 · 음악 · 연예인 등에 관한 정보를 담은 "ROADSHOW, 로드쇼"라는 월간잡지(을 제2, 4호증)의 독자들에게 보답하고 그 구매욕을 촉진시키기 위하여 사은품으로 1993. 12. 10.경 외국의 유명한 영화배우들의 사진을 모아 이 사건 등록상표인 "WINK"라는 제호의 책자(을 제3, 6호증)를 발행하여 독자들에게 제공하였음을 알 수 있으므로, 위 "WINK"라는 제호의 책자는 그 자체가 교환가치를 가지고 거래시장에서 유통될 가능성이 있는 독립된 상거래의 목적물이 될 수 없어 '광고매체가 되는 물품'에 해당된다고 할 것이고, 따라서 위 책자에 이 사건 등록상표가 제호로 사용된 것은 이 사건 등록상표의 사용이라고 할 수 없다

고 판시했다.[219]

그러나 무상으로 교부되는 상품도 추후에 유상으로 판매되는 경우가 많다. 특히 인터넷으로 개인들 사이에 상거래가 발전한 현재에는 무상으로 받은 물품도 유상으로 거래되고 있는 것이 현실이다. 또한 이를 무상으로 교부되었다고 하여 경제적 가치가 없는 것은 아니므로 상품성을 부인할 수도 없다. 그뿐만 아니라 양도에는 유상과 무상을 포함하므로 무상으로 거래되었다고 하여 상품성을 부인하는 것은 타당하지 않다.

서울지방법원은 수영복, 티셔츠 등을 지정상품으로 하는 등록상표 CASS의 상표권자가 맥주, 청주 등을 지정상품으로 하는 등록상표 CASS의 상표권자가 CASS 맥주의 출시를 기념하여 그 맥주의 선전을 위하여 회사의 직원, 그 회사의 제품을 취급판매하는 주류도매점의 직원, 무료 CASS 맥주 시음대회 진행하는 아르바이트생에게 CASS 상표가 부착된 티셔츠 등을 무료로 배포한 것은 맥주의 홍보와 판매촉진의 목적으로 상품을 취급하는 자 또는 그에 관련된 자에 한정하여 무상으로 배포한 것이므로, 위 티셔츠 등은 독립된 상거래의 목적물인 상품이 아닌 맥주의 단순한 광고매체에 지나지 않아 상표의 사용에 해당하지 않는다고 판시했다.[220]

앞서 언급한 바와 같이 상품의 양도는 유상, 무상을 불문하는 것일 뿐만 아니라 무상으로 교부받았다고 하더라도 유통되면서 유상으로 판매되기도 한다. 이러한 경우에 미국 법원은 사후적 혼동(post sale confusion; 구입 전 혼동; 판매 후 혼동) 이론을 발전시켜왔다.

사후적 혼동이론에 대비되는 것이 사전적 혼동(initial interest confusion; 구입 전 혼동; 판매 전 혼동) 이론이다. 사전적 혼동은 예컨대 위의 CASS 의류나 WINK 책자가 인터넷에 게시되는 경우 이를 구입하는 사람은 구입전에 이미 인터넷을 보면서 진품이라는 혼동에 빠지게 된다. 구입자가 이미 혼동에 빠진 상태에서 위조상품을 구입하게 되므로 구입 전에 혼동이 발생한 것이다.

---

219 대법원 1999. 6. 25. 선고 98후58 판결.

220 서울지방법원 1995. 10. 24. 자 95카합3529 결정.

사전적 혼동 이론과 사후적 혼동 이론은 혼동의 범위를 확장시키기 위한 이론이다. 우리 대법원은 부정경쟁방지법이 문제된 사건에서 사후적 혼동을 인정하고 있다.

사후적 혼동을 인정한 판결(비비안웨스트우드)(대법원 2012.12.13. 선고 2011도6797판결)

피고인이 판매한 이 사건 모조품 가방에는 피해자 공소외인의 상품표지 “”와 거의 동일한 표장이 부착되어 있는 점, 피해자도 위와 같은 상품표지를 가방이나 핸드백 등에 사용하여 온 점, 피고인 스스로 그의 인터넷 쇼핑몰에 “이번에 야심차게 준비한 신상 비비안웨스트우* 디자인의 숄더백이야.”라고 상품 설명을 기재하는 등 피고인도 이 사건 모조품 가방이 피해자 상품의 모조품임을 알고 있었던 점 등을 알 수 있다. 이러한 사정을 위와 같은 법리에 비추어 보면, 비록 원심판결에서 설시한 사정 때문에 피고인으로부터 이 사건 모조품 가방을 구매한 구매자들은 그 출처를 혼동할 우려가 없다고 하더라도, 구매자로부터 이 사건 모조품 가방을 양수하거나 구매자가 지니고 있는 이 사건 모조품 가방을 본 제3자가 그 출처를 혼동할 우려가 있는 등 일반 소비자의 관점에서는 그 출처를 혼동할 우려가 있으므로, 피고인이 이 사건 모조품 가방을 판매한 것은 부정경쟁방지법 제2조 제1호 (가)목 소정의 ‘타인의 상품과 혼동하게 하는 행위’에 해당한다.

나) 비상표적 사용

비상표적 사용에는 공정사용과 지명적 공정사용을 들 수 있다. 공정사용은 상품을 설명하기 위해 타인의 상표를 사용하는 것을 말한다. 예컨대, 자신의 상품을 기술적으로 사용하기 위해서 기술적인 단어를 사용하거나 자동차 부품이 특정회사의 자동차에 사용되는 것을 나타내기 위해서는 그 회사 자동차의 상표를 사용해야 한다. 이를 지명적 공정사용(nominative fair use)이라고 한다.

피고인은 1999. 1. 초순경부터 자동차부품인 에어 클리너(일명 에어필터)를 제조하면서, 자신이 제조한 에어 클리너의 포장상자에 에어 클리너가 사용되는 적용차종을 표시하려는 목적으로 “소나타Ⅱ”, “라노스”, “크레도스” 등의 표시를 했다. 그 중 현대자동차의 “마이티”와 “엑셀”용 포장상자에는 “적용차종”, 대우자동차의 “티코”용 포장상자에는 “차종”이라고 명기했다. 품질경영촉진법에 따라 에어 클리너의 포장상자에 차종 및 에어 클리너의 제조원이 "신일 E. N. G."임을 표시함과 아울러 '신일'의 영문자를 도형화한 표장을 표시했다.

현대자동차, 대우자동차, 기아자동차에서 소비자에게 공급하는 자동차용 에어 클리너 및 그 포장상자에는 "HMC", "DAEWOO" 등의 상표와 위 각 회사를 상징하는 도형상표를 부착하고 "순정품" 등의 표기를 하여 순정품임을 표시하고 있다.

대법원은 자동차부품인 에어 클리너를 제조하면서 그 포장상자에 에어 클리너가 사용되는 적용차종을 밝히기 위하여 자동차회사의 등록상표의 표시를 하였지만 여러 사정을 고려하면 부품 등의 용도설명 등을 위하여 사용한 것에 불과하므로 그 등록상표를 사용한 것으로 볼 수 없을 뿐만 아니라 피고인이 제조한 에어 클리너는 자동차회사에서 공급하는 정품과는 쉽게 구분되는 것이므로 타인의 상품과 혼동을 일으키게 하는 행위라고도 볼 수 없다고 판시했다.[221] 위와 같은 사용을 지명적 공정사용이라고 하는데, 상표침해를 구성하지 않는다.

나. 등록상표 및 동일성이 있는 상표

등록상표에 대하여 독점적으로 사용할 수 있다. 등록상표가 물리적으로 동일하거나 인간에게 동일한 경우에도 동일하다. 인간에게 동일하다는 것은 동일성이 있다고 하는 것으로 물리적으로 동일하지는 않지만 거래를 하는 인간의 인지력으로 동일하게 생각되는 경우에는 동일하다고 인정하는 것이다. 인간의 인지능력은 기계와 다르기 때문에 기계적 물리적 판단으로는 다르지만 인간은 동일하게 인식할 수 있기 때문이다.

동일성이 있는 경우는 상표의 크기의 차이, 종서와 횡서의 차이, 색조의 차이 등을 인간이 동일하다고 생각할 수 있는 범위 내를 말한다. 동일성이 있는 상표는 상표권자가 사용할 수 있는 범위라고 해석해야 할 것이다.

221 대법원 2001. 7. 13. 선고 2001도1355 판결.

다. 지정상품 및 동일성이 있는 상품

상품은 상표등록 출원서에 기재된 상품이다. 상품의 동일이라 함은 두 개의 상품을 대비하였을 경우 상품의 내용이 서로 일치하는 것을 말한다. 그러나 크기, 무게, 형태, 색채까지 완전히 동일함을 의미하는 것은 아니다. 예를 들면 텔레비전과 텔레비전은 그 사이즈나 각 형태가 다르더라도 동일한 것으로 볼 수 있다. 볼펜과 볼펜, 연필과 연필은 동일상품이라고 할 수 있다.

연필과 만년필, 연필과 볼펜, 텔레비전과 라디오는 유사상품이지만 동일상품은 아니다. LED 텔레비전과 LCD 텔레비전, OLED 텔레비전 등은 동일상품이거나 동일성이 있는 상품이라고 할 수 있다. 동일하다고 할 때는 동일성을 포함한다.

3. 소극적 범위

상표권의 소극적 효력에 관한 규정

제108조(침해로 보는 행위)

① 다음 각호의 1에 해당하는 행위는 상표권(지리적 표시 단체표장권을 제외한다) 또는 전용사용권을 침해한 것으로 본다.

1. 타인의 등록상표와 동일한 상표를 그 지정상품과 유사한 상품에 사용하거나 타인의 등록상표와 유사한 상표를 그 지정상품과 동일 또는 유사한 상품에 사용하는 행위
2. 타인의 등록상표와 동일 또는 유사한 상표를 그 지정상품과 동일 또는 유사한 상품에 사용하거나 사용하게 할 목적으로 교부 · 판매 · 위조 · 모조 또는 소지하는 행위
3. 타인의 등록상표를 위조 또는 모조하거나 위조 또는 모조하게 할 목적으로 그 용구를 제작 · 교부 · 판매 또는 소지하는 행위
4. 타인의 등록상표 또는 이와 유사한 상표가 표시된 지정상품과 동일 또는 유사한 상품을 양도 또는 인도하기 위하여 소지하는 행위

상표권의 적극적 범위는 상표권자가 상표를 사용할 범위인데 반하여 상표권의

소극적 범위는 상표권자가 사용할 수 없는 범위이다. 즉 상표권의 소극적 범위는 상표권자가 상표를 사용할 수는 없고 제3자도 사용을 할 수 없다. 따라서 제3자가 소극적 범위 영역에서 상표를 사용하면 상표권 침해로 인정할 뿐이다.

무체재산권인 상표권의 범위는 유체물에 대한 권리와 달리 명확하지 않다. 상표권의 소극적 범위는 유사상표와 유사상품에 대하여 완충지대(DMZ)와 같은 영역을 두어 상표권자도 사용을 하지 못하도록 하고 제3자도 사용을 하지 못하도록 하는 영역을 설정한 것이다.

만일 상표권자가 소극적 범위를 사용하여 수요자 기망이 발생한다면 상표권등록이 취소될 수 있다.

상표권의 소극적 범위와 취소심판 사유

제119조(상표등록의 취소심판)

① 등록상표가 다음 각 호의 어느 하나에 해당하는 경우에는 그 상표등록의 취소심판을 청구할 수 있다.

1. 상표권자가 고의로 지정상품에 등록상표와 유사한 상표를 사용하거나 지정상품과 유사한 상품에 등록상표 또는 이와 유사한 상표를 사용함으로써 수요자에게 상품의 품질을 오인하게 하거나 타인의 업무와 관련된 상품과 혼동을 불러일으키게 한 경우

제4절 상표 침해와 구제 및 방어

1. 상표권 침해

가. 의의

상표권 침해는 상표권의 적극적 범위와 소극적 범위를 침해하는 것이다. 상표권자와 전용사용권자만이 등록상표를 지정상품에 사용할 배타적 권리를 가지고 있

다. 유사상표와 유사상품에 대하여는 사용할 권리가 없지만, 제3자가 사용을 하면 상표권 침해가 된다.

상표와 상품의 동일성의 범위에 대한 침해는 직접침해이다. 즉 상표권자가 독점을 하는 범위를 침해하는 것이 직접침해이다. 직접침해는 적극적 침해라고도 한다. 유사영역은 상표권자가 독점을 할 수 없다. 오히려 그 범위에서 상표를 사용하면 일정한 경우에 상표취소가 될 수 있는 영역인데, 유사영역은 제3자가 사용을 하면 상표침해로 의제한다. 이를 간접침해 또는 소극적 침해라고 한다. 상표와 상품의 유사판단은 간접침해/소극적 침해를 판단하는 것이다.

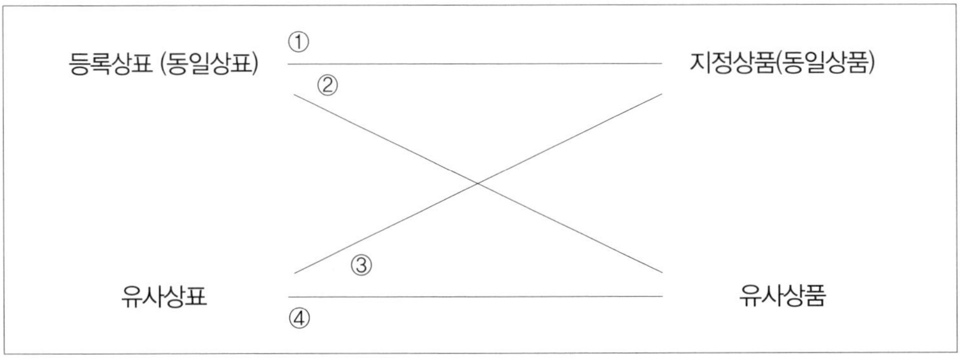

[상표의 직접침해와 간접침해의 구조]

구분	상표	상품	직접침해/간접침해
①	등록상표	지정상품	직접침해/적극적침해
②	동일상표[221]	유사상품	간접침해/소극적침해
③	유사상표	동일상품	간접침해/소극적침해
④	유사상표	유사상품	간접침해/소극적침해

222 제3자는 등록상표나 지정상품을 사용할 수 없으므로, 제3자에 대해서는 등록상표와 동일상표, 지정상품과 동일상품이라고 한다.

나. 유사판단의 방법

1) 상표의 유사판단

상표의 유사판단은 인간의 감각으로 혼동을 일으키는지 여부에 의하여 판단을 한다. 유사판단은 사뭇 순환론적인데, 혼동을 가져오는 범위를 유사하다고 하고, 유사한 범위는 혼동을 가져온다고 한다.

전통적인 시각적 표장에 대해서는 시각, 청각, 인지의 세 가지 방법을 통하여 외관(시각), 호칭(청각), 관념(인지)가 유사한지를 판단하여 그 중에서 한 가지만 유사하면 혼동을 가져온다고 판단하였다.

예컨대, 한글 "애플" 상표와 영어 "Apple" 상표의 유사성을 판단하는 경우에 한글상표와 영어상표는 시각적/외관적으로 다르므로 유사하다고 할 수 없다. 그뿐만 아니라 두 표장의 발음이 다르므로 청각적 또는 호칭으로도 상호 같지 않다. 그러나 한글의 "애플"과 영어의 "Apple"은 인지적(두뇌작용)으로 같은 것(사과)을 의미하므로 관념이 유사하다고 한다.

영어 "Apple" 과 "Aple"는 외관이 유사하다고 할 수 있을 뿐만 아니라 발음도 같다고 보이므로 호칭이 유사하다고 할 수 있다. 또한 모두 "애플"을 연상시켜 관념적으로도 유사하다고 할 수 있다.

창작/조어상표의 경우에는 창작된 것으로서 상호 관념이 존재하지 않기 때문에 관념으로 두 상표의 유사성을 판단할 수 없다. 창작/조어이지만 관념이 존재하게 되는 경우에는 임의선택표장과 같은 방법으로 유사여부를 판단하면 될 것이다.

2) 판단방법

판단방법으로서는 i) 대비적(對比的) 관찰방법과 이격적(離隔的) 관찰방법이 있다. 대비적 관찰방법은 두 개의 상표를 나란히 놓고 서로 대조하는 방법이고, 이격적 관찰방법은 시간적으로 다른 시간에 장소적으로 다른 장소에서 두 상표를 머릿속의 기억으로 대비하는 방법으로 두 상표가 유사하여 혼동을 불러일으킬 수 있는

지를 관찰하는 방법이다.

상품의 실제 거래에서는 상표가 부착된 두 상품을 비교하기 위해 자신이 구입하려는 상표가 부착된 상품을 가지고 다니면서 매장에 진열된 상품과 비교하면서 구입하는 것(대비적 관찰)은 현실적이 아니다. 상품 구입의 현실은 과거의 구매 경험이 있는 상표를 머리속에 연상하면서 매장의 상품을 구입한다. 즉 이격적 관찰방법을 사용한다. 물론 대비적 관찰을 할 수도 있지만 이는 통상적인 방법이 아니다. 통상적인 방법은 이격적 관찰방법이므로 이격적 관찰에 의해 혼동이 발생할 수 있는지를 판단하는 것이다.

ii) 전체적 관찰과 요부관찰방법이 있다. 원칙적으로 상표를 이루는 그 구성부분의 전체를 관찰하는 전체관찰방법을 사용한다. 그러나 상표를 전체적으로 관찰하더라도 상표의 일부분이 특히 수요자의 주의를 끄는 경우(식별력이 있는 부분)가 있다. 그러한 경우에는 전체적 관찰과 병행하여 상표를 기능적으로 관찰하고 그 중에서 사람의 주의를 끄는 식별력을 가진 요부에 의하여 대비되는 두 개의 상표를 관찰하여 그 유사여부를 판단한다.

iii) 분리관찰방법을 사용한다. 앞서 언급한 바와 같이 원칙적으로 전체관찰 방법을 사용하지만 상표의 구성부분 전체에 의하여 호칭, 관념되는 것이 아니고 각 구성부분을 분리하여 관찰하는 것이다. 거래상 불가분적으로 결합되어 있다고 인정되지 않는 상표는 구성부분 중 일부만에 의하여 간략하게 호칭, 관념될 수 있다. 상표가 약칭되는 경우가 이러한 경우이다. 그뿐만 아니라 하나의 상표에서 두 개 이상이 관념되거나 호칭될 수도 있는 경우도 있는 바, 이러한 경우에는 그 요소를 분리하여 유사판단을 하게 되는데 이를 분리관찰이라고 한다.

2. 구제 방법

상표권 침해에도 다른 지적재산권 침해와 같이 그 구제방법으로 손해배상과 금지명령이 인정된다.

상표법은 법정손해배상제도를 인정하고 있다. 상표법은 상표권자 또는 전용사용권자는 자기가 사용하고 있는 등록상표와 같거나 '동일성'이 있는 상표를 그 지정상품과 같거나 '동일성'이 있는 상품에 사용하여 자기의 상표권 또는 전용사용권을 고의나 과실로 침해한 자에 대하여 1억원(고의적으로 침해한 경우에는 3억원) 이하의 범위에서 상당한 금액을 손해액으로 하여 배상을 청구할 수 있다. 즉 법정손해배상을 청구할때에는 손해배상액의 입증이 필요하지 않은데 결국 법정손해배상을 청구하는 것은 손해입증에 의한 실손해에 대한 손해배상을 포기하는 것을 의미한다. 법원은 법정손해배상을 인정할 때 변론전체의 취지와 증거조사의 결과를 고려하여 상당한 손해액을 인정할 수 있다.

법원은 고의나 과실로 상표권 또는 전용사용권을 침해함으로써 상표권자 또는 전용사용권자의 업무상 신용을 떨어뜨린 자에 대해서는 상표권자 또는 전용사용권자의 청구에 의하여 손해배상을 갈음하거나 손해배상과 함께 상표권자 또는 전용사용권자의 업무상 신용회복을 위하여 필요한 조치를 명할 수 있다.

등록상표임을 표시한 타인의 상표권 또는 전용사용권을 침해한 자는 그 침해행위에 대하여 그 상표가 이미 등록된 사실을 알았던 것으로 추정한다.

3. 침해주장에 대한 방어

상표의 공정사용, 선사용, 진정상품의 병행수입 및 라이센스(사용권)가 있음을 주장할 수 있다. 법에는 규정되어 있지 않지만, 권리를 오랫동안 행사하지 않아 발생하는 실효(laches) 등의 형평상의 방어방법도 있다.

가. 공정사용

상표의 공정사용에 관련된 상표법 규정
제90조(상표권의 효력이 미치지 아니하는 범위)

① 상표권(지리적 표시 단체표장권은 제외한다)은 [제3자의 상표 사용이] 다음 각 호의 어느 하나에 해당하는 경우에는 그 효력이 미치지 아니한다.

1. 자기의 성명 · 명칭 또는 상호 · 초상 · 서명 · 인장 또는 저명한 아호 · 예명 · 필명과 이들의 저명한 약칭을 상거래 관행에 따라 사용하는 상표
2. 등록상표의 지정상품과 동일 · 유사한 상품의 보통명칭 · 산지 · 품질 · 원재료 · 효능 · 용도 · 수량 · 형상 · 가격 또는 생산방법 · 가공방법 · 사용방법 및 시기를 보통으로 사용하는 방법으로 표시하는 상표
3. 입체적 형상으로 된 등록상표의 경우에는 그 입체적 형상이 누구의 업무에 관련된 상품을 표시하는 것인지 식별할 수 없는 경우에 등록상표의 지정상품과 동일 · 유사한 상품에 사용하는 등록상표의 입체적 형상과 동일 · 유사한 형상으로 된 상표
4. 등록상표의 지정상품과 동일 · 유사한 상품에 대하여 관용하는 상표와 현저한 지리적 명칭 및 그 약어 또는 지도로 된 상표
5. 등록상표의 지정상품 또는 그 지정상품 포장의 기능을 확보하는 데 불가결한 형상, 색채, 색채의 조합, 소리 또는 냄새로 된 상표

② 지리적 표시 단체표장권은 [제3자의 지리적 표시 단체표장의 사용이] 다음 각 호의 어느 하나에 해당하는 경우에는 그 효력이 미치지 아니한다.

....

③ 제1항 제1호는 상표권의 설정등록이 있은 후에 [제3자가] 부정경쟁의 목적으로 자기의 성명 · 명칭 또는 상호 · 초상 · 서명 · 인장 또는 저명한 아호 · 예명 · 필명과 이들의 저명한 약칭을 사용하는 경우에는 적용하지 아니한다.

상표의 공정사용은 상품의 출처표시로서의 사용이 아닌 사용, 즉 비상표적 사용을 하거나 자신의 이름이나 명칭 등을 원래 사용하는 방법으로 사용하는 경우에 성립한다.

제1호의 자기의 성명 · 명칭 또는 상호 · 초상 · 서명 · 인장 또는 저명한 아호 · 예명 · 필명과 이들의 저명한 약칭을 상거래 관행에 따라 사용하는 상표는 등록상표권의 침해가 되지 않는다. 자기의 성명 등의 호칭은 인격권에 근거하는 것으로 재산권인 상표권에 우선한다. 따라서 자기의 성명 등 호칭을 상거래 관행에 따라 사용하는 것은 상표권 침해로 볼 수 없다. 왜냐하면 제3자의 사용은 진실을 말하는 것으로서

상표권자의 상표의 사용을 포함하는 것은 불가피하기 때문이다. 진실을 말하는 것은 본질적인 기본권으로서 헌법이나 기타 법으로도 본질적인 기본권인 진실을 말하는 권리를 제한할 수 없다. 예컨대, 유명한 축구선수 손흥민이 스포츠의류와 용품에 대하여 손흥민이라고 상표등록을 한 경우[223] 스포츠 의류와 용품을 직접 제조하여 판매하는 일반인인 손흥민 씨가 자신이 생산한 상품에 인격 주체인 자신의 이름을 포함하여 "손흥민 XXX" 라고 표시하는 것은 상거래 관행에 일치하는 한 유명한 축구선수 손흥민의 상표권을 침해하는 것은 아니다. 다만 축구선수 손흥민과 혼동을 시켜서는 안된다. 본 조항은 헤겔의 인격권 이론에 근거한 것이라고 할 수 있다.

제2호의 등록상표의 지정상품과 동일 · 유사한 상품의 보통명칭 · 산지 · 품질 · 원재료 · 효능 · 용도 · 수량 · 형상 · 가격 또는 생산방법 · 가공방법 · 사용방법 및 시기를 보통으로 사용하는 방법으로 표시하는 상표의 경우에는 출처표시로서 타인의 상표를 사용한 것이 아니라 자신의 상품을 기술/설명하기 위해 사용하는 것이므로 출처표시로서의 사용이 아니다. 즉 언어의 본래의 의미(primary meaning, original meaning)로 사용하는 것이다. 본 호는 로크의 이론을 바탕으로 하고 있고, 실용주의적 입장에서도 설명이 가능하다.

제3호의 입체적 형상으로 된 등록상표의 경우에는 그 입체적 형상이 누구의 업무에 관련된 상품을 표시하는 것인지 식별할 수 없는 경우에 등록상표의 지정상품과 동일 · 유사한 상품에 사용하는 등록상표의 입체적 형상과 동일 · 유사한 형상으로 된 상표는 그 상품에 대한 일반명칭과 같이 입체적 형상이 보통의 형태로 되어 있는 경우에 모든 사람이 사용하여야 하기 때문에 공정사용의 대상이다. 본 호는 로크의 이론을 바탕으로 하고 있고, 실용주의적 입장에서도 설명이 가능하다.

제4호의 등록상표의 지정상품과 동일 · 유사한 상품에 대하여 관용하는 상표와 현저한 지리적 명칭 및 그 약어 또는 지도로 된 상표는 상품의 관용명칭은 일반명칭과 같은 것이고, 현저한 지리적 명칭 및 그 약어 또는 지도로 된 상표는 원칙적으

223 축구선수 손흥민 자신이 자신의 이름을 상표등록출원하는 것은 상표법 제34조 제1항 제6호의 부등록사유가 아니다. 부등록 사유가 되는 것은 저명한 타인의 성명이어야 한다.

로 식별력이 없는 것이므로 이를 사용한다고 하더라도 식별력이 발생하여 타인이 등록한 현저한 지리적 명칭이나 약어 또는 지도로 된 등록상표를 침해하는 것이 아니다. 다만 식별력이 발생하여 타인이 등록한 현저한 지리적 명칭이나 약어 또는 지도로 된 등록상표와 혼동이 발생하는 경우에는 상표침해가 될 수 있다. 물론 이러한 상표가 등록되더라도 그 보호범위는 매우 좁다. 그리고 제2자는 혼동을 방지하여 사용할 수 있다.

제5호의 등록상표의 지정상품 또는 그 지정상품 포장의 기능을 확보하는 데 불가결한 형상, 색채, 색채의 조합, 소리 또는 냄새로 된 상표는 기능적 상표로서 상표법 제34조 제1항 제15호에 의해 원래 상표 부등록사유이다. 따라서 타인의 상표를 침해할 수도 없는 것으로 타인의 상표가 등록되었다면 이는 상표등록무효사유이다.

나. 선사용

상표의 선사용에 관한 상표법 규정

제99조(선사용에 따른 상표를 계속 사용할 권리) ① 타인의 등록상표와 동일 · 유사한 상표를 그 지정상품과 동일 · 유사한 상품에 사용하는 자로서 다음 각 호의 요건을 모두 갖춘 자(그 지위를 승계한 자를 포함한다)는 해당 상표를 그 사용하는 상품에 대하여 계속하여 사용할 권리를 가진다.

1. 부정경쟁의 목적이 없이 타인의 상표등록출원 전부터 국내에서 계속하여 사용하고 있을 것
2. 제1호에 따라 상표를 사용한 결과 타인의 상표등록출원 시에 국내 수요자 간에 그 상표가 특정인의 상품을 표시하는 것이라고 인식되어 있을 것

② 자기의 성명 · 상호 등 인격의 동일성을 표시하는 수단을 상거래 관행에 따라 상표로 사용하는 자로서 제1항 제1호의 요건을 갖춘 자는 해당 상표를 그 사용하는 상품에 대하여 계속 사용할 권리를 가진다.

③ 상표권자나 전용사용권자는 제1항에 따라 상표를 사용할 권리를 가지는 자에게 그 자의 상품과 자기의 상품 간에 출처의 오인이나 혼동을 방지하는 데 필요한 표시를 할 것을 청구할 수 있다.

상표법은 상표의 선사용자를 위해 일정한 경우 등록상표의 침해가 되지 않도록 규정하고 있다. 선사용자 제도는 사용주의 원칙을 도입하고, 상표등록을 하지 않은 기존의 상표사용자의 권리를 보호하기 위한 제도이다.

실제로 자신은 상표등록을 하지 않은 상태에서 상표를 사용하는 경우가 많다. 그런데 타인이 동일 유사한 상표를 동일 유사한 상품을 지정상품으로 하여 상표등록을 하는 경우가 많은데, 이러한 경우 선사용자에게 상표를 사용하지 말라고 하는 것은 기존 질서를 보호하는 법질서에 어긋나고 사회생활의 불안정성을 가져온다.

그러한 이유로 법은 부정경쟁의 목적이 없는 한 상표를 계속 사용할 수 있도록 하고 있다. 다만 상표를 사용한 결과 타인의 상표등록출원 시에 국내 수요자 간에 그 상표가 특정인의 상품을 표시하는 것이라고 인식되어 있어야 한다. 특정인의 상품을 표시하는 것이라고 인식되어야 하는 것은 시간이 소요되므로 결국 상표를 사용하고자 하는 사람은 우선 상표등록을 하는 것이 유리하다.

다. 진정상품의 병행수입

진정상품의 병행수입은 외국에서 생산된 상표품의 상표와 국내의 상표의 권리자가 동일인이거나 동일인이라고 여겨질 만큼 경제적 견련성이 존재하는 경우에 외국에서 생산된 물품이 국내로 수입되는 것을 말한다. 외국에서 생산된 물품은 위조물품이 아니므로 진정상품이지만 국내에서는 국내의 상표법 등을 적용받아 생산된 것이 아니다. 따라서 이러한 상품을 gray(grey) market goods(회색상품)라고 한다. 위조상품(black market goods)도 아니고 국내에서 생산된 진정상품(white market goods)도 아니기 때문이다.

진정상품의 병행수입은 관세법상 일정한 경우 허용되는데, 그와 같이 병행수입된 진정상품을 판매하는 자는 일정한 범위내에서 국내에 등록된 타인의 상표를 사용할 수 있다.

병행수입된 물품에 대한 상표의 사용(대법원 2002.09.24. 선고 99다42322 판결)

1. 원심의 판단

원심판결 이유에 의하면, 원심은 .... 아래와 같이 판단하였다.

가. 원고들의 청구권원

이 사건 표장은 원고 버버리의 상표이자 그 공인대리점의 영업표지로서 국내에 널리 인식되었다고 할 것인바, 피고가 앞서 설시한 정당한 범위를 넘어 표장을 간판, 광고 등에 사용할 경우, 원고 버버리에 대해서는 상표권 침해를 구성하고{이 사건 표장은 원고 버버리의 영업표지로 기능하기도 하므로 부정경쟁방지법 위반의 점도 문제되나, 위와 같이 이 사건에서 상표법 위반이 인정되는 이상 부정경쟁방지및영업비밀보호에관한법률(이하 '부정경쟁방지법'이라 한다) 제15조 제1항에 의하여 동법은 적용되지 아니한다.}, 원고 유로통상에 대해서는 영업주체 혼동으로 인한 부정경쟁행위에 해당한다고 보아야 한다.

나. 원고들이 금지를 구할 수 있는 구체적 범위

(1) 우선, 상표권자의 상표와 똑같은 표지를 크게 부각시켜 제작한 간판을 매장 입구 또는 외부에 설치하거나 매장의 전면 외벽에 이러한 표식을 부착하는 행위는 병행수입업자에게 허용되는 선전광고의 범위를 벗어나 독립한 "영업표지"로 표장을 이용한 것임에 분명하고, 나아가 고객으로 하여금 병행수입업자의 매장을 외국 본사의 공인대리점 등으로 오인케 할 우려가 있으므로 이는 금지되어야 한다.

(2) 또한, 피고의 대표자 또는 직원들의 명함에 이 사건 표장과 동일한 도안을 넣는 행위 역시 단순한 상품표지가 아닌, 영업표지의 한 태양으로 상표를 사용한 것으로 판단되고, 명함을 교부받는 제3자의 입장에서 명함의 소지자를 외국 본사 또는 그 대리점의 구성원으로 오인할 여지가 있으므로 역시 금지되어야 한다.

(3) 반면, 매장 내의 내부 간판이나 표식은 외부 간판과 달리 독립적인 영업표지로서의 기능이 희박하고, 오히려 고객으로 하여금 업자가 전시한 상품의 위치를 쉽게 발견하게 하며 상품의 판매를 촉진하는 차원에서 표장을 사용한 것으로 볼 수 있으므로, 이는 특별한 사정이 없는 한 병행수입업자의 진정상품 판매에 수반되는 행위로서 허용된다.

(4) 또한, 포장지 및 쇼핑백은 진정상품의 판매에 부수되어 무상으로 제공되는 물품으로서 여기에 등록상표와 동일 · 유사한 표지를 도안으로 넣었다고 하여 이를 병행수입업자의 영업표지라 단정하기 어렵고, 고객의 입장에서도 이로 인하여 영업주체에 혼동을 가져올 우려는 없으므로, 이들을 매장에서 사용하는 행위 역시 병행수입업자에게 허용되는 판매에 필연적으로 수반되는 행위로서 위법성이 없다.

(5) 끝으로 매장의 벽에 부착되거나 각종 잡지에 게재되는 선전광고물은, 오늘날 상품의 판매에 필연적으로 수반되는 촉진수단이 광고라는 점을 감안할 때 진정상품을 판매하는 업자가 이를 광고하는 것 자체는 허용하여야 하고, 또 광고물에 진정상품의 표지인 상표를 기재하는 것은 어떤 상

품이 판매되는가를 명백히 함으로써 상품명을 쉽게 부각시킬 수 있는 효과적 광고방법이며, 나아가 피고의 선전광고물에 병행수입업자의 매장이 마치 대리점인 것처럼 오인하게 할 수 있는 방식의 상표 기재가 있었다고 보기 어렵다.

다. 결국, 피고는 이 사건 표장을 사무소, 영업소, 매장의 외부 간판 및 명함에 사용하여서는 아니 되고, 이 사건 표장이 사용된 외부 간판 및 명함을 폐기할 의무가 있다.

2. 대법원의 판단

가. 원고 버버리의 상고이유 제1점 및 피고의 상고이유 제2점(원고 버버리에 대하여)에 대한 판단

(1) 병행수입 그 자체는 위법성이 없는 정당한 행위로서 상표권 침해 등을 구성하지 아니함은 원심의 판단과 같으므로 병행수입업자가 상표권자의 상표가 부착된 상태에서 상품을 판매하는 행위는 당연히 허용될 것인바, 상표제도는 상표를 보호함으로써 상표 사용자의 업무상의 신용유지를 도모하여 산업발전에 이바지함과 아울러 수요자의 이익을 보호함을 목적으로 하고(상표법 제1조 참조), 상표는 기본적으로 당해 상표가 부착된 상품의 출처가 특정한 영업주체임을 나타내는 상품출처표시기능과 이에 수반되는 품질보증기능이 주된 기능이라는 점 등에 비추어 볼 때, 병행수입업자가 위와 같이 소극적으로 상표를 사용하는 것에 그치지 아니하고 나아가 적극적으로 상표권자의 상표를 사용하여 광고 · 선전행위를 하더라도 그로 인하여 위와 같은 상표의 기능을 훼손할 우려가 없고 국내 일반 수요자들에게 상품의 출처나 품질에 관하여 오인 · 혼동을 불러일으킬 가능성도 없다면, 이러한 행위는 실질적으로 상표권침해의 위법성이 있다고 볼 수 없을 것이므로, 상표권자는 상표권에 기하여 그 침해의 금지나 침해행위를 조성한 물건의 폐기 등을 청구할 수 없다고 봄이 상당하다 고 할 것이다.

(2) 이 사건의 경우를 보건대, 병행수입업자인 피고가 문제된 선전광고물, 명함, 포장지, 쇼핑백, 내 · 외부 간판에 부착 또는 표시하여 사용한 이 사건 표장(구체적으로 보면, 이 사건 표장의 각 해당 표장과 전혀 동일하거나 그 해당 표장이라고 볼 수 있을 정도로 거의 동일하므로 피고가 사용한 표장이 이 사건 표장과 동일한 것으로 봄이 상당하다.)은 원고 버버리의 등록상표들(상표등록번호 제50439호, 제66446호, 제163562호 등)과 동일하거나 극히 유사하여 상품 출처에 오인 혼동이 생길 염려가 없고 또 피고가 수입한 상품이 원고 버버리에 의하여 생산된 진정상품인 이상 국내 독점적인 수입 · 판매대리점인 원고 유로통상이 원고 버버리로부터 수입하여 판매하는 상품과 품질에 있어 차이가 있다고 보기도 어려우므로, 결국 상표제도의 목적이나 상표의 기능 등에 비추어 피고가 위 선전광고물이나 명함 및 외부 간판 등에 그러한 표장을 사용한 행위는 실질적으로 위법하다고 할 수 없어 원고 버버리의 상표권을 침해한 것으로 보기 어렵다고 할 것이다.

(3) 그렇다면 원심이 피고가 사용한 것 중 선전광고물, 포장지, 쇼핑백, 내부 간판 부분이 원고 버버리의 상표권을 침해하지 아니한다고 본 것은 정당하나, 그 나머지 외부 간판 및 명함 부분이 위 원고의 상표권을 침해한다고 본 것은 상표법 및 병행수입에 관한 법리를 오해한 위법이 있다고 할

것이므로, 피고의 상고이유 제2점 중 이 점을 지적하는 취지부분은 이유 있고, 원고 버버리의 상고이유 제1점은 이유 없다.

(4) 결국 원심이 외부 간판 및 명함 부분이 원고 버버리의 상표권을 침해한다고 본 조치는 위법하므로, 이 부분은 파기를 면치 못한다고 할 것이다.

나. 원고 유로통상의 상고이유 및 피고의 상고이유 제1, 2점(원고 유로통상에 대하여)에 대한 판단

앞서 살핀 바와 같이 병행수입업자가 적극적으로 상표권자의 상표를 사용하여 광고 · 선전행위를 한 것이 실질적으로 상표권 침해의 위법성이 있다고 볼 수 없어 상표권 침해가 성립하지 아니한다고 하더라도, 그 사용태양 등에 비추어 영업표지로서의 기능을 갖는 경우에는 일반 수요자들로 하여금 병행수입업자가 외국 본사의 국내 공인 대리점 등으로 오인하게 할 우려가 있으므로, 이러한 사용행위는 부정경쟁방지법 제2조 제1호 (나)목 소정의 영업주체혼동행위에 해당되어 허용될 수 없다고 볼 것이다.

라. 라이센스

상표권은 재산권이다. 재산권의 특징은 양도나 라이센스(유체물은 임대, 대여)를 하여 자신이 투자한 자본을 회수할 수 있도록 하는 것을 특징으로 하고 있다.

상표도 라이센스를 할 수 있으나, 라이센스가 인정된 것은 오래전이 아니었다. 상표법이 발전하기 시작한 초기에는 상표권의 양도나 라이센스는 상표에 체화된 goodwill은 이전할 수 없다는 법리에 따라 허용되지 않았다. 그러나 19세기 후반에 상표의 양도나 라이센스를 하더라도 상표에 체화된 goodwill이 유지될 수 있다면, 즉 품질보증이 지속될 수 있다면 goodwill도 이전(상표권의 이전)이나 라이센스가 가능하다는 법리로 변경되었다. 즉 상표법의 품질보증기능이 상표의 본질로 인정되기 시작한 것이었다.

상표에 대한 사용권(라이센스)은 전용사용권과 통상사용권으로 나눠지는데, 전용사용권은 상표권의 물권성(독점성)의 일부 또는 전부가 이전되는 것이고, 통상사용권은 상표사용에 대한 자유권을 설정하여 상표침해로부터 면책을 하는 것이다. 따라서 전용사용권은 상호 충돌되는 범위에서 중첩적으로 존재할 수 없다. 전용사용권의 독점 사용권에 위반되기 때문이다. 그러나 통상사용권은 상표의 자유사용

권을 부여하여 침해로부터 면책을 시키는 것이기 때문에 독점이라는 권리가 존재할 수 없다. 따라서 다수인에게 통상사용권을 부여하는 것도 무방하며 이때 통상사용권 사이에는 상호 충돌이 발생할 수 없다.

영어로는 전용사용권은 Assignment Agreement, 통상사용권은 두가지로 나뉘는데, exclusive license, nonexclusive license이다. exclusive license는 계약상으로만 독점권을 부여하는 것으로서 계약의 본질상 제3자에 대해서 독점을 주장할 수 없다.

전용사용권에 관한 상표법 주요 규정

제89조(상표권의 효력)

상표권자는 지정상품에 관하여 그 등록상표를 사용할 권리를 독점한다. 다만, 그 상표권에 관하여 전용사용권을 설정한 때에는 제95조 제3항에 따라 전용사용권자가 등록상표를 사용할 권리를 독점하는 범위에서는 그러하지 아니하다.

제95조(전용사용권)

① 상표권자는 그 상표권에 관하여 타인에게 전용사용권을 설정할 수 있다.

② 업무표장권, 단체표장권 또는 증명표장권에 관하여는 전용사용권을 설정할 수 없다.

③ 제1항에 따른 전용사용권의 설정을 받은 전용사용권자는 그 설정행위로 정한 범위에서 지정상품에 관하여 등록상표를 사용할 권리를 독점한다.

④ 전용사용권자는 그 상품에 자기의 성명 또는 명칭을 표시하여야 한다.

⑤ 전용사용권자는 상속이나 그 밖의 일반승계의 경우를 제외하고는 상표권자의 동의를 받지 아니하면 그 전용사용권을 이전할 수 없다.

⑥ 전용사용권자는 상표권자의 동의를 받지 아니하면 그 전용사용권을 목적으로 하는 질권을 설정하거나 통상사용권을 설정할 수 없다.

⑦ 전용사용권의 이전 및 공유에 관하여는 제93조제2항 및 제3항을 준용한다.

통상사용권에 관한 상표법 주요 규정

제97조(통상사용권)

① 상표권자는 그 상표권에 관하여 타인에게 통상사용권을 설정할 수 있다.

② 제1항에 따른 통상사용권의 설정을 받은 통상사용권자는 그 설정행위로 정한 범위에서 지정상품에 관하여 등록상표를 사용할 권리를 가진다.

③ 통상사용권은 상속이나 그 밖의 일반승계의 경우를 제외하고는 상표권자(전용사용권에 관한 통상사용권의 경우에는 상표권자 및 전용사용권자를 말한다)의 동의를 받지 아니하면 이전할 수 없다.

④ 통상사용권은 상표권자(전용사용권에 관한 통상사용권의 경우에는 상표권자 및 전용사용권자를 말한다)의 동의를 받지 아니하면 그 통상사용권을 목적으로 하는 질권을 설정할 수 없다.

⑤ 통상사용권의 공유 및 설정의 제한 등에 관하여는 제93조제2항 및 제95조제2항 · 제4항을 준용한다.

상표를 라이센스할 때에는 품질관리(quality control)를 하여야 한다. 즉 상표의 품질보증기능을 수행하도록 실질적인 관리 감독을 하여야 하고, 라이센스 계약에 그러한 품질보증기능을 수행할 수 있도록 상표사용권자를 관리 감독을 할 수 있는 관련 규정을 명시하여야 한다. 만일 그러한 품질보증을 하지 못하는 경우에는 상표등록취소사유가 된다.

상표권의 소극적 범위와 취소심판 사유

제119조(상표등록의 취소심판)

① 등록상표가 다음 각 호의 어느 하나에 해당하는 경우에는 그 상표등록의 취소심판을 청구할 수 있다.

2. 전용사용권자 또는 통상사용권자가 지정상품 또는 이와 유사한 상품에 등록상표 또는 이와 유사한 상표를 사용함으로써 수요자에게 상품의 품질을 오인하게 하거나 타인의 업무와 관련된 상품과의 혼동을 불러일으키게 한 경우. 다만, 상표권자가 상당한 주의를 한 경우는 제외한다.

제6장

부정경쟁행위

제1절 부정경쟁행위의 본질

1. 불공정경쟁법의 기원

불공정경쟁은 인간의 상거래가 존재하는 곳에 존재하였다. 따라서 매우 오랜 역사를 가지고 있다. 불공정경쟁행위를 규제하는 법은 상거래의 진실성을 보호하는 법으로 나타났는데, 고대 이집트나 소아시아에서 발견되는 벽돌에는 제조자로 추정되는 사람의 이름이 새겨져 있다. 그리스 시대 미술품에는 그 창작자의 이름을 새겼다. 로마에서도 판매되는 상품에 특정한 표장(mark)을 새기는 것은 보편화 되었다.

중세 유럽은 암흑기라고 일컬어짐에도, 상거래에 있어서 표장을 보호하는 것은 보편적으로 인정된 법제도이었다. 길드 등에 의하여 자신들의 상품을 보호하기 위해서 사적 표장(private marks)이 발전되었다. 길드 등이 임의로 부착한 사적 표장(private marks)의 진실이 문제되었을 뿐만 아니라 상품에 관한 정보의 진실성이 문제되었다. 국가나 지방정부는 상품에 관련된 진실성을 보장하기 위해 상품의 내용과 그 제조자 및 제조한 도시 등 출처를 표시하도록 하는 법령 등을 제정하였고 이러한 진실성을 보장하기 위한 법령 등은 궁극적으로 불공정경쟁법을 형성하였다.

중세시대에 상품에 대한 허위의 정보전달은 매우 엄하게 처벌되었다. 실정법에 의하여 상거래의 공정성을 훼손하는 행위를 금지하는 입법은 대체로 13세기 영국에서 보인다. 최초의 규제는 존 왕(King John)이 빵과 맥주에 대하여 규제를 하기 시작한 때라고 알려져 있다. 1266년 영국의 헨리3세가 제정한 제빵업자에 관한 법(Statutum de Pistoribus; Statute concerning Bakers, etc.)은 "[A] Baker must set his owne proper marke upon every loafe of bread that hee maketh and selleth, to the end that if any bread be faultie in weight, it may bee then knowne in whom the fault is"라고 규정하였다. 이 법에 따르면 제빵업자들이 빵

을 부풀려 그 부피를 늘리는 방법으로 수요자를 기망하는 경우에 형사처벌하였다.[224] 맥주(ale)나 맥주통(barrels)에 대한 규제 뿐만 아니라 금과 은의 세공에 있어서도 조악한 상품을 만든 자를 처벌하였다.(Statute of 28 Edw. I c. 20: Statutes of the Realm, I, 410-1) 이러한 종류의 법률들은 현재의 불공정경쟁법의 기원이 되었다고 할 수 있다.

2. 공정한 경쟁(fair competition) v. 불공정한 경쟁(unfair competition)

공정과 불공정을 나누는 절대적인 기준은 있을 수 없다. 무엇이 공정인지 불공정인지는 그때 그때의 사회정의가 무엇인지에 대한 물음과 같다. 어떤 시대에는 공정했던 것이 어떤 시대에는 불공정해질 수 있다. 물론 그 반대도 가능하다.

불공정경쟁법(The Law of Unfair Competition and Trade-Marks)을 저술한 Harrig D. Nims는

> This action of unfair competition is the embodiment in law of the rule of the playground-- "Play fair!" For generations the law has enforce justice.... The maxim caveat emptor is founded on justice; the more modern rule that compels the use of truth in selling goods is founded on fairness. It conflicts with the rule of caveat emptor.[225]

라고 했다. Harrig D. Nims는 "불공정경쟁은 공정한 경쟁을 하라는 운동경기장의 원칙에 관한 법에 체화된 것이다. 수세기 동안 법은 정의를 강화시켰다. 매수자부담원칙(caveat emptor)[226]의 법언은 정의에서 발견된다. 매매에 있어서 진실을 강제하는

224 브리테니카 백과사전에 의하면 baker's dozen은 13개를 의미한다. 이는 중세에 제빵업자들의 속임수를 처벌하였기 때문에 이를 피하기 위해 추가하여 빵을 더 주던 관행으로 생겼다고 하는 것이 유력한 견해라고 언급하고 있다.

225 Harrig D. Nims, The Law of Unfair Competition and Trade-Marks, 25 (1929).

226 "caveat venditor"는 "let the seller beware"라는 의미이고 "caveat emptor"는 "let the buyer beware"라는 의미이다.

최신의 원칙은 공정성에서 기원한다. 그것은 매수자부담원칙과 충돌한다"고 강조하고 있다. 상거래의 확장과 산업혁명은 대량생산소비시대를 열었는데, 법은 매수자부담원칙(caveat emptor)을 확립하였지만 점차 상거래가 확장됨에 따라 매도자 부담원칙(caveat venditor)을 발전시켰다. 즉 상품에 대한 정보는 매도자가 잘 알 수밖에 없으므로 매수자가 그러한 상품의 하자에 대한 부담을 하게 된다면 거래가 쉽게 이루어질 수 없다. 이에 상품의 하자에 대하여 매도자에게 부담시키는 원칙을 발전시켜 대량생산소비시대를 열도록 하였다. 정보의 비대칭성에 의한 거래의 불공정성을 매도자 부담원칙에 의하여 공정한 거래를 구현하고자 한 것이라고 할 수 있다. 이러한 법원칙의 변화를 보면 공정과 불공정의 기준은 변화한다는 것을 알 수 있다.

3. 불공정경쟁법의 구성

불공정경쟁법을 구성하는 부정경쟁행위는 다양한 행위를 부정경쟁행위로 규정하고 있다. 프랑스의 경우에는 1789년 프랑스 대혁명이후 19세기에 민법의 불법행위법리에 의해서 법원이 개별적인 행위에 대하여 불공정경쟁행위 여부를 판단하였지만, 독일은 19세기 말과 20세기 초에 개별적인 불공정경쟁행위를 명시적으로 규정하고 이를 포괄하는 하나의 법원칙(불공정경쟁법의 일반조항)을 선언하는 불공정경쟁법을 발전시켰다.

영국은 자신의 상품을 타인의 상품으로 사칭하는 사칭행위(palming off)를 불공정경쟁행위로 인정하였는데, 현재에도 영국에서 불공정경쟁법은 사칭행위를 기반으로 한다. 영국과 같은 커먼로 국가인 미국은 영국과 같이 사칭행위를 불공정경쟁행위로 인정하였는데, 1918년 부정취득사용행위(misappropriation)를 불공정경쟁행위로 인정하였다. 그러나 이에 대하여 불공정경쟁행위를 불명확하게 하여 거래의 불안정성을 가져온다는 비판으로 20세기 후반에서야 다시 부정취득사용행위를 부정경쟁행위로 인정했다.

현행 우리나라 부정경쟁방지법은 다양한 불공정경쟁행위를 하나의 부정경쟁방지법으로 입법화 하였는데, 이와 같이 다양한 행위를 부정경쟁행위라는 법의 카타고리화 하였다는 점에서 부정경쟁방지법을 umbrella term 또는 umbrella act라고 한다. 아래 '불공정경쟁법의 구조'라는 표는 예시 일뿐 모든 부정경쟁행위가 나열된 것은 아니다.

[불공정경쟁법의 구조(예시)]

<table>
<tr><td rowspan="22">불공정경쟁법</td><td rowspan="11">부정경쟁방지법</td><td>사칭혼동행위</td><td>바목 전단(직접사칭); 가목, 나목(간접사칭)</td></tr>
<tr><td>희석화행위</td><td>다목</td></tr>
<tr><td>트레이드드레스</td><td>나목, 다목</td></tr>
<tr><td>허위기망광고</td><td>라목, 마목, 바목 후단</td></tr>
<tr><td>비방 광고</td><td>표시광고법</td></tr>
<tr><td>노예적 모방</td><td>자목</td></tr>
<tr><td>본인대리인간 신뢰</td><td>사목</td></tr>
<tr><td>사이버스쿼팅</td><td>아목</td></tr>
<tr><td>아이디어 제공</td><td>차목</td></tr>
<tr><td>데이터베이스 부정이용</td><td>카목</td></tr>
<tr><td>퍼블리시티</td><td>타목</td></tr>
<tr><td>영업비밀보호법</td><td>영업비밀</td><td></td></tr>
<tr><td rowspan="3">공정거래법[226]</td><td>독점규제법</td><td></td></tr>
<tr><td>소비자보호법</td><td>표시 · 광고의 공정화에 관한 법률</td></tr>
<tr><td>하도급법</td><td></td></tr>
<tr><td rowspan="4">국제 불공정거래법</td><td>반덤핑 (AD)</td><td></td></tr>
<tr><td>상계관세 (CVD)</td><td></td></tr>
<tr><td>세이프가드(SG)</td><td></td></tr>
<tr><td>국제부정경쟁행위</td><td>불공정무역행위조사법
부정경쟁방지법</td></tr>
</table>

227 광의의 공정거래법에는 공정거래법, 하도급법, 약관법, 표시광고법, 할부거래법, 방문판매법, 전자상거래법, 대규모유통업법, 가맹사업법, 대리점법, 소비자기본법 등이 포함된다.

<table>
<tr><td rowspan="9"></td><td rowspan="4">특별
불공정경쟁법</td><td>영업비밀보호법</td><td>부정경쟁방지법 (영업비밀)</td></tr>
<tr><td>특허법</td><td>第224조(허위표시의 금지)</td></tr>
<tr><td>상표법</td><td>第224조(거짓표시의 금지)</td></tr>
<tr><td>저작권법</td><td>제137조 (벌칙)
1. 저작자 아닌 자를 저작자로 하여 실명 · 이명을 표시하여 저작물을 공표한 자
2. 실연자 아닌 자를 실연자로 하여 실명 · 이명을 표시하여 실연을 공연 또는 공중송신하거나 복제물을 배포한 자</td></tr>
<tr><td>대외무역법</td><td>원산지표시</td><td></td></tr>
<tr><td rowspan="2">계량, 품질 등에
관한 법률</td><td>계량에 관한 법률</td><td>검정증인, 정량표시</td></tr>
<tr><td>석유 및 석유대체연료 사업법</td><td>석유등의 품질의 정확성</td></tr>
<tr><td>농수산물
품질관련법</td><td>품질표시제도</td><td>지리적표시, 인증제도, 김치관련 법률 등</td></tr>
</table>

4. 부정경쟁방지법

우리나라 영토에서 부정경쟁방지법은 일제 강점기하인 1934년(소화 9년) 3월 제령 24호로 제정된 조선부정경쟁방지령이 최초이다. 그 후 1961년 12월 30일 법률 제911호로 부정경쟁방지법이 제정되었고, 1986년 법률 3983호로 전면 개정되었다.

부정경쟁방지 및 영업비밀보호에 관한 법률

제2조(정의) 이 법에서 사용하는 용어의 뜻은 다음과 같다.

1. "부정경쟁행위"란 다음 각 목의 어느 하나에 해당하는 행위를 말한다.

가. 국내에 널리 인식된 타인의 성명, 상호, 상표, 상품의 용기 · 포장, 그 밖에 타인의 상품임을 표시한 표지(標識)와 동일하거나 유사한 것을 사용하거나 이러한 것을 사용한 상품을 판매 · 반포(頒布) 또는 수입 · 수출하여 타인의 상품과 혼동하게 하는 행위

나. 국내에 널리 인식된 타인의 성명, 상호, 표장(標章), 그 밖에 타인의 영업임을 표시하는 표지(상품 판매 · 서비스 제공방법 또는 간판 · 외관 · 실내장식 등 영업제공 장소의 전체적인 외관을 포함한다)와 동일하거나 유사한 것을 사용하여 타인의 영업상의 시설 또는 활동과 혼동하게 하는 행위

다. 가목 또는 나목의 혼동하게 하는 행위 외에 비상업적 사용 등 대통령령으로 정하는 정당한 사유 없이 국내에 널리 인식된 타인의 성명, 상호, 상표, 상품의 용기 · 포장, 그 밖에 타인의 상품 또는 영업임을 표시한 표지(타인의 영업임을 표시하는 표지에 관하여는 상품 판매 · 서비스 제공방법 또는 간판 · 외관 · 실내장식 등 영업제공 장소의 전체적인 외관을 포함한다)와 동일하거나 유사한 것을 사용하거나 이러한 것을 사용한 상품을 판매 · 반포 또는 수입 · 수출하여 타인의 표지의 식별력이나 명성을 손상하는 행위

라. 상품이나 그 광고에 의하여 또는 공중이 알 수 있는 방법으로 거래상의 서류 또는 통신에 거짓의 원산지의 표지를 하거나 이러한 표지를 한 상품을 판매 · 반포 또는 수입 · 수출하여 원산지를 오인(誤認)하게 하는 행위

마. 상품이나 그 광고에 의하여 또는 공중이 알 수 있는 방법으로 거래상의 서류 또는 통신에 그 상품이 생산 · 제조 또는 가공된 지역 외의 곳에서 생산 또는 가공된 듯이 오인하게 하는 표지를 하거나 이러한 표지를 한 상품을 판매 · 반포 또는 수입 · 수출하는 행위

바. 타인의 상품을 사칭(詐稱)하거나 상품 또는 그 광고에 상품의 품질, 내용, 제조방법, 용도 또는 수량을 오인하게 하는 선전 또는 표지를 하거나 이러한 방법이나 표지로써 상품을 판매 · 반포 또는 수입 · 수출하는 행위

사. 다음의 어느 하나의 나라에 등록된 상표 또는 이와 유사한 상표에 관한 권리를 가진 자의 대리인이나 대표자 또는 그 행위일 전 1년 이내에 대리인이나 대표자이었던 자가 정당한 사유 없이 해당 상표를 그 상표의 지정상품과 동일하거나 유사한 상품에 사용하거나 그 상표를 사용한 상품을 판매 · 반포 또는 수입 · 수출하는 행위

(1) 「공업소유권의 보호를 위한 파리협약」(이하 "파리협약"이라 한다) 당사국

(2) 세계무역기구 회원국

(3) 「상표법 조약」의 체약국(締約國)

아. 정당한 권원이 없는 자가 다음의 어느 하나의 목적으로 국내에 널리 인식된 타인의 성명, 상호, 상표, 그 밖의 표지와 동일하거나 유사한 도메인이름을 등록 · 보유 · 이전 또는 사용하는 행위

(1) 상표 등 표지에 대하여 정당한 권원이 있는 자 또는 제3자에게 판매하거나 대여할 목적

(2) 정당한 권원이 있는 자의 도메인이름의 등록 및 사용을 방해할 목적

(3) 그 밖에 상업적 이익을 얻을 목적

자. 타인이 제작한 상품의 형태(형상 · 모양 · 색채 · 광택 또는 이들을 결합한 것을 말하며, 시제품 또는 상품소개서상의 형태를 포함한다. 이하 같다)를 모방한 상품을 양도 · 대여 또는 이를 위한 전시를 하거나 수입 · 수출하는 행위. 다만, 다음의 어느 하나에 해당하는 행위는 제외한다.

(1) 상품의 시제품 제작 등 상품의 형태가 갖추어진 날부터 3년이 지난 상품의 형태를 모방한 상품을 양도 · 대여 또는 이를 위한 전시를 하거나 수입 · 수출하는 행위

(2) 타인이 제작한 상품과 동종의 상품(동종의 상품이 없는 경우에는 그 상품과 기능 및 효용이 동일하거나 유사한 상품을 말한다)이 통상적으로 가지는 형태를 모방한 상품을 양도 · 대여 또는 이를 위한 전시를 하거나 수입 · 수출하는 행위

차. 사업제안, 입찰, 공모 등 거래교섭 또는 거래과정에서 경제적 가치를 가지는 타인의 기술적 또는 영업상의 아이디어가 포함된 정보를 그 제공목적에 위반하여 자신 또는 제3자의 영업상 이익을 위하여 부정하게 사용하거나 타인에게 제공하여 사용하게 하는 행위. 다만, 아이디어를 제공받은 자가 제공받을 당시 이미 그 아이디어를 알고 있었거나 그 아이디어가 동종 업계에서 널리 알려진 경우에는 그러하지 아니하다.

카. 데이터(「데이터 산업진흥 및 이용촉진에 관한 기본법」 제2조제1호에 따른 데이터 중 업(業)으로서 특정인 또는 특정 다수에게 제공되는 것으로, 전자적 방법으로 상당량 축적 · 관리되고 있으며, 비밀로서 관리되고 있지 아니한 기술상 또는 영업상의 정보를 말한다. 이하 같다)를 부정하게 사용하는 행위로서 다음의 어느 하나에 해당하는 행위

(1) 접근권한이 없는 자가 절취 · 기망 · 부정접속 또는 그 밖의 부정한 수단으로 데이터를 취득하거나 그 취득한 데이터를 사용 · 공개하는 행위

(2) 데이터 보유자와의 계약관계 등에 따라 데이터에 접근권한이 있는 자가 부정한 이익을 얻거나 데이터 보유자에게 손해를 입힐 목적으로 그 데이터를 사용 · 공개하거나 제3자에게 제공하는 행위

(3) 1) 또는 2)가 개입된 사실을 알고 데이터를 취득하거나 그 취득한 데이터를 사용 · 공개하는 행위

(4) 정당한 권한 없이 데이터의 보호를 위하여 적용한 기술적 보호조치를 회피 · 제거 또는 변경(이하 "무력화"라 한다)하는 것을 주된 목적으로 하는 기술 · 서비스 · 장치 또는 그 장치의 부품을 제공 · 수입 · 수출 · 제조 · 양도 · 대여 또는 전송하거나 이를 양도 · 대여하기 위하여 전시하는 행위. 다만, 기술적 보호조치의 연구 · 개발을 위하여 기술적 보호조치를 무력화하는 장치 또는 그 부품을 제조하는 경우에는 그러하지 아니하다.

타. 국내에 널리 인식되고 경제적 가치를 가지는 타인의 성명, 초상, 음성, 서명 등 그 타인을 식별할 수 있는 표지를 공정한 상거래 관행이나 경쟁질서에 반하는 방법으로 자신의 영업을 위하여 무단으로 사용함으로써 타인의 경제적 이익을 침해하는 행위

파. 그 밖에 타인의 상당한 투자나 노력으로 만들어진 성과 등을 공정한 상거래 관행이나 경쟁질서에 반하는 방법으로 자신의 영업을 위하여 무단으로 사용함으로써 타인의 경제적 이익을 침해하는 행위

제3조(국기 · 국장 등의 사용 금지)
① 파리협약 당사국, 세계무역기구 회원국 또는 「상표법 조약」 체약국의 국기 · 국장(國章), 그 밖의 휘장이나 국제기구의 표지와 동일하거나 유사한 것은 상표로 사용할 수 없다. 다만, 해당 국가 또는 국제기구의 허락을 받은 경우에는 그러하지 아니하다.
② 파리협약 당사국, 세계무역기구 회원국 또는 「상표법 조약」 체약국 정부의 감독용 또는 증명용 표지와 동일하거나 유사한 것은 상표로 사용할 수 없다. 다만, 해당 정부의 허락을 받은 경우에는 그러하지 아니하다.

제3조의2(자유무역협정에 따라 보호하는 지리적 표시의 사용금지 등) ① 정당한 권원이 없는 자는 대한민국이 외국과 양자간(兩者間) 또는 다자간(多者間)으로 체결하여 발효된 자유무역협정에 따라 보호하는 지리적 표시(이하 이 조에서 "지리적 표시"라 한다)에 대하여는 제2조제1호라목 및 마목의 부정경쟁행위 이외에도 지리적 표시에 나타난 장소를 원산지로 하지 아니하는 상품(지리적 표시를 사용하는 상품과 동일하거나 동일하다고 인식되는 상품으로 한정한다)에 관하여 다음 각 호의 행위를 할 수 없다.

1. 진정한 원산지 표시 이외에 별도로 지리적 표시를 사용하는 행위

2. 지리적 표시를 번역 또는 음역하여 사용하는 행위

3. “종류”, “유형”, “양식” 또는 “모조품” 등의 표현을 수반하여 지리적 표시를 사용하는 행위

② 정당한 권원이 없는 자는 다음 각 호의 행위를 할 수 없다.

1. 제1항 각 호에 해당하는 방식으로 지리적 표시를 사용한 상품을 양도 · 인도 또는 이를 위하여 전시하거나 수입 · 수출하는 행위

2. 제2조제1호라목 또는 마목에 해당하는 방식으로 지리적 표시를 사용한 상품을 인도하거나 이를 위하여 전시하는 행위

③ 제1항 각 호에 해당하는 방식으로 상표를 사용하는 자로서 다음 각 호의 요건을 모두 갖춘 자는 제1항에도 불구하고 해당 상표를 그 사용하는 상품에 계속 사용할 수 있다.

1. 국내에서 지리적 표시의 보호개시일 이전부터 해당 상표를 사용하고 있을 것

2. 제1호에 따라 상표를 사용한 결과 해당 지리적 표시의 보호개시일에 국내 수요자 간에 그 상표가 특정인의 상품을 표시하는 것이라고 인식되어 있을 것

제2절 개별적 부정경쟁행위

1. 의의

부정경쟁방지법은 광의의 허위표시(misrepresentation)와 부정취득이용(misappropriation)으로 나누어진다. 광의의 허위표시는 수요자보호로부터 출발하였고 부정취득이용은 경쟁자보호로부터 출발하였다. 따라서 보호법익에 있어서도 근본적인 차이가 발생한다.

광의의 허위표시는 상품사칭과 허위광고로 나누어진다. 상품을 사칭하는 것은 자신의 상품을 타인의 상품으로 허위표시하는 직접사칭과 타인이 사용하는 출처표시 수단이나 영업주체의 표시수단을 허위로 사용하여 수요자로 하여금 그 타인의

상품으로 혼동하게 하는 간접사칭이 있다. 간접사칭은 직접적으로 타인의 상품이라고 표시하는 것이 아니므로 수요자의 혼동가능성이 있어야 하지만, 직접사칭은 타인의 상품이라고 상품의 인적 주체를 직접적으로 표시하는 것이므로 수요자의 혼동가능성이 필요 없다.

부정취득이용을 넓게 해석하여 타인의 goodwill을 침해하는 행위까지 포함하기도 하지만, 현재의 부정경쟁법리에서는 이와 같이 넓게 해석하는 것은 언어적 의미의 가능성이라고 생각될 뿐 실제로 부정취득이용은 타인이 성취한 결과물을 부당하게 가져다 사용하는 것의 의미로 좁게 해석되어야 한다.

우리 부정경쟁방지법상 부정경쟁행위에는 새로운 형태의 부정경쟁행위가 포함되어 전통적인 광의의 허위표시(misrepresentation)와 부정취득이용(misappropriation)으로 나누기 어려운 점이 있다. 그래도 허위표시행위와 부정취득이용행위로 나누어 본다면 다음과 같이 나누어 볼 수 있다. 다만 아래의 분류는 절대적인 것은 아니다. 상호 공통적인 성격을 가진 경우도 있으나 다음과 같이 분류해 볼 수 있다.

허위표시(misrepresentation)은 다음과 같다:

i) 직접사칭 (바목 전단);
ii) 간접사칭 (가목 및 나목);
iii) 희석화 (다목);
iv) 허위표시광고(원산지, 제조지 허위표시(라목, 마목), 상품정보허위표시(바목 후단), 허위비방광고(표시광고공정화법);
v) 사이버 스쿼팅 (아목).

사이버 스쿼팅은 대체로 타인의 표지와 동일유사한 것을 사용하는 것이므로 허위표시와 매우 유사하다. 그러나 다른 부정경쟁행위와 같이 부정취득이용의 성격도 있음을 부인할 수는 없다.

부정취득이용(misappropriation)은 다음과 같다:

i) 대리인 대표자의 배임행위(사목);
ii) 노예적 모방 (자목);
iii) 아이디어 탈취 (차목);
iv) 데이터 부정이용 (카목);
v) 퍼블리시티 (타목);
vi) 부정취득이용 (파목).

부정경쟁방지법상 부정경쟁행위는 제3자(수요자 및 경쟁자)간 부정경쟁행위와 경쟁자사이의 부정경쟁행위로 나누어 볼 수 있다. 본 부정경쟁행위에서는 경쟁자 뿐만 아니라 수요자도 손해를 보게 된다. 제3자간 부정경쟁행위는 다음과 같다:

i) 직접사칭 (바목 전단) (허위표시);
ii) 간접사칭 (가목 및 나목);
iii) 희석화 (다목);
iv) 허위표시광고(원산지, 제조지 허위표시(라목,마목), 상품정보허위표시(바목후단), 허위비방광고(표시광고공정화법);
v) 사이버 스쿼팅 (아목);
vi) 퍼블리시티 (타목).

사이버 스쿼팅은 경쟁자 사이의 부정경쟁행위의 요소가 있지만, 혼동적 요소가 강하므로 제3자간의 부정경쟁행위로 분류했다.

경쟁자 사이의 부정경쟁행위는 수요자의 관련성이 적고 따라서 손해발생가능성이 적다는 점에서 제3자간 부정경쟁행위와 차이가 있다.

i) 대리인 대표자의 배임행위(사목);
ii) 아이디어 탈취 (차목)
iii) 노예적 모방 (자목);
iv) 데이터베이스 부정이용(카목);

v) 부정취득이용 (파목).

노예적 모방은 우리법에서는 무임승차를 바탕으로 한 경쟁자 사이의 부정경쟁행위로 분류할 수 있다. 그런데 혼동을 요구하는 외국법제에서는 제3자간 부정경쟁행위로 분류할 수 있다.

직접사칭과 간접사칭은 사칭모용행위에 해당한다. 바목 전단의 직접사칭을 바목 후단의 허위표시광고와 같은 것으로 설명하는 견해가 대부분인데, 허위표시라는 점에서는 사칭모용행위나 허위표시광고가 같다. 그러나 상품 주체(자기 명의나 상표로 상품을 생산하거나 유통시키는 사람)에 관한 것이라는 점에서 상품에 대한 허위표시광고와는 구분이 된다. 그뿐만 아니라 앞서 설명했던 바와 같이 상품주체에 관한 문제는 개성이론(personality theory)을 바탕으로 하고 있어 근본적인 차이가 있다. 상품주체의 허위표시인 직접사칭과 상품에 관한 허위표시광고와는 구별을 해야 한다. 허위표시광고의 관점에서 보면 제3자간의 부정경쟁행위에는 허위표시광고의 요소가 모두 존재한다.

2. 개별적 부정경쟁행위

가. 직접사칭(바목 전단)

바목 전단의 타인의 상품을 사칭하는 행위이다. 직접사칭은 문자로 상품의 표지에 표시를 하거나 구두로 할 수도 있다. 상품의 제조자로 타인의 인적사항을 특정해 표기할 수 있다. 또한 판매시에 특정인이 제조자라고 구두로 하는 것도 가능하다. 직접사칭은 타인을 직접적으로 특정하기 때문에 혼동가능성이 필요없다.

나. 간접사칭(가목 및 나목)

간접사칭은 특정상품의 출처를 표시하는 표지(상표), 특정인을 나타내는 상호나 이름 등의 표지를 사용하여 그 표지의 진정한 사용자의 상품인 것처럼 혼동하게 하는 것이다. 부정경쟁행위로서는 가목과 나목의 경우가 이에 해당한다.

바목 전단의 직접사칭의 경우에는 상호나 성명만으로는 부족하고, 그 상호나 성명의 주체를 특정하는 표시를 하여야 성립한다. 예컨대 성명과 주소나 상호와 주소 등에 의해 구체적으로 피사칭인을 특정을 하여야 성립한다. 그러나 간접사칭의 경우에는 성명이나 상호, 상표 등의 표지만으로 타인의 상품으로 혼동하게 하는 것이다. 구체적으로 피사칭자가 특정되는 것이 아니라 성명 등의 표지로서 피사칭자의 상품이나 서비스(용역)으로 혼동하게 하는 것이다.

바목 전단의 직접사칭은 유명성을 요구하지 않는다. 이는 피사칭자가 특정되기 때문에 유명하지 않아도 피해가 발생한다. 그러나 가목과 나목의 간접사칭의 경우에는 상표나 성명, 상호 등만으로는 피사칭자가 특정되지 않는다. 예컨대, 널리 알려지지 않은 경우에는 그러한 피사칭자가 존재한다고 생각하지 않을 수 있거나 그 인적 주체가 누구인지를 알 수 없기 때문이다. 피사칭된 성명이나 상호나 상표 등이 널리 알려진 경우에는 그와 같은 성명이나 상호, 상표의 사용은 원래의 사용자로 혼동할 수밖에 없다. 따라서 간접사칭의 경우에는 널리 알려질 것을 요구하는 것이다. 예컨대, 널리 알려진 이름인 '손흥민'하면 축구선수인 손흥민을 떠올리지만, 일반인인 귀하의 이름만으로는 귀하를 떠올리는 사람은 거의 없을 것이다. 따라서 간접사칭은 널리 알려질 것을 요구하는 것이다.

다. 희석화(다목)

표장의 희석화는 사칭모용행위(palming off)와 구별되지만 사칭모용행위가 확장된 것이다. 2001. 2. 3. 개정 전의 부정경쟁방지법은 타인의 상품표지나 영업표지를 사칭하는 행위에 대하여 규정하는 가목과 나목을 두고 있었다. 가목과 나목은 동일 또는 유사한 상품표지나 영업표지 등을 사용하여 특정한 영업주체를 혼동시키는 것이다.

가목과 나목의 논리적 바탕이 되는 혼동이론에 의하면 비록 유사한 표장을 사용하는 경우라 상품이나 영업의 혼동가능성(Likelihood of Confusion)이 있어야만 위법한 사용으로 상표권 침해가 성립한다. 그러나 혼동이론은 동종 또는 유사상품을 제조하거나 판매하지 않아 경쟁관계에 있지 아니한 타인이 유명상표와 동일 유사한 상표사용의 사용금지를 할 수 없으므로 상표권자의 보호가 미흡하게 된다. 희석화 이론(Dilution Theory)은 저명한 상표에 대해 비록 출처표시기능에 어떤 혼동이 생기는 경우는 아니더라도 다른 방법으로 그 상표의 가치를 떨어뜨리는 것을 방지함으로써, 희석화 되는 상표의 사용자 등 표장에 대한 권리자를 강하게 보호한다.

상표의 희석화는 전통적인 사칭행위(palming off)와는 다른 부정경쟁행위로서 희석화 형태의 부정경쟁행위의 등장은 19세기 말과 20세기 초반이다. 영미법상 희석화를 이론적 바탕으로 부정경쟁행위가 인정된 최초의 사건은 1898년 Eastman Photographic Material Co. v. John Griffith Corp. 사건[228]이라고 알려져 있다. 이 사건에서 영국법원은 자전거에 KODAK 상표를 쓰더라도 소비자가 혼동을 할 것 같지는 않지만, 자전거에 KODAK라는 상표를 사용하여 원래의 KODAK 상표의 가치를 희석화시키면 소비자나 KODAK 상표의 사용자인 Eastman 회사에게 손해를 가하는 것이라고 판결했다. 1917년 Aunt Jemima Mills Co. v. Rigney & Co. 사건[229]에서 희석화 이론을 수용하였다. 제2순회법원은 밀가루에 대한 "Aunt Jemima" 상표를 시럽(syrup)에 사용하는 경우에 상표침해가 발생할 수 있는 비슷한 상품이라고 하여 비경쟁상품(이종상품) 사이에서도 상표침해가능성을 인정하였다("Aunt Jemima doctrine"). 이와 같은 법원 판결은 전통적인 혼동이론에 기초하여 동일, 유사상품 간에서만 혼동을 인정하는 기존의 태도와 전혀 다른 것이다. Aunt Jemima Mills 판결은 상표침해는 이종상품 간에도 발생할 수 있다고 하고 있으므로 희석화 이론을 어느 정도 수용한 판결로 볼 수 있다.

대륙법계 국가인 독일에서는 1924년 유명한 구강세척제의 상표인 ODOL에서 상

228 Eastman Photographic Material Co. v. John Griffith Corp. (Eastman Kodak Co. v. Kodak Cycle Co., 15 R.P.C. 105 (Ch. D. 1898).

229 Aunt Jemima Mills Co. v. Rigney & Co., 247 F. 407 (2nd Cir.1917) cert. denied, 245 U.S. 672, 38 S.Ct. 222, 62 L.Ed. 540 (1918).

표 희석화가 문제되었다.[230] 시장에서 비경쟁상태에 있는 철재제품에 대하여 구강세척제인 ODOL상표와 동일한 상표를 등록하였는데, 기존의 ODOL 상표의 등록자가 그 등록을 취소하고자 하였다. 독일 법원은 ODOL을 구강세척제와 비경쟁적 상품에 대하여 사용하는 것은 '선량한 풍속에 위반하는 것'("gegen die guten Sitten")이라고 판결했다.[231] 법원은 소비자들이 ODOL이라는 상표를 접하였을 때 원고의 유명한 ODOL상표를 연상시킬 것이고 이는 원고의 좋은 품질의 상품이라는 인식을 할 것이므로 원고는 ODOL 상표의 희석화에 대하여 직접적인 이해관계가 있다고 판단하였다.

미국에서 희석화는 주법에서부터 수용되었는데 1947년 매사추세스 주 상표법이 최초로 입법하였고, 1953년에는 일리노이주가 입법했다. 그 후 뉴욕주와 조지아주에서 희석화 조항을 입법하여 약 36개 주(state)가 희석화 조항을 수용했다. 연방법으로는 1995년 연방상표희석화법(Federal Trademark Dilution Act of 1995)에서 희석화법리를 수용한 입법을 하여 상표의 희석화는 불공정경쟁행위로 인정하였다.

라. 허위/광고표시(라목, 마목, 바목후단)

좁은 의미의 허위/광고표시는 라목(원산지허위표시), 마목(출처지허위표시) 및 바목 후단(상품정보허위표시)에 규정되어 있다.

라목은 "상품이나 그 광고에 의하여 또는 공중이 알 수 있는 방법으로 거래상의 서류 또는 통신에 거짓의 원산지의 표지를 하거나 이러한 표지를 한 상품을 판매·반포 또는 수입·수출하여 원산지를 오인(誤認)하게 하는 행위"를 부정경쟁행위로 규정한다. 본 목의 원산지 개념은 정의되지 않았다. 따라서 원산지의 정의를 어떻게 정할 것인지가 문제된다. 본 목의 원산지 개념은 대외무역법상의 원산지와 같은 상품의 가치평가를 하지 않는 순순한 원산지표시(Indication of Source) 개념이다. 지리적 표시(Geographical Indication)나 원산지 명칭(Appellation of Origin)과 같

230 Frank I. Schechter, The Rational Basis of Trademark Protection, 40 Harv. L. Rev. 813, 831-832 (1926-1927).
231 Id., 831.

은 개념은 아니다.

마목은 라목과 같이 지역적 또는 지리적 의미를 갖는 것으로 상품이 생산 · 제조 또는 가공된 지역을 허위로 표시하여 이를 오인시키는 경우에 부정경쟁행위를 인정한다. 다만 라목이 원산지에 관한 것인데 반하여 마목은 생산 · 제조 또는 가공된 지역에 관한 것이다. 라목과 마목의 차이는 재료의 원산지와 그 재료를 이용하여 생산 · 제조 또는 가공된 지역의 차이라고 할 수 있다.

상품정보허위표시는 상품의 품질 등 상품에 관한 내용에 대한 허위표시광고이다. 바목 후단의 "상품 또는 그 광고에 상품의 품질, 내용, 제조방법, 용도 또는 수량을 오인하게 하는 표지를 하거나 이러한 방법이나 표지로써 상품을 판매 · 반포 또는 수입 · 수출하는 행위'로 규정되어 있다. 품질 등의 오인광고는 상품의 속성과 성분 등 품질, 급부의 내용, 제조 및 가공방법, 효능과 사용방법 등 용도 또는 상품의 개수, 용적 및 중량 등 수량에 관하여 일반 수요자로 하여금 오인하게 하는 허위나 과장된 내용의 표지를 하거나 그러한 표지를 한 상품을 판매하는 등의 행위를 말한다.

마. 무임승차(자목, 카목, 파목)

무임승차에 의하여 자신의 노력과 자본을 절약하고 타인의 노력과 자본으로부터 부당한 이득을 얻는 행위로서 결국 경쟁관계에 있어 경쟁자의 노력과 자본이 투자된 결과물에 대하여 아주 적은 비용으로 약탈을 하는 것이 되어 경쟁자보다 적은 노력으로 경쟁에서 우월적 지위를 얻을 수 있다. 그리하여 무임승차도 불공정경쟁행위로 포함되게 되었는데 무임승차(free riding)는 부당이득의 법리를 기본으로 한다.

이러한 무임승차법리를 바탕으로 한 부정경쟁행위는 형태모방(slavish imitation)과 부정취득이용행위(misappropriation)가 있고, 최근에 입법된 데이터베이스의 부정이용이 있다. 무임승차법리는 수요자에게 어떤 해를 가한다는 것보다는 시장에서의 경쟁자의 노력을 자신의 것으로 하여 낮은 가격으로 경쟁 상품을 공급하고 경쟁에서 우위를 취함으로써 경쟁자의 영업을 파괴하는 행위로서 도덕적 정의에 반하는 행위라는 점에 그 비난 가능성에 초점이 맞추어져 있다. 따라서 많은 국가에서는 수요자의 구제청구보다는 경쟁자의 구제를 중심으로 법 이론이 형성되어 있다.

우리 부정경쟁방지법은 자목의 상품형태의 노예적 모방과 카목의 데이터 베이스의 부정이용 및 파목의 타인이 노력하여 얻은 결과물에 대한 무임승차의 세 가지를 규정한다. 무임승차법리는 성경에 기원을 두고 있는데, 마태복음은

> 24 Then the man who had received one bag of gold came. 'Master,' he said, 'I knew that you are a hard man, harvesting where you have not sown and gathering where you have not scattered seed.
> 25 So I was afraid and went out and hid your gold in the ground. See, here is what belongs to you.
> 26 His master replied, 'You wicked, lazy servant! So you knew that I harvest where I have not sown and gather where I have not scattered seed?
> 27 Well then, you should have put my money on deposit with the bankers, so that when I returned I would have received it back with interest.[232]

라고 하는데, 위 성경말씀은 무임승차에 대한 기본 생각을 가르치고 있다.

바. 아이디어 탈취(차목)

기본적으로 아이디어는 영업비밀로 보호된다. 물론 특허에 의해서도 아이디어가 보호된다. 영업비밀이나 특허로 보호되지 않는 아이디어나 정보라도 그 거래과정에서 제공되었다면 이를 보호할 필요성이 존재한다. 계약이 성립되지 않았다면 계약에

232 Matthew 25:24–27. 한역, 쉬운성경 마태복음 25:24–27:
25:24 그리고 한 달란트를 받았던 종이 주인에게 와서 말했다. '주인님, 저는 주인님이 심지 않은 데서 거두고, 씨 뿌리지 않은 데서 거두는 완고한 분이라 생각했습니다.
25:25 그래서 두려운 마음으로 밖에 나가 돈을 땅에 숨겼습니다. 이제 주인님이 제게 주신 돈을 도로 받으십시오.'
25:26 주인이 대답했다. '이 악하고 게으른 종아! 너는 내가 심지도 않은 데서 거두어 들이고, 씨 뿌리지 않은 곳에서 거두어 들인다고 생각했느냐?
25:27 그렇다면 너는 내 돈을 은행에 넣어 두었어야 했다. 그러면 내가 다시 돌아왔을 때 이자와 함께 내 돈을 돌려받았을 것이다.

의한 보호가 가능하지 않기 때문이다. 예컨대, 학생들을 상대로 공모전을 하면서 아이디어를 제공받았지만, 그 학생이 그 공모전에서 탈락한 경우에 그 학생의 아이디어가 공모전을 진행한 주체에 의해 사용되었다면 그 학생을 보호할 필요성이 있다.

앞서 영업비밀보호법에서 언급한 바와 같이 아이디어 제공에서는 정보의 비대칭성으로 인하여 발생하는 "Arrow's Information Paradox" 상황에 처하게 된다. 아이디어의 취득자는 아이디어를 취득하기 전까지는 그 아이디어의 가치를 알 수 없으므로 그 아이디어 거래에 대한 대가(royalty)를 확정할 수 없고, 그 아이디어의 가치평가를 하여 그 대가를 정하기 위해서 그 아이디어를 이전 받는다면 더 이상 아이디어 소유자로부터 그 아이디어를 취득할 필요가 없다.

사. 사이버 스쿼팅(아목)

기술발전으로 인터넷이 도입되자 도메인네임의 선점행위가 발생하기 시작했다. 이를 사이버 스쿼팅(cyber squatting)이라고 한다.

미국 일리노이 주립대학교 학생이던 데니스 토펜(Dennis Toeppen)은 인터넷의 상업적 성공을 예견하고 군사용으로 사용하던 인터넷이 민간에게 개방되자 약 240여개가 넘는 도메인을 선점하였다.[233] 토펜(Toeppen)은 자신이 선점한 도메인 네임을 해당 회사들에게 판매를 시도하였는데, 이것이 사이버 스쿼팅의 시초라고 할 수 있다.

토펜으로부터 판매제의를 받은 파나비전(Panavision) 사는 데니스 토펜을 상표 희석화에 의한 부정경쟁행위를 한다는 이유로 법원에 제소했다. 1996년 9월 법원은 토펜의 주장을 기각했다. 법원은 도메인 네임을 등록한 것만으로는 상업적 행위라고 할 수 없지만 토펜은 단순히 도메인 네임을 등록을 한 것이 아니라 원고를 포함한 다른 영업자가 인터넷에서 상행위를 하지 못하게 하였을 뿐만 아니라 상표권자인 Panavision에게 도메인 네임을 판매하고자 한 것은 상업적인 행위로서, 연방상표법상 유명상표에 대한 혼동(제43조 (a)항)과 희석화(제43조 (c)항)를 발생시키

233 NSI는 선등록주의에 의하여 도메인 네임에 대한 권리를 부여하고 있었다.

는 연방부정경쟁행위에 해당한다고 판결했다.[234]

인터넷 도메인 네임을 무단으로 선점하는 것은 부정경쟁행위가 된다. 이는 인터넷이 출현하고 발생한 새로운 부정경쟁행위라고 할 수 있다.

아. 국제적 신뢰위반(사목, 제3조, 제3조의2)

국제불공정경쟁행위는 외국에서 등록된 상표 또는 이와 유사한 상표에 관한 권리를 가진 자의 대리인이나 대표자 또는 사목의 부정경쟁행위에 해당하는 행위를 한 날로부터 1년이내에 그 상표에 관한 권리자의 대리인이나 대표자가 그 상표 그 상표의 지정상품과 동일하거나 유사한 상품에 사용하거나 그 상표를 사용한 상품을 판매 · 반포 또는 수입 · 수출하는 행위이다.

제3조의 외국의 국기 · 국장 등의 사용금지나 제3조의2의 자유무역협정에 따라 보호하는 지리적 표시의 사용금지 등도 국제적 신뢰위반을 방지하기 위한 부정경쟁행위 조항이다.

자. 데이테 베이스의 보호

2021년 국회는 부정경쟁방지법을 개정하여 데이터베이스 보호를 위한 조항을 신설했다. 데이터 베이스의 보호는 저작권법에 규정되어 있는데, 이와 별개로 부정경쟁방지법에 데이터 베이스 보호를 위한 조항을 신설한 것이다. 이는 AI의 학습기반이 빅데이터이기 때문에 AI 기술의 발전을 위하여 데이터 베이스 보호를 강화한 것으로 볼 수 있다.

차. 퍼블리시티권의 보호

다음 장에 설명한다.

234 Intermatic Inc. v. Toeppen, 947 F. Supp. 1227, 1303 (N.D. Ill. 1996).

제7장

초상권과 퍼블리시티권

제1절 본질

국내에 널리 인식되고 경제적 가치를 가지는 타인의 성명, 초상, 음성, 서명 등 그 타인을 식별할 수 있는 표지를 공정한 상거래 관행이나 경쟁질서에 반하는 방법으로 자신의 영업을 위하여 무단으로 사용함으로써 타인의 경제적 이익을 침해하는 행위이다.

1. 의의

퍼블리시티권은 자기동일성(identity; personality)에 대한 상업적 사용을 통제할 수 있는 자연권적인 권리라고 할 수 있다. 퍼블리시티권은 미국에서 판례법으로 형성되어온 권리로서 초상권에 관한 권리로부터 상업적 이용에 관련하여 발전해 온 권리이다. 퍼블리시티권은 사람이 자신의 성명, 초상의 유사함(likeness) 등 자기동일성을 배타적으로 경제적 이용을 할 수 있는 권리라고 할 수 있다. 미국에서는 현재 16 이상의 주(states)가 커먼로상의 권리로서 퍼블리시티권을 인정하고 있고, 15 이상의 주(states)가 퍼블리시티권을 입법화 하였다.

퍼블리시티권의 정의(Haelan Lab., Inc. v. TOPPS Chewing Gum, Inc. (1953))

[I]n addition to and independent of that right of privacy (which in New York derives from statute), a man has a right in the publicity value of his photograph, i.e., the right to grant the exclusive privilege of publishing his picture, and that such a grant may validly be made 'in gross,' i.e., without an accompanying transfer of a business or of anything else. Whether it be labelled a 'property' right is immaterial; for here, as often elsewhere, the tag 'property' simply symbolizes the fact that courts enforce a claim which has pecuniary worth

로크는 신(God)이 인간의 보존("preservation") 내지 인간의 이로움과 평온함("the best advantage of life, and convenience"; "the support and comfort of their being"[235])을 위해 자연을 인간에게 부여한 것이 재산권이라고 하였다. 따라서 생명과 신체에 대한 평온함은 신이 인간에게 부여한 최상의 권리이다.

생명에 관한 권리는 좁은 의미의 생명에 관한 권리가 아니라 생명과 신체의 안온과 평안을 위해 필요한 모든 권리가 포함된다. 생명에 관한 권리는 단순히 생명에 대한 권리 뿐만 아니라 당연히 인격에 대한 권리를 의미하게 된다. 사람에 대한 물리적 폭행(battery)은 생명과 신체의 평온함을 해치는 불법행위가 되었고, 추후에 이러한 물리적인 불법행위는 인간의 안온을 위협하는 인간이 살아가는 환경에 대한 침해, 예컨대, 공해에 의해 발생하는 소음, 냄새, 먼지 등까지 확장된다. 육체에 대한 침해가 불법행위를 구성한다면 논리적인 필연으로 인간의 정신에 대한 침해 또한 인간의 자유를 침해하는 불법행위를 구성하게 된다. 따라서 한 인간에 대한 타인의 평가, 사회의 평가에 대한 침해는 인간의 명예에 대한 비방이나 중상모략으로 나타났고 이는 불법행위가 되었다. 한 인간에 대한 명예는 그 인간과 혈연관계나 인척관계 등으로 밀접하게 관련되어 있는 그의 가족에 대한 가족 상호 간의 존경심[236]에 대한 침해로 인정되었다.

인간에 대한 권리의 인식은 인간이 아닌 물건에 대한 권리, 즉 재산권에 대한 침해로 확장되었는데, 이와 같은 법리에 의해 논리적으로 개인에 대한 권리는 소극적으로 평안함을 유지하게 하여 달라는 소위 "to be let alone"에 대한 권리 뿐만 아니라 자신에게 형성된 이미지를 경제적으로 이용할 수 있도록 하는 권리도 인식될 수 있게 하였다. 전자는 소위 프라이버시(privacy)에 대한 권리라고 할 수 있고, 후자는 퍼블리시티(publicity)에 대한 권리라고 할 수 있다.

---

235 John Locke, Second Treatise of Government § 27(Peter Laslett ed., student ed., 1988), §26.

236 서울지방법원 1995. 6. 23. 선고 94카합9230 판결(이휘소 박사 사건) (소설의 서문에서 소설의 모델이 된 인물을 밝히는 것은 허용되지만 그 부분까지 소설의 구성부분이 된다고 볼 수는 없고, 최소한 서문에서는 소설의 모델이 된 인물에 관하여 기술하면서 실제와 달리 표현하여서는 안 되는바, 소설 "무궁화 꽃이 피었습니다"의 서문 '작가의 말'에서 이휘소가 우리나라의 핵개발에 관여한 것처럼 그의 삶을 실제와 현저하게 달리 묘사하였다면, 이휘소에 대한 명예훼손 또는 인격권 침해가 되고, 그가 사망하였다고 하더라도 유족이 그의 명예훼손 및 유족들의 경건 감정 침해를 이유로 그 부분의 삭제를 청구할 수 있다.)

2. 본질

가. 로크의 이론

퍼블리시티권의 근거는 로크의 재산권 철학과 도덕적 정의이다. 로크에 따르면, 인간은 자신의 존재와 재산에 대한 평온할 권리가 있다. 신(God)은 인간의 생존과 평온을 위해 대지(大地)를 선사하였다. 평온함은 타인의 침해로부터 자유로울 권리가 되고, 프라이버시나 퍼블리시티를 침해하는 것은 평온할 권리를 침해하는 것이다.

로크에 따르면 신의 피조물인 인간은 자신의 신체에 대한 소유권을 가지고 있다. 신(God)은 대지에 있는 열등한 것(all inferior Creatures)을 인간에게 공유로 하사하였다. 인간이 자연상태에 노동을 가하여 취득한 것은 그의 것이 된다.

또한 인간의 개성은 신체와 불가분적인 것이라고 할 수 있고, 개성은 celebrity (goodwill과 같은 개념으로 인간에게 형성되는 것이라 할 수 있고, 유명 연예인 등이 celebrity라고 할 수 있다)를 형성시킨다고 할 수 있다. celebrity는 개성으로서의 속성이 있다. 인간이 각자가 다른 개성을 가진 것처럼 celebrity도 개인에 따라 다양하다.

1905년 Pavesich v. New England Life Insurance 사건[237]에서 조지아주 대법원은 프라이버시권을 절대적인 권리인 인간이 안온할 권리에 기반하는 권리로 인식하였다.

나. 헤겔의 이론

자유의지를 가진 인간은 자기 주체적으로 생각을 하고, 감정을 느끼고, 누구와 소통할지 결정할 수 있는 자기결정권이 있다. 이러한 주체적인 인간은 외부에 의하여 어떤 생각을 할지, 어떤 감정을 느낄지, 어느 누구와 어떤 내용으로 소통할지 강요당하지 않아야 한다. 이는 프라이버시(privacy)의 영역이다. 자유의지를 가진 인

237 Pavesich v. New England Life Insurance., 122 Ga. 190, 50 S.E. 68 (1905).

간이 자신의 주관에 대하여 결정하고 외부와 소통할 권리는 퍼블리시티(publicity)를 형성한다. 인간의 개성이 외부의 물체에 매개화 되면 그 물체는 그 인간의 소유가 되듯이, 인간이 외부와 소통하여 형성된 개성이 외부로 발현된 것은 퍼블리시티(publicity)라고 할 수 있고, 인간의 개성의 발현인 퍼블리시티는 보호되어야 한다. 인간의 사상 감정의 표현인 시, 소설, 수필, 그림, 글씨 등의 저작물이 저작권으로 보호되듯이 인간의 개성의 외부로의 발현된 것인 퍼블리시티는 외부에 형성된 평판과 이미지(goodwill of reputation and image)로서 보호되어야 한다.

헤겔의 이론에 따르면 자율적인 인간은 누구든지 개성을 가지고 있으므로 그가 유명하든 유명하지 않지 않든 그 누구도 퍼블리시티권을 가질 수 있다고 할 수 있다. 퍼블리시티는 속인적인 성격을 지닌 것이다. 헤겔의 개성이론은 특히 독일에서 초상, 프라이버시 및 퍼블리시티의 근거 이론이 되었다.

3. Pavesich v. New England Life Insurance 사건의 조지아주 대법원 판결

1905년 조지아주 대법원은 로크적 자연권을 바탕으로 커먼로상 프라이버시의 본질에 관한 판결을 했다. 퍼블리시티권은 표현의 자유 및 언론의 자유로부터 celebrity를 보호하기 위해 발전해 왔다. 이는 퍼블리시티권은 표현의 자유와 언론의 자유와 역의 상관관계(trade off)에 있다는 것을 의미한다. 조지아 주 대법원의 프라이버시의 본질에 관한 판결은 인간의 생명, 건강, 자유와 소유의 본질에 대하여 설명하고 있다.

프라이버시에 관해서는 아무런 선례가 없지만 그것이 프라이버시권을 부정할 근거는 되지 못하고 새로운 권리로서 보호하는 것이 법원의 임무이다.

프라이버시권은 자연권(natural law)으로부터 도출되는 권리이며 학자들이나 법원의 판결에 의해서 인정될 수 있다.

> 프라이버시권은 개인의 자유와 안전이라는 기본적 인권의 범위내에 있고 개인의 안전은 사는 동안 인간으로서 존재할 권리 및 인생의 편안함과 즐길 권

> 리를 포함하는데 생명을 박탈당하지 않을 것과 개인에게 필요한 자연, 환경 및 법에 따라 즐기는데 필요한 것을 박탈당하지 않을 권리를 포함한다.
> 표현과 언론의 자유는 헌법의 테두리 안에서 제한되는 권리이고, 표현과 언론의 자유는 남용되어서는 안 되므로 법은 자유를 제한하는 방법으로 프라이버시를 침해하는 것을 허용할 수는 없다.
> 어느 누구도 표현과 언론의 자유를 합법적인 범위내에서 그러나 다른 사람의 자유를 합법적으로 파괴하는 방법으로 사용해서는 안 된다.

즉 근본적인 권리인 표현과 언론의 자유를 행사하는 것이라도 타인에게 해가 돼서는 안 된다고 판시하였는데, 타인을 해하지 않을 것은 로크의 철학과도 일치한다. 로크는 "no one ought to harm another in his life, health, liberty, or possessions"라고 하였는 바, 이는 누구든지 타인의 생명, 건강, 자유 및 소유에 해가 되지 않아야 한다는 인간 사회의 근본 원칙을 나타내고 있다. 조지아 주 대법원은 계속하여,

> 프라이버시에 관한 권리는 명시적으로나 묵시적으로 철회될 수 있지만 법이나 공공정책에 위반되는 경우에는 철회할 수 없다.
> 다만 프라이버시권의 철회도 철회의 목적범위 내에서만 유효하다.
> 철회는 철회의 범위내에서만 유효하므로 한 사람의 철회는 다른 사람의 프라이버시권에 영향을 미치지 않는다.
> 공직자가 되기 원하는 사람이나 공적승인이나 공적후원을 주장하는 사람은 그에게 그가 원하는 공직에 그를 임명하거나 그가 요구하는 공적승인 또는 공적후원을 그에게 부여시켜야 하는지 여부에 대한 질문에 초점을 맞추어 그의 사생활에 대하여 적절한 조사를 함에 있어서는 그의 프라이버시에 대한 침해를 용인하여야 한다.
> 공직자는 그에게 공공의 안전을 맡겨야 하는지 여부를 판단하기 위하여 유사한 성질의 프라이버시권을 포기하여야 하고, 그의 생활 전부에 대하여 상세한 조사를 하도록 해야 한다.
> Roberson v. Rochester Folding Box Company, 171 N.Y. 538, 64 N.E. 442, 사건의 다수의견에 부동의 하면서 이를 비판한 그레이 판사의 반대의견의 이유는 다음과 같다.

출판자의 영업을 영위하기 위한 목적으로 광고로서 한 사람의 동의 없이 그의 사진을 출판한 것은 사진이 출판된 사람의 프라이버시권을 위반한 것으로서 그에게 특별한 손해에 대한 입증이 없더라도 그 자체로서 구제를 허용할 수 있다.

위와 같은 영업 목적으로 동의 없이 한 사람의 사진을 출판한 것은 헌법상의 표현이나 언론의 자유를 행사한 것은 아니다.

자신들에게는 아무런 해가 되지 않는 언어라도 문언상으로는 명예훼손이 될 수 있다.

일상적인 거짓말로 사는 사람들이 사용하는 언어 탓으로 돌리는 출판은 명예훼손이다.

보험약관을 가진 그 사람의 진술이 있고 그가 그의 투자로 기뻐하는 모습의 한 개인 사진을 출판한 보험회사 광고물은, 그가 그런 약관을 가지지 않은 것이 사실이라면 그의 투자는 명예훼손이다. 그 이유는 그 사진이 출판된 사람이 어떤 대가에 의하거나 무상으로 하던 간에 악의적인 잘못을 말한다는 인상을 진실을 아는 사람들에게 심어주는 것이기 때문이다.

라고 하였다. 즉 유명인을 광고로 내세워 그가 하지도 않은 투자를 한 것처럼 하는 것은 대중을 기망하는 그의 모습을 보여준 것이므로 그의 명예훼손에 해당한다는 것이다.

제2절 퍼블리시티권의 국내에서의 수용

1. 이화여자대학교 학생 초상권 침해사건

초상권이 사회적으로 문제가 되었던 것은 1990년대 초 이화여자대학교 학생들의 초상권을 침해했던 사건이다.

주간 뉴스매거진인 뉴스위크(Newsweek)를 발행하는 미국의 회사가 1991.11.11.

238 https://www.ilbe.com/file/download/6016267468

[뉴스위크지 뉴스][246]

자로 발행된 뉴스위크 주간지의 11면부터 16면에 "너무 빨리 부자가 되다(Too Rich Too Soon)"라는 제목의 기사를 게재하면서, 그 16면의 가운데에 위에 인용된 가로 5센티미터, 세로 11.5센티미터 크기의 천연색 사진을 게시하였다. 그런데 그 사진 아래에는 "돈의 노예들: 이화여자대학교 학생들('Slaves to Money': Students at Ewha Women's University)"이라는 부제가 붙여져 있었다. 그러나 위 사진을 찍거나 사진을 게재하는데 위 사진에 나온 학생들의 동의를 받지 않았다.

위 학생들은 졸업앨범용 사진을 찍기 위해 정장차림으로 학교에 나와 집으로 돌아가던 중에 위와 같은 사진이 찍혔다. 기사내용은 매우 부정적이었는데, 위 기사의 내용중에는 다음과 같은 내용이 있었다.

> "한때는 국수국물이나 마시며 수도원 같은 기숙사생활을 하던 검소한 대학생들도 비싼 카페에서 식사하고 과시적으로 고급옷을 즐겨 입는다, 소유욕은 배우자의 물색에서도 나타난다." "의사나 변호사 등 1등 신랑감을 찾는 야멸찬 젊은 신부후보들은 그들을 낚기 위해 최소한 1억 원 상당의 혼수를 준비해야 한다. 대학을 갓 졸업한 ○○○는...... '출세나 벼락부자, 과소비 등이 선망의 대상이 되어 남자들이 결혼할 때 사랑의 노예가 되는 것이 아니라 돈의 노예가 되는 것을 부끄러워하지 않는다'고 통탄해 마지 않았다."

법원은 사치와 과소비 또는 배금주의 풍조 등 사회적으로 부정적 평가를 받고 있는 문제들을 주된 내용으로 하는 기사의 중간에 위 사진을 삽입하면서 '돈의 노예들'이라는 부제까지 달아 그 사진 속에 나오는 사람들이 최소한 그 기사에서 나오는 부정적 측면 또는 위 부제에서 의미하는 내용과 관련되어 있거나 그러한 경향이 있는 사람들이라고 생각할 수 있게 하여, 원고들의 명예를 훼손했다고 판시했다.[239]

239 서울민사지방법원 1993. 7. 8 선고 92가단57989 판결.

본 사건은 초상권 침해를 명예훼손으로 인정하였다.

2. 이휘소 사건

재미과학자 고(故) 이휘소 박사의 생애를 소설화 한 "무궁화 꽃이 피었습니다"라는 소설이 발간되자 이휘소 박사의 유족들이 이휘소 박사의 생애를 왜곡하여 명예를 훼손하였다고 주장하면서 소를 제기하였다. 법원은

> 신청인들은, 위 이휘소가 한국에서 우수한 성적으로 고등학교, 대학교를 다녔을 뿐 아니라 미국에서도 매우 뛰어난 업적을 남기고 노벨상까지 바라보게 되는 등 일반인의 이목을 끌 요소가 충분히 있는데, 피신청인 공석하가 위 이휘소와 신청인들의 성명, 초상, 이력, 경력, 생활상, 성격상 등이 지닌 재산적 가치를 이용함으로써 퍼블리시티권을 침해하였다고 주장한다.
> 그러나 퍼블리시티권이라 함은 재산적 가치가 있는 유명인의 성명, 초상 등 프라이버시에 속하는 사항을 상업적으로 이용한 권리(right of commercial appropriation)라고 할 수 있는데, 문학작품인 위 소설에서 위 이휘소의 성명, 사진 등을 사용하였다고 하더라도 이를 상업적으로 이용했다고 볼 수는 없으므로, 위 주장은 이유 없다.[240]

라고 판시하면서, 퍼블리시티권의 용어를 국내에서 최초로 사용하였다. 법원은 퍼블리시티권의 침해를 인정하지 않았다. 그러나 법원은 실존했던 인물에 대한 "소설의 서문에서 소설의 모델이 된 인물을 밝히는 것은 허용되지만, 그 부분까지 소설의 구성부분이 된다고 볼 수는 없고, 최소한 서문에서는 소설의 모델이 된 인물에 관하여 기술하면서 실제와 달리 표현하여서는 안 될 것"이라고 하면서 실존 인물의 삶을 실제와 현저하게 달리 묘사하는 것은 명예훼손 또는 인격권 침해가 된다고 판시했다.

---

240 서울지방법원 1995. 6. 23. 선고 94카합9230 판결.

3. 국내에서 퍼블리시티권의 발전

우리 법원은 초상권, 프라이버시 및 퍼블리시티가 문제된 사건을 인격권의 침해로 해결하려고 했었다. 법원은 "성명권만으로도 퍼블리시티권이 보호하고자 하는 유명인의 성명에 관한 권리의 보호가 가능하므로 퍼블리시티권을 독립적인 권리로 인정할 필요가 있다고 보기도 어렵다."고 판시하여 인격권의 일부를 이루는 성명권으로 해결하려고 했었다. 다만 성명이 아니라 초상이나 목소리 등이 문제된 사건은 성명권으로 해결할 수 없다.

인격권(초상권) 침해와 public figure(서울중앙지방법원 2006. 10. 13 선고 2006가합71378 판결)

신청인은 현재 국회의원으로서 그 행위, 인격에 대하여 공중의 관심을 가지게 하는 위치에 있는 공적 인물이므로, 국회 본회의장에서 신청인의 모습을 촬영하는 것만으로는 신청인의 초상권을 침해한다고 보기 어렵다고 하여 신청인의 초상권 침해 주장을 받아들이지 아니한다.

인격권 침해로 본 판결(서울중앙지법 2006. 8. 10. 선고 2005가합16572 판결)

고인인 전직 대통령을 소재로 한 "그때 그사람들"이라는 영화가 특정 장면을 통해 간접적이고 우회적으로 비유적이거나 상징적인 표현을 사용함으로써 고인의 인격적 가치에 대한 사회적 평가를 저하시키는 등 고인의 인격적 법익을 침해하였으나, 고인의 역사적 특수성, 위 영화가 다룬 사건의 역사적 특수성, 영화라는 표현물이 갖는 특수성, 위 영화의 특수성을 종합하여 볼 때, 위 영화로 인한 고인의 인격적 법익에 대한 침해가 영화상영 등을 금지해야 할 정도로 중대, 명백하지는 않다.

유족의 사자(사자)에 대한 경애, 추모의 정의 침해를 이유로 영화상영 등의 금지를 명하는 것은, 그 영화로 인해 유족의 고인에 대한 경애, 추모의 정이 형해화되어 영화의 상영 등을 금지하지 않고서는 도저히 침해된 추모의 정을 회복하기 어려울 정도로 현저한 침해를 당하였다는 특별한 사정이 인정될 경우에만 가능하고, 정신적 손해에 대한 배상을 명하는 것은, 위와 같은 정도의 현저한 침해에 이르지 아니하더라도 고인의 유족으로서 감수해야 할 범위를 넘는 경우이면 가능하다.

우리 법원이 퍼블리시티권을 수용하기 어려워했던 다른 이유는 물권법정주의 원칙이었다. 물권법정주의는 배타적인 권리인 물권은 법이나 관습법에 의하지 않는

한 임의로 창설할 수 없다는 원칙이다. 즉 법에 퍼블리시티권을 인정하는 명문의 규정이 없이 판결에 의해 퍼블리시티권을 인정할 수 없기 때문이다.

물권법정주의 원칙을 판시한 판결(서울고등법원 2008. 6. 19. 선고 2008노108 판결)

우리나라에서도 근래에 이르러 연예, 스포츠 산업 및 광고산업의 급격한 발달로 유명인의 성명이나 초상 등을 광고에 이용하게 됨으로써 그에 따른 분쟁이 적지 않게 일어나고 있으므로 이를 규율하기 위해 이른바 퍼블리시티권(Right of Publicity)이라는 새로운 권리 개념을 인정할 필요성은 수긍할 수 있으나, 성문법주의를 취하고 있는 우리 나라에서 법률, 조약 등 실정법이나 확립된 관습법 등의 근거 없이 필요성이 있다는 사정만으로 물권과 유사한 독점 · 배타적 재산권인 퍼블리시티권을 인정하기는 어렵다고 할 것이며, 퍼블리시티권의 성립요건, 양도 · 상속성, 보호대상과 존속기간, 침해가 있는 경우의 구제수단 등을 구체적으로 규정하는 법률적인 근거가 마련되어야만 비로소 퍼블리시티권을 인정할 수 있을 것이다.

그러나 퍼블리시티권을 물권으로 인정할 필요 없이 인정할 수 있다. 로크의 이론에 따르면 자기 신체는 자기 소유이고 자기 소유인 신체에 의한 노동의 결과물은 자기 소유가 되는 바, 이와 같은 로크의 이론에 따르면 자기 소유의 인체를 자기가 이용할 수 있는 배타인 권리가 있다고 할 수 있다. 또한 헤겔의 이론에 의하면, 자유의지를 가진 인격의 주체는 자신의 인격을 자유로이 처분하고 이용할 수 있는 권리가 있다고 할 수 있다. 서울고등법원은

> 일반적으로 성명, 초상 등이 갖는 경제적 이익 내지 가치를 상업적으로 사용 · 통제하거나 배타적으로 지배하는 권리라고 설명되는 퍼블리시티권(right of publicity)은 일찍이 광고산업이 발달한 미국에서 판례와 각 주의 성문법에 의하여 보호되기 시작하였으며, ..., 비록 퍼블리시티권의 양도 및 상속성, 보호대상과 존속기간, 구제수단 등을 구체적으로 규정한 우리나라의 실정법이나 확립된 관습법이 존재하지는 않으나, ..., 원고의 성명, 초상 등에 대하여 형성된 경제적 가치가 이미 광고업 등 관련업계에서 널리 인정되고 있는 이상 이를 침해하는 행위는 원고 본인에 대한 관계에서는 명백히 민법상의 불법행위를 구성한다....[241]

241 서울고등법원 2005. 6. 22. 선고 2005나9168 판결 ('이영애' 사건).

라고 하여 물권이 아닌 경제적인 재산권의 개념으로 파악하였다. 나아가

> 퍼블리시티권(Right of Publicity)은 성명, 초상 등이 갖는 경제적 이익 내지 가치를 상업적으로 사용 · 통제하거나 배타적으로 지배하는 권리로서 … 이를 규정한 실정법은 없으나, … 원고의 성명, 초상 등에 대하여 형성된 경제적 가치가 이미 광고업 등 관련업계에서 널리 인정되고 있었던 이상 이를 침해하는 행위는 원고 본인에 대한 관계에서는 명백하게 민법상의 불법행위를 구성하고, 이와 같이 보호되는 한도 내에서 피고가 자신의 성명, 초상 등의 상업적 이용에 대하여 배타적으로 지배할 수 있는 권리를 퍼블리시티권으로 파악하기에 충분하며 이는 … 인격으로부터 파생된 것이기는 하나 … 인격권과는 독립된 별개의 재산권으로 보아야 한다.[242]

고 판시했다.

법원은 "자신의 성명, 초상 등의 상업적 이용에 대하여 배타적으로 지배할 수 있는 권리"라고 하여 재산권의 일부로 보고 있지만, 순수한 재산권이 아닌 개성에 형성된 goodwill의 경제적 가치를 배타적으로 이용할 수 있는 배타적 이용권으로 보고 있다.

아래 가수 박상민 짝퉁가수 사건에서 서울고등법원은 가수의 성명과 외적모습을 영업표지로 인정하였다. 다만 대법원은 고등법원 판결의 의미를 축소하여 성명 이외에 가수 박상민의 외양 등은 부정경쟁방지법에서 말하는 영업표지에 해당하지 않는다고 판단하였다.[243] 그러나 가수의 옷차림이나 공연에서의 안무, 썬글라스, 수염 등은 서비스를 제공하는 외형적인 것으로서 상품으로 말하면 포장이나 상품의 외형이나 외부 포장(트레이드 드레스)과 같은 것으로서 소위 이차적 의미가 발생하면 혼동의 대상이 된다고 보아야 할 것이다. 다만, 부정경쟁방지법은 유명성을 요구하기 때문에 가수 박상민의 외부 모습이 유명성을 갖추었는지가 쟁점이 된다.

242 서울고등법원 2010. 2. 9. 선고 2009나47458 판결 ('최진실' 사건).

243 대법원 2009. 1. 30. 선고 2008도5897 판결.

소위 박상민 짝퉁가수 사건(서울고법 2008.6.19. 선고 2008노108 판결)

피고인 1(예명 박성민)은 가수 박상민을 모방하여 가요연주활동을 하는, 이른바 이미테이션 가수이고, 피고인 2는 피고인 1의 매니저인데, 누구든지 국내에 널리 인식된 타인의 성명 · 상호 · 표장 기타 타인의 영업임을 표시하는 표지와 같거나 이와 유사한 것을 사용하여 타인의 영업상의 시설 또는 활동과 혼동을 하게 하는 행위를 하여서는 아니됨에도, 피고인들은 몇몇 나이트클럽의 운영자 등과 공모하여 피고인 1이 국내에 널리 인식된 유명 가수인 박상민과 유사한 외모로 꾸미고, 비슷한 성명을 사용하면서 마치 박상민인 것처럼 나이트클럽에 출연하여 박상민의 음반을 틀어놓은 채 입모양만 따라하는 '립싱크' 수법으로 공연하기로 마음먹고, ① 2006. 2. 13. 22:00경 성남시 분당구 야탑동 (지번 생략)에 있는 ' ○○ 나이트클럽'에서 무대 사회자가 피고인 1을 지칭하여 "해바라기를 부르는 가수 박상민입니다"라고 소개하고, ② 2006. 4. 중순 22:00경 고양시 일산구 마두동에 있는 ' △△ 나이트클럽'에서 무대 사회자가 손님들에게 피고인 1이 박상민을 모방하는 이미테이션 가수임을 밝히지 않은 채, 마치 위 박상민이 출연한 것처럼 "특별출연 인기가수, 특별히 △△에 왔습니다. 유명 히트곡이 많은 가수, 해바라기의 주인공 박상민을 소개합니다"라고 소개하고, ③ 2006. 7. 31. 02:00경 서울 관악구 신림5동 (지번 생략)에 있는 ' ×× 나이트클럽'에서 그곳의 운영자는 업소 내 전광판에 '특별출연, 인기가수 박상민'이라고 광고하고, 피고인 1은 피고인 2의 제의에 의하여 박상민의 공연시 외양과 똑같다고 할 수 있을 정도로 유사한 모습이 되도록 모자와 선글라스를 착용하고 독특한 모양의 수염을 기른 다음, 미리 연습해 둔 대로 박상민의 행동 등을 흉내 내면서 박상민이 부른 노래인 '해바라기' 등 4곡을 틀어놓고 립싱크 방식으로 공연하고, 손님이 요청하는 경우 박상민이 실제로 하는 서명과 유사한 글씨체로 박상민의 이름을 서명해 주는 등의 방법으로, 위 각 나이트클럽에서 공연함으로써 피고인들은 국내에 널리 인식된 위 박상민의 성명을 사용하여 박상민의 가수로서의 영업활동과 혼동하게 하는 행위를 하였다.

1. 피고인들이 '영업주체 혼동행위'를 하지 않았다는 주장에 대하여

가. 인정 사실

원심이 적법하게 조사 · 채택한 여러 증거들(박상민 작성의 고소장 제외)을 기록에 비추어 종합 · 검토하여 보면 다음과 같은 사실을 인정할 수 있다.

(1) 가수 박상민은 1993년경부터 이 사건 당시까지 '해바라기', '무기여 잘 있거라' 등 일반인들이 많이 알고 즐겨 부르는 노래인 소위 '히트곡'을 발표하고, 가수로서 방송에 출연하거나 전국적으로 콘서트를 개최하는 등의 활동을 해 왔고, 이 사건 무렵에 가수 박상민이 나이트클럽에 출연할 경우에 통상적으로 1회당 10,000,000원 정도의 공연료를 나이트클럽측으로부터 지급받았다(공판기록 53쪽, 수사기록 58쪽, 223쪽).

(2) 가수 박상민은 방송 등에 출연할 때 머리에 모자를 쓰고, 선글라스를 끼었으며, 독특하게 기른 수염으로 외양을 꾸며 다른 가수들과 구분되는 외양으로 국내의 일반인들에게 인식되어 왔다(수사기록 223쪽).

(3) 피고인 1은 2004. 9.경 피고인 2로부터 가수 박상민과 외모가 닮았으니 가수 박상민을 모방하여 그 외양을 꾸미고 모창을 하는 것을 주로 하는 소위 '이미테이션 가수'를 해보라는 제의를 받고, 2004. 9. 21.경 피고인 2와 사이에 전속기간을 2004. 10. 30.부터 2007. 12. 30.까지로 하되, 피고인 1이 출연하는 나이트클럽 등으로부터 받는 출연료를 절반씩 나누기로 정하는 등으로 '야간 업소에 관한 전속계약'을 체결하였는데, 피고인들은 서로 상의하여 피고인 1이 가수 박상민인 것처럼 행동을 하고, 피고인 1이 박상민이 부른 노래를 실제 하지 않고 입 모양만으로 노래를 부르는 것으로 보이게 하는 소위 '립싱크' 방법으로 공연하기로 하였다(수사기록 40쪽 이하, 144쪽, 245쪽, 247쪽, 249쪽).

(4) 위 전속계약에 따라 피고인 2는 이 사건 공소사실 기재의 각 나이트클럽의 담당자들과 각 30회의 출연을 기준으로 하여 150만 원 정도의 출연료를 받기로 하고 피고인 1을 위 나이트클럽에 출연시키기로 합의하였는데, 위 나이트클럽 중 일부는 가수 박상민이 이 사건 이전에 출연한 적이 있는 곳이었다(공판기록 59쪽, 수사기록 52쪽, 108쪽, 109쪽, 246쪽).

(5) 피고인 1은 가수 박상민의 몸짓, 억양, 걸음걸이 등을 미리 방송 등을 통하여 보고 그와 비슷하게 흉내를 내는 연습을 한 다음 2005. 12. 중순경부터 2006. 12. 하순경까지 사이에 이 사건 나이트클럽에서 각 30회씩 공연을 하였다(수사기록 64쪽, 75쪽, 87쪽, 108쪽, 109쪽, 245쪽, 246쪽).

(6) 특히, ① 2006. 2. 13. 22:00경 성남시 분당구 야탑동 (지번 생략)에 있는 ' ○○ 나이트클럽'에서 무대 사회자가 피고인 1을 지칭하여 "해바라기를 부르는 가수 박상민입니다"라고 소개하고, ② 2006. 4. 중순 22:00경 고양시 일산구 마두동에 있는 ' △△ 나이트클럽'에서 무대 사회자가 손님들에게 피고인 1이 박상민을 모방하는 이미테이션 가수임을 밝히지 않은 채 마치 위 박상민이 출연한 것처럼 "특별출연 인기가수, 특별히 △△에 왔습니다. 유명 히트곡이 많은 가수, 해바라기의 주인공 박상민을 소개합니다"라고 소개하였으며, ③ 2006. 7. 31. 02:00경 서울 관악구 신림5동 (지번 생략)에 있는 ' ×× 나이트클럽'에서 그곳의 운영자는 업소 내 전광판에 '특별출연, 인기가수 박상민'이라고 광고하였는데, 피고인 1은 각 그 당시 자신이 가수 박상민이 아니라는 사실은 밝히지 않은 채, 박상민의 공연시 외양과 똑같다고 할 수 있을 정도로 유사한 모습이 되도록 모자와 선글라스를 착용하고 독특한 모양의 수염을 기른 다음, 미리 연습해 둔 대로 박상민의 행동 등을 흉내 내면서 박상민이 부른 노래인 '해바라기' 등 4곡을 틀어놓고 립싱크 방식으로 공연을 하였다(수사기록 12쪽, 13쪽, 68쪽, 69쪽, 23쪽, 24쪽 및 149쪽, 246쪽, 249쪽).

(7) 피고인 1은 2006. 2. 13. 22:00경에는 이 사건 ' ○○ 나이트클럽'에서 공연이 끝난 뒤 가수 박상민의 팬인 공소외 5가 서명을 부탁하자 공소외 5의 수첩에 가수 박상민의 서명과 거의 똑같은 모양으로 서명을 해주기도 하였다(수사기록 12쪽 내지 16쪽).

(8) 또한, 피고인 1이 나이트클럽에서 행한 공연 모습을 본 사람이 2006. 2. 15. 22:51경 생방송 라디오를 진행하고 있던 가수 박상민에게 "어~~나 지금 분당 나이트에서 오빠 보구 왔는데 뭐야 뭐야~뭐가 진짠가요~~"라는 문자메시지를 보내기도 하는 등으로 그 공연을 본 손님들은 피고인 1을 가수 박상민으로 오인하기도 하였다(수사기록 11쪽).

(9) 한편, 가수 박상민은 피고인 1에게 2004년경부터 가수 박상민을 흉내내는 방식으로 공연을 하는 것을 그만 둘 것을 경고하였고, 피고인 1이 나이트클럽에 출연한 기간 동안 가수 박상민에 대한 나이트클럽 출연 제의는 현저히 줄어 가수 박상민의 수입도 상당히 감소하였다(공판기록 54쪽, 59쪽, 61쪽).

나. 판 단

(1) '국내에 널리 인식된 영업표지'의 의미

구 부정경쟁방지 및 영업비밀보호에 관한 법률(2007. 12. 21. 법률 제8767호로 개정되기 전의 것, 이하 '부정경쟁방지법'이라고 한다) 제2조 제1호 (나)목은 "국내에 널리 인식된 타인의 성명, 상호, 표장, 기타 타인의 영업임을 표시하는 표지와 동일하거나 이와 유사한 것을 사용하여 타인의 영업상의 시설 또는 활동과 혼동하게 하는 행위"를 부정경쟁행위의 하나로 규정하고 있는바, 여기서 국내에 널리 인식된 '타인의 영업임을 표시하는 표지'는 국내의 전역 또는 일정한 범위 내에서 거래자 또는 수요자들이 그것을 통하여 특정의 영업을 다른 영업으로부터 구별하여 널리 인식하는 경우를 말하는 것으로, 그것이 오랫동안 사용됨으로써 거래자 또는 수요자들이 어떤 특정의 영업을 표시하는 것으로 널리 인식하게 된 경우에는 위 법이 보호하는 영업상의 표지에 해당한다고 할 것이다(대법원 1997. 12. 12. 선고 96도2650 판결 참조).

또한, '국내에 널리 인식된' 영업표지라는 것은 국내 전역에 걸쳐 모든 사람들에게 주지되어 있음을 요하는 것이 아니고, 국내의 일정한 지역적 범위 안에서 거래자 또는 수요자들 사이에 알려진 정도로써 족하다고 할 것이며(대법원 2002. 6. 14. 선고 2002도1613 판결), 타인의 영업임을 표시한 표지가 국내에 널리 인식되었는지 여부는 그 사용기간, 방법, 태양, 사용량, 거래범위 등과 거래의 실정 및 사회통념상 객관적으로 널리 알려졌느냐의 여부가 일응의 기준이 된다고 할 것이다(대법원 2001. 9. 14. 선고 99도691 판결).

(2) '영업주체 혼동행위'의 의미

한편, '영업주체의 혼동행위'라는 것은 등록 여부와 관계없이 사실상 국내에 널리 인식된 타인의 성명, 상호, 상표, 기타 타인의 영업임을 표시하는 표지와 동일 또는 유사한 것을 사용하여 타인의 영업상의 시설 또는 활동과 혼동을 일으키게 하는 일체의 행위를 의미하는 것이라고 할 것인데(대법원 1999. 4. 23. 선고 97도322 판결 참조), 여기에서의 혼동이라는 것은 어떤 영업자의 영업상의 시설 또는 활동을 타인의 영업상의 시설 또는 활동이라고 오인하는 것을 말하며, 타인의 영업과 혼동을 하게 하는 행위에 해당하는지 여부는 영업표지의 주지성과 식별력의 정도, 표지의 유사 정도, 사용 태양, 영업의 유사 및 고객층의 중복 등으로 인한 경업 · 경합관계의 존부, 그리고 모방자의 악의(사용의도) 유무 등을 종합하여 판단하여야 한다(대법원 2007. 4. 27. 선고 2006도8459 판결 등 참조).

(3) 피고인들의 이 사건 행위에 대한 판단

돌이켜 이 사건에 관하여 보건대, 위 인정 사실과 앞서 본 법리를 종합하면, 가수 박상민이 영리의 목적으로 나이트클럽 등에서 손님들에게 행하는 공연 활동은 부정경쟁방지법 소정의 '영업상의 활동'에 해당하고, 텔레비전, 라디오, 신문, 잡지 등 일반 대중이 접하는 매체를 통하여 등장하는 직업 가수가 공연 활동 등을 하면서 사용하는 "가수의 성명"은 일반인들에게 장기간 계속적 · 독점적으로 사용되거나 지속적인 방송 출연 등에 의하여 그 가수의 속성이 갖는 차별적인 특징이 그 가수가 가지는 고객 흡인력 때문에 일반인들 대부분에게 해당 가수를 인식시킬 정도로 현저하게 개별화되고 우월적 지위를 취득한 경우에는 '국내에 널리 인식된 영업표지'라고 할 것이므로, 이 사건에서도 가수 박상민이 1993년경부터 전국적으로 방송에 출연하는 등의 왕성한 활동을 하면서 여러 히트곡을 발표하여 일반인들에게 알려져 있어서, 가수 박상민의 성명은 부정경쟁방지법 소정의 '국내에 널리 알려진 영업표지'라고 볼 것이다.

나아가, 피고인 1은 의도적으로 일반인들에게 널리 알려진 가수 박상민과 동일한 형태로 외양을 꾸미고, 미리 연습한 가수 박상민과 유사한 행동을 실제 나이트클럽 무대에서 실행하였던 점, 이 사건 범행이 행하여진 장소는 통상 실내의 조명이 어둡고, 찾아 오는 손님들이 술을 마시거나 춤을 추고 있으면 무대에 가수 등이 출연하여 손님들의 흥을 돋우는 나이트클럽으로 가수 박상민도 영리의 목적으로 이 사건 무렵에 출연하였던 적이 있는 업소의 업종과 동일한 업종이었던 점, 피고인 1은 자신이 나이트클럽을 찾아 온 손님들에게 가수 박상민으로 직접 소개되거나 업소 내 전광판을 통하여 소개되는 사정을 알면서도 자신이 가수 박상민이 아닌 다른 가수라는 사정을 밝히지 않고 공연을 하였던 점, 피고인 1의 공연을 본 손님들은 가수 박상민이 실제 출연한 공연을 보는 것으로 오인하고 가수 박상민에게 문자메세지를 보내기도 하였던 점 및 피고인 1 등이 이 사건 이전에도 가수 박상민측으로부터 이 사건과 같은 방식으로 공연활동을 하는 것에 대한 경고를 받은 적이 있었던 점 등을 고려하면, 피고인들의 이 사건 범행은 부정경쟁방지법 소정의 '영업주체 혼동행위'에 해당한다고 할 것이다.

2. 피고인들이 나이트클럽의 업주 등과 공모하지 않았다 주장에 대하여

2인 이상이 범죄에 공동가공하는 공범관계에서 공모는 법률상 어떤 정형을 요구하는 것이 아니고, 2인 이상이 공모하여 어느 범죄에 공동가공하여 그 범죄를 실현하려는 의사의 결합만 있으면 되는 것으로서, 비록 전체의 모의과정이 없었다고 하더라도 수인 사이에 순차적으로 또는 암묵적으

로 상통하여 그 의사의 결합이 이루어지면 공모관계가 성립한다고 할 것인데(대법원 2004. 9. 24. 선고 2004도3532 판결 등 참조), 위 인정 사실 등에 의하면, 피고인 1은 이 사건 이전에 피고인 2와 전속계약을 체결하면서, 가수 박상민인 것처럼 행동하고 소위 '립싱크' 방식으로 노래하는 것에 대한 사전 모의를 하였고, 그 후 피고인 2가 이 사건 나이트클럽의 담당자들과 피고인 1의 출연에 대한 계약을 체결하였으며, 이에 따라 피고인 1이 나이트클럽에 출연하여 위 범죄사실 기재와 같이 마치 가수 박상민이 출연하는 것처럼 오인할 수 있는 소개를 받고서 무대에 올라가 실제 자신의 본명을 밝히지 않은 채 가수 박상민의 노래를 립싱크 방식으로 노래하고, 나이트클럽에 찾아온 일부 손님에게 가수 박상민의 실제 서명과 유사한 방법으로 서명을 하였던 점 등에 비추어 볼 때, 피고인들은 나이트클럽의 운영자들과 사이에 적어도 순차적 또는 암묵적으로는 서로 공동 가공하여 이 사건 범행을 실현하려는 의사가 있었음을 인정할 수 있으므로, 피고인들의 이 부분 주장도 받아들일 수 없다.

최근 대법원은 유명연예인인 방탄소년단의 사진을 무단으로 출판한 사건[244]에서 부정경쟁방지법 제2조 제1호 카목의 부정경쟁행위에 해당한다고 판시했다. 방탄소년단의 이미지는 카목에 규정된 상당한 투자나 노력으로 만들어진 성과에 해당한다고 판시하였다. 초상이나 프라이버시는 인간이면 당연히 가지는 침해로부터의 자유에 의해 보호되어야 하므로 어떤 성과로서 보호되어야 하는 것은 아니다. 또한 초상이나 프라이버시는 안온에 관한 권리로서 인간이면 누구나 누리는 자유권이므로 상당한 투자나 노력으로 만들어진 성과라고 볼 수 없다. 오히려 퍼블리시티가 상당한 투자나 노력으로 만들어진 것으로 볼 수 있는데, 퍼블리시티의 침해에 카목을 적용하는 것이 타당한 것인지는 의문이다.

4. 부정경쟁행위로 수용

2021년 국회는 부정경쟁방지법을 개정하여 퍼블리시티 침해를 부정경쟁행위로 입법화 했다. 부정경쟁방지법으로의 수용은 초상에 대한 재산권적 가치의 인식이라고 할 수 있다. 부정경쟁방지법과는 별개로 저작권법에 초상에 관한 권리를 입법

244 대법원 2020. 3. 26.자 2019마6525 결정.

화 하려는 노력을 하고 있다. 현 저작권법 제35조 제4항은 “위탁에 의한 초상화 또는 이와 유사한 사진저작물의 경우에는 위탁자의 동의가 없는 때에는 이를 이용할 수 없다.” 고 규정하고 있는데, 본 조항은 초상권에 관한 일반적인 권리에 관한 규정이 아니라, 그림이나 사진의 저작물에 있는 타인의 초상에 관한 권리관계에 관한 규정이다.

만일 저작권법에 초상에 관한 권리를 입법화 한다면, 부정경쟁방지법상의 권리는 경제적 가치를 가진다는 점 및 부정한 이용에 침해행위의 핵심이 있고, 손해배상이나 금지청구를 함에 있어서도 영업상 이익을 침해하여야 한다는 점이 저작권법상의 초상등에 관한 권리 침해와 차이가 있을 것으로 보인다. 다만, 인간의 초상에 관한 권리가 저작권에 관한 권리가 아니므로 저작권법에 규정하는 것은 저작권법의 법리에 일치하지 않는 것으로 보인다.

부정경쟁방지법상 퍼블리시티 침해는 부정경쟁행위(불법행위)로 인정하는 것에 불과하므로 어떤 배타적인 권리를 창설하는 것은 아니다. 그러나 퍼블리시티의 침해에 대하여 부정경쟁행위의 인정은 그 전제로서 어떤 보호받아야 하는 법률적인 가치(대법원 판결에서 언급되는 소위 ‘보호가치가 있는 법률상 이익’과 유사개념)를 전제로 하는 것이다. 그런데 법조문에 경제적 가치를 가지는 것임을 명시하고 있으므로 재산적 가치의 침해를 의미하게 된다. 재산적 가치는 그 본질상 인적 속성이 초상권에 비해 약하다고 해석되므로 퍼블리시티의 이용에 대한 권리는 타인에게 허락할 수 있다고 해야 한다. 다만 방탄소년단 사건처럼 제3자가 퍼블리시티를 침해하는 경우에 금지청구와 손해배상청구를 할 수 있는 사람이 누구인지가 문제될 것이다. 퍼블리시티의 귀속에 대한 권리의 이전은 공시되는 것이 아닌 등 재산권(물권)과 같은 권리가 아니므로 침해에 대한 권리 행사는 그 퍼블리시티(인물)에 귀속된다고 할 것이다. 영업비밀을 라이센스 하였다고 하더라도 원래의 영업비밀 보유자가 그 침해자에 대하여 소송을 하여야 하는 것과 같다.

제8장

국제거래와 지적재산권의 국제적 보호

제1절 WTO/TRIPs 협정

1. GATT 체제

세계 1차 대전과, 1929년의 세계 대공황 그리고 제2차 대전이 끝나고 각 국가는 자국의 경제안정과 부흥을 최우선 목표로 삼았기 때문에 세계 각국은 경쟁적으로 관세, 비관세 장벽을 높였다. 그뿐만 아니라 소련을 중심으로 공산당 일당 독재를 확립한 사회주의 체제는 경제 자유를 근간으로 하는 자본주의 체제를 위협하였다.

1945년 2차 세계대전이 끝나자 미국은 '세계무역과 고용의 확대에 관한 제안'을 하였다. 1947년 23개국이 스위스 제네바에서 관세와 무역에 관한 일반 협정을 체결하였다. 1948년 1월 1일 '관세와 무역에 관한 일반협정'(1947 GATT)이 정식 출범하였다. 한편 1948년 국제무역기구 설립 협상을 하기 위해 쿠바의 하바나에 모인 53개국은 하바나 헌장을 채택하였다. 하바나 헌장은 국제부흥개발은행(IBRD)과 국제통화기금(IMF)을 지원하기 위해 국제무역기구(ITO: International Trade Organization)를 설립할 것을 선언했을 뿐만 아니라 그 참여한 국가들이 관세부과와 내국세부과 및 규제조치 등에 대하여 비차별 정책을 취할 것을 선언했다. 그러나 하바나 헌장은 준수하기에는 너무 엄격한 규정과 국가 간 대립 등이 발생하였고 결국 미국 의회는 그 비준을 포기 했다.

ITO가 무산됨에 따라 GATT가 ITO의 임무를 대신하게 되었다. 1947 GATT는 물품거래에 관한 국제무역협정이므로 무체물에 관한 지적재산권에 대해서는 아무런 언급이 없었다. 1947 GATT 성립 이후 1970년대까지 7차례의 다자간 무역협상을 통해 무역자유화를 추진하였는데, 1973년부터 1979년까지 개최된 동경라운드에서는 처음 지적재산권에 관한 협상이 이루어져 상표권을 침해한 위조상품에 대한 무역규제 문제가 논의되었으나 결론에 이르지 못했다.

1986년 9월 우루과이의 푼타 델 에스테에 모여 기존 GATT 체제를 새로운 상황변화에 맞도록 전면 개편하는 우루과이라운드협상을 개시하는데 합의하였다. 1970년대 이후 무역적자와 재정적자에 시달리던 미국은 자신들의 강점인 지적재산권협정(Trade-Related Aspects of Intellectual Property Rights)을 우루과이라운드 협상에 포함시키기를 원했다. 그 이외에도 물품거래가 아닌 투자(Trade-Related Investment Measures) 및 서비스 거래(General Agreement on Trade in Services)도 우루과이라운드 협상에 포함되었다. 1993년 12월 15일 제네바에서 개최된 무역협상위원회(Trade Negotiations Committee; TNC)에서 우루과이라운드 협상 타결이 선언되었다. 1994년 4월에 우루과이라운드 협상 체결을 위한 각료회의가 모로코의 마라케쉬에서 개최되었고, 같은 달 15일 우루과이라운드 협상을 종결하는 마라케쉬 선언이 채택되었다. 이에 따라 1995년 1월 1일 세계무역기구의 설립에 관한 협정(이하 WTO 협정)이 발효되면서 역사적인 WTO/GATT 체제가 출범하게 되었다.

WTO/GATT는 물품의 거래에 관한 협정인 '1947 GATT'을 기본으로 하였기 때문에 무체물의 보호에 관한 TRIPs 협정은 GATT의 본문에 포함된 것이 아니라 부속협정의 형식으로 추가되었다. TRIPs 협정은 지적재산권 분야를 총괄하는 협정이라는 점에 그 의의가 있다. 산업재산권에 관한 파리협약이나 저작권에 관한 베른협정은 지적재산권의 특정한 분야에 대한 것이었으므로 저작권이나 특허권, 상표, 지리적 표시, 영업비밀 등을 총괄하는 지적재산권 협정은 TRIPs 협정이 최초이었다.

TRIPs 협정은 기존의 파리협약/베른협약의 실체규정을 인용하면서 더 높은 보호수준 규정하는 기존협약 플러스 어프로치를 하고 있으며, 다자간 분쟁해결제도를 명정하여 TRIPs 협정 위반국을 WTO 분쟁해결기구에 제소하여 제재가 가능하도록 하였다.

2. TRIPs 협정의 주요한 기본원칙

가. 내국민대우원칙(NT)

내국민대우원칙은 기존 지적재산권 관련 협정에 존재하는 원칙이다. 내국민대우원칙은 GATT의 내국민대우원칙과 차이가 있다. GATT 제3조의 내국민대우원칙은 국내산품과 수입품의 차별을 금지하고 있는데 비하여, TRIPs 협정 등 지재권협정의 내국민대우원칙은 자국민과 외국인의 차별을 금지하고 있다.

1981년 캐나다 정부는 미국 관세법 제337조에 규정된 일반적 배제명령은 외국물품에 대한 차별이라고 GATT에 제소하였다. 미국 정부는 특허보호를 위한 필요성이 있으므로 GATT 제20조의 예외가 적용된다고 주장했다. GATT 분쟁 패널은 "미국의 민사소송은 침해물품의 수입에 대항하여 특허권을 만족스럽고 효과적으로 보호하는 수단을 제공하지 못한다. 패널은 현재의 미국법하에서 미국의 국내시장에서 특허를 독점적으로 실시할 수 있는 신청인의 권리가 침해물품의 수입으로부터 효과적으로 보호될 수 있는 유일한 방법("the only way")은 제337조에 규정된 배제명령절차(exclusive order procedure)에 호소되는 것이다." 라고 판시하여 내국산품과 수입물품에 대한 차별적 조치가 아니라고 판시했다.

1988년 EU는 미국 관세법 제337조에 따라 발동되는 제한적 배제명령은 내국민대우 위반이라고 제소하였다. 1989년 GATT 분쟁해결 패널은, 지적재산권 침해물품의 미국 내 수입을 금지하는 미국 관세법 제337조(1930년)의 절차가 GATT 제3조 제4항의 내국민대우원칙에 위반된다고 판단하였다. 그 이유는 동 절차가 수입품을 국산품에 비교하여 차별하였다는 것이었다. GATT 분쟁해결 패널은 i) 수입물품에 대한 분쟁절차는 신청인에 의해서 법정선택권(선택적으로 USITC 또는 법원에 제소할 수 있음)이 있는 반면에 미국출처의 상품에 대해서는 법원에만 제기하여야 하므로 그러한 선택이 없고, ii) 관세법 제337조는 반대신청(counter claim, 반소)을 제기할 수 없도록 하고 있으므로 USITC에 의해서 진행되는 수입품에 대한 관세법 제337조 상의 절차는 반대신청을 할 수 없지만, 미국내의 침해물품에 대해서는 연방법원절차로 진행되므로 반소(counter claim)가 가능하고, iii) 침해하였다고 주장되는 외국물품의 생산자나 수입자에게 적용되는 관세법 제337조의 엄격한 불변기간 제한은 외국물품의 생산자나 수입자에게 불리하지만 미국생산품의 경우에는 이러한 기한의 적용을 받지 않는 연방법원에서 진행되므로 불이익을 당하지 않고, iv) 관세법 제337조에 의해 외국생산품에 대하여 USITC의 일반적 배제명령

(general exclusion order)을 발동할 가능성이 있지만 미국에서 생산된 생산품에 대해서는 그러한 가능성이 없고, v) 관세법 제337조 상 분쟁해결기관인 USITC가 침해되었다고 주장되는 외국생산품에 대하여 배제명령이 발동을 하면 당사자(신청인)가 아무런 조치를 하지 않더라도 미국세관이 행정절차적으로 배제명령을 자동적으로 집행을 하게 되는 반면에, 미국에서 생산된 물품에 대해서 배제명령과 같은 조치를 얻기 위해서는 개인이 법원에 신청을 하여 금지명령을 취득하여야 하고 또한 이를 집행절차에 부해야 하고, vi) 침해되었다고 주장되는 외국생산품의 생산자나 수입자는 USITC와 지방법원 두 곳에 제소가 될 가능성이 있지만 미국생산품의 경우에는 지방법원에서의 절차만 진행된다고 하면서 미국 관세법 제337조는 내국민대우원칙에 위반된다고 판시했다.

그러나 TRIPs 협정의 내국민대우원칙을 적용한다면 그 결과가 달라질 수 있다. 미국 관세법 제337조는 국내산품과 수입품을 차별하는 것처럼 보여도 내외국인을 차별하는 것은 아니기 때문이다. 즉 미국인이 수입하는 경우에는 관세법 제337조가 적용된다.

GATT 관련 규정 정리

GATT art. 3

(ⅰ) 내국에서 생산된 동종상품과 수입된 동종상품 사이에

(ⅱ) 상품의 국내판매 등에 영향을 주는 법령들이

(ⅲ) 수입된 동종상품에 대하여 불리한 취급을 하고 있을 것

GATT art. 20

동일한 조건이 적용되어야 할 국가들 사이에 있어서 임의적이거나 정당화 되지 않는 차별 또는 국제무역에 대한 가장적인 제한을 구성하는 방법에 적용되지 않는 그러한 조치들에 대한 요건을 충족하면서, 본 협정의 어느 부분도 회원국이 다음의 방법을 채용하거나 집행하는 것을 방해하는 것으로 이해되지 않는다:

....

(d) 세관의 집행, ... 특허, 상표 및 저작권, 그리고 기만적인 행위를 저지를 포함하여 본 협정의 규정들과 일치하지 않는 법령들의 준수를 확실히 하기 위해서 필요한 때

나. 최혜국대우원칙(MFN)

최혜국대우원칙은 기존 지적재산권에 관한 국제협정에는 존재하지 않는다. TRIPs 협정은 지적재산권 관련 협정에서 최초로 최혜국대우원칙을 규정하였다는 데 그 의의가 있다. TRIPs 협정이후에 체결되는 FTA에는 지적재산권에 관한 협상에도 최혜국대우조항을 두는 것이 일반적이다.

TRIPs 협정상 최혜국대우원칙은 한 회원국이 특정 타국에 부여한 모든 특혜조치는 무조건적(unconditionally)으로 그리고 즉시(immediately) 모든 다른 회원국에도 부여되어야 한다는 것이다. 특혜조치란 회원국간의 쌍무 혹은 다자협약에서 발생하는 모든 특혜를 포함하는 것으로 해석되므로 자유무역협정(FTA)에서 그 당사국 사이에 체결한 특혜조치는 당사국이 아닌 국가에도 그 혜택을 부여해야 한다는 것을 의미한다. 예컨대, 우리나라는 한미FTA에 의하여 저작권 보호를 기존 50년에서 70년으로 연장하였는데, 이러한 연장조치는 FTA의 상대국인 미국 이외의 모든 국가의 국민에게도 적용되도록 저작권법을 개정하였다. 다만 상호주의에 의하여 제한될 수 있다. (본 절 "3. FTA와 스파게티 접시 효과 (Spaghetti Bowl Effect)" 참조)

또한 '다른 회원국'이 아닌 '다른 국가(any other country)'에 대한 특혜조치를 최혜국대우의 대상으로 하였으므로 WTO 회원국이 아닌 국가에 부여한 특혜조치에도 WTO 회원국에 대하여 최혜국대우원칙이 적용된다. 즉 WTO 회원국이 아닌 국가와 양자 또는 다자 조약에서 부여한 특혜조치는 WTO 회원국에도 부여해야 한다는 것을 의미한다.

TRIPs 협정의 최혜국대우원칙에는 그 예외를 명시하고 있다. 그 예외는 다음의 4가지이다. i) 일반적 성격을 가지면서 특별히 지식재산권의 보호에 한정되지 아니하는 사법공조 또는 법 집행에 관한 국제협정에서 비롯되는 경우, ii) 내국민대우에 의해서가 아니라 다른 나라에서 자국민에게 부여되는 대우에 대응하여 상대국민에 대한 대우를 하는 것을 허용하는 로마협약 또는 베른협약(1971년)의 규정에 따라 부여되는 경우, iii) 이 협정에서 규정되지 아니하는 실연가, 음반제작자 및 방송기관의 권리에 관한 경우, iv) 세계무역기구협정의 발효 이전에 발효된 지식재산권 보호 관련 국제협정으로부터 비롯되는 경우. 단, 이러한 협정은 무역관련지식재산권이사회에 통보되어야 하며 다른 회원국 국민에 대하여 자의적이거나 부당한 차별을 구성하지 아니하여야 한다.

최혜국대우에 대한 GATT 제20조는 지식재산권 예외를 규정하고 있다. 지적재산권 등에 관련된 회원국의 법령이 GATT에 일치하지 않더라도, 그 법령 등의 준수를 요구하기 위해서 필요한 경우에 예외적으로 그러한 법령을 최혜국대우원칙에 대한 예외로 허용하고 있다. 사실 본 조항에 대해서는 직접적으로 분쟁의 대상이 된 사례가 적다. GATT 제20조 (d)항에 규정된 "통관의 시행, 제2조 제4항 및 제17조 하에서 운영되는 독점의 시행, 특허권 · 상표권 · 저작권의 보호, 그리고 기만적 관행[245]의 방지와 관련된 법률 또는 규정을 포함하여 이 협정의 규정에 불합치되지 아니하는 법률 또는 규정의 준수를 확보하기 위하여 필요한 조치"는 GATT의 일반원칙(최혜국대우, 내국민대우)에 대한 예외이다. 우리나라의 경우, 수입쇠고기와 한우를 구분판매토록 한 것에 대해 본 예외를 주장했으나 내국민대우 위반으로 인정됐다.

TRIPs 협정 제5조는 WIPO 주관으로 체결된 다자간협정에 규정된 절차가 내국민대우(제3조)와 최혜국대우(제4조)의 예외가 됨을 규정하고 있다. WIPO의 주관하에 체결된 지적재산권 보호를 위한 절차적인 조약으로서 특허협력조약, 상표등록에 관한 마드리드 협정 및 의정서 등과 관련된 것이다. 그러한 절차적인 조약에 가입한 국가는 비가입국에 비해 특허, 상표등록을 위한 국제출원에 있어 여러 가지 특혜(출원절차 간소화)를 가입국 상호간에 부여하고 있다. 따라서 이들 협약에 의한 특혜를 최혜국대우 원칙에 의해 WTO 회원국이지만 이들 절차적인 협약에는 가입하지 않은 국가에도 부여한다면. 그러한 협약의 비가입 국가는 그러한 협약상의 의무는 없이 혜택만을 받게 되어 이들 협약에 대한 가입 유인을 감소시킬 뿐만 아니라 오히려 그러한 절차적인 협약 가입국에게 상대적 불이익을 주기 때문에 내국민대우와 최혜국대우의 예외로 명시한 것이다.

245 '기망적 관행'은 부정경쟁행위를 의미하는 것으로 해석된다.

3. FTA와 스파게티 접시 효과(Spaghetti Bowl Effect)

기존의 TRIPs 협정의 회원국 사이에 FTA가 체결되었다면 기존의 TRIPs 협정에 추가되어 어떤 효과가 일어날까? 추가된 FTA 규정은 TRIPs 협정에 추가하여 FTA에서 규정하는 더 높은 의무를 부가하는가?

스파게티 접시 효과(Spaghetti Bowl Effect)는 컬럼비아대학의 인도계 경제학자인 Jagdish Bhagwati가 U.S. Trade Policy: The Infatuation with Free Trade Agreements에서 처음 사용한 용어이다.[246] FTA에 서명한 국가의 국내법이 적용되어 동일한 물품에 대하여 원산지별로 다른 관세나 법이 적용된 결과, 양자 또는 다자 조약상의 당사국 사이마다 다른 복잡한 결과를 가져온다는 것이다. 이는 스파게티 접시에 있는 스파게티가 복잡하게 얽혀져 있는 것에 비유한 것으로서 상품의 원산지별로 다른 관세와 적용될 법이 매우 복잡하게 존재한다는 의미이다. Spaghetti Bowl은 Noodle Bowl 이라고도 한다.

스파게티 접시 효과는 FTA의 효과를 감소시킨다. 복잡한 원산지에 따른 관세, 적용법규의 차이는 그 적용법규를 가리기 위한 노력과 비용증가로 인하여 FTA체결로 인한 이익을 상쇄시키기 때문이다. 이는 관세를 부과하는 정부나 관세를 납부하는 기업 또는 개인의 입장에서 모두 같다.

그러한 문제에 대하여 FTA를 체결하는 국가는 두 가지 방안 중에서 하나를 선택하게 된다. 지적재산권 분야를 예를 든다면, 첫째는 FTA 상대국가에 대해서만 해당 FTA에서 규정된 TRIPs-Plus를 적용토록 한다. 그러나 이러한 경우에는 비 FTA 국가에 대해서는 다른 법률을 적용하여야 하는 불편함이 있고, 다수의 FTA가 존재하는 경우에는 더욱 그러하다. 그리하여 둘째 방안으로 비 FTA 국가에도 TRIPs-Plus를 적용한다.

스파게티 접시 효과(Spaghetti Bowl Effect)는 자유무역지대(FTA)를 최혜국대우와 내국민대우 원칙에 대한 예외로 명시하고 있는 WTO/GATT가 적용되는 경우

246 Jagdish Bhagwati and Anne O. Krueger, The Dangerous Drift to Preferential Trade Agreements, AEI Press, 1995.

에는 분명해진다.[247] 그리하여 상품의 원산지별로 그 상품에 적용되는 FTA가 달라진다. 이러한 경우에는 상품에 대한 FTA상의 원산지 적용과 그 상품에 대한 관세 등의 적용이 달라지기 때문에 원산지확정절차가 기업과 사인 및 정부에게 부담으로 작용한다.

그러나 지식재산권 분야에서는 TRIPs 협정이 적용되는 경우에,[248] 최혜국대우조항(MFN)과 내국민대우조항(NT)에 의하여 스파게티 접시효과가 발생하지 않을 수 있다. 만일, FTA 상대국가에만 FTA에서 의무적으로 규정하는 강화된 보호수준을 적용한다고 하더라도 TRIPs 협정상의 내국민대우 및 최혜국대우 조항에 의해서 비FTA국가 국민에게도 강화된 보호수준을 적용하게 된다. 이는 GATT 제24조에서 인정하는 내국민대우조항 및 최혜국대우조항에 대한 예외를 TRIPs 협정에는 인정하지 않기 때문이라고 할 수 있다. 이리하여 무임승차가 발생하게 된다.

그러나 이러한 무임승차에 대해서는 상호주의에 의하여 제한을 하게 된다. 예컨대, 저작권법 제3조 제3항은 "제1항 및 제2항에 따라 보호되는 외국인(대한민국 내에 상시 거주하는 외국인 및 무국적자는 제외한다. 이하 이 조에서 같다)의 저작물이라도 그 외국에서 대한민국 국민의 저작물을 보호하지 아니하는 경우에는 그에 상응하게 조약 및 이 법에 따른 보호를 제한할 수 있다."고 하여 상호주의를 규정하고 있는데,[249] 이는 내국민대우원칙이나 최혜국대우원칙에 대한 예외로 인정된다.[250]

상호주의에 관한 대법원 2015. 12. 10. 선고 2015도11550 판결

피고인은 이 사건 캐릭터나 토끼인형은 응용미술로서 그 본국인 일본에서 저작물로 보호되지 않으므로, 본국에서 응용미술이 디자인이나 모델로서만 보호되는 경우 원칙적으로 다른 체약국에서도 저작물로는 보호되지 않는다는 취지를 규정한 '문학적, 예술적 저작물의 보호를 위한 베른협약

247 GATT 24조는 지역무역협정에 대해서는 최혜국대우원칙의 적용예외를 인정한다.
248 거의 모든 국가에 TRIPs 협정이 적용된다.
249 특허법 제25조도 상호주의를 선언하고 있다.
250 대법원 2015. 12. 10. 선고 2015도11550 판결은 상호주의원칙에 대하여 특이하게 판단하고 있다.

(Berne Convention for the Protection of Literary and Artistic Works, 이하 '베른협약'이라고 한다)' 제2조 제7항 또는 우리나라가 가입하거나 체결한 조약이나 저작권법의 규정에 따라 보호되는 외국인의 저작물이라도 그 외국에서 우리나라 국민의 저작물을 보호하지 아니하는 경우에는 그에 상응하게 조약 및 저작권법에 따른 보호를 제한할 수 있다는 취지로 이른바 상호주의를 규정한 저작권법 제3조 제3항에 의하여 우리나라에서도 저작물로 보호되지 않는다는 취지로 주장한다. 그러나 이 사건 캐릭터를 일반적인 미술저작물로 볼 수 있음은 앞서 본 바와 같은데, 베른협약의 체약국 사이에서는 협약상 내국민대우의 원칙이 적용되고, 상호주의를 규정한 저작권법 제3조 제3항이 이러한 베른협약상의 내국민대우의 원칙을 배제하는 조항이라고 해석되지는 아니하기 때문에, 일본이 베른협약의 체약국으로서 같은 체약국인 우리나라 국민의 저작물에 대하여 내국민대우를 하는 이상 일본을 본국으로 하는 이 사건 캐릭터는 우리나라 저작권법에 따라 미술저작물로 보호될 수 있다.[258]

그러나 최혜국대우가 아닌 분야에서는 스파게티 접시 효과(Spaghetti Bowl Effect)가 발생할 수 있다. 예컨대 국경조치와 관련하여 한미 FTA에는 특허 침해물품도 포함되지만, 한중 FTA에는 특허침해물품이 포함되지 않는다. 이러한 경우 중국에서 수출되는 특허침해물품에 대해서는 국경조치를 할 수가 없다. 다만, TRIPs 협정에서 특허침해에 대하여 임의적 규정으로 국경조치를 허용하고 있으므로 TRIPs 협정에 의해 중국에서 우리나라로 수출되는 물품에 대해 국경조치를 할 수 있다. 본 사안의 경우에는 TRIPs 협정과 같이 국경조치를 허용하는 다른 조약이 없는 경우에는 국경조치를 할 수 없는 결과가 된다.

그뿐만 아니라 최혜국대우는 호혜적인(favored) 조치에 적용되는 것이지 비호혜적인(unfavored) 조치에 적용되는 것이 아니다. 즉 불이익한 규정은 적용하지 않는다. 이러한 경우에는 각 FTA와 지역자유무역협정(RTA)별로 적용되는 매우 복잡한 양상을 띠게 된다.

범태평양동반자 협정(Trans-Pacific Partnership, TPP[252])의 경우에는 내국민대

---

251 본 사건에서 대법원은 상호주의법리에 대한 당사자의 해석을 배척하는 취지의 판시를 하고 있는데, 원래 상호주의는 이 사건에서 당사자가 주장한 해석과 같은 취지로 이해된다.

252 미국이 TPP를 인준하지 않아 TPP는 효력이 발생하지 않았고, 남은 참가국에 의해 포괄적 · 점진적 환태평양경제동반자협정(Comprehensive and Progressive Agreement for Trans-Pacific Partnership, CPTPP)이 성립

우원칙만 규정하고 있다.[253] 이는 최혜국대우원칙, 즉 다른 TPP회원국에 대하여 각 회원국이 체결하고 있는 다른 FTA나 조약상의 더 나은 대우에 대하여 적용을 하지 않겠다는 의미로 해석된다. 그러나 TRIPs 협정에서 FTA를 최혜국대우원칙에 대한 예외로 인정하지 않으므로 TPP 규정상 호혜적인 조항은 다른 국가에도 적용하여야 할 것인데, 상호주의에 의하여 이러한 무임승차가 제한이 될 수 있다. 다만 TRIPs 협정상 최혜국대우에 대한 상호주의 예외는 매우 제한적이다.

그러나 조세분야는 상대국가의 국민에 따라 다른 세율을 적용한다. 이는 보통 세법분야에서는 개인의 국적에 따라 적용하므로 국적에 따라 그러한 개별적 적용을 하는데 별 어려움이 없기 때문이다.

4. TRIPs 협정상 국제거래와 국경조치

가. 의의

TRIPs 협정 제51조 이하는 국경조치에 관하여 규정하고 있다. TRIPs 협정은 사법/행정기관에 서면신청으로, 세관에 의한 반출정지를 청구할 수 있는 절차 규정, 즉 국경조치에 관하여 규정하도록 의무화 하고 있다.

수입물품은 의무적으로 국경조치의 대상이지만, 수출물품은 임의적인 국경조치의 대상이다. 우리나라나 일본의 경우에는 수출, 수입물품 모두가 대상이 된다. 그러나 미국의 경우에는 수입물품만이 국경조치의 대상이다.

상표와 저작권 침해물품은 의무적인 국경조치의 대상이다. 그러나 상표권이나 저작권을 제외한 특허 등 기타 지적재산권 침해물품은 임의적이다. 1999년에는 EU가, 2003년에는 일본이 특허침해까지 국경조치의 대상을 확대했다.

되어 2019년 12월 30일 효력이 발생하였다.

253 TPP Article 18.8.

국경조치의 대상은 권리자의 허가(license)에 의한 물품, 보세구역을 통과 중인 물품(in transit)은 포함하고 있지 않다. 다만 보세구역을 통과중인 물품에 대해서는 새로운 협정들에 포함하려는 노력을 하고 있다.

우리나라에는 관세법 제235조 이하에 국경조치에 관련 규정이 있다.

국경조치에 관한 관세법 규정

제235조(지식재산권 보호) ① 다음 각 호의 어느 하나에 해당하는 지식재산권을 침해하는 물품은 수출하거나 수입할 수 없다.

1. 「상표법」에 따라 설정등록된 상표권
2. 「저작권법」에 따른 저작권과 저작인접권(이하 "저작권등"이라 한다)
3. 「식물신품종 보호법」에 따라 설정등록된 품종보호권
4. 「농수산물 품질관리법」에 따라 등록되거나 조약 · 협정 등에 따라 보호대상으로 지정된 지리적표시권 또는 지리적표시(이하 "지리적표시권등"이라 한다)
5. 「특허법」에 따라 설정등록된 특허권
6. 「디자인보호법」에 따라 설정등록된 디자인권

② 관세청장은 제1항 각 호에 따른 지식재산권을 침해하는 물품을 효율적으로 단속하기 위하여 필요한 경우에는 해당 지식재산권을 관계 법령에 따라 등록 또는 설정등록한 자 등으로 하여금 해당 지식재산권에 관한 사항을 신고하게 할 수 있다.

③ 세관장은 다음 각 호의 어느 하나에 해당하는 물품이 제2항에 따라 신고된 지식재산권을 침해하였다고 인정될 때에는 그 지식재산권을 신고한 자에게 해당 물품의 수출입, 환적, 복합환적, 보세구역 반입, 보세운송 또는 제141조제1호에 따른 일시양륙의 신고(이하 이 조에서 "수출입신고등"이라 한다) 사실을 통보하여야 한다. 이 경우 통보를 받은 자는 세관장에게 담보를 제공하고 해당 물품의 통관 보류나 유치를 요청할 수 있다.

1. 수출입신고된 물품
2. 환적 또는 복합환적 신고된 물품
3. 보세구역에 반입신고된 물품
4. 보세운송신고된 물품
5. 제141조제1호에 따라 일시양륙이 신고된 물품

④ 제1항 각 호에 따른 지식재산권을 보호받으려는 자는 세관장에게 담보를 제공하고 해당 물품의 통관 보류나 유치를 요청할 수 있다.

⑤ 제3항 또는 제4항에 따른 요청을 받은 세관장은 특별한 사유가 없으면 해당 물품의 통관을 보류하거나 유치하여야 한다. 다만, 수출입신고등을 한 자가 담보를 제공하고 통관 또는 유치 해제를 요청하는 경우에는 다음 각 호의 물품을 제외하고는 해당 물품의 통관을 허용하거나 유치를 해제할 수 있다.

1. 위조하거나 유사한 상표를 붙여 제1항제1호에 따른 상표권을 침해하는 물품
2. 불법복제된 물품으로서 저작권 등을 침해하는 물품
3. 같거나 유사한 품종명칭을 사용하여 제1항제3호에 따른 품종보호권을 침해하는 물품
4. 위조하거나 유사한 지리적표시를 사용하여 지리적표시권등을 침해하는 물품
5. 특허로 설정등록된 발명을 사용하여 제1항제5호에 따른 특허권을 침해하는 물품
6. 같거나 유사한 디자인을 사용하여 제1항제6호에 따른 디자인권을 침해하는 물품

⑥ 제2항부터 제5항까지의 규정에 따른 지식재산권에 관한 신고, 담보 제공, 통관의 보류 · 허용 및 유치 · 유치해제 등에 필요한 사항은 대통령령으로 정한다.

⑦ 세관장은 제3항 각 호에 따른 물품이 제1항 각 호의 어느 하나에 해당하는 지식재산권을 침해하였음이 명백한 경우에는 대통령령으로 정하는 바에 따라 직권으로 해당 물품의 통관을 보류하거나 해당 물품을 유치할 수 있다. 이 경우 세관장은 해당 물품의 수출입신고등을 한 자에게 그 사실을 즉시 통보하여야 한다.

나. 권리소진의 원칙과 진정상품의 병행수입

권리소진원칙은 최초판매의 원칙이라고도 한다. TRIPs 협정은 권리소진원칙에 대하여 명시하지 않고, 회원국이 자율적으로 정할 국내문제로 규정하고 있다. 저작권법은 도서와 판매용음반은 예외로 하여 권리소진의 원칙을 명시하고 있다. 상표법이나 특허법은 명시적 규정은 없으나 법리상 권리소진의 원칙이 인정되고 있다.

우리나라에서는 1995년 4월 프라이스클럽이 미국의 '프라이스 코스트코'사로부터 리바이스 청바지를 수입하자 리바이스 상표의 한국 내 전용사용권자로 등록되

어 있는 '리바이스코리아'사가 상표권 침해를 이유로 세관에 통관보류를 요청하여 세관 통관보류를 하면서 진정상품의 병행수입이 문제되기 시작했다.

리바이스 청바지의 국내외 가격차로 인하여 병행수입을 허용하자는 소비자운동이 발생하였다. 법원도 진정상품의 병행수입이 허용된다는 판결을 하였다.[254] 1995년 관세청은 관세청 고시(지식재산권 보호를 위한 수출입통관 사무처리에 관한 고시)를 마련하고 고시에 병행수입의 허용범위 설정하였다. 진정상품의 병행수입을 허용하는 이유는 특허권이나 상표권의 독점이윤을 제한하여 국내의 물가안정에 기여한다는 점을 찾을 수 있다. 그러나 판매후의 서비스(AS) 등의 문제가 발생한다.

지식재산권 보호를 위한 수출입통관 사무처리에 관한 고시

제5조(상표권 침해로 보지 아니하는 경우) ① 해당 상표에 대한 권리가 없는 자가 해당 상표를 적법하게 사용할 권리를 가진 자에 의해서 생산된 물품을 수입하는 경우로서 다음 각 호의 어느 하나에 해당하는 때에는 상표권을 침해한 것으로 보지 않는다.

1. 국내외 상표권자(국내 상표권자가 전용사용권을 설정한 경우에는 전용사용권자를 말한다. 이하 이 조에서 같다)가 동일인이거나 계열회사 관계(주식의 30%이상을 소유하면서 최다출자자인 경우), 수입대리점 관계 등 동일인으로 볼 수 있는 관계가 있는 경우(이하 "동일인 관계"라 한다)
2. 국내외 상표권자가 동일인 관계가 아니면서 국내 상표권자가 외국에서 생산된 진정상품(외국 상표권자의 허락을 받아 생산된 진정상품을 포함한다. 이하 같다)을 수입하거나 판매하는 경우
3. 국내 상표권자가 수출한 물품을 국내로 다시 수입하는 경우
4. 외국 상표권자의 요청에 따라 주문제작하기 위하여 견본품을 수입하면서 그에 관한 입증자료를 제출하는 경우
5. 상표권자가 처분제한 없는 조건으로 양도담보 제공한 물품을 해당 상표에 대한 권리 없는 자가 수입(법 제240조에 따라 수입이 의제되는 경우를 포함한다. 이하 같다)하는 경우

② 제1항에도 불구하고 국내외 상표권자가 동일인이 아니면서 국내 상표권자가 해당 상표가 부착된 지정상품을 다음 각 호의 어느 하나와 같이 제조만 하는 때에는 상표권을 침해한 것으로 본다.

1. 전량 국내에서 제조하는 경우(국내 주문자상표부착방식 제조 포함)

---

254 대법원 1997.10.10.선고 96도2191 판결; 서울지법 1996.10.18.선고 95가합80468 판결; 서울지방법원 북부지원 2001. 2. 8.선고 2000고단3113 판결(상표법위반- 병행수입업자 무죄선고).

2. 해외에서 주문자상표부착방식으로 제조하여 수입하는 경우. 다만, 주문자상표부착방식으로 제조하는 외국 제조자가 국외 상표권자로부터 해당 상표의 사용허락을 받은 경우에는 그러하지 아니하다.
3. 국내 상표권자가 해당 상표가 부착된 부분품을 수입하여 조립하거나 일부 가공한 뒤 수입된 부분품과 HS 6단위 세번이 다른 완제품을 생산하는 경우

③ 국내 상표권자가 해당 상표가 부착된 지정상품을 수입하다가 수입을 중단하고 제조만 하는 경우에는 다음 각 호의 어느 하나에 해당하는 때부터 제2항에 따라 침해로 본다.
1. 과거에는 수입만 하였으나 수입을 중단하고 제조만 하는 경우에는 제조시설을 갖추어 제조를 시작한 사실을 제10조 제1항의 위탁기관의 장에게 신고한 때
2. 과거에는 수입과 제조를 병행하였으나 수입을 중단하고 제조만 하는 경우에는 수입을 중단한 사실을 제10조 제1항의 위탁기관의 장에게 신고한 때

④ 국내 상표권자가 통상사용권자 등 해당 상표사용 계약을 한 자가 수입하는 진정상품의 수입을 허락하거나 동의하여 수입자가 별지 제1호서식의 상표사용 허락사항 신고서 또는 별지 제2호서식의 수입통관동의서를 세관장에게 제출한 때에는 상표권을 침해하지 아니한 것으로 본다. 이 경우 허락 또는 동의 이후 상표권리가 없는 자가 수입하는 동일 지정상품에 대하여 허락 또는 동의의 효력이 미친다.

다. 소량화물과 휴대품 및 탁송품에 대한 예외

TRIPs 협정은 소량화물, 휴대품/탁송품에 대한 국경조치의 예외를 인정하고 있다. 즉 여행자가 비행기나 선박에 휴대하여 통관하는 물품으로서 개인적으로 사용하기 위한 소량품에 대해서는 지적재산권 침해물품의 수입을 허용할 수 있다. 우리나라도 관세법 시행령에 상업적 목적이 아닌 개인용도에 사용하기 위한 여행자휴대품으로서 소량으로 수출입되는 물품에 대하여는 국경조치의 예외를 규정하고 있다. 또한 '지식재산권 보호를 위한 수출입통관 사무처리에 관한 고시'는 구체적으로 품목당 1개, 전체 2개에 대하여 국경조치의 예외가 적용됨을 명시하고 있다.

휴대품 등 소량물품에 대하여 국경조치를 배제하는 관세법 시행령 규정
제243조(적용의 배제) 상업적 목적이 아닌 개인용도에 사용하기 위한 여행자휴대품으로서 소량으로 수출입되는 물품에 대하여는 법 제235조제1항을 적용하지 아니한다.

휴대품 등 소량물품에 대한 구체적으로 정한 지식재산권 보호를 위한 수출입통관 사무처리에 관한 고시 규정
제3조(적용의 배제) ① 「관세법 시행령」제243조에 따라 법 제235조제1항의 적용이 배제되는 물품은 품목당 1개, 전체 2개에 한한다. ② 제1항에 따라 적용이 배제되는 물품이 낱개 판매가 가능하나 세트로 판매되는 물품인 경우에는 그 세트를 구성하는 단위물품을 기준으로 품목의 수를 적용한다.

라. 해외 직구

국경조치가 적용되지 않는 소량화물에 대한 예외는 해외에서 직구하는 물품에 적용되지 않음을 주의하여야 한다. 즉 해외 직구물품의 수입은 물품의 국제거래로서 입국하는 해외 여행자의 휴대품이 아니기 때문이다.

해외 직구물품은 관세법상 관세부과대상이다. 다만, 일정한 금액까지는 개인용품으로 수입하는 것은 면세하고 있는데 미국에서 수입되는 물품은 200달러, 그 외 지역에서 수입되는 물품은 150달러까지이다.

카페의 구매대행, 공동구매 등으로 재판매용으로 수입되는 것은 금액에 관계없이 관세부과대상이고, 사업자등록을 하여야 한다. 각종 안전관리법상의 미인증기구로서 규제대상이 되는 것은 전파법상 휴대폰 등 방송통신기자재 사용물품, 전기용품안전관리법상 가전제품에 대한 안전인증이 필요하다. 어린이제품 안전특별법은 안전인증과 공급자 적합성 확인표시를 하도록 하고 있다. 다만 이러한 물품은 인증없이는 수입할 수 없지만 개인당 개인소비용으로는 안전적합성 평가 없이 하나의 제품에 대해서만 해외직구에 의한 수입이 허용된다.

지적재산권 침해물품은 해외직구에 의한 통관이 불가하다. 여행자휴대품과는 다르다.

5. 국제불공정무역행위에 대한 규제

가. 서론

지적재산물품의 국제거래에 대해서는 국경조치가 인정됨은 앞서 보았다. 우리나라는 세관에 의한 통관보류조치 이외에 무역위원회에 의한 불공정무역행위 조사제도가 인정되고 있다.

불공정무역행위 조사 및 산업피해구제에 관한 법률은 지식재산권 침해, 원산지표시 위반물품 수출입 등 불공정한 무역행위를 조사하고 위반업체를 제재하여 공정무역질서를 확립하고 국내 산업을 보호하는 불공정무역행위 조사제도를 두고 있다. 무역위원회(Korea Trade Commission, KTC)는 국제불공정무역행위 조사에 대한 관할권을 가지고 있다.

나. 불공정무역행위의 유형

1) 지식재산권침해행위

산업재산권(특허권, 실용신안권, 상표권, 디자인권), 신지식재산권(영업비밀 등), 저작권 등을 침해한 물품을 수출입, 판매, 해외에서 국내로 공급 및 수출목적으로 제조하는 행위는 불공정무역행위이다.

2) 원산지표시위반행위

원산지 허위 · 오인 · 손상 · 변경표시, 미표시 물품을 수출입하는 행위이다. 앞서 언급한 바와 같이 원산지 표시는 대외무역법에 규정하고 있다. 원산지표시

(indications of origin)제도는 상품의 품질 등과는 관련이 없는 제도로서 상품의 생산국을 표시하는 제도이다. 원산지표시 제도는 상품에 대한 진정한 정보를 제공하여 공정한 무역을 확립하고자 하는 제도이다.

3) 허위 · 과장 표시행위

품질 등을 허위 · 과장 표시하여 수출입하는 행위는 불공정무역행위에 해당한다.

4) 수출입질서 저해행위

수출입계약의 이행과 관련하여 계약내용이 현저하게 다른 물품 등의 수출입 또는 분쟁발생 등을 통해 대한민국의 대외 신용을 손상시켜 해당지역에 대한 수출 또는 수입에 지장을 주는 행위이다.

다. 제재조치

조사개시 후 6개월 이내(2개월씩 2회 연장가능)에 최종판정하며 불공정무역행위로 판정한 경우에는 제재조치를 부과 할 수 있다. 그 제재조치로는 시정명령과 과징금이 있다.

제재행위	제재내용
시정명령	– 수출 · 수입 · 판매 · 제조행위의 중지 – 당해 물품 등의 반입배제 및 폐기처분 – 정정광고 – 법 위반으로 무역위원회로부터 시정명령을 받은 사실의 공표 등 ※ 명령 위반 시 3년 이하의 징역 또는 3천만원 이하의 벌금
과징금	– 지적재산권 침해행위로 인한 경우 최근 3년간 거래금액의 30% 이내 – 원산지표시 위반행위에 대해서는 해당 물품 등의 수출입 신고금액의 10%, 상한 3억원

찾아보기

번호

2차적 저작물 65
1624년 독점법 141

ㄱ

가격차별 39
간접사칭 337
간접침해 204
개별적 부정경쟁행위 334
결과주의 22
결합상표 275
결합저작물 83
경업금지계약 253
경제적 가치 241
계약설 31
공공재 13
공동소유재 14
공동저작물 83
공유재 15
공유지의 비극 15
공정사용 106
공지사실제외설 197
공표권 85
관용명칭상표 282
구체적 유용성 157
국경조치 373
국제적 신뢰위반 344
권리기반이론 18, 25, 28
권리소진원칙 207
권리소진의 원칙 99
권리의 다발 92
균등론 185, 195
글자체 67
기능 162
기술명칭 284
기호 · 문자 · 도형 271
기호 및 도형 273
길드 4

ㄴ

내국민대우원칙(NT) 365
네트워크현상 57

ㄷ

단순한 발견 159
단순한 정보의 제시 163
단체표장(collective marks) 265
대비적(對比的) 관찰방법 313
독립적인 개발 및 라이센스 258
동일성유지권 88

ㄹ
로버트 필머 18
로크 348

ㅁ
모든 구성요건 완비의 원칙 193
무역위원회 379
무임승차 341
문화예술 10
물품표 3
미완성 발명 164
미완성정보 237
미적 창조물 163

ㅂ
반공유(지)의 비극 14, 40
발명과 고안 150
발명귀속계약 252
발명의 상세한 설명 및 도면의 참작원칙 194
방송 120
방송사업자의 권리 123
배타적 발행권 96
베니스의 특허법 138
보상금청구권 121
보상설 31, 100
본질적인 식별력이 없는 상표 282
본질적인 식별력이 있는 상표 285
부정적인 정보 237
분리관찰방법 314
불공정경쟁법의 기원 326
비경합성 12
비밀성 239
비밀성유지노력 242
비밀유지계약 253
비배제성 12
비상표적 사용 308
비시각적 표장 278

ㅅ
사용에 의한 식별력 287
사이버 스쿼팅 343
산업상 이용가능성 154
상표(trade mark) 262
상표권의 효력 304
상표부등록사유 289
상표의 기능 260
상표의 유사판단 313
상호(trade name) 262
색조 혼동론 276
색채 276
색채 고갈론 276
서체 67
성명표시권 86
소극적 정보 237
소량화물과 휴대품 및 탁송품에 대한 예외 377
소리 278
시각적 상표 271
식물특허 165
식별력 281
신규성 플러스(Novelty Plus) 177
신뢰관계이론 223
실연 119

실연자의 권리 120
실용신안 6
실용주의 36
실질적인 유사 127

ㅇ

아이디어와 표현의 합체(merge) 원칙 55
아이디어 탈취 342
아이디어/표현의 이분법 52
암시명칭상표 285
애로우의 정보의 역설 41
앤여왕법 2
업무표장(non-business marks) 265
역설계 257
영국의 독점법 2
영국의 특허법 141
영업비밀의 보호의 근거이론 223
영업비밀의 침해 245
용도발명 160
원산지명칭 267
원산지표시 267
위치 상표 279
유익적 유용성 158
유치산업보호론 7
음반 120
음반제작자의 권리 123
응용미술저작물 74
의거 128
의료행위 168
이격적(離隔的) 관찰방법 313
이휘소 사건 353
일반명칭 282
일반명칭화 282
일반적 유용성 156
임의선택상표 286
입체적 형상 274

ㅈ

자연법적 18
자연법칙 159
자유사용 106
재산권 보호이론 224
저작권의 발생 80
저작권자의 결정 81
저작권 침해 126
저작물의 이용허락 94
저작인격권 84
저작인격권의 일신전속성 91
저작인접권 119
저작자의 추정 82
저작재산권 92
저작재산권의 이전 93
저작재산권의 제한 106
저작재산권의 존속기간 104
전용실시권 217
전체적 관찰과 요부관찰방법 314
전통지식 10
접근 128
제도법 36
조어/창작상표 286
존 로크 18
주변한정주의 185

중심한정주의 185
증명표장(certification marks) 265
지리적표시(geographical indications) 265, 266
지리적표시증명표장 266
지식 257
직접사칭 337
직접침해 199
진보성 175

ㅊ
창작성 127
천재의 영감기준(flash of creative genius) 177
청구항(claim) 184
초상권 346
최초판매의 원칙 207
최혜국대우원칙(MFN) 368
출원경과 금반언의 원칙 196
출원경과 참작의 원칙 196
출판권 96

ㅋ
칸트 28
컴퓨터 프로그램 자체 163

ㅌ
통상실시권 216
특허괴물 16
특허권과 공정거래법 209
특허요건 153
특허장 138
특허제도의 위기 149
특허청구범위 우선의 원칙 193

ㅍ
패러디 76
퍼블리시티권 346
편집저작물 66
표현 및 구호 271
프로그램 저작권 126

ㅎ
해외 직구 378
향기(냄새) 279
허위/광고표시 340
헌법 44
헤겔 24, 348
홀로그램 · 동작 275
희석화 338

A
access 128
all element rule 193
all limitations rule 193
Arbitrary Mark 286
Arrow's Information Paradox 41, 228
author's right 5

B
Beneficial Utility 158
bundle of rights 92

C
Coined/Fanciful Mark 286
Consequentialism 22

D
descriptive mark 284
discovery 159

E
exhaustion doctrine 99, 207

F
first sale doctrine 99, 207
FTA와 스파게티 접시 효과 370

G
GATT 체제 364
General Utility 156, 160
generic mark 282

H
head start 방지이론 225

I
idea/expression dichotomy 52
institutional perspective 36

J
John Locke 18

K
Kant 28
Korea Trade Commission, KTC 379

L
Lemelson Submarine Patent 188
Letters Patent 138

N
Naruto 32
negative information 237
non–excludability 12
Non–Obviousness 기준 179
non technical trademark 282
Non–visible Marks 278
no–rivalous 12

O
originality 127

P
petty patent 6
plant patent 165
pragmatism 36
price discrimination 39
property mark 3
public goods 13

R
reverse engineering 257

reward theory 100
right–based theory 18, 25, 28
Robert Filmer 18

S
Scrutinize–with–Care 기준(synergism 기준) 178
second tier patent 6
slogan 271
Spaghetti Bowl Effect 370
Special Utility 157
Substantial Utility 157
suggestive mark 285

T
technical trademark 285
the Statute of Monopolies of 1624 141
the tragedy of the anti commons 14
The tragedy of the anticommons 40
the tragedy of the commons 15
TSM 테스트 181

U
utility model patent 6